SEU HORÓSCOPO
PESSOAL PARA 2014

Joseph Polansky

SEU HORÓSCOPO PESSOAL PARA 2014
Previsões mensais para todos os signos

18º ano

Tradução
JOANA FARO

1ª edição

Rio de Janeiro | 2014

CIP-BRASIL. CATALOGAÇÃO NA PUBLICAÇÃO
SINDICATO NACIONAL DOS EDITORES DE LIVROS, RJ

Polansky, Joseph
P816s   Seu horóscopo pessoal para 2014 / Joseph Polansky; tradução:
Joana Faro. – 1º ed. – Rio de Janeiro: Best *Seller*, 2013.
il.

Tradução de: Your 2014 personal horoscope
Apêndice
ISBN 978-85-7684-755-7

1. Horóscopos. 2. Astrologia I. Título.

13-04298
CDD: 133.54
CDU: 133.52

Título original:
Your 2014 personal horoscope

Copyright da tradução © 2013 by EDITORA BEST SELLER LTDA
Copyright © 2013 by Star Data, Inc

Publicado mediante acordo com Star Data, Inc
73 Benson Avenue
Westwood, NJ 07675, USA

www.stardata-online.com
info@stardata-online.com

Todos os direitos reservados. Proibida a reprodução, no todo ou em parte, sem autorização prévia por escrito da editora, sejam quais forem os meios empregados, com exceção das resenhas literárias, que podem reproduzir algumas passagens do livro, desde que citada a fonte.

Direitos exclusivos de publicação em língua portuguesa para o Brasil adquiridos pela
EDITORA BEST SELLER LTDA.
Rua Argentina, 171 – Rio de Janeiro, RJ – 20921-380 – Tel.: 2585-2000
que se reserva a propriedade literária desta tradução

Impresso no Brasil

ISBN 978-85-7684-755-7

Seja um leitor preferencial Record.
Cadastre-se e receba informações sobre nossos
lançamentos e nossas promoções.

Atendimento e venda direta ao leitor:
mdireto@record.com.br ou (21) 2585-2002

EDITORA AFILIADA

SUMÁRIO

Agradecimentos 7
Introdução 9
Glossário de Termos Astrológicos 11

Áries
Perfil Pessoal 17
Horóscopo 2014 — Tendências Gerais 22
Previsões Mensais 31

Touro
Perfil Pessoal 49
Horóscopo 2014 — Tendências Gerais 54
Previsões Mensais 63

Gêmeos
Perfil Pessoal 81
Horóscopo 2014 — Tendências Gerais 86
Previsões Mensais 94

Câncer
Perfil Pessoal 111
Horóscopo 2014 — Tendências Gerais 116
Previsões Mensais 124

Leão
Perfil Pessoal 141
Horóscopo 2014 — Tendências Gerais 146
Previsões Mensais 154

Virgem
Perfil Pessoal 171
Horóscopo 2014 — Tendências Gerais 175
Previsões Mensais 184

Libra
Perfil Pessoal 201
Horóscopo 2014 — Tendências Gerais 207
Previsões Mensais 216

Escorpião
Perfil Pessoal 231
Horóscopo 2014 — Tendências Gerais 236
Previsões Mensais 245

Sagitário
Perfil Pessoal 263
Horóscopo 2014 — Tendências Gerais 267
Previsões Mensais 275

Capricórnio
Perfil Pessoal 293
Horóscopo 2014 — Tendências Gerais 297
Previsões Mensais 305

Aquário
Perfil Pessoal 323
Horóscopo 2014 — Tendências Gerais 327
Previsões Mensais 335

Peixes
Perfil Pessoal 353
Horóscopo 2014 — Tendências Gerais 358
Previsões Mensais 366

AGRADECIMENTOS

Os agradecimentos especiais do autor vão para a Star Data, que encomendou este trabalho. Sem seu auxílio financeiro e técnico este livro não teria sido escrito.

De um fiel leitor brasileiro

Às vezes nos deixamos levar pela rotina, pelo tumulto do dia a dia, por muitas obrigações. Assim, passam despercebidas coisas tão pequenas e, ao mesmo tempo, tão importantes. Uma dessas pequenas coisas é a gratidão, o dizer "muito obrigado", "foi bom". Da mesma forma que não pronunciamos, também não ouvimos.
Tudo neste mundo cinzento vai perdendo o sentido, a vibração, a cor, o amor. A mídia acena com todas as soluções imaginárias. Entro numa livraria, procuro pelo Seu horóscopo pessoal e penso: "Que bom que te encontrei!"
Há muitos anos leio você, meu amigo Polansky, ouço seus conselhos, carrego meu dia com suas previsões. No começo era apenas curiosidade, até para testar a veracidade dos assuntos, mas o tempo foi dando as provas, os testemunhos, e passei a crer. Em 2003, numa traumática separação, você foi meu grande amigo, conselheiro, terapeuta, psicólogo de muitas noites insones, o companheiro de minha sofrida alma. Como previsto, hoje meu mundo está colorido de amor, gratidão, sentido, vibração.
Quero registrar meu mais profundo reconhecimento por tanto bem que tenho recebido de você, por meio desse guia que anualmente encontro nas livrarias. Meus mais sinceros agradecimentos por você ter participado da construção deste homem.

Carinhosamente,
Carlos Cruz

INTRODUÇÃO

Bem-vindo ao complexo e fascinante universo da Astrologia!

Há milênios o movimento dos planetas e de outros corpos siderais excita as mentes mais argutas de cada geração. A vida não encerra maior desafio ou alegria do que o conhecimento do nosso ser e do universo que habitamos. E a Astrologia revela-se uma chave mestra nesse processo de conhecimento.

Seu horóscopo pessoal para 2014 permite a você, leitor, ter acesso à milenar sabedoria astrológica. Além de esboçar os traços gerais do seu caráter e as tendências básicas em sua vida, este livro irá ensiná-lo a fazer uso das influências planetárias para aproveitar ao máximo o novo ano.

Os capítulos reservados a cada signo incluem um "Perfil Pessoal", uma análise das "Tendências Gerais" para 2014 e "Previsões Mensais" detalhadas, com as influências dos planetas. O "Glossário" da página 11 ajuda a elucidar alguns termos astrológicos com os quais, porventura, você não esteja familiarizado.

Outra particularidade bastante útil desta obra é a listagem dos dias "mais benéficos" e "mais tensos", que antecede as previsões mensais para cada signo. Verifique essa listagem para informar-se sobre os dias, de modo geral, mais favoráveis e os mais auspiciosos para as finanças ou para o amor. Marque-os em seu calendário ou agenda, pois você deverá aproveitá-los bem. Tome nota, também, dos dias mais tensos. Evite marcar reuniões importantes ou tomar decisões de peso tanto nesses dias como naqueles em que planetas importantes no seu horóscopo estiverem *retrógrados* (deslocando-se em aparente marcha à ré no céu zodiacal).

A seção "Tendências Gerais", referente a cada signo, assinala os períodos em que sua vitalidade estará realçada ou debilitada, bem como os momentos em que o relacionamento com colegas de trabalho e entes queridos poderá exigir um esforço maior de sua parte. Se estiver atravessando uma fase difícil, dê uma olhada na cor, no metal, na pedra ou no perfume mencionados na seção do seu "Perfil Pessoal" intitulada "Num Relance". Usar joias ou acessórios que contenham seu metal ou pedra acentuará sua vitalidade; da mesma forma, vestir-se ou decorar seu escritório com tons pertencentes ao seu signo, usar perfumes e consumir chás feitos com ervas regidas por ele vão ajudá-lo a manter alto o seu astral.

Este livro o auxiliará a conhecer não apenas a si próprio, mas também aos que o rodeiam: seus amigos, colegas de trabalho, sócios, cônjuge e filhos. A leitura do "Perfil Pessoal", com previsões mensais para os signos dessas pessoas, irá muni-lo de valiosa compreensão quanto aos sentimentos e comportamento delas. Você saberá, por exemplo, quando deve ser mais tolerante, por compreender que elas se encontram mais suscetíveis ou propensas à irritação.

Tenho você, leitor, como meu cliente pessoal. Ao estudar o seu horóscopo solar adquiro um profundo conhecimento do que ocorre em sua vida, de como se sente, daquilo que almeja e dos desafios que terá de enfrentar. Faço, então, o melhor que posso para transmitir-lhe cuidadosamente essas diretrizes. Sendo assim, considere este livro a melhor alternativa a uma consulta pessoal com um astrólogo!

Espero sinceramente que *Seu horóscopo pessoal para 2014* melhore a qualidade de sua vida, facilite sua caminhada e ilumine seu caminho, banindo a escuridão e tornando-o mais consciente de sua ligação pessoal com todo o universo. A Astrologia — quando bem-entendida e sabiamente empregada — constitui um grande guia para a compreensão de si mesmo, dos outros e dos fenômenos existenciais. Mas lembre-se sempre de que o uso que fará dessa compreensão depende, antes de tudo, de você.

GLOSSÁRIO DE TERMOS ASTROLÓGICOS

ALÉM-FRONTEIRAS

Os planetas deslocam-se pelo Zodíaco obedecendo a diversos ângulos em relação ao Equador celeste (traçando uma projeção imaginária do Equador terrestre em direção ao universo, obtemos o Equador celeste). O deslocamento do Sol, por este ser a influência hegemônica no Sistema Solar, é utilizado pelos astrólogos como padrão. O Sol nunca se desloca mais de 23 graus ao norte ou ao sul do Equador celeste. Durante o solstício de inverno, ele atinge o grau máximo de declínio em sua órbita, e durante o solstício de verão, o ápice de sua angulação orbital norte. Sempre que um planeta transpõe essa fronteira solar — e ocasionalmente eles o fazem —, diz-se que está "além-fronteiras". Isso significa que o planeta penetra em domínios estranhos, que transcendem os limites determinados pelo Sol, regente do Sistema Solar. O planeta que se acha nessa condição realça e intensifica a própria autoridade, convertendo-se em influência proeminente num horóscopo.

ASCENDENTE

Vivenciamos as sensações de dia e noite porque a Terra perfaz uma rotação completa sobre o próprio eixo a cada 24 horas. Por causa desse movimento de rotação o Sol, a Lua e os planetas parecem subir e descer no horizonte. O Zodíaco constitui uma faixa fixa (imaginária, mas bastante real em termos espirituais) que envolve a Terra como um cinturão. À medida que a Terra vai girando, os diferentes signos zodiacais dão ao observador a impressão de ascender num ponto do horizonte. Num período de 24 horas, todos os signos do Zodíaco percorrem esse ponto do horizonte, cada um em seu devido momento. O signo que ocupa um ponto do horizonte num instante determinado recebe o nome de "signo ascendente". O

SEU HORÓSCOPO PESSOAL PARA 2014

"ascendente" sintetiza nossa imagem pessoal, corpo e autoconceito — o ego pessoal, em oposição ao eu espiritual, representado pelo signo solar.

ASPECTOS

"Aspectos" são interações angulares entre planetas: a maneira como um planeta estimula ou influencia outro. Se um planeta se encontra em aspecto harmonioso com outro (ou em relação harmoniosa), ele tende a estimular este último de forma positiva e útil. Se o aspecto for tenso, também o estímulo será tenso ou desconfortável, causando perturbações na influência planetária habitual.

CASAS

Existem 12 signos zodiacais e 12 Casas ou âmbitos de vivência. Os 12 signos representam tipos de personalidade e meios pelos quais um dado planeta se expressa. As Casas indicam o âmbito de sua vida em que essa expressão tende a se manifestar para você. Cada Casa abrange uma área de interesse distinta, conforme se observa na lista a seguir. Uma Casa pode adquirir importância ou potencializar-se, convertendo-se em Casa de Poder para você, de diversas formas: se contiver o Sol, a Lua ou o regente de seu mapa astral, se contiver mais de um planeta ou sempre que o regente da Casa estiver recebendo estímulos inusitados de outros planetas.

Primeira Casa: Corpo e Imagem Pessoal (o "Eu")
Segunda Casa: Finanças, Posses e Dinheiro
Terceira Casa: Comunicação
Quarta Casa: Vida Doméstica e Familiar
Quinta Casa: Divertimento, Lazer, Criatividade, Especulação e Casos Amorosos
Sexta Casa: Saúde e Trabalho
Sétima Casa: Amor, Romance, Casamento e Atividades Sociais
Oitava Casa: Eliminação, Transformação e Bens de Terceiros
Nona Casa: Viagens, Educação, Religião e Filosofia
Décima Casa: Carreira
Décima Primeira Casa: Amigos, Atividades em Grupo e Aspirações Íntimas
Décima Segunda Casa: Sabedoria Espiritual e Caridade

GLOSSÁRIO

FASES LUNARES

Após o plenilúnio, a Lua começa a diminuir de tamanho (do ponto de vista terreno), até tornar-se invisível a olho nu, quando advém a "Lua Nova". Essa fase lunar é conhecida como "Quarto Minguante".

Após a Lua Nova, a Lua volta a crescer gradualmente (sob o prisma da Terra), até alcançar seu tamanho máximo na "Lua Cheia". Esse período recebe a denominação de "Quarto Crescente".

CARMA

"Carma" é a lei de causa e efeito que rege todos os fenômenos no universo. A situação em que nos achamos deriva do carma gerado pelos atos que praticamos no passado. O universo constitui um sistema tão equilibrado que qualquer ação, automaticamente, põe forças corretivas em movimento que recebem a denominação de "carma".

LUNAR

Relativo à Lua.

MOVIMENTO DIRETO

Quando os planetas se deslocam para a frente — como normalmente fazem —, pelo céu zodiacal, diz-se que estão em movimento direto.

MOVIMENTO RETRÓGRADO

Os planetas deslocam-se ao redor do Sol em diferentes velocidades. Mercúrio e Vênus movem-se muito mais rápido do que a Terra, ao passo que Marte, Júpiter, Saturno, Urano, Netuno e Plutão deslocam-se mais lentamente. Em decorrência disso, há períodos nos quais os planetas, baseando-se em um referencial terrestre, parecem deslocar-se para trás no Zodíaco por algum tempo. Esse movimento recebe a denominação de "retrógrado" e tende a debilitar a influência normal de determinado planeta.

NATAL

Literalmente, significa "nascimento". Astrologicamente, esse termo é empregado para diferenciar posições planetárias características do instante do nascimento (natal) das progressões planetárias atuais (trânsitos). Por exemplo, o Sol natal, no que diz respeito a você, alude à posição do Sol no instante de seu nascimento; já um trânsito do Sol indica a posição dele num dado momento, que geralmente não coincide com a posição na hora de seu nascimento.

PLANETAS LENTOS

Os planetas que levam um tempo maior para completar uma volta ao redor do Sol são denominados "planetas lentos". São eles: Júpiter (que permanece cerca de um ano em cada signo), Saturno (que fica dois anos e meio em cada signo), Urano (sete anos), Netuno (14 anos) e Plutão (de 15 a 30 anos). Os planetas lentos assinalam tendências duradouras numa determinada área da existência e são, por essa razão, importantíssimos para o astrólogo quando ele faz prognósticos de longo prazo. Pelo fato de tais planetas permanecerem tanto tempo num signo, há períodos no ano em que "os planetas rápidos" se juntam a eles, ativando e aumentando a importância de determinada Casa.

PLANETAS RÁPIDOS

São os corpos que se deslocam rapidamente, a saber: a Lua (permanece num signo apenas dois dias e meio), Mercúrio (de vinte a trinta dias), o Sol (trinta dias), Vênus (aproximadamente um mês) e Marte (cerca de dois meses). Como esses planetas se deslocam velozmente, sua influência se faz sentir a curto prazo. Revelam, pois, as propensões cotidianas num horóscopo.

QUALIDADES ASTROLÓGICAS

Existem três tipos de qualidades astrológicas: *cardeal, fixa* e *mutável*. Cada um dos 12 signos zodiacais se enquadra numa dessas categorias.

A qualidade cardeal se manifesta como princípio da atividade e iniciativa. Os signos cardeais (Áries, Câncer, Libra e Capricórnio) são excelentes quando se trata de fazer deslanchar um novo projeto.

A qualidade fixa encerra estabilidade, perseverança, tenacidade e perfeccionismo. Os signos fixos (Touro, Leão, Escorpião e Aquário) são excelentes em levar a cabo os empreendimentos.

A qualidade mutável se manifesta como flexibilidade, adaptação e equilíbrio. Os signos mutáveis (Gêmeos, Virgem, Sagitário e Peixes) exibem natureza criativa, porém nem sempre prática.

TRÂNSITO

Alude ao movimento dos planetas num determinado instante. Os astrólogos empregam o termo "trânsito" para estabelecer a diferença entre a posição natal de um planeta no horóscopo e seu deslocamento atual nos céus. Por exemplo: se, no dia em que você nasceu, Saturno estava no signo de Câncer, em sua Oitava Casa, mas agora está se movendo através de sua Terceira Casa, dizemos que ele está "transitando" por sua Terceira Casa. Os trânsitos constituem ferramentas das mais importantes para os prognósticos astrológicos.

ÁRIES

O CARNEIRO
Nascidos entre 21 de março e 20 de abril

PERFIL PESSOAL

ÁRIES NUM RELANCE

Elemento: Fogo
Planeta Regente: Marte
  Planeta da Carreira: Saturno
  Planeta do Amor: Vênus
  Planeta das Finanças: Vênus
  Planeta do Divertimento, do Lazer, da Criatividade e das Especulações: Sol
  Planeta do Lar e da Vida Familiar: Lua
  Planeta da Fortuna e da Abundância: Júpiter
Cores: carmim, vermelho, escarlate
Cores que promovem o amor, o romance e a harmonia social: verde, verde-jade
Cor que propicia ganhos: verde
Pedra: ametista
Metais: ferro, aço
Perfume: madressilva
Qualidade: cardeal (= atividade)
Qualidade essencial ao equilíbrio: cautela
Maiores virtudes: energia física abundante, coragem, honestidade, independência, autoconfiança
Necessidade mais profunda: ação
Características a evitar: precipitação, impetuosidade, excesso de agressividade, imprudência

Signos de maior compatibilidade: Leão, Sagitário
Signos de maior incompatibilidade: Câncer, Libra, Capricórnio
Signo mais útil à carreira: Capricórnio
Signo que fornece maior suporte emocional: Câncer
Signo mais prestativo em questões financeiras: Touro
Melhor signo para casamento e associações: Libra
Signo mais útil em projetos criativos: Leão
Melhor signo para sair e se divertir: Leão
Signos mais úteis em assuntos espirituais: Sagitário, Peixes
Melhor dia da semana: terça-feira

COMPREENDENDO A PERSONALIDADE ARIANA

Áries é o ativista zodiacal por excelência. A necessidade que sente de agir beira a compulsão, o que faz com que aqueles que não compreendem a fundo a personalidade ariana empreguem esse termo um tanto forte para descrevê-la. Na realidade, a "ação" constitui o cerne da psicologia ariana, e quanto mais direta, franca e sem rodeios, melhor. Trata-se, sem dúvida, do perfil psicológico perfeito do guerreiro, do pioneiro, do atleta e do gerente.

Os arianos apreciam executar tarefas e, em seu zelo passional, muitas vezes perdem de vista as consequências que desencadeiam para si e para os demais. Sim, muitas vezes *tentam* agir com diplomacia e tato, mas a tarefa é demasiado dura para eles. Ao agir assim, sentem-se desonestos ou falsos. É difícil para eles até mesmo compreender a mentalidade do diplomata, do articulador de consensos, do executivo testa de ferro. Como podem essas pessoas perder tanto tempo com reuniões intermináveis, discussões, conversas e negociações, quando há tanto trabalho a ser feito, tantas realizações práticas a serem concluídas? O ariano até consegue entender, desde que lhe seja bem-explicado que as conversas e negociações — as chamadas concessões sociais — geram ações mais eficazes. O interessante no temperamento do ariano é que ele raramente se mostra rancoroso ou mal-intencionado, mesmo quando trava um combate. Os arianos combatem seus oponentes sem ódio. Para eles tudo não passa de um divertimento sadio, de uma grande aventura ou de um jogo.

Quando se veem às voltas com algum problema, muitos dirão: "Bem, analisemos a situação para ver se encontramos uma solução." Mas nunca um ariano, que invariavelmente pensa: "Algo tem de ser feito logo. Mãos à obra!" Naturalmente, nenhuma dessas posturas isoladas soluciona a questão. Por vezes, a ação imediata se faz necessária, mas em outras situações é importante fazer bom uso do pensamento frio e analítico. Contudo, o ariano tende a errar quase sempre, por ser precipitado na ação.

Os princípios da ação e da reflexão possuem naturezas radicalmente diferentes. A atividade física pressupõe o uso de certa medida de força bruta. A ponderação, por sua vez, requer a imobilidade e a suspensão temporária do uso da força. Não será proveitoso para um atleta ficar considerando qual deve ser o próximo movimento; isso apenas retardaria suas reações. O atleta tem de agir por instinto, de forma instantânea. E é assim que os nativos de Áries tendem a se comportar na vida. São ágeis, tomam decisões instintivamente e sem demora convertem-nas em ações. Se sua intuição estiver aguçada e em boa sintonia, seus atos serão coroados de poder e êxito. Mas se estiver malsintonizada os resultados podem ser desastrosos.

Não pense que isso assusta ou intimida um ariano. Como bom guerreiro, ele sabe que no decorrer do combate pode vir a sofrer um ou outro ferimento. Todo ariano parece perceber intimamente que, no processo de permanecer fiel à sua própria verdade, arrisca-se a incorrer em mais de um acidente. Isso faz parte das regras do jogo, e ele dispõe de forças para aguentar qualquer contratempo.

Muitos arianos, todavia, são intelectuais brilhantemente criativos. Qualquer que seja o domínio a que se dediquem, tendem a ser pioneiros, inusitados e francos. Essa categoria de nativo do signo tende a sublimar o combate físico pelo combate de natureza mental ou intelectual. Trata-se de pensadores vigorosos.

De modo geral, a confiança que os arianos nutrem em relação a si próprios deveria servir de exemplo aos demais signos. É essa confiança básica e ferrenha que lhes permite atravessar a salvo situações de grande turbulência. Sua coragem e autoconfiança fazem deles líderes natos, e essa liderança é exercida mais pelo exemplo do que por meio da imposição de controle.

FINANÇAS

Os nativos de Áries são excelentes construtores e corretores imobiliários. O dinheiro em si não se revela, para eles, tão importante quanto a ação, a aventura e as atividades esportivas. São movidos por forte necessidade de apoiar emocionalmente seus parceiros e de conservar uma boa imagem aos olhos deles. Os arianos funcionam melhor trabalhando por conta própria ou gerindo seu próprio departamento (em se tratando de uma grande empresa). Quanto menos dependerem de ordens superiores, melhor. Também se mostram mais eficientes em trabalhos de campo do que atrás de uma escrivaninha.

São trabalhadores tenazes e dotados de muita resistência física, que podem acumular *grandes* somas de dinheiro quase exclusivamente por causa de sua robustez e abundante energia.

Vênus é seu planeta das finanças, o que significa que necessitam desenvolver mais a cortesia social, a fim de que seu pleno potencial de ganhos se concretize. Apenas executar o serviço — ponto em que os nativos do signo se destacam — não basta. É preciso obter a cooperação alheia. Fregueses, clientes e companheiros de trabalho precisam sentir-se à vontade. É primordial tratar bem as pessoas para que o sucesso se faça presente. Quando os arianos desenvolvem essa habilidade — ou contratam alguém para fazê-lo por eles —, seu potencial financeiro torna-se ilimitado.

CARREIRA E IMAGEM PÚBLICA

É de se esperar que espíritos pioneiros anseiem por romper com as convenções sociopolíticas vigentes. Mas não se dá assim com os arianos. Eles são pioneiros dentro dos limites do convencional, no sentido de que preferem iniciar um negócio próprio dentro de um ramo já estabelecido a trabalhar para outra pessoa.

Capricórnio ocupa a cúspide da Décima Casa (da Carreira) do horóscopo solar ariano. Saturno é o planeta que governa o trabalho de suas vidas e suas aspirações profissionais. Isso revela alguns fatos interessantes sobre o temperamento ariano. Primeiramente, para chegar ao auge do potencial de sua carreira precisam desenvolver certas qualidades um tanto alheias à sua natureza básica. Precisam tornar-se melhores administradores e organizadores. Têm de aprender a lidar melhor com detalhes e a vislumbrar seus projetos, bem como a própria carreira, a longo prazo. É impossível superar um ariano na execução de metas imediatas, mas uma carreira se constrói ao longo do tempo. Não é o tipo de meta que se alcance rapidamente!

Alguns arianos enfrentam grande dificuldade em levar um projeto até o fim. Entediam-se com facilidade. E sua constante necessidade de buscar aventuras faz com que prefiram delegar antigos projetos ou tarefas a outras pessoas para começar algo novo. Os arianos que aprendem a adiar a busca do novo até que o antigo esteja concluído alcançam grande sucesso em sua carreira e na vida profissional em sentido amplo.

De modo geral, os nativos de Áries apreciam que a sociedade os julgue por seus próprios méritos, com base em suas realizações e conquistas efetivas. Elogios granjeados lisonjeiramente soam falsos aos seus ouvidos.

AMOR E RELACIONAMENTOS

No amor e nas associações, os arianos gostam de parceiros gentis, táticos, passivos e diplomáticos — imbuídos do charme social e das habilidades de que eles próprios carecem. Os parceiros que escolhemos representam, amiúde, uma parcela oculta de nós mesmos — o eu que pessoalmente não conseguimos externar.

Os arianos tendem a partir agressivamente no encalço do que almejam. Costumam mergulhar de cabeça nas relações e no casamento. Isso se mostra particularmente verdadeiro quando tanto Vênus quanto o Sol se encontram em Áries. Se um ariano se encantar por você, não aceitará facilmente um "não" como resposta; tentará minar sua resistência e não desistirá até que você se renda.

Embora os arianos possam ser enervantes ao extremo num relacionamento — sobretudo se não forem bem-compreendidos pelo cônjuge —, não o fazem por crueldade ou malícia. Ocorre apenas que são tão independentes e seguros de si que dificilmente conseguem perceber o ponto de vista ou a posição alheios. É por isso que necessitam de parceiros imbuídos de transbordante traquejo social.

Entre seus aspectos mais positivos destaca-se a honestidade. Um ariano é alguém com quem se pode contar e cujo posicionamento em relação a você será sempre bem claro. O que lhe falta em diplomacia é compensado em integridade.

VIDA DOMÉSTICA E FAMILIAR

Obviamente, é o ariano quem governa a casa. São os mandachuvas do lar. Mas os nativos do sexo masculino tendem a delegar muitas decisões domésticas à mulher, já que as nativas de Áries também apreciam "cantar de galo". Ambos são jeitosos na labuta doméstica. Apreciam famílias numerosas e acreditam na importância do grupo. Os arianos, geralmente, são bons membros de família, embora parem pouco em casa, preferindo perambular por aí.

Considerando sua natureza notoriamente combativa e caprichosa, os nativos do signo revelam-se surpreendentemente suaves, gentis e até vulneráveis ao lidar com os filhos e com o cônjuge. O signo de Áries, regido pela Lua, ocupa a cúspide da Quarta Casa Solar, que é a do Lar e da Família. Sempre que os aspectos com a Lua estiverem harmônicos, produzindo influências favoráveis, o nativo se mostrará terno para com a família e buscará sustento e apoio na vida familiar. Os arianos apreciam regressar ao lar, ao término de um dia árduo na batalha da vida, para os braços compreensivos do cônjuge e para o apoio e o amor incondicionais que a família oferece. Sentem que há contendas demais lá fora e, embora adorem participar delas, quando regressam à casa querem apenas desfrutar o conforto e o aconchego domésticos.

ÁRIES
HORÓSCOPO 2014

TENDÊNCIAS GERAIS

A vida tem sido empolgante — para dizer o mínimo — desde 2011, quando Urano entrou em seu signo. Não houve um minuto de tédio. Foi só mudança, mudança, mudança e depois mais mudança. A vida dava uma impressão caótica e frenética. O inesperado sempre acontecia. Na superfície, parecia uma "loucura", mas por dentro havia um profundo objetivo espiritual em ação. Você estava (e está) sendo eximido, libertado e desligado de todos os tipos de compromissos e dependências. Um belo dia você descobre que não existem mais obstáculos para os seus sonhos. Esses obstáculos foram destruídos — às vezes de um jeito dramático — e

ÁRIES ♈ 23

o caminho está livre. Essas tendências se manterão em 2014. Em anos anteriores, foram os que nasceram no começo do signo de Áries que as sentiram com mais intensidade, mas agora, mesmo os que nasceram mais tarde no signo vão senti-las. Este é o momento de aceitar a mudança, de usá-la a seu favor, de ficar calmo em meio às alterações. Depois do drama, existe uma estrada desimpedida para seus sonhos. Você está em um ciclo no qual é importante expressar sua liberdade pessoal.

Netuno, o mais espiritual dos planetas, ingressou em Peixes, sua 12ª Casa — da Espiritualidade —, em fevereiro de 2012. Isso iniciou um intenso e poderoso afluxo espiritual sobre nosso planeta como um todo, mas especialmente sobre você. Você está se tornando mais espiritual. Sua compreensão espiritual está aumentando rapidamente. E grande parte das alterações que estão acontecendo em sua vida deve-se às mudanças espirituais em curso dentro de você — invisíveis e imperceptíveis para o restante do mundo. Esse trânsito continuará em vigência por aproximadamente 12 anos. Falaremos mais sobre isso depois.

Plutão está em Capricórnio, sua Décima Casa, há muito anos, e continuará lá por muitos anos. Uma desintoxicação cósmica está acontecendo em sua carreira — tanto na carreira real quanto nas suas atitudes em relação a ela. Muitos de vocês estão repensando o caminho profissional, talvez até mesmo modificando-o. Mesmo que continue com a profissão que tem, você terá uma atitude completamente diferente. Falaremos mais sobre isso depois.

O ano que começa será próspero e basicamente feliz, sobretudo na segunda metade — de 16 de julho em diante. O benevolente Júpiter ingressa em Leão em 16 de julho, iniciando aspectos fabulosos com o Sol. Isso traz prosperidade, sorte nas especulações, aumento na criatividade e simplesmente mais "alegria de viver". As nativas de Áries em idade de engravidar estavam mais férteis no ano passado, e a tendência vai se manter em 2014.

Suas mais importantes áreas de interesse este ano serão corpo, imagem e prazer pessoal; lar e família (até 16 de julho); diversão, filhos e criatividade (de 16 de julho em diante); amor, romance e atividades sociais (até 26 de julho); sexo, transformação e reinvenção pessoal, estudos de ocultismo, reencarnação e vida após a morte (até 24 de dezembro); carreira; espiritualidade.

Seus caminhos para maior realização este ano serão lar e família (até 16 de julho); filhos, diversão e criatividade (de 16 de julho em diante);

sexo, transformação e reinvenção pessoal, estudos de ocultismo, reencarnação e vida após a morte (até 19 de fevereiro); amor, romance e atividades sociais (a partir de 19 de fevereiro).

SAÚDE

(Trata-se de uma perspectiva astrológica sobre a saúde, não de uma visão médica. No passado, essas perspectivas eram idênticas, porém, hoje, podem ocorrer diferenças. Para obter uma opinião com base em diagnósticos da medicina convencional, consulte seu médico ou um profissional da saúde.)

Os anos de 2011 e 2012 foram muito difíceis no quesito saúde. Se você conseguiu passar por esses anos, vai passar por este com o pé nas costas. Desde 2011 notamos uma melhora estável e gradual na saúde e na energia. O ano de 2012, por mais desafiador que tenha sido, foi melhor que o de 2011. O ano de 2013 foi melhor que o de 2012. E 2014 será melhor que 2013.

Embora a saúde esteja melhorando, ainda vai precisar de vigilância nos primeiros seis meses e meio do ano — até 16 de julho. Três planetas lentos formarão um aspecto tenso com você. Em 16 de julho, Júpiter se deslocará de um aspecto tenso para um aspecto harmonioso. Em 26 de julho, Marte deixará seu aspecto tenso. Você sentirá uma grande diferença positiva na vitalidade em geral a partir do dia 16 de julho.

Como sua Sexta Casa ficará praticamente vazia pela maior parte do ano (apenas os planetas rápidos passarão por ali), o perigo é você não prestar atenção bastante a ela. Não deixe isso acontecer. Você deve obrigar a si mesmo a prestar atenção à saúde — a seguir rotinas saudáveis — mesmo que não esteja com vontade.

Urano está em seu signo desde 2011. Isso normalmente indica experimentação com o corpo físico, uma tendência a testar seus limites. Basicamente, esse é um desejo positivo. Nossos corpos são capazes de muito mais do que imaginamos e só descobrimos isso experimentando. Mas esses experimentos devem ser feitos de maneira cuidadosa e consciente. Do contrário, haverá uma tendência a se envolver em proezas arriscadas, o que pode levar a danos físicos. O ideal é realizar esses experimentos através de regimes como ioga ou artes marciais, que são formas disciplinadas e seguras.

O mais importante na primeira metade do ano é manter altos os níveis de energia. Quando a energia está alta — quando o campo áurico está forte —, o corpo resiste às doenças. Fica basicamente imune. A aura repele micróbios e tipos destrutivos de bactérias. Mas se deixar o campo áurico ficar fraco (seja por que motivo for), o corpo se torna mais vulnerável a esse tipo de coisa. O campo áurico é o equivalente espiritual ao sistema imunológico físico. A fraqueza do campo áurico, da energia de forma geral, também tem outras consequências. A visão, a audição e os reflexos ficam um pouquinho mais lentos que o normal. Não correspondem ao padrão, o que pode levar a acidentes. Então, descanse quando estiver cansado. Não se sobrecarregue. Defina um ritmo para o trabalho. Alterne atividades. Use as cores, as pedras e os aromas do seu signo (veja o "Perfil Pessoal"). Faça tratamentos de reflexologia. Isso vai aumentar sua energia de maneira sutil. Também é aconselhável passar finais de semana (ou mais tempo) em um spa, dependendo de sua condição financeira.

A saúde também pode ser aprimorada com massagens regulares no rosto e no couro cabeludo. A cabeça e o rosto são duas de suas áreas vulneráveis. Quando sua cabeça e seu rosto são massageados, não só essas áreas se fortalecem, mas o organismo inteiro. Esses reflexos atravessam o corpo todo.

Outra maneira de melhorar a saúde é dar mais atenção a pulmões, braços, ombros e intestino delgado. Os braços e ombros devem ser massageados regularmente. A tensão tende a se acumular nos ombros, e precisa ser liberada.

O coração também estará mais vulnerável este ano. Reflexos no coração aparecem no mapa. Evite preocupação e ansiedade, as principais causas espirituais dos problemas cardíacos.

Mercúrio, seu planeta da Saúde, é um planeta rápido. Durante o ano, ele passará por TODOS os signos e Casas de seu Zodíaco, como sabem nossos leitores assíduos. Portanto, há muitas tendências de curto prazo na saúde que serão tratadas com mais detalhes nas "Previsões Mensais".

Mercúrio entrará em movimento retrógrado três vezes este ano — de 6 a 18 de fevereiro; de 7 de junho a 2 de julho e de 4 a 25 de outubro. Esses não serão momentos para fazer mudanças drásticas na rotina nem para tomar decisões importantes em relação à saúde. Serão momentos para análise e revisão.

Os números favoráveis para a saúde e a cura são 1, 3, 6, 8 e 9. É bom analisar esses números. Além disso, se você está se exercitando ou fazendo afirmações, faça-as em grupos de 1, 3, 6, 8 e 9. Assim, obterá melhores resultados.

LAR E FAMÍLIA

Sua Quarta Casa — do Lar e da Família — será uma casa de poder este ano. Então, um grande foco nesse campo começará. Como Júpiter está em sua Quarta Casa desde 26 de junho de 2013, é uma área feliz da vida.

Muitos de vocês se mudaram no ano passado. Se não, isso ainda pode acontecer este ano. Como nossos leitores assíduos sabem, a passagem de Júpiter pela Quarta Casa nem sempre prediz uma mudança "literal", mas algo "como se fosse" uma mudança. Às vezes, as pessoas compram casas ou propriedades adicionais. O efeito é "como se fosse" o de uma mudança real. O lar é aumentado, tornando-se mais confortável do que era antes.

Como Júpiter é o senhor de sua Nona Casa, muitos de vocês vão se mudar, ou pensando nisso, para outros países ou lugares distantes em seu próprio país. Ou, como mencionamos, adquirindo propriedades nesses lugares.

O círculo familiar aumenta sob esse tipo de aspecto. Geralmente, isso acontece através de nascimentos ou casamentos. Mas muitas vezes ocorre quando conhecemos pessoas que são "como se fossem da família" — que fornecem apoio emocional. Elas desempenham o papel de "família" em sua vida. Em muitos casos, essas pessoas podem prover mais apoio e ajuda que a família biológica.

Como dissemos anteriormente, esse aspecto indica que as nativas de Áries em idade de engravidar estarão mais férteis. Será assim o ano todo — mesmo quando Júpiter deixar a Quarta Casa e ingressar na Quinta Casa, em 16 de julho. Então, o foco se deslocará da família como um todo para os filhos.

A presença de Júpiter na Quarta Casa indica que a família como um todo vai prosperar e dar mais apoio este ano. Quando as pessoas estão prósperas e otimistas, é natural que sejam mais úteis. Elas estarão muito mais generosas este ano. Se você precisar de um favor — especialmente de uma figura paterna ou materna —, este é o ano para pedir.

Os filhos (ou enteados) se tornarão mais prósperos depois de 16 de julho. Percebi que não importa que idade tenham. Mesmo bebês e crianças pequenas prosperam sob este aspecto — ganham coisas caras, ou um dos pais ou avós abre uma poupança para eles na surdina.

Júpiter é o planeta da religião e dos ensinamentos superiores. Assim, vejo muitos de vocês promovendo em casa cerimônias religiosas, e talvez aulas, também. A família como um todo ficará mais religiosa.

Muitos de você acrescentarão uma biblioteca à casa ou vão expandir a existente. A casa se torna tanto um local de estudos quanto um lar.

DINHEIRO E CARREIRA

Este ano será próspero. As coisas começarão lentamente, mas no decorrer do ano, especialmente na segunda metade, a prosperidade aumenta. Sua Segunda Casa — das Finanças — não será uma casa de poder este ano. Então as finanças não vão ter um foco importante. E talvez esse seja o maior problema. É possível que você não dê a essa área a atenção merecida. Pode ficar distraído demais com a família, o lar, a liberdade ou o desejo por prazer pessoal. Se as finanças estiverem lhe causando preocupação, a solução pode ser concentrar-se mais nelas. Obrigue-se.

Como Urano vai estar em seu signo, você terá vontade de ingressar em novas aventuras, novas empreitadas. Você gosta de experimentar com seu copo e com praticamente tudo na vida, incluindo as finanças. Tende a se arriscar por natureza, e essa característica será intensificada nesse período. Mas quando você conseguir, será algo GRANDE. Os fracassos, entretanto — e haverá alguns —, também podem ser grandes. Será muito melhor assumir riscos e especular na segunda metade do ano — depois de 16 de julho — do que na primeira.

Vênus é seu planeta das Finanças. Nossos leitores assíduos certamente sabem que Vênus é um planeta rápido. Ao longo do ano, ele passará por todos os signos e Casas do Zodíaco. Portanto, haverá muitas tendências financeiras de curto prazo dependendo de onde Vênus estiver e dos aspectos que receber. Essas tendências serão tratadas com mais detalhes nas "Previsões Mensais".

Como Vênus é seu planeta das Finanças, suas habilidades sociais (e os arianos precisam desenvolvê-las melhor) são um fator importantíssimo nos lucros. A importância não estará em seu talento e seu mérito — embora estes tenham valor —, mas na simpatia e na habilidade de lidar com as pessoas e de se dar bem com elas. Quando os arianos desenvolvem essas características, é impossível impedi-los. O céu é o limite. No "Perfil Pessoal" debatemos as melhores áreas financeiras para os nativos de Áries. Elas serão revistas este ano.

O cônjuge, parceiro ou amor atual atravessará desafios financeiros. Ele, ou ela, sentirá a necessidade de economizar. Talvez tenha feito alguma despesa nova ou contraído uma obrigação financeira. Eles só precisam reorganizar as coisas — realocá-las aqui e ali, trabalhar para se tornar mais saudáveis financeiramente. Se fizerem isso, vão perceber que possuem todos os recursos de que precisam. O cônjuge, parceiro ou amor atual atravessou mudanças financeiras muito dramáticas nos últimos dois anos, e outras virão. Mas, depois deste ano, suas finanças devem ser estabilizar.

Se você estiver envolvido com imóveis ou questões fiscais, seja paciente. Só o tempo vai resolver as coisas. Pegar emprestado — acessar dinheiro externo — será mais difícil este ano. Repito: a paciência e a persistência são a solução.

Seus números financeiros favoráveis são 2, 3, 7 e 9.

Embora o dinheiro não vá ser muito importante, a carreira será. O que me agrada nesse ponto é que você estará muito concentrado, terá um impulso intenso para o sucesso. Isso tende a dar certo. Conseguimos aquilo em que nos focamos. O único problema é que você pode ficar focado demais na carreira, fanático demais pelo trabalho, o que traz conflitos, discussões e, talvez, alguns inimigos perigosos. Quando o assunto é carreira, existe uma espécie de "visão em túnel" que pode nos impedir de perceber se estamos pisando no calo de alguém.

A presença de Plutão na Décima Casa indica que haverá mudança e transformação em sua empresa ou indústria. Mudanças profundas e fundamentais. As regras podem ser alteradas, de forma que será "como se" você trocasse de carreira. Será muito diferente do que você imaginou. Com frequência, Plutão traz experiências de "quase morte" na carreira. Mas tenha sempre em mente que depois da morte ou quase more vêm a ressurreição e a renovação. É uma lei cósmica.

Chefes, pais e figuras de autoridade em sua vida também passarão por cirurgias e experiências de quase morte. Além disso, a empresa para a qual você trabalha pode ter uma experiência de quase morte.

AMOR E VIDA SOCIAL

Sua Sétima Casa — do Amor, Romance e Atividades Sociais — será uma casa de poder até o dia 26 de julho. Portanto, haverá muito foco nessa área. Foco tende a proporcionar sucesso.

Mas o amor vai ser complicado este ano. Recentemente, você passou por anos muito estressantes, talvez traumáticos, no amor — 2011 e 2012. Muitos dos nativos de Áries se divorciaram. Os relacionamentos que sobreviveram a esses anos provavelmente durarão pra sempre. O ano de 2013 foi um pouco mais tranquilo no departamento amoroso, mas nada digno de nota.

Se estiver saindo de um divórcio, você deve buscar um momento de quietude, não é preciso entrar em um novo relacionamento rápido demais — mesmo que talvez seja essa a sua vontade. A presença de Urano em seu signo não é especialmente positiva para casamento ou relacionamentos sérios. Urano deseja a liberdade pessoal. Liberdade demais não combina com um relacionamento sério que, por definição, é uma "limitação" da liberdade. Quem estiver romanticamente envolvido com um ariano precisa entender isso. Dê a eles o máximo de espaço possível, desde que não seja algo destrutivo.

Socialmente, você estará muito ativo até 26 de julho. Vai correr atrás do que quer. Vai criar a vida social que deseja. Você estará popular e querido. Vai se esforçar para ajudar os outros. Isso é bom. Mas leva a um casamento? Hummm... improvável.

Entretanto, os casos de amor serão muito favoráveis este ano — especialmente depois do dia 16 de julho. Mas terão mais um caráter de diversão do que amor verdadeiro. Aproveite-os pelo que são, sem projetar demais sobre eles.

Os que estiverem buscando o primeiro ou segundo casamento não têm muita probabilidade de se casar este ano. Vão ter encontros e se divertir, mas dificilmente se casarão. Entretanto, quem estiver buscando o terceiro casamento terá oportunidades importantes no amor na segunda metade do ano. Setembro será especialmente positivo para isso.

Como Vênus, um planeta rápido, é seu planeta do Amor, haverá nessa área muitas tendências de curto prazo, que serão mais bem-analisadas nas "Previsões Mensais".

Os pais ou figuras paternas ou maternas que estiverem solteiros terão boas oportunidades românticas este ano. Socialmente, será um ano positivo para eles. Os filhos em idade de se casar terão importante oportunidade amorosa em setembro. Os casamentos que já existirem serão testados em 2014 (algo que já vem acontecendo há alguns anos). É improvável que irmãos (ou figuras fraternas de sua vida) solteiros se casem este ano. Os irmãos (ou figuras fraternas) que já forem casados terão o relacionamento testado no final do ano — depois de 24 de dezembro. Os netos em idade de se casar terão um ano sem mudanças. Os casados provavelmente continuarão casados. Os solteiros provavelmente continuarão solteiros.

Seus números propícios para o amor são 3, 7 e 11.

AUTOAPRIMORAMENTO

Netuno sempre irradia uma força purificadora, arrebatadora e espiritual. Mas quando o planeta está em seu próprio signo e Casa — Peixes, sua 12ª Casa — seu poder é extremamente magnificado. Você vai sentir isso. Muitas das coisas que o atraíam no passado perderam a graça. Muitas coisas que você considerava importantes, já não são mais. Uma energia nova e mais poderosa está surgindo dentro de você. Se já estiver seguindo o caminho espiritual, fará grande progresso. Terá revelações e experiências espirituais dramáticas. As faculdades espirituais, as faculdades da alma, vão se abrindo e se tornando mais fortes. Os arianos que administrarem curas espirituais ficarão muito mais ocupados e serão mais solicitados do que nunca. Cada vez mais pessoas se interessarão por seu trabalho.

Os que ainda não tiverem ingressado no caminho espiritual provavelmente começarão a trilhá-lo este ano, ou nos anos vindouros. Netuno continuará em Peixes por mais ou menos onze anos. O cosmos tem sua maneira de cooptar as pessoas. Em alguns casos, as pessoas têm sonhos vívidos e coloridos que são reais, mas não fazem sentido para a mente racional e tridimensional. Em outros casos, há uma vaga sensação de insatisfação que permeia a vida terrena. Embora a pessoa conquiste as coisas ou objetivos que deveriam fazê-la feliz, não fica feliz. É uma sensação de desencanto. Às vezes, um filho problemático a faz se voltar para esse caminho. Ela é forçada através do problema do filho a ir mais fundo, a analisar, a encontrar respostas. Às vezes, é uma tragédia que desencadeia esse comportamento. É diferente para cada um.

Quando Netuno — o senhor do Topo do Céu — está ativo, as coisas deste mundo parecem espalhafatosas e vulgares. Débeis imitações do que é possível e factível. E essa é a causa para a insatisfação interna que muitos experimentam. Interprete essa sensação como o chamado para um conhecimento mais elevado e profundo, não como uma desculpa para abusar do álcool ou das drogas.

Experiências de sincronismo serão mais frequentes nesse período. Os iniciados no caminho espiritual as entenderão completamente. Quem não estiver trilhando esse caminho, ficará perdido. Você vai pensar em alguém, e essa pessoa vai ligar. Você sentirá seu telefone virar no bolso, só que o telefone não está no seu bolso. Quando chegar em casa, verá que alguém lhe mandou uma mensagem exatamente na hora em que você sentiu a vibração!

Saturno continuará em sua Oitava Casa praticamente pelo resto deste ano (até 24 de dezembro). Isso indica uma necessidade de reordenar a vida sexual e o uso de suas energias sexuais. É melhor fazer menos sexo, com qualidade, do que do que ter uma série de experiências medíocres.

Os nativos de Áries (tanto homens quanto mulheres) geralmente atingem o orgasmo com muita rapidez. Mas este ano precisarão de mais tempo para chegar lá.

PREVISÕES MENSAIS

JANEIRO

Melhores dias: 7, 8, 17, 18, 26, 27
Dias mais tensos: 1º, 2, 14, 15, 22, 23, 28, 29
Melhores dias para o amor: 1º, 2, 9, 10, 19, 20, 22, 23, 28, 29
Melhores dias para o dinheiro: 1º, 2, 5, 6, 9, 10, 14, 15, 19, 20, 24, 25, 28, 29
Melhores dias para a carreira: 1º, 2, 5, 6, 14, 15, 24, 25, 28, 29

Janeiro será caótico e rápido, mas bem-sucedido. No mês passado começou um pico profissional anual que continuará em andamento no mês que começa. Você está no meio-dia de seu ano. É hora de tocar seus sonhos e objetivos profissionais para a frente, de agir de uma forma física. Planos feitos durante a noite do seu ano agora estão prontos para ser implementados.

Oitenta por cento dos planetas estarão em movimento direto em janeiro — outra indicação de um mês frenético e ativo.

A família vai ser importante para você neste momento — Júpiter está em sua Quarta Casa há vários meses, e permanecerá nela por muitos outros —, mas você pode (e deve) deslocar sua atenção para sua carreira e para seus objetivos mundanos. É a melhor maneira de servir a sua família no momento.

O principal desafio no mês que começa é a saúde. A hiperatividade pode ser um exagero. Sim, aja e obtenha sucesso, mas tente agendar mais períodos de descanso e talvez uma ou duas massagens. Seu planeta da Saúde, Mercúrio, estará "fora de curso" do dia 1º ao dia 8. Isso demonstra que você quebrará sua rotina e sua atitude em relação à saúde. É necessário. Você precisa de algo novo. Quando se trata de saúde, você terá ideias inovadoras, o que também vale para o seu trabalho. A demanda do emprego o libertará de suas amarras habituais.

Neste mês, aprimore sua saúde (até o dia 11) dando mais atenção à espinha, joelho, dentes, ossos, pele e ao alinhamento geral do esqueleto; massagens regulares nas costas e nos joelhos terão efeito positivo. Dê mais apoio aos joelhos quando se exercitar. Uma visita ao quiroprático é uma boa ideia. Depois do dia 11, preste mais atenção nos tornozelos e panturrilhas, que devem ser massageados regularmente. Dê mais proteção aos tornozelos quando se exercitar.

Os arianos que estiverem procurando emprego também precisam "sair do curso habitual" em sua busca por trabalho. Essas pessoas terão sucesso este mês.

Vênus, seu planeta do Amor, ficará em movimento retrógrado durante o mês inteiro. Evite decisões importantes nessa área, quaisquer que sejam. O mesmo vale para as finanças. Seja mais cuidadoso. Evite compras ou investimentos importantes nesse momento. Revise a vida financeira e descubra que melhorias podem ser feitas.

Nesse período, suas ideias sobre amor e finanças podem não ser realistas. Obtenha mais fatos.

FEVEREIRO

Melhores dias: 3, 4, 13, 14, 22, 23
Dias mais tensos: 10, 11, 12, 18, 19, 24, 25
Melhores dias para o amor: 5, 6, 7, 16, 17, 18, 19, 24, 25
Melhores dias para o dinheiro: 1º, 2, 5, 6, 7, 10, 11, 12, 16, 17, 20, 21, 24, 25, 28
Melhores dias para a carreira: 2, 11, 12, 21, 24, 25, 28

Vênus, seu planeta do Amor e das Finanças começou a se mover para a frente no dia 31 do mês passado. É uma boa notícia tanto para o amor quanto para as finanças. Haverá mais clareza mental em relação a essas questões e as decisões vão ser melhores.

Mais boa notícia: a saúde está muito melhor que no mês passado. Você ainda precisa ficar atento, mas a energia em geral será superior à de janeiro. (A melhoria começou no dia 20 de janeiro.) Continue a aprimorar a saúde dando mais atenção aos tornozelos e às panturrilhas, como mencionamos. Os pés serão importantes do dia 1º ao dia 13. Mercúrio ficará em movimento retrógrado do dia 6 até o final do mês. Então, evite fazer mudanças drásticas na rotina de saúde ou na dieta nesse período. Analise as coisas com mais cuidado. E evite decisões importantes na saúde. O tempo mostrará o que precisa ser feito.

Como no mês passado, o amor e o dinheiro serão importantes para você. Esse é outro ponto positivo. Você estará focado nessa área. O desejo existe, o que já é 90 por cento da batalha. Conseguimos aquilo em que nos focamos.

Nas finanças, o dinheiro virá da carreira — talvez de aumentos ou promoções. Você terá o apoio financeiro de seus superiores. Sua boa reputação profissional vai aumentar seus lucros. Boas relações com o governo terão importância. O dinheiro pode vir de pagamentos governamentais ou das boas graças de funcionários do governo. A presença do planeta das Finanças no signo de Capricórnio também é positiva, indicando um julgamento financeiro saudável e um bom senso prático. Você verá a riqueza sob uma perspectiva de longo prazo e estará disposto a se envolver disciplinadamente em economias e investimentos. Quando alguém adota uma perspectiva de longo prazo, evitando atalhos, a riqueza torna-se inevitável ao longo do tempo. Os principais problemas são a impaciência e a falta de perseverança.

A atitude calculista é ótima para as finanças, mas não tanto para o amor. Você pode parecer frio para os outros sem ter essa intenção. Será preciso se esforçar mais quando projetar amor e simpatia para os outros. Você vai estar mais prático no amor, sentindo-se atraído por pessoas com status e posições altas, pessoas que podem ajudar em sua carreira. Talvez, alguns de vocês vejam o amor simplesmente como mais uma escolha profissional neste mês. Será temporário, mas é como você se sentirá no momento.

Sua carreira ainda continuará sendo muito importante; 80 por cento dos planetas estarão acima da linha do horizonte este mês. Você pode impulsioná-la através dos meios sociais — comparecendo e promovendo o tipo certo de festas e reuniões. O fator "simpatia" é importante para a vida profissional. A carreira não se resume apenas a conquistas.

MARÇO

Melhores dias: 3, 4, 12, 13, 22, 23, 30, 31
Dias mais tensos: 10, 11, 17, 18, 24, 25
Melhores dias para o amor: 7, 17, 18, 26, 27
Melhores dias para o dinheiro: 1º, 2, 5, 6, 7, 10, 11, 17, 18, 19, 20, 26, 27, 28, 29
Melhores dias para a carreira: 1º, 2, 10, 11, 19, 20, 24, 25, 28, 29

O setor oriental do Zodíaco — seu setor favorito — está dominante desde o começo do ano. Você vive um ciclo de independência pessoal, com a força e a energia para realizar as mudanças necessárias, para criar as condições que deseja em sua vida. E é isso o que deve fazer. Neste mês (e no próximo) você experimentará uma época de máxima independência. As outras pessoas são sempre importantes, mas nesse período serão um pouco menos. Busque sua própria felicidade (desde que essa busca não seja destrutiva para os outros) e deixe que o mundo se adapte a você.

A saúde e a energia estarão muito melhores este mês. Se houve problemas de saúde, você receberá boas notícias em relação a eles. Aprimore ainda mais a saúde dando mais atenção aos tornozelos e às panturrilhas (até o dia 17), e aos pés depois dessa data. Os métodos de cura espiritual se tornarão poderosos do dia 17 em diante. Você reage bem a esse tipo de terapia.

Marte, o senhor do seu horóscopo, passará o mês inteiro em movimento retrógrado. Você tem o poder de criar as condições, mas talvez lhe falte clareza sobre o que realmente quer. Esse será o momento para obtê-la.

Vênus está em Capricórnio, sua Décima Casa, desde o começo do ano. Então, como mencionamos, você tem sido prático no amor — talvez meio cabeça-dura, talvez um pouco frio e calculista. Mas essa situação está para mudar. No dia 6 Vênus entrará em Aquário, alterando a energia de sua vida amorosa. Poder e posição perderão terreno, a amizade se tornará mais importante. Você quer ser tanto amigo quanto amante da pessoa amada. Os solteiros vão ter oportunidades amorosas em grupos, atividades coletivas e organizações. O mundo virtual também será uma fonte de oportunidades românticas. E os relacionamentos amorosos existentes ganharão mais harmonia depois do dia 6.

ÁRIES ♈ 35

Vênus vai ativar um ponto de eclipse do dia 17 ao dia 19, o que pode deixar o parceiro ou o amor atual temperamental. Mais paciência é necessária. Esse trânsito também afeta as finanças. Talvez ocorra uma perturbação ou reviravoltas de curto prazo. Uma mudança precisa ser feita. As finanças também serão bem-sucedidas neste mês. O mundo virtual fornece oportunidades financeiras, assim como amorosas. Provavelmente, você vai fazer em equipamentos de alta tecnologia e softwares um bom investimento. Suas habilidades tecnológicas vão ter importância nas finanças. Amigos e grupos serão úteis nessa área.

Marte ativará um ponto de eclipse de 11 a 18 de março. Evite se arriscar e envolver-se em proezas perigosas.

ABRIL

Melhores dias: 8, 9, 10, 18, 19, 26, 27
Dias mais tensos: 6, 7, 13, 14, 15, 20, 21
Melhores dias para o amor: 4, 5, 6, 13, 14, 15, 16, 17, 24, 25
Melhores dias para o dinheiro: 1º, 2, 4, 5, 6, 7, 16, 17, 24, 25, 29, 30
Melhores dias para a carreira: 6, 7, 16, 17, 20, 21, 24, 25

O principal destaque deste mês é a ocorrência de dois eclipses, algo que gera mudança e volatilidade. Normalmente, não nos sentimos confortáveis enquanto esse processo está acontecendo, mas o resultado final tende a ser bom.

O eclipse lunar do dia 15 ocorrerá em sua Sétima Casa e será um teste para a vida amorosa e as parcerias. É quando a roupa suja aparece e precisa ser lavada. O cônjuge, parceiro ou amor atual, provavelmente, estará mais temperamental — frequentemente, por um bom motivo: haverá dramas na vida deles. Os membros da família também ficarão mais temperamentais. Seja mais paciente com eles. Se houver problemas no lar, você os descobrirá nesse momento, e terá a chance de resolvê-los.

O eclipse solar do dia 29 acontece em sua Casa do Dinheiro, proporcionando mudanças financeiras. Como abril será um mês próspero, essas mudanças podem expor uma necessidade de ajustar suas ideias de uma maneira mais positiva. Talvez você esteja sendo conservador ou pessimista demais em relação às coisas. Mas as especulações devem ser evitadas no período do eclipse. Filhos e enteados devem ficar longe de perigos e passar momentos tranquilos em casa. Eles vão enfrentar dramas pessoais.

Você continua independente nesse período e pode fazer as coisas à sua maneira — o problema é que você não tem certeza de que maneira é essa. Marte ainda estará em movimento retrógrado.

A presença de Vênus em Peixes na sua Décima Segunda Casa é muito propícia para o amor. Vênus está em sua posição mais "exaltada". A energia amorosa é capaz de sua mais alta expressão. Seu magnetismo social estará surpreendentemente forte. O amor será meigo e idealista. Os solteiros encontrarão oportunidades amorosas em ambientes religiosos a partir do dia 6 — um retiro de ioga, um seminário de meditação, um encontro de orações ou uma palestra espiritual. E também em eventos de caridade. A compatibilidade espiritual será uma questão decisiva no amor. Tudo pode estar certo, mas, se houver uma falha nessa área, haverá problemas. Você e a pessoa amada devem pensar de maneira semelhante espiritualmente — compartilhar ideias e práticas espirituais similares. Você precisa de um relacionamento que lhe permita crescer espiritualmente (e no qual você possa ajudar o parceiro a obter o mesmo). Isso acontecerá neste mês. Um importante encontro romântico ocorrerá dos dias 10 a 13.

As finanças correrão bem em abril. A intuição financeira estará excelente — especialmente dos dias 10 a 13. Preste atenção aos sonhos ou a mensagens de médiuns, gurus, pastores e canais espirituais.

Esse será um bom período para se aprofundar nas dimensões espirituais da riqueza.

Os nativos de Áries que estiverem procurando emprego terão excelentes oportunidades a partir do dia 7.

MAIO

Melhores dias: 6, 7, 15, 16, 24, 25
Dias mais tensos: 3, 4, 5, 11, 12, 17, 18, 31
Melhores dias para o amor: 6, 11, 12, 13, 14, 24, 25
Melhores dias para o dinheiro: 3, 4, 5, 6, 13, 14, 21, 22, 26, 27, 31
Melhores dias para a carreira: 3, 4, 5, 13, 14, 17, 18, 21, 22, 31

A parte superior do seu Zodíaco foi poderosa até este momento do ano, e continuará assim pelo restante do ano. Você terá sempre pelo menos quatro planetas acima da linha do horizonte. Mas no dia 7 do mês passado o poder planetário começou a se deslocar da metade superior para a inferior do mapa. No dia 3 deste mês a metade inferior (pela primeira vez este ano) se tornará mais forte que a superior. A carreira continuará sendo importante, mas você pode começar a deslocar mais atenção para a família e para suas próprias necessidades emocionais.

A Astrologia baseia-se no estudo dos ciclos. Coisas que são adequadas e certas em determinado estágio de um ciclo são inapropriadas em outro. O que importa não é a natureza de um ato, mas QUANDO o ato acontece.

Sonhar, visualizar e definir objetivos não era muito apropriado até agora. Você estava em um período de ação física e pública. Agora essas coisas se tornarão apropriadas.

O amor será feliz este mês. No dia 3, Vênus cruza seu ascendente e entra na Primeira Casa, o que indica que o amor perseguirá você (até agora, você era o perseguidor). Embora sua vida social ainda esteja ativa — talvez mais do que o necessário —, o amor o encontrará durante as atividades cotidianas. O amor também estará mais harmonioso. Vênus (a pessoa amada) e Marte (você) estarão em estado de "recepção mútua" a partir do dia 3. Um está hospedado na Casa Zodiacal do outro, o que proporciona uma boa cooperação entre você e a pessoa amada. Mostra "devoção mútua".

Os arianos têm a tendência de se apaixonar à primeira vista. Isso tem sido especialmente verdadeiro este ano. Mas em maio a tendência ficará ainda mais forte. Tudo o que podemos recomendar é "pense bem antes de mergulhar de cabeça".

Você também estará em harmonia com as "pessoas do dinheiro" da sua vida. Elas o apoiarão e você fará o mesmo.

A entrada de Vênus em sua Primeira Casa mostra que o dinheiro irá em sua direção — dinheiro e oportunidades financeiras. Não precisa se esforçar muito. Você gastará consigo mesmo, em roupas, acessórios e em sua imagem. Em maio a aparência será mais importante que de costume para as finanças. Então esses gastos serão um bom investimento.

No dia 20 do mês passado você entrou em um pico financeiro anual, que continua este mês.

Marte se oporá a Urano na segunda metade do mês. Evite façanhas perigosas ou atividades arriscadas.

JUNHO

Melhores dias: 2, 3, 12, 13, 20, 21, 29, 30
Dias mais tensos: 1º, 7, 8, 14, 15, 27, 28
Melhores dias para o amor: 5, 6, 7, 8, 14, 15, 23, 24
Melhores dias para o dinheiro: 1º, 5, 6, 10, 11, 14, 15, 18, 19, 22, 23, 24, 27, 28
Melhores dias para a carreira: 1º, 9, 10, 14, 15, 18, 19, 27, 28

A saúde estava razoável nos últimos meses. Mas no dia 21 você precisa começar a prestar mais atenção a essa área. Os níveis de energia vão ficar mais baixos que de costume. As coisas que você sempre fez sem problemas podem não ser tão fáceis nesse período. Faça tudo o que puder para manter altos os níveis de energia. É possível melhorar a saúde dando mais atenção à dieta até o dia 18, e aos pulmões, braços, ombros e sistema respiratório depois desse dia. Massagens frequentes nos ombros sempre têm efeitos positivos para você, mas serão ainda mais importantes depois do dia 18. A harmonia emocional será especialmente significativa até o dia 18. As mulheres devem ficar mais atentas aos seios até o dia 18.

Seu planeta da Saúde, Mercúrio, entrará em movimento retrógrado no dia 7, então evite tomar decisões importantes ou fazer mudanças nessa área durante esse período. É hora de análise e revisão.

Neste mês e no próximo a metade inferior de seu Zodíaco estará no auge da força em 2014. Portanto, como mencionamos, passe a dar mais atenção à família e ao seu bem-estar emocional. Os dois planetas envolvidos em sua carreira — Saturno e Plutão — estarão em movimento retrógrado em junho, o que é mais uma razão para desviar a atenção da vida profissional. A saúde dos familiares será motivo de inquietação até o dia 18.

A atividade retrógrada aumentará neste mês — 40 por cento dos planetas estarão em movimento retrógrado a partir do dia 9. É o auge do ano (em 2014 não passaremos de 40 por cento). O ritmo da vida se torna mais lento. Embora você goste de ter um estilo de vida frenético, talvez isso seja bom. Você precisa desacelerar — especialmente depois do dia 21.

Em 29 de maio Vênus entrou em sua Casa do Dinheiro. Um bom sinal para a riqueza. O planeta ficará lá até o dia 23. Vênus em Touro — em sua própria Casa e signo — fica mais forte que o normal. A capacidade de ganhar dinheiro será grande. O julgamento financeiro será sensato e prático, o que tende a trazer prosperidade. Vênus vai ativar um ponto de eclipse (o eclipse solar do dia 29 de abril) nos dias 5 e 6. Isso causa algumas perturbações e mudanças financeiras. Talvez uma despesa inesperada ou alguma confusão. Mas será de curto prazo. Faça as mudanças que precisam ser feitas. Você sabe quais são. Quando a poeira baixar, a prosperidade retornará. Também seja mais paciente com a pessoa amada nos dia 5 e 6. Ele ou ela precisa ficar longe do perigo, evitar atividades arriscadas.

O amor será prático este mês — especialmente até o dia 23. A riqueza será um estímulo para o amor. Solteiros se sentirão atraídos por "pessoas de dinheiro", bons provedores, aqueles que podem ajudar a realizar seus objetivos financeiros. Presentes serão um estímulo para o amor. Assim você se sentirá amado e assim expressará amor. Quando Vênus entrar em Gêmeos no dia 23, essa atitude vai se alterar. A compatibilidade mental e a facilidade de comunicação se tornarão vitais. O dinheiro perderá um pouco sua importância.

JULHO

Melhores dias: 1º, 9, 10, 17, 18, 27, 28
Dias mais tensos: 4, 5, 6, 11, 12, 24, 25
Melhores dias para o amor: 4, 5, 6, 13, 14, 24
Melhores dias para o dinheiro: 4, 5, 6, 7, 8, 11, 12, 16, 17, 19, 20, 24, 25, 21, 27
Melhores dias para a carreira: 7, 8, 11, 12, 15, 16, 24, 25

Durante todo este ano houve uma Grande Cruz nos céus (em diversos graus de exatidão). Ela permanecerá forte pela maior parte do mês. Você tem trabalhado arduamente, está envolvido em um projeto importante, muito complicado. Ele vai ser finalizado no final do mês. Você poderá respirar com mais tranquilidade.

No dia 17 Júpiter faz um movimento importante, saindo de sua Quarta Casa e ingressando em sua Quinta Casa. O planeta ficará lá pelo restante deste ano. Você trabalhou duro, é hora de descansar e se recompor, de se divertir. No dia 22 o Sol entrará em sua Quinta Casa, assim como você entrará em um poderoso pico anual de prazer pessoal.

SEU HORÓSCOPO PESSOAL PARA 2014

Mesmo assim, continue a vigiar a saúde. Não se esquive de deveres e responsabilidades, e programe mais períodos de descanso. Saiba diferenciar os deveres reais dos falsos. Muito do que consideramos "responsabilidade" não é real, são meramente coisas empurradas para nossas mãos.

Você pode melhorar sua saúde dando mais atenção a pulmões, braços, ombros e sistema respiratório até o dia 13, e ao estômago depois desse dia. (As mulheres devem ficar mais atentas aos seios depois do dia 13.) A harmonia emocional será importante nesse período, pois a maioria dos planetas estará abaixo da linha do horizonte, mas neste mês ela será uma questão de saúde. Depressão, raiva e discórdia são os primeiros sintomas de doenças. Essas coisas acontecem — são inevitáveis no nível humano —, mas não se acomode a esse tipo de situação. Retorne à harmonia o mais rápido que puder.

No dia 22 você verá uma melhora notável na saúde e na energia. Marte, Júpiter e o Sol deixarão seus aspectos tensos e começarão a formar aspectos harmoniosos. Será como se um peso enorme tivesse sido tirado de seus ombros.

A entrada de Marte em Escorpião e em sua Oitava Casa aumenta a libido. Seja qual for sua idade ou estágio de vida, o desejo sexual estará mais intenso que de costume. Este será um mês sexualmente mais ativo a partir do dia 18.

As finanças irão bem em julho, mas não terão a mesma importância que tiveram nos últimos meses. O planeta das Finanças ficará na Terceira Casa até o dia 18, o que indica que as oportunidades financeiras estarão por perto, com vizinhos e irmãos (ou figuras fraternas). Indica também ganhos com negociações, compras e vendas. Bom marketing e boas relações públicas são importantes para os lucros. No dia 18 o planeta das Finanças entrará em Câncer, sua Quarta Casa. Isso mostra bom apoio familiar (o apoio da família foi bom este ano). As conexões familiares também serão importantes para as finanças. Você vai gastar mais com a casa e com a família, mas essa área também pode ser uma fonte de lucro.

AGOSTO

Melhores dias: 5, 6, 13, 14, 23, 24
Dias mais tensos: 1º, 2, 8, 20, 21, 22, 28, 29
Melhores dias para o amor: 1º, 2, 3, 4, 12, 13, 23, 24, 28, 29
Melhores dias para o dinheiro: 3, 4, 5, 12, 13, 14, 16, 17, 23, 24
Melhores dias para a carreira: 3, 4, 7, 8, 11, 12, 20, 21, 22, 30, 31

Embora este vá ser basicamente um mês alegre, pois sua Quinta Casa — da Diversão — estará lotada de planetas e você ainda vá estar em meio a um pico de prazer pessoal, haverá alguns obstáculos no caminho. Tecnicamente, não acontecerão eclipses neste mês. Mas como muitos planetas reativarão pontos do eclipse de abril, será "como se" o mês fosse repleto de minieclipses. Coisas que não foram tratadas no momento dos verdadeiros eclipses serão resolvidas agora.

Felizmente, por contar com bastante elemento fogo no Zodíaco e com aspectos basicamente harmoniosos, você terá energia para lidar com essas questões.

O Sol transita por um ponto de eclipse (em quadratura) nos dias 1º e 2. Portanto, os filhos podem ficar mais temperamentais. Eles devem evitar atividades arriscadas. Às vezes, esse trânsito causa quedas totais ou parciais no fornecimento de energia. Você terá sorte nas especulações este mês, mas talvez seja sensato evitá-las nos dias 1º e 2.

Mercúrio transita pelo mesmo ponto de eclipse (o eclipse solar do dia 29 de abril) nos dias 5 e 6. Tenha mais cuidado ao dirigir. As comunicações podem ficar instáveis. Os equipamentos estarão mais propensos a dar defeitos. Pode haver distúrbios no trabalho. Você pode ter sobressaltos na saúde, mas essa área ficará basicamente bem.

Marte transita pelo mesmo ponto do dia 10 ao dia 14, o que terá um efeito mais pessoal sobre você. Evite riscos, confrontos, pressa e precipitação. Passe momentos mais tranquilos perto de casa.

Vênus transita por esse ponto do dia 18 ao dia 20, o que pode causar problemas financeiros (de curto prazo) e testes no amor. Seja mais paciente com a pessoa amada nesse período. Na verdade, as finanças e o amor irão muitos bem, mas mais tensos que de costume. Coisas boas podem ser tão tensas quanto as ruins.

Júpiter transita por esse ponto entre os dias 24 e 31. Evite viagens desnecessárias ao exterior. Muitos de vocês vão viajar este mês, então tente não marcar essas viagens nesses dias.

Arianos adoram aventuras. E o risco é a base de toda aventura. Portanto agosto, com todos esses altos e baixos, provavelmente será empolgante para você. Não haverá um momento de tédio.

No mês passado o poder planetário se deslocou do Oriente para o Ocidente — do setor da independência para o setor dos relacionamentos, das outras pessoas. Assim, a independência pessoal é amenizada. Este será um ciclo para desenvolver as habilidades sociais e não para a iniciativa pessoal. Não há nada errado com a iniciativa pessoal e nada errado com o consenso. Tudo depende do estágio do ciclo no qual você está. Agora os objetivos serão alcançados mais facilmente através da cooperação dos outros, e não puramente através do esforço pessoal.

SETEMBRO

Melhores dias: 2, 3, 10, 11, 19, 20, 29, 30
Dias mais tensos: 4, 5, 17, 18, 24, 25
Melhores dias para o amor: 2, 3, 12, 13, 23, 24, 25
Melhores dias para o dinheiro: 1º, 2, 3, 10, 11, 12, 13, 19, 20, 23, 29, 30
Melhores dias para a carreira: 4, 5, 8, 9, 17, 18, 27, 28

Este mês o poder planetário se deslocará novamente da metade inferior para a metade superior de seu Zodíaco. É o amanhecer de seu ano. É o nascer do Sol. Hora de acordar, deixar para trás o mundo dos sonhos e obter a realização de seus objetivos através dos meios físicos — os métodos diurnos. Se você usou bem os últimos meses, visualizando seus objetivos, as ações acontecerão natural e harmoniosamente.

Neste mês e no próximo o poder planetário estará em seu ponto mais ocidental. A vida social vai se tornar hiperativa (você iniciará um ciclo social anual no dia 23), de forma que cultivar as graças sociais se tornará mais importante. As habilidades pessoais e a iniciativa são sempre importantes, mas o fator "simpatia" contará muito neste momento. Mudar as condições arbitrariamente será mais difícil agora. Então adapte-se a elas da melhor forma possível. Um novo ciclo de independência começará no final de dezembro e será mais fácil fazer as mudanças quando isso acontecer.

A saúde se tornará mais delicada depois do dia 23. É importante vigiar os níveis de energia. Um nível alto de energia é a melhor defesa contra doenças. Uma aura forte repele qualquer micróbio. Mas se a aura enfraquece — o que pode acontecer facilmente depois do dia 23 —, pode haver problemas. Você também pode melhorar a saúde dando mais atenção aos rins e quadris até o dia 28, e ao cólon, à bexiga e aos órgãos sexuais depois desse dia. A saúde será um foco importante até o dia 23, o que é positivo. Seu foco reunirá forças para o período posterior.

O amor estará bem este mês. Como Urano ainda permanecerá em sua Primeira Casa por muitos anos, provavelmente o casamento não

ÁRIES ♈ 43

é aconselhável, mas as oportunidades surgirão. Vênus, seu planeta do Amor, se moverá muito rapidamente neste mês — através de três signos e Casas de seu Zodíaco. Isso mostra confiança social. Você vai estar em movimento, vai muito longe, fará muito progresso. Até o dia 5, o amor não será muito sério, apenas diversão e entretenimento. Do dia 5 até o final do mês, Vênus estará em Virgem em sua Sexta Casa. Isso mostra que oportunidades românticas acontecerão no emprego e com colegas de trabalho. Também podem acontecer enquanto você cuida dos seus objetivos de saúde — no consultório médico ou no spa. Você se sentirá atraído por profissionais de saúde e pessoas que lidam com a cura. Os filhos (ou enteados) que tiverem a idade apropriada também terão grandes oportunidades românticas no final do mês.

As finanças serão boas este mês. Você terá confiança financeira e fará progressos rápidos. Até o dia 5 será preciso tomar cuidado para não gastar demais. Mas, depois, o senso financeiro ficará mais sólido. A partir do dia 5 o dinheiro virá do trabalho, à moda antiga.

Quem estiver procurando emprego terá sorte este mês.

OUTUBRO

Melhores dias: 7, 8, 16, 17, 18, 26, 27
Dias mais tensos: 1º, 2, 14, 15, 21, 22, 23, 28, 29
Melhores dias para o amor: 3, 12, 13, 21, 22, 23
Melhores dias para o dinheiro: 3, 7, 8, 9, 10, 12, 13, 17, 18, 22, 23, 26, 27
Melhores dias para a carreira: 1º, 2, 5, 6, 14, 15, 24, 25, 28, 29

Este será um mês tumultuado, mas bem-sucedido. Muitas mudanças aconteceram tanto para você quanto no mundo. Os dois eclipses deste mês praticamente garantem isso.

O eclipse lunar de 8 de outubro ocorre em seu signo e terá impacto sobre Urano e Plutão. Será um eclipse intenso. Programe uma agenda tranquila e simples nessa época. O cosmos vai lhe mostrar, em uma linguagem que você entenda, quando o período do eclipse estiver começando (haverá avisos) e você vai poder ir com calma enquanto for necessário. Esse eclipse ocorre em sua Primeira Casa, então proporcionará uma redefinição da sua personalidade e do seu autoconceito. Você vai aprimorá-los. Começará (e será um processo com duração de seis meses) a apresentar uma nova imagem para o mundo. Em geral, isso leva a mudanças no guarda-roupa e no penteado, cria um novo visual. Se você andava descuidado das questões alimentares, pode acontecer uma desintoxicação do corpo. De qualquer maneira, é preciso ir com calma até o dia 23, mas especialmente durante o período do eclipse, que testará as amizades e trará eventos dramáticos que poderão mudar a vida de amigos. Haverá abalos e perturbações em organizações profissionais com as quais você estiver envolvido. Também podem ocorrer encontros com a morte (mais provavelmente em nível psicológico). Talvez aconteçam dramas na família e no lar. Seja mais paciente com os familiares durante esse período.

O eclipse solar do dia 23 de outubro ocorrerá exatamente na cúspide de sua Oitava Casa. Novamente, isso pode indicar encontros com a morte (não necessariamente a morte física literal). Os filhos (e enteados) devem ficar longe do perigo. Eles não precisam se envolver em atividades arriscadas. É melhor evitar as especulações nesse período. O casamento dos amigos será testado. O cônjuge, parceiro ou amor atual passará por uma crise financeira que demandará mudanças dramáticas.

Eclipses não são um castigo, são apenas a maneira do cosmos de se livrar de obstruções e bloqueios. Essas mudanças tendem a ser positivas no longo prazo, mas às vezes são desconfortáveis enquanto acontecem.

O foco na carreira deve ser mantido. No dia 26, Marte cruzará o Meio do Céu e ingressará em sua Décima Casa. É um trânsito importante, que indica sucesso na carreira. Você estará no topo, acima de todos de seu mundo, dando as cartas. Será respeitado e honrado. Suas conquistas serão reconhecidas. Até mesmo sua aparência física será valorizada. Você vai trabalhar duro, mas será bem-sucedido.

Marte passará o mês inteiro "fora de curso", o que indica que você sairá de seus círculos habituais. Explorará novos lugares e métodos. Esse comportamento será de ajuda na carreira.

A saúde ainda precisa de vigilância até o dia 23. Reveja nossa conversa do mês passado sobre o assunto. Será um bom período para passar mais tempo em um spa ou marcar massagens regulares.

NOVEMBRO

Melhores dias: 4, 5, 13, 14, 22, 23
Dias mais tensos: 10, 11, 18, 19, 25, 26
Melhores dias para o amor: 2, 3, 11, 12, 18, 19, 22, 23
Melhores dias para o dinheiro: 2, 3, 4, 5, 6, 7, 11, 12, 14, 22, 23
Melhores dias para a carreira: 3, 11, 12, 21, 25, 26, 30

A vista do topo tem seu lado bom. Você está forte, eficiente, no comando. As pessoas o veem como alguém bem-sucedido. Você tem honra e respeito. Mas também existem alguns pontos fracos nessa posição. Você fica mais visado — pela concorrência de colegas e subordinados. Você se torna um para-raios. É preciso lidar com essa situação cuidadosamente. Faça tudo o que puder para evitar confrontos, especialmente dos dias 8 ao 16. Também será bom evitar atividades arriscadas nesse período. E dirija com mais cuidado.

Sua Oitava Casa será muito forte este mês (também foi forte no mês passado) e Marte fará conjunção com Plutão. Dessa forma, cirurgias podem ser recomendadas para você. Isso não significa que você terá de fazê-las, mas que haverá essa tendência. É sempre bom buscar uma segunda opinião. Também haverá mais confrontos com a morte — não a morte literal, e sim confrontos psicológicos. Talvez você escape por pouco de uma situação perigosa, algo que poderia ter causado a morte ou ferimentos graves. Essas coisas fazem as pessoas pensar e rever sua vida. A vida aqui na Terra é curta, frágil, pode acabar a qualquer momento. Precisamos cuidar de nossos verdadeiros propósitos.

Os mesmos aspectos indicam o poder dos regimes de desintoxicação. Você responderá bem a eles.

Tecnicamente, não há eclipses nesse período, mas muitos planetas ativarão pontos de eclipse — portanto, será "como se" o eclipse fosse experimentado novamente.

Urano ficará parado muito próximo a um ponto de eclipse durante o mês inteiro, o que indica dramas na vida de amigos — teste de amizades. Filhos ou enteados terão seus relacionamentos testados.

O Sol reativará um ponto de eclipse nos dias 6 e 7. Isso afeta seus filhos ou enteados. Eles passarão por dramas. Também é melhor evitar especulações no período.

Mercúrio transita pelo mesmo ponto de eclipse (o eclipse lunar de 8 de outubro) entre os dias 8 e 10. As comunicações podem ficar difíceis, equipamentos de comunicação podem não funcionar como deveriam. Haverá drama no local de trabalho e instabilidade com os empregados.

Marte, o senhor de seu Zodíaco e um planeta muito importante para você, reativa esse ponto nos dias 15 e 16, e já falamos sobre isso.

O cônjuge, parceiro ou amor atual passou por uma grande provação financeira no ano passado, mas suas finanças melhoram muito este mês. Ele ou ela ficará em um pico financeiro anual até o dia 22.

DEZEMBRO

Melhores dias: 1º, 2, 10, 11, 20, 21, 28, 29
Dias mais tensos: 8, 9, 15, 16, 22, 23
Melhores dias para o amor: 1º, 2, 12, 13, 15, 16, 21, 22, 30, 31
Melhores dias para o dinheiro: 1º, 2, 3, 4, 10, 11, 12, 13, 20, 21, 22, 28, 29, 30, 31
Melhores dias para a carreira: 8, 9, 19, 22, 23, 28

Sua saúde e energia em geral começaram a melhorar em julho. Júpiter e Marte se afastaram de aspectos tensos de longo prazo que formavam com você. Este mês — no dia 24 — Saturno passará a formar aspectos harmoniosos com você. A saúde continuará delicada depois do dia 22, mas nem de longe tão delicada quanto estava em julho e outubro. A tensão virá, basicamente, de planetas rápidos. Se você passou por julho e outubro, dezembro será moleza. Deixe sua saúde ainda melhor dando mais atenção ao fígado e às coxas até o dia 17, e à espinha, joelho, dentes, ossos, pele e ao alinhamento geral do esqueleto depois desse dia. Uma desintoxicação do fígado e massagens nas coxas terão um efeito poderoso até o dia 17. Massagens nas costas e nos joelhos serão poderosas depois dessa data.

O principal destaque deste mês será a carreira. No dia 22 você ingressará em outro pico anual profissional. Sua Décima Casa ficará poderosa durante o mês inteiro. Sessenta por cento dos planetas estão nessa Casa ou passarão por ela ao longo de dezembro. Será um mês de sucesso e progresso profissionais contínuos. Haverá uma "conspiração cósmica" para lhe proporcionar sucesso e ascensão. Não tem problema deixar as questões domésticas e familiares um pouco de lado nesse momento e se concentrar na carreira.

Marte reativará um ponto de eclipse entre os dias 4 e 7. Evite atividades arriscadas, dirija com mais cuidado e não se apresse nem se precipite.

No dia 5 Marte sairá de sua Décima Casa e ingressará em sua Décima Primeira — dos Amigos. Essa tem sido uma área delicada nos últimos tempos, e você estará mais dedicado a seus amigos, desejará estar ao lado deles.

O amor será feliz este mês. Até o dia 10, haverá oportunidades românticas em ambientes religiosos ou acadêmicos; em outros países ou com estrangeiros. O amor será apaixonado e ardente — exatamente como você gosta. No dia 10, Vênus cruzará o Meio do Céu e ingressará em sua Décima Casa, o que indica o aparecimento de oportunidades amorosas enquanto você busca seus objetivos de carreira e com pessoas com quem está envolvido profissionalmente. Muitas vezes, mostra oportunidades com chefes e superiores — pessoas cujo status é mais alto que o seu. No geral, você vai se envolver aos poderosos, e obterá tanto o apoio social quanto financeiro deles.

Filhos ou enteados terão oportunidades profissionais maravilhosas este mês. Mas seus relacionamentos serão postos à prova.

No dia 22 o poder planetário se deslocará novamente para o setor oriental do mapa. A independência pessoal passará a ter muito mais peso. Será fácil fazer mudanças ou criar as condições que você quiser. Então agora, e pelos próximos seis meses, será a hora de fazer isso.

Como seu planeta da Carreira estará em sua Nona Casa (a partir do dia 24), acontecerão mais viagens de negócios. No ano que vem esse aspecto será mais intenso, mas seus efeitos já estão em atividade. A disposição para viajar favorece a carreira.

♉

TOURO

O TOURO
Nascidos entre 21 de abril e 20 de maio

PERFIL PESSOAL

TOURO NUM RELANCE

Elemento: Terra
Planeta Regente: Vênus
Planeta da Carreira: Urano
Planeta do Amor: Plutão
Planeta das Finanças: Mercúrio
Planeta do Lar e da Vida Familiar: Sol
Planeta da Fortuna e da Abundância: Júpiter
Cores: tons terrosos, verde, amarelo e alaranjado
Cores que promovem o amor, o romance e a harmonia social: violeta, púrpura
Cores que propiciam ganhos: amarelo, amarelo-ouro
Pedras: coral, esmeralda
Metal: cobre
Perfumes: amêndoa, rosa, baunilha, violeta
Qualidade: fixa (= estabilidade)
Qualidade essencial ao equilíbrio: flexibilidade
Maiores virtudes: resistência, lealdade, paciência, estabilidade, boa disposição
Necessidades mais profundas: conforto, segurança material, riqueza
Características a evitar: rigidez, teimosia, tendência à possessividade e ao materialismo
Signos de maior compatibilidade: Virgem, Capricórnio

Signos de maior incompatibilidade: Leão, Escorpião, Aquário
Signo mais útil à carreira: Aquário
Signo que fornece maior suporte emocional: Leão
Signo mais prestativo em questões financeiras: Gêmeos
Melhor signo para casamento e associações: Escorpião
Signo mais útil em projetos criativos: Virgem
Melhor signo para sair e se divertir: Virgem
Signos mais úteis em assuntos espirituais: Áries, Capricórnio
Melhor dia da semana: sexta-feira

COMPREENDENDO A PERSONALIDADE TAURINA

Touro é o mais terreno dos signos de Terra. Se compreendermos que a Terra, mais que um elemento físico, é também uma atitude psicológica bem definida, fica mais fácil compreender os taurinos.

Os taurinos dispõem do mesmo potencial para a ação que os arianos. Mas para os taurinos a ação não se justifica por si mesma. Ela tem de ser produtiva, prática e produzir riquezas. Se um taurino não enxergar valor prático numa ação, não moverá um dedo para executá-la.

O forte dos taurinos é o dom que exibem de tornar realidade suas próprias ideias e as dos demais. Em geral, não são muito criativos, mas conseguem aperfeiçoar as ideias alheias, conferindo-lhes maior praticidade e utilidade. O mesmo se aplica aos projetos; não são bons em iniciá-los, mas, tendo se envolvido em algum, o concluem. Eles sempre acabam o que começam. Gostam de ir até o fim, e só não o farão se alguma calamidade inevitável ocorrer.

Muitos julgam os taurinos como excessivamente teimosos, conservadores, fixos e inamovíveis. É compreensível, pois eles não apreciam alterações nem em seu habitat nem em sua rotina de vida. Também detestam mudar de opinião! Por outro lado, é justamente essa sua maior virtude. O eixo de uma roda não pode ficar oscilando a todo instante. Deve ser fixo, estável. Os taurinos são o eixo dos círculos sociais e dos céus. Sem a sua estabilidade e famigerada teimosia a roda do mundo (e também a dos negócios) não giraria.

Os taurinos amam a rotina. E a rotina, quando boa, apresenta muitas virtudes. Trata-se de uma maneira fixa, e idealmente perfeita, de lidar com as situações. A espontaneidade pode originar erros que causam grande desconforto e intranquilidade, algo inaceitável para um taurino. Mexer no conforto e na segurança de um nativo de Touro é receita infalível para irritá-lo e encolerizá-lo.

Enquanto os arianos adoram a velocidade, os taurinos apreciam a calma. Pensam devagar. Mas não caia no erro de julgá-los beócios, pois são bastante inteligentes. É que gostam de ruminar bem as ideias, ponderá-las antes de decidir. Só aceitam uma ideia ou tomam uma decisão depois de muita reflexão. Demoram para se zangar, mas, se forem provocados, não fique por perto!

FINANÇAS

Os nativos de Touro são bastante conscienciosos financeiramente. A riqueza ocupa em suas vidas um lugar mais importante do que para os nativos de outros signos. Ela significa conforto e segurança, que se traduzem em estabilidade. Outros signos sentem-se ricos em virtude de suas ideias, seus talentos ou suas habilidades, mas os taurinos só conseguem apreciar claramente as riquezas que podem ver ou tocar. Sua filosofia de vida os leva a crer que o talento nada vale se não se converter em casas, móveis, carros e férias em locais aprazíveis.

É pelas razões acima que os taurinos brilham na corretagem imobiliária e no agronegócio. Parecem destinados a possuir terras. Adoram sentir a ligação com elas. A fartura material começa na agricultura, com o arar do solo. Possuir um lote de terra corresponde à mais antiga forma de riqueza, e os taurinos insistem em conservar essa tradição primeva.

É na busca da riqueza que os nativos do signo desenvolvem sua capacidade intelectual e seus dons de comunicação de forma mais acentuada. É em razão dessa busca, e por necessidade de negociar, que aprendem a desenvolver um pouco de flexibilidade. São também esses processos que lhes ensinam o valor prático do intelecto, para que possam de fato chegar a admirá-lo. Não fosse pela busca da riqueza e do conforto material, é possível que os taurinos jamais despertassem para o intelecto.

Embora alguns taurinos sejam muito sortudos e costumem ganhar com frequência em jogos e apostas, isso só ocorre quando outros fatores no horóscopo os predispõem a agir dessa forma, que não condiz com sua natureza essencial, já que não têm o jogo no sangue. São trabalhadores que apreciam conseguir o que ganham mediante o próprio esforço.

O seu conservadorismo nato faz com que abominem riscos desnecessários nas finanças e nas demais áreas de suas vidas.

CARREIRA E IMAGEM PÚBLICA

Por serem essencialmente práticos e simples os taurinos encaram com admiração a originalidade, a inventividade e a ausência de convencionalismo. Apreciam que seus chefes sejam criativos e originais, uma vez que se regozijam em aperfeiçoar as ideias deles. Admiram os que exibem ampla consciência sociopolítica e sentem que, um dia (quando desfrutarem de todo o conforto e da segurança de que necessitam), também se envolverão com essas questões cruciais.

Nos negócios, os nativos de Touro podem ser muito espertos, o que os torna valiosíssimos para os empregadores. Nunca demonstram preguiça, gostam de trabalhar e de obter bons resultados. Não toleram assumir riscos desnecessários e se dão bem em posições de comando e autoridade, o que faz deles bons gerentes e supervisores. Sua capacidade de gerenciamento é reforçada por seu talento natural para a organização e para lidar com detalhes, para não falar de sua paciência e constância. Conforme mencionado, em virtude de sua forte conexão com a terra, também se saem bem na agricultura e em atividades correlatas.

De modo geral, os taurinos perseguem mais o dinheiro e a capacidade de ganhá-lo em abundância do que o prestígio e o reconhecimento público. Preferem uma posição com uma remuneração mais alta, embora menos prestigiosa, a um cargo pomposo, com salário reduzido. Os nativos de outros signos nem sempre pensam dessa forma, mas os taurinos sequer hesitam, sobretudo se inexistirem elementos em seu mapa astral que atenuem essa característica. Só se disporão a perseguir o prestígio e a glória se lhes for mostrado que terão impacto direto e imediato no bolso.

AMOR E RELACIONAMENTOS

No amor, os taurinos gostam de possuir e manter. São do tipo que adora casar. Apreciam envolvimentos e compromissos, desde que os termos da relação sejam claramente definidos. Detalhe fundamental: os taurinos gostam de ser fiéis a um único amante e, em troca, esperam a mesma fidelidade. Quando isso não ocorre, seu mundo desaba. Quando apaixonados, são leais, mas também intensamente possessivos. São capazes de grandes ataques de ciúme quando são magoados.

Num relacionamento, um nativo de Touro se compraz com o essencial. Se você estiver envolvido romanticamente com alguém do signo, não precisa gastar muito ou fazer agrados o tempo todo à pessoa amada. Bastará lhe dar amor, comida e abrigo confortável que o ente amado ficará muito contente por permanecer em casa e desfrutar de sua companhia. E será leal a você por toda a vida. Faça com que um taurino se sinta confortável e, principalmente, seguro na relação e raramente terá problemas.

No amor, tendem a cometer o erro de tentar controlar os parceiros, o que costuma ocasionar mágoas para ambos os lados. O raciocínio por trás dessa forma de agir é simples: o taurino sente-se um pouco dono do ser amado e, em todos os setores de sua vida, procura modificar as coisas no sentido de aumentar seu próprio conforto geral e segurança. O raciocínio é acertadíssimo no tocante a objetos materiais e inanimados. Mas é perigoso querer fazer o mesmo com as pessoas. Por isso, é preciso que você, taurino, tenha extremo cuidado e atenção.

VIDA DOMÉSTICA E FAMILIAR

A família e a casa são vitais para os taurinos. Eles adoram filhos. Também apreciam um lar confortável e até um pouco glamouroso, pois, às vezes, gostam de se exibir. Tendem a comprar móveis de madeira maciça, pesados, geralmente da melhor qualidade possível. Agem assim porque gostam de sentir consistência em seu meio ambiente. A casa não é apenas seu lar, mas também seu nicho de criatividade e lazer. O lar de um nativo de Touro é seu castelo. Se pudesse escolher livremente, ele optaria por uma casa no campo em vez de uma residência na cidade. Quando isso não é possível, por causa do trabalho, gosta de passar fins de semana no campo, e ao se aposentar procura áreas rurais onde possa estar mais próximo da terra.

Em casa, o taurino é como um esquilo silvestre: o senhor da toca. Trata-se de um anfitrião do tipo mão aberta, que aprecia fazer com que seus convidados experimentem a mesma satisfação e segurança que sentem em seus próprios lares. Se você for convidado para jantar na casa de um taurino, espere boa comida e muita diversão. Esteja preparado para visitar os aposentos um a um e para ouvir o "dono do castelo" discorrer satisfeito, e com um pouquinho de exibicionismo e orgulho, sobre suas posses.

Eles gostam de crianças, mas geralmente são severos com elas. Tendem a tratá-las — como fazem com quase tudo na vida — como propriedades pessoais. O aspecto bom disso é que os filhos serão sempre bem-cuidados e bem-supervisionados. E terão satisfeitas todas as necessidades materiais de que carecem para se desenvolver adequadamente. O lado negativo é que os nativos de Touro tendem a ser muito repressivos com os filhos. Ai do filho que ousar perturbar a rotina diária que um pai (ou mãe) taurino adora cumprir! Estará arrumando uma grande encrenca com ele (ou ela).

TOURO
HORÓSCOPO 2014

TENDÊNCIAS GERAIS

Os últimos anos foram prósperos. Neste momento você está em um ponto de saciedade. O fruto da riqueza e da prosperidade é o tempo livre — um tempo para o desenvolvimento mental e intelectual e para o crescimento espiritual. Isso acontecerá no ano que começa. As oportunidades aparecerão, mas depende de você aproveitá-las.

O amor e a vida social foram prejudicados por instabilidade e tensão. Os relacionamentos amorosos e até mesmo as parcerias profissionais foram severamente postos à prova. Essa tendência se manterá este ano. Mas agora você terá mais chances de lidar melhor com ela. Falaremos mais sobre isso depois.

Touro é um signo sensato e prático. A espiritualidade dos nativos desse signo tende a ser de "terra", prática. A espiritualidade significa ser um bom provedor para sua família, um bom cônjuge, um bom pai ou mãe etc. Mas como Urano ficará em sua Décima Segunda Casa durante muitos anos, vemos uma expansão da vida espiritual. A espiritualidade é positiva por si só, independente das consequências práticas. Atitudes e práticas espirituais passarão por mudanças importantes e dramáticas. A presença de Netuno em sua Décima Primeira Casa — dos Amigos — o levará a fazer amigos espiritualizados, que também serão um fator de influência.

Plutão, o planeta da transformação e da renovação, está em sua Nona Casa — da Religião, da Filosofia e dos Ensinamentos Superiores — há alguns anos, e ainda continuará nela por muitos anos. Portanto, suas crenças religiosas e filosóficas — sua visão de mundo — estão sendo desintoxicadas e purificadas. Essa é uma parte fundamental do crescimento espiritual previsto. Abandonar ou até modificar crenças profundas não é fácil. Às vezes, métodos dramáticos são necessários, e o cosmos fornecerá o que for preciso.

Seus maiores interesses neste ano — e você terá muitos — serão comunicação e interesses intelectuais (até 16 de julho), lar e família (a partir de 16 de julho), saúde (até 26 de julho); amor, romance e atividades sociais; religião, filosofia, ensinamentos superiores e viagens ao exterior; amigos, grupos e atividades coletivas; espiritualidade.

Seus caminhos para maior realização este ano serão comunicação e interesses intelectuais (até 16 de julho), lar e família (de 16 de julho em diante), saúde e trabalho (até 26 de julho).

SAÚDE

(Trata-se de uma perspectiva astrológica sobre a saúde, não de uma visão médica. No passado, essas perspectivas eram idênticas, porém, hoje, podem ocorrer diferenças. Para obter uma opinião com base em diagnósticos da medicina convencional consulte seu médico ou um profissional da saúde.)

Sua Sexta Casa — da Saúde — será forte este ano, até 26 de julho. Então, a saúde será um foco importante nesse período, algo que considero positivo para essa área. É improvável que você deixe pequenos problemas de saúde se transformarem em coisas graves. Você estará disposto a dedicar tempo e esforço necessários para manter a saúde.

A saúde estará basicamente bem, mas vai precisar de vigilância. O principal problema (que também ocorreu no ano passado) será o alinhamento tenso de Saturno com seu Sol. Este ano Júpiter também fará um alinhamento tenso com você depois de 16 de julho. Sozinhos, esses fatores não bastam para causar uma doença, mas afetam sua energia. Caso você se permita ficar exausto, seu sistema imunológico espiritual — o campo áurico — enfraquece e se torna vulnerável a todo tipo de "invasão". Além disso, espiritualmente falando, vemos o corpo como "um sistema de energia dinâmico", não apenas uma "coisa" ou "fábrica de substâncias químicas". Ele obedece às leis da energia. Quando o campo energético se altera, para o bem ou para o mal, ocorrem mudanças correspondentes no corpo.

Sozinhos, Júpiter e Saturno não conseguem causar doenças. Mas haverá períodos no ano em que os planetas rápidos se juntarão à "gangue", e nesses momentos você deverá ser especialmente cuidadoso e descansar bastante. Em 2014 esses períodos serão de 20 de janeiro a 18 de fevereiro; de 23 de julho a 23 de agosto e de 23 de outubro a 21 de novembro.

Você pode cuidar melhor de sua saúde dando mais atenção às seguintes áreas:

Coração. Reflexos no coração aparecem. Evite preocupações e ansiedade, que são as raízes espirituais dos problemas cardíacos.

Rins e quadris. Reflexos nessas áreas aparecem. Os quadris devem ser massageados regularmente.

Cabeça, rosto e couro cabeludo. Serão áreas importantes até 26 de julho. Massagens regulares no couro cabeludo e no rosto terão grande efeito nesse período.

Pescoço e garganta. Essa área é sempre vulnerável para os taurinos. Massagens frequentes no pescoço são sempre benéficas e devem se tornar parte de sua rotina de saúde. Normalmente, a tensão se acumula no pescoço, e precisa ser liberada.

Glândulas suprarrenais. Reflexos nas glândulas suprarrenais aparecem. Evite o medo e a raiva, emoções que são as raízes dos problemas dessa área.

Marte passará um tempo incomum em sua Sexta Casa, quase sete meses (o trânsito habitual desse planeta dura de um mês e meio a dois meses). Portanto, os músculos devem estar "tonificados" e em forma. Se os músculos enfraquecem, o alinhamento da coluna e do esqueleto é prejudicado e outros problemas se desenvolvem a partir daí. Exercícios físicos frequentes serão importantes até 26 de julho.

Como Vênus é seu planeta da Saúde, as questões amorosas influenciam essa área. Se houver discórdia e problemas no casamento ou com o amor atual, ou com amigos, a saúde física pode ser afetada. Essa área está sob pressão há alguns anos, e, sem dúvida, pode influenciar qualquer problema físico. A solução: restaurar a harmonia o mais rápido possível.

Vênus, seu planeta da Saúde, é um planeta rápido. A cada ano ele percorre todo o seu Zodíaco. Assim, haverá muitas tendências de curto prazo na saúde que analisaremos melhor nas "Previsões Mensais".

LAR E FAMÍLIA

Sua Quarta Casa — do Lar e da Família — se tornará poderosa a partir de 16 de julho, quando Júpiter ingressa nela e continua ali pelo resto do ano. É um trânsito maravilhoso e pressagia felicidade nessa área da vida em 2014.

Com frequência, isso indica uma mudança — uma feliz mudança — para uma casa maior e mais confortável. Mas, como sabem nossos leitores assíduos, nem sempre acontece uma mudança literal. Muitas vezes, as pessoas compram mais uma casa ou expandem e reformam a casa em que moram. Normalmente, compram coisas caras para o lar, o que o torna mais aconchegante e agradável. É "como se" a família tivesse se mudado.

A presença de Júpiter na Quarta Casa é um ótimo aspecto profissional para o cônjuge, parceiro ou amor atual. Eles terão sucesso este ano, além de boas oportunidades de carreira.

Quando Júpiter está na Quarta Casa, indica um bom apoio familiar, financeiramente e de outras maneiras. Mostra que o círculo familiar vai se expandir no ano que começa. Geralmente, isso acontece através de nascimentos ou casamentos, mas nem sempre. Muitas vezes, conhecemos pessoas que são "como se fossem da família", que desempenham esse tipo de papel em sua vida. Muitas vezes, essas pessoas nos dão mais apoio do que a família biológica.

A presença de Júpiter na Quarta Casa mostra crescimento psicológico em 2014. Progressos psicológicos. Sua compreensão de seus próprios humores e dos humores alheios será ampliada. Os que estiverem envolvidos com terapia, tanto como pacientes quanto como terapeutas, terão boas experiências nessa área.

As nativas de Touro em idade de engravidar ficam mais férteis que de costume sob esse trânsito.

Esse trânsito mostra a prosperidade da família como um todo e, especialmente, da figura paterna ou materna. Se você for uma mulher, será a prosperidade e a generosidade da figura paterna. Se for um homem, da figura materna.

O estado de espírito tenderá ao otimismo a partir de 16 de julho. E depois que entendemos como a lei espiritual funciona, o estado de espírito e a sensação de otimismo sempre antecedem os eventos reais. Portanto, acontecimentos felizes nas finanças e em outras áreas são prováveis.

Se os pais ou figuras paternas ou maternas forem casados, o relacionamento ficará ainda melhor depois do dia 16 de julho. Se forem solteiros, haverá grandes oportunidades românticas para eles, talvez até um casamento. Não aconselhamos mudanças este ano. É melhor esperar. O mesmo vale para filhos ou enteados. Irmãos ou figuras fraternas vão prosperar em 2014, provavelmente farão viagens, mas sua vida doméstica não terá mudanças. Eles se sentirão satisfeitos com a casa em que moram.

Os pais ou figuras paternas ou maternas precisam cuidar melhor do coração. Além disso, é possível que cirurgias lhes sejam recomendadas. Mas eles devem buscar uma segunda opinião. Estarão predispostos a resolver problemas com uma cirurgia, e talvez se precipitem ao escolher essa opção.

DINHEIRO E CARREIRA

Como mencionamos anteriormente, você está saindo de um período de prosperidade. É muito provável que os objetivos financeiros tenham sido obtidos. Como sua Casa do Dinheiro ficará praticamente vazia este ano, não existe necessidade de prestar atenção especial a essa área ou de fazer mudanças financeiras importantes. Será um ano sem alterações financeiras. Sem desastres, mas também sem nada de especialmente positivo.

Os nativos de Touro, claro, estão sempre interessados em dinheiro, mas neste ano seu interesse será um pouco menor que de costume.

Júpiter transitará por sua Terceira Casa até 16 de julho, o que indica um carro novo e novos equipamentos de comunicação — e de alta qualidade. Indica, também, a prosperidade de irmãos e figuras fraternas. Se você tem investimentos (e que taurino não tem?), ganhará mais com eles. Talvez as ações que você possui deem mais lucro ou o banco aumente a taxa de juros. Esse trânsito é especialmente positivo para os taurinos que estiverem envolvidos em vendas, marketing, publicidade e promoção, indicando sucesso nesses empreendimentos. Também é maravilhoso para aqueles que ensinam ou escrevem. As ideias são uma forma de riqueza, e em 2014 você entenderá isso com mais nitidez.

A Terceira Casa rege compras, vendas e negociações. Esses empreendimentos também serão prósperos.

O mercado imobiliário é uma área naturalmente propícia para os nativos de Touro. Eles têm um instinto natural para as coisas da Terra, que estará ainda mais acentuado em 2014, especialmente para imóveis residenciais. Até 16 de julho, Júpiter estará no signo de Câncer, que rege os imóveis residenciais. Depois desse dia, Júpiter ingressará em sua Quarta Casa, que também rege esse tipo de imóvel.

Mercúrio é o planeta das Finanças. E como sabem nossos leitores assíduos, é um planeta rápido. Ao longo do ano, ele passará por todos os signos e Casas de seu mapa. Assim, haverá muitas tendências de curto prazo nas finanças, dependendo de onde Mercúrio estará e dos aspectos que receberá. Trataremos disso com mais detalhes nas "Previsões Mensais".

O cônjuge, parceiro ou amor atual terá prosperidade, especialmente na primeira metade do ano. Mais tarde, porém, no final de 2014, ele ou ela precisará se consolidar e se reorganizar.

Os números favoráveis para suas finanças este ano serão 1, 3, 6, 8 e 9.

Embora sua Décima Casa — da Carreira — vá ficar praticamente vazia em 2014, pois apenas planetas rápidos vão passar por lá, o trabalho será bem-sucedido e importante. Quatro planetas lentos estarão acima da linha do horizonte no Zodíaco. Isso significa que durante o ano todo haverá sempre 40 por cento dos planetas (quase metade do mapa) acima da linha do horizonte, o que revela ambição e interesse. Portanto, haverá um grande impulso profissional, uma grande motivação, o que tende a levar ao sucesso. Além do mais, quando Júpiter ingressar em Leão, no dia 16 de julho, começará a formar aspectos maravilhosos com seu planeta da Carreira, Urano, o que indica ascensão profissional. Se você trabalha para outras pessoas, terá aumentos e promoções. Se tiver o próprio negócio ou for autônomo, seu status em sua indústria ou profissão será elevado. Suas conquistas obterão mais reconhecimento. Setembro e o início de outubro serão períodos especialmente poderosos profissionalmente. Acho possível que pessoas de fora invistam em sua carreira.

A habilidade para lidar com alta tecnologia será profissionalmente importante. Vale a pena gastar no que houver de melhor e mais recente. Também é importante ter uma abordagem original em relação ao que você faz. Nunca copie, nunca imite. Siga seu talento e sua originalidade inatos.

Como o planeta da Carreira está na Décima Segunda Casa — da Espiritualidade — (desde 2012) você será um profissional idealista. Simplesmente ganhar dinheiro ou fazer nome e fama não será o bastante para você. A carreira terá de ser verdadeiramente útil para os outros, terá de se alinhar aos seus ideais. Também será positivo se você se envolver em organizações de caridade ou causas altruísticas. Essas atividades aprimorarão sua carreira externa.

Sonhos, médiuns, pastores, gurus e canais espirituais fornecerão informações importantes sobre a carreira.

AMOR E VIDA SOCIAL

A Sétima Casa será uma casa de poder este ano — assim como foi no ano passado. Será uma área de grande foco, e com razão. Como mencionamos, há alguns anos essa área está problemática. A vida amorosa anda extremamente instável. Casamentos e relacionamentos têm sido severamente testados desde 2011. Muitos não sobreviveram às dificuldades.

Em muitos casos, esses términos foram bênçãos disfarçadas. Normalmente, os nativos de Touro não se desfazem facilmente do que têm. Os taurinos gostam de ter e manter. São conservadores. Tradicionais. Gostam do *status quo*, mesmo que não seja o melhor que possam obter. Os nativos do signo só conseguem abrir mão "na marra" (por assim dizer). E foi mais ou menos isso o que aconteceu nos últimos anos. Você precisava de um drama real para se desligar.

O cosmos quer o melhor para você. E se o relacionamento atual não estiver à altura, vai ser deixado para trás.

As amizades e parcerias profissionais também foram testadas, e continuarão a ser este ano. Como dissemos, os relacionamentos que sobreviveram aos últimos anos (e sobreviverem a este) sobreviverão a qualquer coisa. E isso também faz parte do Plano Divino. Só os relacionamentos sólidos conseguem ultrapassar esse tipo de dificuldade.

Em diversos casos o relacionamento, ou a amizade, foi testado por causa de dramas e eventos que alteraram a vida dos envolvidos. Pode não ter tido nada a ver com o relacionamento. Mas essa é maneira que o cosmos tem de dizer: "Embora isso seja bom, tenho algo melhor para você."

Para os solteiros (as pessoas que estão buscando o primeiro casamento), não é muito aconselhável se casar no momento. Se conhecer alguém interessante, permita que o amor cresça e se desenvolva naturalmente. Não há pressa.

Os taurinos que estiverem casados pela segunda vez ou buscando o segundo casamento também enfrentarão testes no relacionamento. Os solteiros que buscarem o segundo casamento terão oportunidades de se casar, mas passarão por problemas de estabilidade no relacionamento. Não tenham pressa de se amarrar.

Aqueles que estiverem tentando se casar pela terceira vez, entretanto, terão excelentes oportunidades de romance e matrimônio. Foi assim na segunda metade do ano passado e continuará na primeira parte de 2014. Esse relacionamento será espiritual.

Os solteiros se sentirão atraídos por pessoas mais velhas e estabelecidas; vão se aproximar de figuras corporativas — pessoas de muito status e prestígio. O perigo, nesse caso, é ingressar em um relacionamento por conveniência, e não por amor verdadeiro.

Haverá oportunidades românticas em outros países e com estrangeiros, e em ambientes religiosos ou acadêmicos.

Em geral, os taurinos precisam se esforçar mais para demonstrar amor e carinho para os outros. Em um nível subconsciente, você parece frio e distante para as outras pessoas. Talvez não tenha consciência disso, mas essa energia é transmitida. Você é naturalmente amoroso — Vênus rege seu signo —, mas terá de se esforçar mais para se expressar durante esse período.

AUTOAPRIMORAMENTO

Assim como no ano passado, os principais desafios desse ano estarão na esfera social — na vida amorosa. Os problemas amorosos podem se tornar um campo espiritual minado. As brigas são apenas a ponta do iceberg. Os problemas amorosos tendem a gerar problemas em outras áreas da vida — autoestima, valor próprio, saúde (especialmente no seu caso) e finanças. Discórdias no amor podem criar também problemas espirituais, pois o fluxo de energia espiritual é bloqueado. Assim, o cosmos está lhe proporcionando um "curso intensivo" para lidar com essas coisas.

Quando um relacionamento amoroso ou parceria profissional azeda, sempre há certa quantidade de negatividade. É inevitável. Mas você pode decidir se quer ir pelo caminho da negatividade máxima ou da negatividade mínima. Com uma frequência grande demais vejo que muitos escolhem o primeiro. Assim, algo simples é ampliado e prolongado, tornando-se muito mais doloroso do que o necessário. E aí as pessoas se perguntam por que estão no hospital para fazer esta ou aquela cirurgia. Elas não veem a ligação.

Eckhard Tolle ressalta corretamente que existe uma diferença entre "dor" e "sofrimento". A dor é a resposta do organismo a algo negativo. Quando cortamos o dedo, sentimos uma pontada de dor. É natural. O sofrimento está na mente. O dedo cortado se transforma em um rosário de lamentações — "Comigo sempre acontecem coisas ruins.", "Estou sendo castigado por Deus porque eu sou uma má pessoa."... "Sou um azarado." etc. Agora você passará pelo sofrimento, uma angústia mental e emocional. Agora haverá uma desconexão da fonte espiritual. O dedo cortado, algo basicamente sem importância, torna-se algo enorme. Isso também vale para o amor.

O surgimento dessas questões secundárias — a angústia mental — pode ser útil para alguém que esteja trilhando o caminho espiritual, pois elas revelam o conteúdo do inconsciente e suas impurezas, de forma que você possa eliminá-las. Os que já estiverem avançados em seus estudos podem usar o poder da atenção e da consciência para transformar essas impurezas. Os iniciantes, aqueles que ainda não têm atenção livre suficiente, podem eliminá-las usando as técnicas descritas em meu livro *A Technique For Meditation*. Quando essas impurezas forem eliminadas, fica relativamente simples lidar com os passos que precisam ser tomados em seguida. Não era tão complicado quanto você imaginava.

A habilidade de perdoar é um aprendizado muito importante no amor e nos relacionamentos. Mas para que o perdão seja eficaz deve ser "real" e não "estratégico". Deve vir genuinamente do coração. O perdão se tornará mais fácil quando você entender que perdoamos a pessoa, não as ações. Os atos prejudiciais foram um erro, e não tentamos encobri-los. Não violentamos nosso intelecto ou bom senso. A pessoa é outra história. Ele, ou ela, agiu de acordo com determinado condicionamento e mentalidade, de forma que era inevitável fazer o que fez. Se estivéssemos no lugar dessa pessoa, talvez tivéssemos agido da mesma forma.

Quando entendemos o que havia por trás dos atos, o perdão acontece natural e facilmente.

PREVISÕES MENSAIS

JANEIRO

Melhores dias: 1º, 2, 9, 10, 19, 20, 28, 29
Dias mais tensos: 3, 4, 17, 18, 24, 25, 30, 31
Melhores dias para o amor: 1º, 2, 9, 10, 19, 20, 24, 25, 28, 29
Melhores dias para o dinheiro: 1º, 2, 5, 6, 10, 11, 12, 13, 14, 15, 22, 23, 24, 25, 30, 31
Melhores dias para a carreira: 3, 4, 7, 8, 17, 18, 26, 27, 30, 31

Seu ano começa com 70 por cento e, às vezes, 80 por cento dos planetas acima da linha do horizonte. No dia 20 você entrará em um pico profissional anual — um deles. Portanto, esse vai ser o foco do mês. Não apenas será seguro deixar de lado as questões domésticas e familiares, mas a família dará apoio a seus objetivos profissionais. Você terá a bênção deles.

Existem duas maneiras de alcançarmos nossos objetivos — a interior (meditação, visualização, sonhos conscientemente guiados) e a exterior — a atividade física objetiva. Ambas são importantes em momentos diferentes. Neste momento, seu ciclo favorece a segunda. Tome as medidas físicas necessárias para alcançar seus objetivos profissionais. Este será um mês bem-sucedido.

O impulso planetário estará incrivelmente acelerado neste mês. Oitenta por cento dos planetas vão estar em movimento direto, então é provável que você veja um rápido progresso na consecução de seus objetivos. Entretanto, um dos dois planetas em movimento retrógrado será Vênus — o senhor de seu Zodíaco. Talvez você se sinta perdido, sem rumo e incerto sobre seus objetivos pessoais. Não tem problema. O cosmos está lhe dizendo para adquirir clareza mental nessa área. Será um ótimo momento (com um *timing* maravilhoso) para refletir sobre as condições atuais — seu corpo, sua imagem e a situação na qual você se encontra — e ver que mudanças podem ser feitas para melhorar as coisas. Logo chegará a hora de colocar essas mudanças em prática, mas o importante é saber o que você quer.

Os taurinos que estiverem procurando um emprego também devem ser mais cuidadosos este mês. Não aceite o primeiro trabalho que oferecerem. Analise melhor as opções. As coisas nem sempre são o que parecem.

Sua saúde ficará excelente até o dia 20. Depois dessa data será preciso descansar e relaxar mais. Mantenha altos os níveis de energia e concentre-se no essencial. Você pode melhorar ainda mais a saúde cuidando das áreas mencionadas em "Tendências Gerais" e voltando a atenção à coluna, aos joelhos, dentes, ossos, pele e ao alinhamento geral do esqueleto. Massagens nas costas e nos joelhos terão um intenso efeito. Visitas regulares a um quiroprático ou ao osteopata também serão benéficas. As técnicas de cura espiritual também terão poder. Como seu planeta da Saúde passará o mês inteiro em movimento retrógrado, evite fazer mudanças drásticas na dieta ou na rotina de saúde. Analise melhor as coisas.

As finanças serão excelentes este mês. Até o dia 11, seu planeta das Finanças estará na Nona Casa — uma casa afortunada. A renda aumentará. Estrangeiros terão importante papel nessa área. Os investimentos no estrangeiro ou interação com outros países também proporcionarão lucros. No dia 11, Mercúrio cruzará o Meio do Céu e entrará em sua Décima Casa. Este também será um vigoroso período financeiro. O dinheiro virá de sua boa reputação profissional e de figuras paternas ou maternas, pessoas mais velhas, chefes e figuras de autoridade. Se você precisar de ajuda financeira do governo, este será um bom momento para pedir. Ele será favorável.

FEVEREIRO

Melhores dias: 5, 6, 7, 15, 16, 17, 24, 25
Dias mais tensos: 13, 14, 20, 21, 26, 27
Melhores dias para o amor: 5, 6, 7, 15, 16, 17, 20, 21, 24, 25
Melhores dias para o dinheiro: 1º, 2, 8, 9, 10, 11, 12, 19, 20, 21, 26, 27, 28
Melhores dias para a carreira: 3, 4, 13, 14, 22, 23, 26, 27

Vênus começou a se mover para a frente em 31 de janeiro e continuará assim pelo resto do ano. Esperamos que você tenha obtido clareza sobre o que precisa ser mudado em sua vida. Agora, quando os planetas começarem a se deslocar para o Leste (esse aspecto será mais forte no mês que vem), você terá chance de realizar as alterações necessárias, entrará em um período de independência pessoal e vai poder fazer as coisas à sua maneira. Os outros sempre são importantes, mas, se eles não cooperarem, aja sozinho.

Você continuará no pico profissional anual até o dia 18. Portanto, o sucesso externo continua. Talvez tenham acontecido aumentos e promoções no mês passado, mas, caso contrário, são uma possibilidade neste mês e até no próximo.

Seu planeta das Finanças entra em movimento retrógrado no dia 6. Portanto, tente finalizar compras ou investimentos importantes antes dessa data. Do dia 6 até o final do mês será positivo revisar sua vida financeira e descobrir que pontos podem ser melhorados. Não será o momento de colocar suas ideias em prática — isso acontecerá no mês que vem —, mas para solucionar dúvidas e planejar melhorias.

A saúde continuará precisando de atenção até o dia 18. Reveja nossa discussão sobre o assunto no mês passado — as tendências ainda estão em vigor. No dia 18, a saúde e a energia começarão a melhorar.

O amor ainda está sendo testado. Mas, neste mês, com menos severidade que o normal. Vênus está em conjunção com Plutão, seu planeta do Amor, e passará praticamente o mês inteiro assim. A vida amorosa ficará um pouco mais fácil. Fazer uma viagem internacional a dois ou frequentar juntos um culto pode melhorar as coisas. Talvez os solteiros tenham conhecido alguém especial no mês passado. Isso também pode acontecer no começo deste mês. Mas o casamento não está previsto no momento.

O Sol fica em conjunção com Netuno dos dias 22 a 24. Isso irá ativar sua rotina de sonhos — e também a rotina de sonhos dos membros da família. A compreensão espiritual e revelações espirituais vão ajudá-lo a resolver problemas familiares.

Seja mais paciente com os membros da família entre os dias 9 e 12 — eles estarão mais mal-humorados. Será um problema de curto prazo.

O pai, a mãe ou uma figura paterna prospera no dia 28.

Sua Décima Primeira Casa se tornará poderosa a partir do dia 18. Será um período social, mas não necessariamente romântico, e sim propício para se envolver em grupos, atividades coletivas e organizações.

MARÇO

Melhores dias: 5, 6, 15, 16, 24, 25
Dias mais tensos: 12, 13, 19, 20, 26, 27
Melhores dias para o amor: 5, 6, 7, 15, 16, 17, 18, 19, 20, 24, 25, 26, 27
Melhores dias para o dinheiro: 1º, 2, 7, 8, 10, 11, 19, 20, 28, 29
Melhores dias para a carreira: 3, 4, 12, 13, 22, 23, 26, 27, 30, 31

No mês passado o elemento Água foi muito forte no Zodíaco. Quarenta por cento e, às vezes, 50 por cento dos planetas estavam nos signos de Água. Teremos a mesma situação este mês. Essa intensidade de Água aumenta a sensibilidade, o que tem pontos positivos. As pessoas entram em contato com seus sentimentos e os compartilham mais livremente. A intimidade emocional se torna mais fácil. Por outro lado, pode haver muita hipersensibilidade. Pequenas coisas, como a linguagem corporal ou o tom de voz, podem irritar os outros. Então, não se esqueça disso.

No dia 6 (e talvez você sinta até antes) Vênus vai cruzar o Meio do Céu e entrar em sua Décima Casa. O planeta passará o mês inteiro ali. Será um minipico profissional, indicando que você estará acima de todos em seu mundo (ou tentando ficar). Você é o número 1, e não vai aceitar uma posição inferior (mesmo que seja prestigiosa). Esse trânsito indica ascensão, honra e respeito. Os outros o considerarão bem-sucedido. Sua aparência também será um fator importante.

Seu planeta das Finanças está em movimento direto. Esperamos que você tenha definido seus objetivos financeiros e feito planos para melhorar as coisas. Agora pode colocar esses planos em ação. Mercúrio, seu planeta das Finanças, ficará em sua Décima Casa até o dia 17 o que indica rendimentos vindos da carreira (aumentos salariais, sua boa reputação profissional) e do favorecimento dos pais, figuras paternas ou maternas, chefes e pessoas mais velhas. Eles vão auxiliar seus objetivos financeiros. Darão apoio. Depois do dia 17 os ganhos serão provenientes de contatos sociais, de amigos e do envolvimento com grupos e organizações. O dinheiro também pode ser obtido no mundo virtual. Mercúrio ingressará no signo de Peixes no dia 17, proporcionando uma boa intuição financeira. A intuição estará especialmente boa entre os dias 21 e 23, quando Mercúrio entrará em conjunção com Netuno. Existe uma dimensão espiritual no suprir e no prover, algo sobre o que você aprenderá mais a partir do dia 17.

O amor continuará em teste e estará bastante volátil. Essa volatilidade aumenta durante a Lua Nova do dia 30. Os relacionamentos não vão necessariamente se desfazer, mas exigirão muito mais esforço para seguir em frente. Essa mesma Lua Nova estimula a carreira.

A saúde está muito melhor que no mês passado. Além do que já mencionamos em "Tendências Gerais", dê mais atenção aos tornozelos e às panturrilhas para se sentir melhor. Evite atividades arriscadas entre os dias 17 e 19. Nesse período, também haverá inquietações no trabalho.

Este será um mês espiritual. O Sol ficará no místico planeta Peixes até o dia 20. Após essa data, entra em sua Décima Segunda Casa — da Espiritualidade. Será um momento poderoso para meditar e se dedicar a estudos espirituais. Também será um período propício para atividades beneficentes.

ABRIL

Melhores dias: 1º, 2, 11, 12, 20, 21, 29, 30
Dias mais tensos: 8, 9, 10, 16, 17, 22, 23
Melhores dias para o amor: 1º, 2, 4, 5, 6, 11, 12, 16, 17, 20, 21, 24, 25, 29, 30
Melhores dias para o dinheiro: 3, 4, 5, 6, 7, 8, 16, 17, 18, 19, 24, 25, 29, 30
Melhores dias para a carreira: 9, 10, 18, 19, 22, 23, 26, 27

O poder planetário está se aproximando da posição mais oriental em seu mapa — do período de máxima independência pessoal. Você não precisará tanto dos outros quanto de costume, obtendo as coisas e realizando as mudanças por iniciativa própria. Será um bom mês para fazer as alterações que estava planejando — teremos dois eclipses, e a mudança está no ar.

Há sucesso na carreira nos dias 1º e 2. Além de oportunidades profissionais.

O eclipse lunar do dia 15 acontecerá em sua Sexta Casa. Isso pode proporcionar sustos na saúde e dramáticas alterações de longo prazo na rotina de saúde. O local de trabalho também ficará instável. Os eclipses lunares tendem a afetar as comunicações — tanto seus equipamentos quanto sua capacidade de se comunicar. Este não será diferente. A boa notícia é que Vênus estará em conjunção com Netuno do dia 10 ao dia 13, e você receberá orientação espiritual — seja em sonhos, através de canais espirituais ou de médiuns — para lidar com as coisas. Dirija com cuidado nesse período. Os carros também agem de forma estranha durante esse tipo de eclipse.

O eclipse solar do dia 29 terá um impacto muito mais forte sobre você. Ocorrerá em seu próprio signo e em sua Primeira Casa. Programe uma agenda tranquila. Esse eclipse indica uma redefinição de sua personalidade e de seu autoconceito, em um processo que levará seis meses. Você vai mudar seu modo de pensar em si mesmo e a maneira que deseja que os outros o vejam. Redefinir-se e atualizar seu autoconceito de vez em quando é uma boa ideia, mas o eclipse vai forçar esse acontecimento. Normalmente, essa redefinição — essa mudança na imagem — também envolve alterações no guarda-roupa. Em seu Zodíaco, todo eclipse solar afeta o lar e a família. O Sol é o planeta da família, portanto, haverá dramas em casa, com familiares, com um dos pais ou uma figura paterna ou materna. A vida emocional ficará mais volátil. Às vezes, os sonhos são perturbadores. Se houver problemas em casa, este será o momento de descobri-los e consertar as coisas.

Haverá importantes mudanças financeiras este mês — não necessariamente relacionadas ao eclipse. Seu planeta das Finanças faz uma conjunção com Urano entre os dias 13 e 15, proporcionando melhorias financeiras súbitas e inesperadas. Um dos pais, figura paterna ou materna ou chefe será generoso com você — e talvez até o governo. Às vezes, esse trânsito também indica uma despesa inesperada.

O amor será um pouco mais fácil que no mês passado, mas não muito. Seu planeta do Amor, Plutão, entra em movimento retrógrado no dia 14, então evite tomar decisões importantes depois desse dia. É hora de rever e esclarecer esse tema.

MAIO

Melhores dias: 8, 9, 10, 17, 18, 26, 27
Dias mais tensos: 5, 6, 13, 14, 19, 20
Melhores dias para o amor: 6, 8, 9, 13, 14, 17, 18, 24, 25, 26, 27
Melhores dias para o dinheiro: 1º, 2, 3, 4, 5, 11, 12, 13, 14, 19, 20, 21, 22, 28, 29, 30, 31
Melhores dias para a carreira: 6, 7, 15, 16, 19, 20, 24, 25

Muitos nativos de touro fizeram aniversário no mês passado, a maioria vai fazer neste mês. Um aniversário é muito mais que abrir presentes e ir a festas. Não há nada de errado com essas coisas, mas esses costumes são derivados de algo mais profundo. Há uma sacralidade no aniversário. É um evento celestial. O Sol retorna à posição em que estava no momento do nascimento e começa um novo ciclo anual. É seu "ano-novo pessoal". O passado ficou para trás e você está recomeçando. A vida é cheia de recomeços. Tire um tempo para refletir sobre o ano passado. Corrija os erros do passado (redenção) e defina novos objetivos para este ano. Comece seu ano-novo do zero.

A maioria dos planetas continua acima da linha do horizonte, de forma que a carreira e as atividades exteriores continuam sendo mais importantes, mas isso está prestes a mudar. No final do mês — no dia 29 — a metade inferior do mapa ficará mais forte que a superior (pela primeira vez neste ano). O Sol está se pondo em seu ano. É hora de finalizar as atividades do dia e se preparar para as atividades noturnas. Enquanto isso não acontece, aproveite o sucesso profissional atual — especialmente nos dias 14 e 15. Nesse momento, os objetivos do ciclo profissional anterior já terão sido mais ou menos alcançados (se não tiverem sido totalmente alcançados, terá havido progresso) e você começará a se preparar para o próximo ciclo de atividade profissional, que começará em aproximadamente seis meses.

Em 20 de abril você entrou em um de seus picos anuais de prazer pessoal, que continuará em vigor este mês. É um ótimo momento para se concentrar no corpo e na imagem e entrar em forma. Também será uma boa hora para mimar o corpo e aproveitar os prazeres sensuais. A autoestima e a autoconfiança estarão no auge do ano. Talvez uma determinada relação seja problemática, mas mesmo assim você atrairá o sexo oposto. O amor não passa por um momento tão bom há algum tempo. No mês que vem será ainda melhor. Por enquanto, um casamento ainda não é aconselhável.

Seu planeta das Finanças entrou em seu signo no dia 23 de abril e continuará até o dia 7. Financeiramente, isso é maravilhoso. O dinheiro e as oportunidades financeiras se colocarão em seu caminho. Haverá golpes de sorte nessa área. Você ganhará dinheiro do seu jeito, com honra. Você se sentirá rico e terá uma aparência abastada (de acordo com seu status e momento de vida). No dia 21 o Sol vai se juntar ao planeta das Finanças na Casa do Dinheiro, e você ingressará em um pico financeiro anual. Sem dúvida, este mês será próspero. O paraíso de Touro.

Seu planeta das Finanças ficará "fora de curso" no dia 12 e permanecerá assim pelo restante do mês. Isso indica que você vai explorar novos caminhos para a riqueza — que vai ultrapassar seus limites habituais, deixar a zona de conforto, eliminar antigas limitações. Talvez esse comportamento horrorize os membros da família ou uma figura paterna, mas funciona.

JUNHO

Melhores dias: 5, 6, 14, 15, 22, 23
Dias mais tensos: 2, 3, 9, 10, 16, 17, 29, 30
Melhores dias para o amor: 5, 6, 9, 10, 14, 15, 22, 23, 24
Melhores dias para o dinheiro: 1º, 9, 10, 11, 17, 18, 19, 24, 25, 26, 27, 28
Melhores dias para a carreira: 2, 3, 12, 13, 16, 17, 20, 21, 29, 30

Você ainda está em meio a um pico financeiro anual. Este mês será próspero. Seu planeta das Finanças continuará "fora de curso" até o dia 5. Suas incursões ao desconhecido darão certo. Mercúrio entra em movimento retrógrado no dia 7, o que não fará cessar o lucro e a prosperidade, mas vai desacelerar as coisas. É hora de rever suas finanças e planejar melhorias. Mas, primeiro, é preciso obter clareza mental. As dúvidas precisam ser solucionadas. Se estiver planejando compras importantes (itens caros) ou grandes investimentos, é melhor finalizá-los antes do dia 7. Se precisar lidar com esses assuntos depois dessa data (às vezes somos obrigados pelas circunstâncias), pesquise mais e tome medidas para se proteger. Verifique a política de devoluções da loja. As noções financeiras às vezes se distanciam da realidade durante um movimento retrógrado, e é preciso se precaver contra erros. Podem ocorrer atrasos de pagamento, mas a prosperidade geral fica intacta. Após o dia 23 a aparência será muito importante financeiramente. Será bom investir nela.

O amor estará relativamente bem este mês. Tudo na vida é relativo. Vênus em seu signo proporciona beleza à imagem. Você vai se vestir bem e apresentar uma boa aparência. Será atraente para o sexo oposto. Vênus formará aspectos maravilhosos com o planeta do Amor, Plutão, do dia 8 ao 12. Os solteiros conhecerão bons partidos. Como o planeta do Amor ainda estará em movimento retrógrado, permita que os relacionamentos se desenvolvam naturalmente, sem forçar nem manipular. Simplesmente seja você mesmo. Não é preciso tomar decisões românticas importantes no momento. Você ainda busca "clareza" (que é outra palavra para Luz) em sua vida amorosa. Se existe uma coisa que os taurinos não toleram, é a instabilidade — e essa será a característica amorosa do momento. Há lições cósmicas a aprender com isso.

Até o dia 23 você viverá um bom período para comprar roupas e acessórios. Seu instinto estará aguçado e seu gosto, impecável. A saúde estará bem. No mês passado também estava. Você pode melhorá-la ainda mais com massagens no pescoço (que são sempre importantes para você) e massagens nos braços e ombros (a partir do dia 23). Métodos de cura corpo-mente serão poderosos após o dia 23.

Vênus, o senhor do seu Zodíaco, reativará o eclipse solar de 29 de abril nos dias 5 e 6. Vá com calma e evite correr riscos. Os filhos (ou enteados) também não devem se arriscar.

Marte fará oposição a Urano entre os dias 22 e 26, criando um aspecto muito dinâmico. Evite confrontos e dirija com mais cuidado. Talvez aconteçam transtornos de curto prazo na carreira e com as pessoas ligadas à carreira — especialmente os pais, figuras paternas ou maternas, chefes e figuras de autoridade. Eles também devem evitar riscos. A intuição vai precisar ser verificada com mais cuidado nesse período.

JULHO

Melhores dias: 2, 3, 11, 12, 19, 20, 21, 29, 30, 31
Dias mais tensos: 1º, 7, 8, 13, 14, 27, 28
Melhores dias para o amor: 2, 3, 4, 5, 6, 7, 8, 11, 12, 13, 14, 19, 20, 24, 29, 30
Melhores dias para o dinheiro: 5, 6, 7, 8, 13, 14, 16, 17, 22, 23, 24, 25, 27
Melhores dias para a carreira: 1º, 9, 10, 13, 14, 17, 18, 27, 28

Interessantes fenômenos acontecerão este mês. Enquanto os planetas rápidos estiverem chegando ao nadir (o ponto mais baixo do Zodíaco), e tecnicamente você se aproximar da meia-noite de seu ano, o ingresso de Marte em Escorpião no dia 18 tornará a metade superior do mapa tão forte quanto a inferior. Não será tão fácil ter uma "boa noite de sono" e utilizar os métodos noturnos. É como se alguém o acordasse para lidar com os assuntos exteriores. Seu desafio este mês será lidar com a carreira e com o lar, a família e as necessidades emocionais. Não deixe de resolver as demandas profissionais, mas tire cochilos sempre que possível. Um ritmo frenético nunca é aconselhável, mas, às vezes, é inevitável.

Júpiter faz um movimento importante este mês — no dia 17 — saindo de Câncer e ingressando em Leão — de sua Terceira Casa para sua Quarta Casa. Ele ficará lá pelo restante deste ano e por boa parte do ano que vem. Normalmente, isso indica mudanças ou reformas na casa. A vida doméstica será, basicamente, feliz, e haverá bastante apoio familiar. Algum membro da família — talvez um dos pais ou figura paterna ou materna — pode passar por experiências dramáticas — cirurgias ou encontros com a morte —, mas serão apenas pequenos obstáculos em seu caminho. O apoio da família continuará forte ao longo do ano.

Marte ingressa em sua Sétima Casa — do Amor — no dia 18, o que complica uma situação amorosa que já estava difícil. Se você não tomar cuidado, os conflitos podem piorar. É quase certo que haverá negatividade nessa área, mas quem decide se vai minimizá-la ou maximizá-la é você. O ideal é minimizar sempre que for possível. Marte é seu planeta espiritual. Portanto, a mensagem é colocar a vida amorosa nas mãos de um Poder Superior e deixá-lo cuidar de tudo. Quando isso é feito com sinceridade, de coração, a situação encontra paz.

As finanças continuam muito bem. Talvez não tão ativas quanto no mês passado, mas ainda bem. Seu planeta das Finanças começa a se mover para a frente no dia 2, e o senso financeiro voltará ao padrão habitual. A Casa do Dinheiro continuará poderosa até o dia 18, indicando um intenso foco nas finanças, e normalmente conseguimos aquilo em que nos focamos. Vendas, marketing, publicidade e boas relações públicas são sempre importantes para você no nível financeiro, mas este mês serão ainda mais, pois o planeta das Finanças ficará no signo de Gêmeos até o dia 13, e depois dessa data vai ingressar em sua Terceira Casa — da Comunicação. Essas atividades ficam sob o domínio de Gêmeos e da Terceira Casa. As negociações também serão boa fonte de renda este mês.

A Terceira Casa — da Comunicação e dos Interesses Intelectuais — terá muito poder este mês. Portanto, será uma boa hora para atualizar cartas, e-mails e textos que você estiver devendo, e para fazer cursos sobre assuntos que lhe interessem. Será um momento propício para ler e estudar. Os alunos terão um mês bem-sucedido.

AGOSTO

Melhores dias: 8, 16, 17, 25, 26, 27
Dias mais tensos: 3, 4, 10, 23, 24, 30, 31
Melhores dias para o amor: 3, 4, 12, 13, 23, 24, 30, 31
Melhores dias para o dinheiro: 5, 6, 13, 14, 15, 18, 19, 23, 24, 25, 26
Melhores dias para a carreira: 5, 6, 9, 10, 13, 14, 23, 24

Assim como no mês passado, você terá de lidar com o delicado equilíbrio entre o lar e a carreira. Ambos exigirão muita atenção. Ambos terão de ser tratados adequadamente. Normalmente, nessa época do ano, você estaria deixando de lado a carreira e concentrando-se no lar e na família. Estaria reunindo forças para o impulso profissional seguinte. Mas isso não vai acontecer em 2014. Muitos eventos profissionais afortunados e empolgantes ocorrerão este mês. Será como ser acordado no meio da noite por alguém e ouvir: "Vá para o escritório, você foi promovido." Você fica feliz, e provavelmente vai se levantar, mas perde uma noite de sono. Tudo tem seu preço. A boa notícia é que a família será compreensiva e vai apoiar os objetivos profissionais. O progresso na carreira pode estar por trás de uma mudança futura.

A saúde precisa de mais atenção este mês. Vários planetas estarão em alinhamento estressante com você. Faça o que tiver de fazer, mas tente reservar mais períodos para o descanso. Investir em massagens e passar seu tempo livre em um spa será benéfico. Também será interessante melhorar a saúde das maneiras sugeridas em "Tendências Gerais". Você pode aperfeiçoar ainda mais as coisas dando mais atenção ao estômago e à dieta até o dia 12, e ao coração depois dessa data. As mulheres devem prestar mais atenção aos seios. Neste mês, Vênus, seu planeta da Saúde, fica no signo de Câncer até o dia 12, e na Quarta Casa a partir desse dia. A harmonia e o equilíbrio emocionais (que recaem sob o domínio de Câncer e da Quarta Casa) serão extremamente importantes para a saúde. Mantenha a harmonia a todo custo.

Agosto será tumultuado, com muitos choques e surpresas. (Muitos deles positivos, mas, às vezes, as coisas boas são tão estressantes e consomem tanto tempo quanto as ruins.) Neste mês, o eclipse solar de 29 de abril será reativado por diversos planetas. Será "como se" você passasse por vários "minieclipses" — repetições do eclipse anterior. A principal reativação para você será o trânsito de Vênus entre os dias 18 e 20. É preciso fazer todo o possível para ter uma programação tranquila. O trânsito de Mercúrio entre os dias 5 e 6 afeta as finanças e os filhos. Mas será uma perturbação de curto prazo. Ela virá após um golpe de sorte financeiro entre os dias 1º e 3. O apoio familiar ficará forte o ano todo, mas especialmente dos dias 1º ao 3. Os contatos familiares também serão úteis em agosto. É provável que sejam um investimento interessante. No dia 15, Mercúrio ingressa em Virgem e os aspectos tornam-se muito mais fáceis. Haverá sorte nas especulações e no trabalho — ambos proporcionarão lucros. Será um período para o "dinheiro feliz" — o dinheiro que é ganho de forma divertida. (Às vezes, o trabalho pode ser divertido.) Você gastará em atividades de entretenimento. Aproveitará sua riqueza.

O amor. O que podemos dizer? Tente não deixar as coisas piores do que precisam ser. Elas vão melhorar depois do dia 23.

SETEMBRO

Melhores dias: 4, 5, 12, 13, 22, 23
Dias mais tensos: 6, 7, 19, 20, 27, 28
Melhores dias para o amor: 2, 3, 4, 5, 12, 13, 22, 23, 27, 28
Melhores dias para o dinheiro: 1º, 2, 3, 4, 10, 11, 12, 13, 14, 15, 19, 20, 21, 28, 29, 30
Melhores dias para a carreira: 2, 3, 6, 7, 10, 11, 19, 20, 29, 30

A saúde e a energia começaram a melhorar em 23 de agosto, e este mês a melhora será ainda mais sensível. No dia 14, Marte se afastará de um aspecto tenso com você. Grande parte da pressão negativa dos planetas rápidos desapareceu. Se houve problemas de saúde, você vai ouvir boas notícias este mês. Melhore a saúde das maneiras mencionadas em "Tendências Gerais". Até o dia 5, dê mais atenção ao coração. Do dia 5 em diante, fique mais atento ao intestino delgado (a dieta será importante nesse período). Como seu planeta da Saúde passará o mês em Leão, e depois em sua Quinta Casa, o Zodíaco está sugerindo que a felicidade — a diversão e a alegria — será poderosa força de cura este mês. Se estiver se sentindo mal, faça alguma coisa divertida. Não deixe as gargalhadas cessarem. Evite a depressão a todo custo.

Haverá um grande foco sobre a saúde este mês. Muitos planetas vão estar em Virgem (o signo da saúde) e em sua Sexta Casa (a Casa que rege a saúde). Essas são boas notícias. Você vai estar atento a essa área. Não deixará problemas sem importância se transformarem em coisas graves. Esse poder em Virgem e na Sexta Casa é positivo para quem estiver procurando emprego. Essas pessoas terão sorte e muitas oportunidades de trabalho.

No mês passado o poder planetário fez um deslocamento importante do Oriente para o Ocidente. Setenta por cento e, às vezes, 80 por cento dos planetas passaram ao setor ocidental. Seu ciclo de independência pessoal acabou, por ora. Será muito mais difícil alterar as condições e circunstâncias agora (é possível, mas com enorme esforço). O ideal é se adaptar às situações e tomar nota do que lhe desagrada. Então, quando seu próximo ciclo de independência pessoal chegar, você poderá fazer essas mudanças. Por enquanto, vai viver as condições que você mesmo criou, experimentar o carma, bom ou mau. Você teve seis meses para desenvolver sua iniciativa pessoal, e agora o cosmos o convida a aprimorar e desenvolver as habilidades sociais. Ele tem suas formas de fazer isso — diferentes para cada pessoa. Em geral, os taurinos têm boas habilidades sociais, mas sempre podemos melhorar.

Em 23 de agosto, quando o Sol ingressou em sua Quinta Casa, você começou outro pico anual de prazer pessoal, que seguirá até o dia 23 deste mês. Será um momento para se divertir. Sua criatividade também vai estar mais intensa que de costume. Sua habilidade de se relacionar com as crianças será maior. Depois do dia 23 você entrará em um período mais sério e orientado para o trabalho. Será uma boa hora para realizar todas aquelas tarefas "servis, minuciosas e entediantes" que o desanimam — contabilidade, balanço da conta-corrente, arquivamento etc.

OUTUBRO

Melhores dias: 1º, 2, 9, 10, 19, 20, 28, 29
Dias mais tensos: 3, 4, 16, 17, 18, 24, 25, 31
Melhores dias para o amor: 1º, 2, 3, 9, 10, 12, 13, 19, 20, 22, 23, 24, 25, 28, 29
Melhores dias para o dinheiro: 5, 6, 7, 8, 12, 13, 17, 18, 22, 23, 26, 27, 31
Melhores dias para a carreira: 3, 4, 7, 8, 16, 17, 18, 26, 27, 31

Quando Marte deixou sua Sétima Casa, no dia 14 do mês passado, o amor deve ter ficado um pouco mais fácil. Disputas de poder no amor nunca são divertidas. Mas os dois eclipses deste mês testarão ainda mais essa área — como se você já não tivesse sofrido o bastante! Os relacionamentos que sobreviveram a todas as dificuldades dos últimos dois anos provavelmente sobreviverão a qualquer coisa. Mas relacionamentos mais imperfeitos têm grande possibilidade de se desfazer. Os nativos de Touro não gostam de mudanças, mesmo que essas mudanças acabem sendo positivas no final. Eles têm uma tendência a "se agarrar" às coisas, e algumas vezes o cosmos precisa tomar medidas drásticas para arrancá-los de onde estão. Ninguém "segura firme" como um taurino.

Dois eclipses — um no dia 8 e outro no dia 23 — serão o destaque do mês.

O eclipse lunar do dia 8 será relativamente benigno para você, mas não custa nada programar uma agenda mais tranquila. Ele acontecerá em sua Décima Segunda Casa — da Espiritualidade —, indicando mudanças de longo prazo em suas práticas, mestres e ensinamentos espirituais. (Seu planeta espiritual, Marte, passará o mês inteiro "fora de curso", sugerindo que você ultrapassará seus limites habituais na prática espiritual — seguirá o caminho menos trilhado.) Haverá abalos e reviravoltas em organizações espirituais ou de caridade com as quais você estiver envolvido. Todo eclipse lunar testa seu carro e seus equipamentos de comunicação e afeta as comunicações em geral. Este não será diferente. Então também vale a pena dirigir de maneira mais defensiva nesse período. O eclipse ocorre exatamente em Urano, seu planeta da Carreira, indicando um momento de importantes mudanças profissionais. Mesmo que você continue na mesma carreira ou emprego, as "regras do jogo" parecerão diferentes. Haverá eventos dramáticos na vida dos pais, de figuras paternas ou maternas e de chefes. Esse eclipse também joga Plutão — o planeta do Amor — "para escanteio", causando mais dificuldades para o relacionamento atual. Parcerias e amizades também serão testadas.

O eclipse solar do dia 23 terá uma influência um pouco mais forte sobre você, então programe uma agenda bastante tranquila e evite (quando possível) atividades estressantes ou arriscadas. Se forem eletivas, remarque para outro dia. O eclipse ocorre em sua Sétima Casa — do Amor e do Casamento. Então, como mencionamos, um relacionamento atual, ou uma parceria, será novamente testado. Todo eclipse solar afeta o lar e a família, e este não será exceção. Os membros da família estarão mais temperamentais. Um dos pais ou figura paterna ou materna passará por uma situação difícil.

A saúde precisará de mais vigilância a partir do dia 23. Como sempre, a primeira linha de defesa é a manutenção dos altos níveis de energia. Portanto, descanse e relaxe mais. Se tiver oportunidade de marcar algumas massagens ou uma visita a um spa, será maravilhoso. Melhore a saúde das maneiras mencionadas em "Tendências Gerais", mas também dê mais atenção aos rins e quadris até o dia 23, e ao cólon, à bexiga e aos órgãos sexuais depois dessa data. Regimes de desintoxicação também terão um efeito poderoso a partir do dia 23.

NOVEMBRO

Melhores dias: 6, 7, 15, 16, 17, 25, 26
Dias mais tensos: 13, 14, 20, 21, 27, 28
Melhores dias para o amor: 2, 3, 6, 7, 11, 12, 15, 16, 17, 20, 21, 22, 23, 25, 26
Melhores dias para o dinheiro: 1º, 4, 5, 8, 9, 10, 11, 14, 20, 21, 23
Melhores dias para a carreira: 4, 5, 13, 14, 22, 23, 27, 28

O amor, como mencionamos, está sendo severamente testado, mas também há algumas boas notícias. No dia 23 do mês passado você entrou em um pico social anual, que vai continuar até o dia 22 deste mês. Haverá um foco mais intenso no amor, e esse foco — essa motivação — lhe permitirá lidar com os diversos desafios que aparecerão. Um determinado relacionamento pode apresentar problemas, mas a vida amorosa em geral irá bem — estará muito ativa. O casamento ainda é improvável e também desaconselhável, mas você pode aproveitar as diversas oportunidades sociais que terá sem esperar muito delas.

Você está mais popular desde 23 de outubro. Tem se esforçado pelos outros, ficado ao lado dos amigos, e está mais agressivo no amor, correndo atrás do que quer.

A saúde continuará delicada até o dia 22, então reveja nossa conversa do mês passado sobre o assunto. Você pode melhorar sua saúde das formas mencionadas em outubro, mas após o dia 17 dê mais atenção ao fígado e às coxas. Massagens frequentes nas coxas serão benéficas. A saúde e a energia ficarão muito melhores depois do dia 22.

As finanças vão se complicar um pouco este mês. Mercúrio, seu planeta das Finanças, encontra-se muito longe de seu lar natural. Está vagando em uma terra distante. Não está tão forte quanto poderia. Geralmente, os taurinos se sentem mais confortáveis quando estão concentrados nos próprios interesses financeiros. Mas este mês o cosmos os convida a se focar mais nos interesses financeiros dos outros — até mesmo a colocá-los à frente dos seus. Á medida que você auxilia a prosperidade alheia, a sua própria acontece naturalmente. Além disso, esse tipo de pensamento tornará quaisquer propostas que você tiver mais fáceis de serem aceitas.

Os eclipses do mês passado ainda estão sendo sentidos. Urano, seu planeta da Carreira, passará o mês inteiro em um ponto de eclipse. Assim, mudanças profissionais estão em progresso. Haverá mudanças dramáticas em sua empresa ou indústria, e situações difíceis na vida dos pais, figuras paternas ou maternas e chefes.

Marte fica em conjunção com Plutão do dia 8 ao 12 e entra em quadratura com Urano do dia 12 ao 14. Será um trânsito muito dinâmico. Ele reforça ainda mais as mudanças profissionais que já mencionamos. Mas este também será um momento para dirigir com mais cuidado e evitar atividades arriscadas, um conselho que se aplica igualmente aos pais e figuras paternas ou maternas.

A reativação de um ponto do eclipse por Mercúrio do dia 8 ao dia 10 cria um transtorno financeiro de curto prazo. Tente não torná-lo pior do que o necessário. Vai passar.

DEZEMBRO

Melhores dias: 3, 4, 13, 14, 22, 23, 30, 31
Dias mais tensos: 10, 11, 18, 19, 24, 25
Melhores dias para o amor: 1º, 2, 3, 4, 12, 13, 14, 18, 19, 21, 22, 23, 30, 31
Melhores dias para o dinheiro: 1º, 2, 5, 6, 10, 11, 20, 21, 22, 28, 29, 30, 31
Melhores dias para a carreira: 1º, 2, 10, 11, 20, 21, 24, 25, 28, 29

O amor continua instável este mês, mas haverá muita melhora. No dia 24 Saturno deixará sua Sétima Casa. Ele cumpriu sua função. Você separou as boas relações das relações medíocres. Seu relacionamento passou pelos piores testes. Sua vida social foi colocada em ordem. Juntamente com isso, seu planeta do Amor, Plutão, receberá muito estímulo positivo depois do dia 9. Na verdade, podemos dizer que, a partir do dia 9, você entrará em outro pico social anual.

Urano ainda está parado no ponto do eclipse lunar de 8 de outubro. Assim, haverá várias mudanças na carreira, muitas das quais serão positivas. As mudanças serão benéficas para você — ainda que talvez não sejam agradáveis. Oitenta por cento e, às vezes, 90 por cento dos planetas estarão acima da linha do horizonte. O poder cósmico vai estar na metade superior do mapa. A ambição estará a toda. Haverá muito mais progresso e sucesso profissionais. Marte cruza o Meio do Céu e entra em sua Décima Casa no dia 5. As demandas da carreira serão intensas. Você ultrapassará competidores e rivais. Aprimore sua carreira (e sua imagem pública) envolvendo-se com caridade e causas altruísticas.

O impulso planetário estará incrivelmente acelerado. Oitenta por cento e, às vezes, 90 por cento dos planetas estarão em movimento direto. Portanto, haverá um rápido progresso em direção a seus objetivos.

O amor pode parecer problemático, mas a vida sexual não será prejudicada. Sua Oitava Casa está poderosa desde 22 de novembro e continuará assim até o dia 22 deste mês. Seja qual for sua idade e estágio de vida, a libido estará mais forte que de costume.

Os taurinos adoram "adquirir". Eles amam possuir coisas e tendem a se apegar a seus pertences. Mas nesse período, até o dia 22, pode ser benéfico fazer um inventário e se livrar do que você não precisa ou não usa. Doe para a caridade ou venda. Limpe o convés. Não há nada de errado em "obter", mas às vezes é preciso abrir mão. Não inspiramos apenas, a expiração também precisa acontecer.

Compreendo a lei espiritual sobre os pertences da seguinte forma: você tem direito a qualquer coisa que possa usar e aproveitar. Pode rezar para conseguir essas coisas e o cosmos as proporcionará. O cosmos quer que você as tenha. Não importa quão caras sejam. Elas chegarão até você, lícita e legitimamente. Mas as coisas que você não pode usar e aproveitar são apenas fardos, não são verdadeira riqueza e sim dores de cabeça. Essas coisas devem ser descartadas.

♊

GÊMEOS

OS GÊMEOS
Nascidos entre 21 de maio e 20 de junho

PERFIL PESSOAL

GÊMEOS NUM RELANCE

Elemento: Ar
Planeta Regente: Mercúrio
  Planeta da Carreira: Netuno
  Planeta da Saúde: Plutão
  Planeta do Amor: Júpiter
  Planeta das Finanças: Lua
Cores: azul, amarelo, amarelo-ouro
Cor que promove o amor, o romance e a harmonia social: azul-celeste
Cores que propiciam ganhos: cinza, prateado
Pedras: ágata, água-marinha
Metal: mercúrio
Perfumes: alfazema, lilás, lírio-do-vale, estoraque (benjoim)
Qualidade: mutável (= flexibilidade)
Qualidades essenciais ao equilíbrio: profundidade de pensamento, pouca superficialidade
Maiores virtudes: grande habilidade comunicativa, pensamento ágil, rápida capacidade de aprendizagem
Necessidade mais profunda: comunicação
Características a evitar: tendência a fofocas e a magoar os outros com palavras ásperas, superficialidade, uso da oratória para desinformar ou desviar de assuntos
Signos de maior compatibilidade: Libra, Aquário

Signos de maior incompatibilidade: Virgem, Sagitário, Peixes
Signo mais útil à carreira: Peixes
Signo que fornece maior suporte emocional: Virgem
Signo mais prestativo em questões financeiras: Câncer
Melhor signo para casamento e associações: Sagitário
Signo mais útil em projetos criativos: Libra
Melhor signo para sair e se divertir: Libra
Signo mais útil em assuntos espirituais: Touro, Aquário
Melhor dia da semana: quarta-feira

COMPREENDENDO A PERSONALIDADE GEMINIANA

O signo de Gêmeos representa para a sociedade o que o sistema nervoso representa para o organismo. Não produz informações novas, mas constitui um transmissor vital entre os estímulos gerados pelos sentidos e pelo cérebro e vice-versa. O sistema nervoso não julga ou pondera esses impulsos; tal função é atribuição do cérebro ou dos instintos. Ele apenas transmite informações, e o faz com perfeição.

Essa analogia deve fornecer uma ideia do papel dos geminianos na sociedade. Eles são os comunicadores e transmissores de mensagem. Para um geminiano, o teor da verdade de uma mensagem é irrelevante; ele apenas transmite o que vê, ouve ou lê; apregoa o que os livros escolares ensinam e o que lhe é passado por seus superiores. Assim, os nativos de Gêmeos são capazes de espalhar os maiores disparates, bem como de trazer luz e verdade a um tema. Eles tendem, por vezes, a ser inescrupulosos em suas comunicações e podem usar esse poder para o bem ou para o mal. É por isso que Gêmeos é considerado um signo de dualidade.

A habilidade para comunicar-se com facilidade faz dos geminianos excelentes professores, escritores e profissionais da mídia. Nesse aspecto, são ajudados pelo fato de que Mercúrio, o planeta regente dos nativos do signo, rege também essas atividades.

Os geminianos possuem o dom da eloquência. E que eloquência! Podem falar sobre qualquer tema, a qualquer hora e em qualquer lugar. Nada é mais divertido para eles do que uma boa conversa, sobretudo se com ela aprenderem algo novo. Eles adoram aprender e ensinar. Privar um geminiano de conversas, livros e revistas é uma punição extremamente cruel.

Os geminianos costumam ser excelentes alunos e se saem bem nos estudos. Suas mentes armazenam vasto arsenal de informação, que inclui histórias, anedotas, trivialidades, curiosidades, fatos e estatísticas. Dessa forma conseguem sustentar qualquer posicionamento intelectual a que se disponham. São assombrosos como debatedores e, quando envolvidos em política, oradores imbatíveis.

A verbosidade de Gêmeos é tão impressionante que, mesmo quando os nativos do signo não têm a menor ideia do que estão falando, dão a impressão de que são especialistas no assunto. É impossível não se deixar ofuscar por seu brilhantismo.

FINANÇAS

Os geminianos tendem a se preocupar mais com a riqueza do aprendizado e das ideias do que com a riqueza material propriamente dita. Brilham em profissões ligadas à escrita, à didática, ao comércio e ao jornalismo. Nem todas essas profissões pagam bem! Mas sacrificar necessidades intelectuais por dinheiro é inconcebível para um geminiano. Ele sempre tenta conciliar os dois.

Câncer ocupa a Segunda Casa Solar geminiana (Finanças), o que indica que você, de Gêmeos, pode ganhar dinheiro extra de forma harmoniosa e natural por meio de investimentos em restaurantes, hotéis, imóveis e pousadas. Em virtude de sua habilidade verbal, você adora situações de barganha e negociação, principalmente quando há dinheiro envolvido.

A Lua, que rege a Segunda Casa Solar de Gêmeos, é o corpo sideral mais rápido do Zodíaco; percorre todos os signos e as Casas zodiacais a cada 28 dias. Nenhum outro astro ou planeta se equipara à Lua em capacidade de mudança rápida. A análise da Lua e de seus fenômenos nos ajuda a compreender melhor a postura financeira dos nativos deste signo. Ao lidar com finanças, eles são versáteis e flexíveis. Ganham dinheiro de diversas formas, e suas necessidades e atitudes financeiras parecem flutuar diariamente. O mesmo acontece com sua maneira de encarar o dinheiro: se entusiasmam com ele em alguns momentos e, em outros, parecem não lhe dar a mínima importância.

Para o geminiano as metas financeiras e o dinheiro são vistos como mera forma de sustento para constituir uma família; fora isso, têm pouco valor.

A Lua, regente das finanças de Gêmeos, também envia outra importante mensagem para os geminianos: para concretizar plenamente seu potencial financeiro eles precisam aprender a desenvolver uma compreensão aprofundada do aspecto emocional da vida. Necessitam combinar sua espantosa capacidade de raciocínio lógico com uma compreensão da psicologia humana. Os sentimentos possuem lógica própria. É uma lição que os geminianos têm de aprender e aplicar no domínio das finanças.

CARREIRA E IMAGEM PÚBLICA

Os geminianos intuem que foram agraciados com o dom da comunicação e que esse é um poder capaz de trazer grande bem ou terrível mal-estar. Anseiam por colocar esse dom a serviço de ideais transcendentes e elevados. Sua principal meta consiste em comunicar verdades eternas e prová-las por meio da lógica. Respeitam poetas, artistas, músicos e místicos por terem conseguido transcender o intelecto. Encantam-se com a vida dos santos e mártires. Para um geminiano a transmissão da verdade, seja ela de caráter científico, histórico ou revelador, constitui a mais elevada das possibilidades de realização. Aqueles que conseguem transcender o intelecto assumem o papel de líderes naturais para eles, que têm perfeita consciência disso.

O signo de Peixes ocupa a Décima Casa Solar de Gêmeos — da Carreira. Netuno, o planeta da espiritualidade e do altruísmo, é o planeta da Carreira para os nativos do signo. Para que um geminiano se realize profissionalmente é preciso, portanto, que desenvolva seu lado transcendente, espiritual e altruísta. Ele precisa compreender o vasto panorama cósmico e a maneira como a evolução humana flui, sua origem e seu destino. Somente então sua potência intelectual encontrará seu legítimo lugar e ele poderá tornar-se "mensageiro dos deuses". Os geminianos precisam aprender a cultivar a inspiração, que não é algo que se origina *no* intelecto, mas *por meio* dele. Esse procedimento só tende a enriquecer e a fortalecer a mente geminiana.

AMOR E RELACIONAMENTOS

A tagarelice e o brilhantismo naturais dos geminianos refletem-se em sua vida amorosa e social. Uma boa conversa ou um bom bate-papo pode ser o interessante prelúdio de um novo romance. O único problema que enfrentam no amor é que seu intelecto é demasiado frio e apático para incitar ardor no outro. As emoções chegam a perturbar os nativos do signo, e seus(suas) companheiros(as) se queixam disso. Quem estiver apaixonado(a) por alguém do signo deve compreender por que isso ocorre. Os geminianos evitam paixões profundas porque elas interferem em sua habilidade de raciocínio e comunicação. Se eles parecerem frios para você, que é nativo de outro signo, compreenda que se trata da própria natureza deles.

Não obstante, os geminianos precisam entender que falar de amor é diferente de sentir o amor em toda a sua radiância e retribuí-lo. Falar sobre o amor não os levará a lugar algum. Precisam senti-lo e agir em conformidade. Esse sentimento pertence aos domínios do coração, não do intelecto. Se você deseja saber como um geminiano se sente em relação ao amor, não ouça o que ele diz; observe como ele age. Os geminianos tendem a ser bastante generosos com aqueles a quem amam.

Os nativos de Gêmeos apreciam companheiros refinados, educados e viajados. Se o consorte for mais rico do que eles, melhor ainda. Se você se apaixonou por um geminiano, é melhor ser um ótimo ouvinte.

O relacionamento ideal para um geminiano é o de natureza mental. É claro que ele também aprecia os aspectos emocionais e físicos de uma relação, mas se a comunhão intelectual não se fizer presente, sofrerá muito com essa ausência.

VIDA DOMÉSTICA E FAMILIAR

No lar, os geminianos se mostram incrivelmente organizados e meticulosos. Esperam que o cônjuge e os filhos mantenham o padrão ideal que eles mesmos seguem. Quando isso não ocorre, lamentam-se e criticam, mas são bons membros de família e gostam de servi-la de maneira prática e útil.

O lar de um geminiano é confortável e aprazível. Ele gosta de receber convidados e é ótimo anfitrião. Os nativos de Gêmeos também são bons em reparos, consertos e melhorias no lar. Nisso são impulsionados por sua necessidade de permanecer ativos e ocupados com algo que apreciem. Eles possuem muitos hobbies e passatempos que os mantêm ocupados quando ficam sozinhos em casa.

Os geminianos compreendem as crianças e se dão muito bem com elas — em parte porque eles são também muito jovens de espírito. Como grandes comunicadores, sabem explicar as coisas aos mais moços e, assim, ganham seu respeito, seu amor e sua confiança. Encorajam os filhos a serem criativos e falantes, como eles próprios são.

GÊMEOS
HORÓSCOPO 2014

TENDÊNCIAS GERAIS

Desde junho de 2012 você vive um ciclo de prosperidade, que continuará em 2014 — especialmente na primeira metade do ano. Falaremos mais sobre isso depois.

Plutão está em sua Oitava Casa há alguns anos e continuará nela por muitos mais. Isso indica que você lidará com a morte e com questões relacionadas a ela. Talvez enfrente experiências de "quase morte" ou a perda de um ente querido. Compreender a morte talvez seja tão importante quanto compreender a vida. E esse é o objetivo cósmico nesse caso.

Netuno fez um movimento importante de longo prazo em 2012, saindo de sua Nona Casa e ingressando em sua Décima Casa — da Carreira. Isso proporciona um novo senso de fervor idealista à sua carreira. Para você, não é suficiente ganhar dinheiro e ser bem-sucedido em um sentido terreno. Sua carreira precisa ter um significado espiritual e envolver a ascensão espiritual da humanidade como um todo. Falaremos mais sobre isso depois.

Urano está em sua Décima Primeira Casa — dos Amigos — desde 2011. Portanto, há grande agitação nessa área. As amizades serão testadas e muitas ficarão pelo caminho. Quando essa influência de Urano terminar, você terá um círculo totalmente novo de amigos.

A saúde está basicamente boa, mas houve alguns sustos nos últimos anos. E talvez também uma cirurgia. Essa área continuará instável este ano. Falaremos mais sobre isso depois.

Júpiter ingressará em sua Terceira Casa — da Comunicação e dos Interesses Intelectuais — no dia 16 de julho. Você possui uma facilidade natural para se comunicar, mas agora seu dom se tornará mais intenso e, talvez, mais reconhecido. Sua mente, que já é aguçada, ficará ainda perspicaz.

Há uma viagem internacional em seu mapa depois de 16 de julho. No ano que vem, também.

Suas áreas de maior interesse este ano serão finanças (até 16 de julho); comunicação e interesses intelectuais (de 16 de julho em diante); diversão, criatividade e filhos (até 26 de julho), saúde e trabalho (praticamente pelo ano inteiro, até 24 de dezembro), sexo, transformação pessoal, reinvenção pessoal, morte, questões relacionadas à morte, vida após a morte; carreira; amigos, grupos, atividades coletivas, atividades virtuais.

Seus caminhos para maior realização em 2014 serão finanças (até 16 de julho); comunicação e interesses intelectuais (de 16 de julho em diante), saúde e trabalho (até 19 de fevereiro); diversão, criatividade e filhos (a partir de 19 de fevereiro).

SAÚDE

(Trata-se de uma perspectiva astrológica sobre a saúde, não de uma visão médica. No passado, essas perspectivas eram idênticas, porém, hoje, podem ocorrer diferenças. Para obter uma opinião com base em diagnósticos da medicina convencional consulte seu médico ou um profissional da saúde.)

A saúde e a vitalidade ficarão basicamente bem este ano. Apenas um planeta lento forma um alinhamento tenso com você, Netuno. O restante formará aspectos harmoniosos ou o deixará em paz. De fato, alguns geminianos podem precisar de cirurgias, e se for esse o caso elas serão bem-sucedidas. Você vai se recuperar bem. A vitalidade fundamental, que você possui, é muito importante para a recuperação de uma cirurgia.

Sua Sexta Casa — da Saúde — será poderosa este ano, de forma que haverá muito foco e atenção nessa área.

Como Plutão é seu planeta da Saúde, você tem uma predisposição a fazer cirurgias — uma tendência a vê-las como um "paliativo" para os problemas de saúde. Mas tenha em mente que Plutão também rege as desintoxicações. Em muitos casos, a desintoxicação faz mais efeito que uma cirurgia, embora o processo seja bem mais lento. Obtenha uma segunda opinião sobre as cirurgias.

Por melhor que esteja a saúde, você pode aprimorá-la ainda mais. Dê mais atenção às seguintes áreas, que serão vulneráveis este ano:

Cólon, bexiga e órgãos sexuais. São sempre um problema para você. Talvez lavagens intestinais sejam uma boa ideia. O cólon precisa estar limpo, livre de acúmulos tóxicos. Sexo seguro e moderação sexual também são importantes.

Coluna, joelhos, dentes, ossos, pele e alinhamento geral do esqueleto. Essa área será muito importante neste ano e nos próximos. Massagens frequentes nas costas serão benéficas. Os joelhos também devem ser massageados e receber mais apoio durante os exercícios. Se você estiver ao ar livre, use um bom protetor solar. Visitas regulares ao quiroprático ou ao osteopata são uma boa ideia. A coluna precisa ser mantida no alinhamento correto. Ioga, pilates, técnica de Alexander e o método Feldenkrais são terapias excelentes para a coluna.

Vesícula biliar. Massagens nas costas beneficiarão tanto a vesícula quanto as costas. A coluna tem reflexos em todos os órgãos do corpo.

Prestando mais atenção a essas áreas, muitos problemas podem ser evitados. E mesmo que não sejam completamente inibidos, serão bastante amenizados.

Seu planeta da Saúde, Plutão, está no signo de Capricórnio, que rege coluna, joelhos, dentes, ossos, pele e o alinhamento geral do esqueleto. Daí a importância de mantê-los saudáveis. Saturno, o planeta que rege essas áreas, está em sua Sexta Casa — da Saúde —, reforçando o que dissemos aqui.

Plutão, o planeta que rege as cirurgias, está em sua Oitava Casa — das Cirurgias — e reforça o que mencionamos anteriormente. Vale repetir que Plutão e a Oitava Casa também regem as desintoxicações.

Nos últimos anos vimos muitas mudanças dramáticas na rotina de saúde, uma tendência que vai se manter este ano. Essas mudanças serão basicamente boas.

Os números favoráveis para a saúde são 8, 11, 13 e 20. Você se beneficiará se conseguir incorporá-los à sua rotina de saúde. Se estiver recitando afirmações ou fazendo exercícios, faça-os em grupos de 8, 11, 13 e 20. Geminianos criativos encontrarão outras maneiras de usar esses números.

LAR E FAMÍLIA

O lar e a família são sempre importantes para você. Mercúrio, o senhor de seu horóscopo, TAMBÉM é o senhor de sua Quarta Casa — do Lar e da Família. Isso mostra quanto essa área é importante para você, e também indica uma ligação especial com um de seus pais ou figuras paternas ou maternas. Uma intimidade especial. Uma sensação de que vocês são "um só" (o mapa astral, feito especialmente para você, pode contradizer isso).

Mas, este ano, o lar e a família não passarão por mudanças. Sua Quarta Casa ficará praticamente vazia. Apenas planetas rápidos passarão por ela, e terão um efeito temporário. Portanto, o cosmos lhe concederá o livre-arbítrio. Você terá liberdade para fazer o que quiser — o cosmos não o empurrará em direção alguma. Mas quando há falta de foco em determinada área, a tendência é não haver alterações. Normalmente, não fazemos mudanças a não ser que sejamos "empurrados" pelas circunstâncias.

Também interpreto isso como uma satisfação com as coisas do jeito que estão. Não haverá necessidade de realizar mudanças dramáticas.

Um dos pais ou figura paterna ou materna provavelmente se mudou nos últimos anos. Este ano, entretanto, não vemos mudanças, que nem sequer são aconselháveis por algum tempo. Um dos pais ou figura paterna ou materna talvez passe por uma cirurgia, o que também pode ter acontecido nos últimos anos, mas o aspecto continuará em vigência em 2014. Uma das figuras paternas ou maternas passará por uma grande transformação espiritual. O corpo será refinado e sensibilizado. Álcool e drogas devem ser evitados.

Os irmãos ou figuras fraternas de sua vida ingressarão em um ciclo de prosperidade no dia 16 de julho. Vão viajar mais do que de costume e viver em "grande estilo". Entretanto, mudanças de endereço não são aconselháveis este ano.

Os filhos de idade apropriada podem não se mudar, mas vão investir na casa. É provável que façam grandes reformas. O casamento ou relacionamento amoroso ficará extremamente instável.

Os netos com a idade certa terão um ano sem alterações no lar e nos assuntos domésticos. O amor, e talvez um casamento, acontecerá mais para o final do ano.

DINHEIRO E CARREIRA

Como mencionamos, você está vivendo um ciclo de prosperidade desde 2012. A riqueza e as oportunidades financeiras serão ampliadas. O valor de seus bens aumentará. Você terá golpes de sorte financeiros.

Júpiter, o planeta do Amor, ficará na casa do Dinheiro até o dia 16 de julho, o que indica parcerias profissionais e *joint ventures*. Foi assim no ano passado e a tendência continua em vigor na primeira metade de 2014.

Esse trânsito também mostra a importância da dimensão social para as finanças. As pessoas que você conhece e seus contatos sociais são fatores tão importantes quanto seu saldo bancário. Balanços financeiros são uma ferramenta maravilhosa, mas, no seu caso, não serão exatos, pois não vão exibir os bens ocultos: seus amigos ricos e o apoio financeiro deles.

Grande parte de sua socialização será de cunho profissional. Falaremos mais sobre isso depois.

De forma geral, Júpiter rege as publicações, as viagens e a educação superior. Muitos geminianos são escritores. Então, este será um bom ano para publicar seu trabalho (o ano passado também foi). Também considero essas áreas propícias como investimento: editoras, universidades particulares e agências de viagem.

Investimentos em outros países ou em empresas estrangeiras também serão lucrativos este ano. Além disso, você fará mais viagens de negócios.

Plutão está em sua Oitava Casa há alguns anos. O senhor de sua Oitava Casa, Saturno, está em recepção mútua com Plutão. Isso indica uma cooperação maravilhosa entre os dois planetas. Um está hospedado na Casa do outro. Assim, haverá um bom acesso ao dinheiro externo. Seu crédito vai aumentar este ano. Você terá muita capacidade de contrair e pagar dívidas (dependendo da necessidade). Se tiver boas ideias, será fácil atrair investimentos externos para seus projetos. Além disso, você terá a oportunidade de investir em propriedades ou empresas com problemas, falidas ou em leilão, e virar o jogo.

Dizem que a única diferença relevante entre uma pessoa pobre e uma pessoa rica é que a rica tem acesso fácil ao dinheiro externo. Os negócios se baseiam no crédito, raramente o dinheiro pessoal é usado. Então, seu acesso fácil ao crédito é mais um sinal de sucesso financeiro. A única advertência é que não se deve abusar do crédito. Você viverá um ciclo no qual vai aprender a diferença entre dívidas construtivas e destrutivas.

No dia 16 de julho Júpiter deixará a Casa do Dinheiro. Na minha interpretação, isso significa que quase todos os objetivos financeiros terão sido alcançados (nunca os realizamos completamente, pois sempre existe mais, mais e mais a conseguir, mas haverá uma sensação de saciedade). Você vai começar a voltar sua atenção para seu amor e seu dom verdadeiros: a comunicação e os interesses intelectuais. No nível financeiro, o deslocamento de Júpiter da Segunda para a Terceira Casa indica mais ganhos provenientes de poupanças e investimentos. Em geral, estes são proporcionados pelo aumento dos dividendos ou do rendimento de juros.

A Lua é seu planeta das Finanças. Como sabem nossos leitores assíduos, ela é o mais rápido de todos os planetas. Enquanto o veloz Mercúrio se desloca por todos os seus signos e casas em um ano, a Lua o faz em um mês. Todo mês. Portanto, as muitas tendências financeiras de curto prazo serão mais bem-analisadas nas "Previsões Mensais".

Seus números favoráveis para as finanças serão 2, 4, 7 e 9.

AMOR E VIDA SOCIAL

Os anos de 2012 e 2013 foram excepcionalmente fortes para o amor e a vida social. Muitos de vocês se casaram ou se envolveram em relacionamentos que são "como se fossem" um casamento. Alguns geminianos conheceram pessoas com quem considerariam um matrimônio — pessoas "para casar". A Sétima Casa — do Amor e do Casamento — não será uma Casa de poder em 2014, e interpreto isso como um estado geral de satisfação com as coisas como estão. Não existe necessidade de fazer mudanças dramáticas. Este ano o amor ficará como está. Os casados tendem a continuar casados e os solteiros tendem a continuar solteiros.

Em 2013 os aspectos foram favoráveis para parcerias de negócios de *joint ventures*, que também são uma forma de casamento, mas no nível econômico. Isso ainda pode acontecer em 2014.

Como Júpiter é seu planeta do Amor, você tem uma afinidade natural com pessoas ricas com um estilo de vida *jet-set*. Este ano essa característica será ainda mais acentuada. Júpiter passa a primeira metade do ano em sua Casa do Dinheiro. Sem dúvida, a riqueza despertará seu interesse romântico.

Mas somente a riqueza não será suficiente. A presença de Júpiter no signo de Câncer indica que a pessoa amada deve ter fortes valores familiares. Intimidade, compartilhamento e carinho são muito importantes no amor. Talvez tão importantes quanto os aspectos físicos. O "sexo com emoção" existe. O ato sexual deve acontecer tanto emocional quanto fisicamente.

Assim como no ano passado, você vai demonstrar o amor de formas materiais, com apoio financeiro e presentes. Assim você se sentirá amado e expressará amor.

Até o dia 16 de julho os geminianos que ainda não estiverem comprometidos encontrarão oportunidades amorosas enquanto estiverem tentando alcançar suas metas financeiras e, talvez, com pessoas envolvidas em suas finanças.

As atitudes em relação ao amor começam a mudar depois de 16 de julho, quando o planeta do Amor entra em Leão, sua Terceira Casa. A conexão mental ganha vulto no amor. A comunicação é sempre importante para você, mas passa a ser crucial no amor. Haverá necessidade de compatibilidade mental, de se apaixonar não só pelo corpo, mas também pela mente. A facilidade de comunicação despertará o interesse amoroso. A conversa é uma forma de preliminar. A mente é uma zona erógena.

Quando Júpiter se deslocar para Leão, as oportunidades amorosas vão acontecer no bairro, talvez com vizinhos. O amor estará perto de casa. As oportunidades românticas também vão se apresentar em ambientes educacionais — em escolas, eventos escolares, palestras ou seminários, na biblioteca ou no jornaleiro local. Esses são locais propícios, pois compartilhar interesses intelectuais é um bom começo para o amor. É uma boa conexão inicial.

O horóscopo não mostra apenas as necessidades amorosas, mas as formas de tratar os problemas de um relacionamento. Até 16 de julho um belo presente pode amenizar mágoas e restaurar a harmonia. Após esse dia, a situação muda. Talvez seja interessante ler o mesmo livro (a dois), assistir a palestras ou fazer cursos juntos. Isso criará harmonia no nível mental, que será necessária no momento.

Seus números favoráveis para o amor serão 4, 9, 10 e 14. Os geminianos criativos saberão como usá-los.

AUTOAPRIMORAMENTO

Saturno está em sua Sexta Casa — da Saúde — desde outubro de 2012. O planeta continuará lá durante a maior parte de 2014. Além dos aspectos físicos da saúde que já discutimos, isso indica mudanças de atitude, tais como a necessidade de evitar soluções rápidas nessa área, que proporcionam apenas um alívio temporário, e se concentrar na cura de longo prazo e na prevenção. Geralmente, é preciso fazer ajustes no estilo de vida. Também haverá necessidade — e capacidade — de realizar diariamente rotinas de saúde disciplinadas e rigorosas, o que é positivo para o bem-estar físico. Entretanto, esse trânsito também pode deixar a pessoa ultraconservadora nessa área, relutante em experimentar terapias ou tratamentos novos e talvez benéficos. O fato de algo ser novo não significa que é ruim. Não deixe de pesquisar.

Netuno, como mencionamos, ficará em sua Décima Casa — da Carreira — por um bom tempo, mais ou menos 12 anos. Isso proporciona idealismo profissional, como já dissemos. Em muitos casos, indica uma carreira em organizações sem fins lucrativos ou de caridade. Talvez o salário não seja o que você gostaria, mas haverá grande satisfação pessoal, algo que o dinheiro não pode comprar. Em outros casos, esse trânsito indica uma carreira espiritual, como uma função no clero, no campo psíquico ou astrológico, canalização espiritual, música, poesia ou artes. Qualquer profissão que envolva o "fluxo" de inspiração espiritual será atraente para você. Qualquer um que já tenha experimentado esse fluxo pode atestar que é "eufórico". As pessoas "viajam" sem drogas ou álcool (é o jeito certo de viajar). Muitos de vocês passarão por isso nos próximos anos. É uma viagem que não tem a ver com eventos físicos ou materiais. É algo interno. Para muitos geminianos isso indica que sua verdadeira missão (ao contrário da carreira ou do trabalho externo) é a prática e o crescimento espiritual. Embora essas práticas pareçam solitárias e sutis (nada parece acontecer), são muito poderosas. Primeiro, no nível pessoal, alteram sua condição interna. Esta, por sua vez, afeta a condição interna da família e daqueles com quem você tem contato. Então, as ondas se espalham para a comunidade, a cidade, o país e o mundo.

Muita gente acha que as mudanças globais acontecem no Salão Oval ou no Palácio de Buckingham, no Congresso ou no Parlamento. A verdade é que são os progressos espirituais dos praticantes solitários, afastados das multidões, dos flashes das câmeras e do tumulto, que mudam o mundo. As atividades dos políticos e dos governantes são apenas o resultado final, a ratificação da mudança que talvez tenha sido perpetrada por um iogue meditando nu em uma caverna no Himalaia. Ou talvez por alguém como você, meditando em casa.

Portanto, da perspectiva espiritual, essas atividades são uma opção válida de carreira.

Muitos de vocês estão questionando o que fazer da vida, que caminho seguir. A presença de Netuno em sua Décima Casa proporcionará muitas revelações sobre isso. Preste atenção a seus sonhos. Astrólogos, médiuns, pastores, padres, canais espirituais têm importantes orientações sobre essas questões.

PREVISÕES MENSAIS

JANEIRO

Melhores dias: 3, 4, 12, 13, 22, 23, 30, 31
Dias mais tensos: 5, 6, 19, 20, 26, 27
Melhores dias para o amor: 1º, 2, 5, 6, 9, 10, 14, 15, 19, 20, 24, 25, 26, 27, 28, 29
Melhores dias para o dinheiro: 1º, 2, 5, 6, 9, 10, 14, 15, 21, 22, 24, 25, 30, 31
Melhores dias para a carreira: 5, 6, 14, 24

Seu ano começa com quase todo o poder planetário na metade superior do Zodíaco. Sessenta por cento e, às vezes, 70 por cento dos planetas estarão no hemisfério superior. A manhã de seu ano está terminando. É hora de se tornar fisicamente ativo e tentar alcançar seus objetivos de forma material, pelos métodos do dia. É seguro e aconselhável deixar de lado as questões familiares e emocionais por algum tempo e se concentrar na carreira e nos objetivos externos. Pelos próximos meses você viverá um ciclo de sucesso profissional.

O poder planetário também estará concentrado no Ocidente — o setor social. A independência pessoal ainda não está tão forte quanto deveria ou quanto se tornará em breve. Será mais difícil mudar as condições ou circunstâncias, então o ideal é se adaptar da melhor maneira possível. Tome nota do que o desagrada e, quando seu ciclo de independência pessoal começar, o que sem dúvida acontecerá, faça as mudanças apropriadas. Elas acontecerão de forma fácil e natural. Neste momento, cultive suas habilidades sociais. Seu jeito de fazer as coisas pode não ser o mais apropriado nesse período. Consulte outras pessoas, peça conselhos, busque o consenso e a cooperação.

De maneira geral, as finanças serão excelentes em 2014. Você perceberá um aumento substancial nos lucros e no patrimônio líquido. Se suas metas financeiras forem estratosféricas, talvez não se realizem completamente, mas vão progredir bastante, o que também deve ser considerado um sucesso. Além disso, as finanças irão bem em janeiro.

Como a Lua é seu planeta Financeiro, os dias da Lua Nova e da Lua Cheia são especialmente poderosos para essa área. Neste mês temos duas Luas Novas (geralmente ocorre apenas uma), o que equivale a um bônus do cosmos. As duas Luas Novas acontecerão nos dias 1º e 30. A Lua Cheia (que também é um dia poderoso para as finanças) acontecerá no dia 16 (e ainda por cima vai ocorrer em sua Casa do Dinheiro). Em geral, o poder aquisitivo aumentará quando a Lua estiver crescente, o que acontecerá entre os dias 1º e 16 e nos dias 30 e 31.

Você terá alguns dias favoráveis para as finanças quando a Lua estiver minguante, mas não serão tão propícios quanto os da Lua Crescente.

O amor se complica mais em janeiro. O planeta do Amor, Júpiter, passará o mês inteiro em movimento retrógrado. Portanto, você se sentirá "sem rumo" no amor e no relacionamento atual. É o momento de fazer uma revisão da vida amorosa, e não de tomar decisões. Trânsitos tensos e de curto prazo para Júpiter podem lhe dar uma noção errônea do estado de um relacionamento atual e de suas perspectivas amorosas em geral. Analise, obtenha fatos e permita que o amor se desenvolva naturalmente. Essa área da vida vai melhorar depois do dia 20.

A saúde ficará basicamente bem este mês. Você pode melhorá-la ainda mais das formas mencionadas em "Tendências Gerais".

FEVEREIRO

Melhores dias: 8, 9, 18, 19, 26, 27
Dias mais tensos: 1º, 2, 15, 16, 17, 22, 23, 28
Melhores dias para o amor: 1º, 2, 5, 6, 7, 10, 11, 16, 17, 20, 21, 22, 23, 24, 25, 28
Melhores dias para o dinheiro: 1º, 2, 8, 9, 10, 11, 12, 20, 21, 28
Melhores dias para a carreira: 1º, 2, 10, 20, 28

O que o cosmos concedeu no mês passado, ele toma este mês. Este mês NÃO haverá Luas Novas, o que também é extremamente incomum. Mesmo assim, a prosperidade em geral ficará intacta. Júpiter continuará em sua Casa do Dinheiro. Haverá lucros, mas não tão abundantes quanto os do mês passado. A Lua Cheia do dia 14 será um dia poderoso para as finanças, e o mesmo vale para o período da Lua Crescente, entre os dias 1º e 14.

Sua Nona Casa foi forte no mês passado, e continuará assim até o dia 18. Portanto, as terras estrangeiras o chamam. Viagens são muito prováveis. Oportunidades aparecerão. Este também será um período excelente para os estudantes, que vão ter sucesso acadêmico. Eles sentirão interesse e paixão pelo aprendizado, o que é 90 por cento do sucesso. Os geminianos com inclinações religiosas passarão por revelações religiosas e filosóficas. Será um bom período para estudar a literatura sagrada.

No dia 18 você ingressa em um de seus picos profissionais anuais, mas sentirá os efeitos antes desse dia. Mercúrio, o senhor de seu horóscopo, atravessará o Meio do Céu e ingressará na Décima Casa no dia 1º. Ele vai ficar "acampado" — ficará, como dizemos, "estacionário" em Netuno, seu planeta da Carreira, até o dia 13. Isso indica sucesso e ascensão profissional. Por algum tempo você ficará no topo, no comando, acima de todos de seu mundo. No entanto, Mercúrio entra em movimento retrógrado no dia 6, e você começará a se afastar dessa condição. Talvez não seja tudo o que você pensou que seria. Talvez você se sinta incerto sobre o que quer. Mercúrio ficará em movimento retrógrado até o dia 28. Será um bom momento para rever suas aspirações pessoais e profissionais. Apesar disso, você terá sucesso na carreira. O mês que vem será melhor, mas este será bom.

Ainda é um período propício para se concentrar na carreira e deixar as questões familiares de lado por algum tempo. Com Mercúrio em movimento retrógrado não haverá muito a ser feito para resolver os problemas domésticos, apenas o tempo irá resolvê-los.

O fato de Mercúrio estar estacionário em Netuno não só é um aspecto favorável para a carreira mas também extremamente espiritual. Os sonhos serão mais frequentes, talvez proféticos. As faculdades extrassensoriais vão ser intensificadas. É provável que haja avanços espirituais. Quando isso ocorre, normalmente são avanços positivos, e tendem a ser "momentos de virada".

No geral, a saúde ficará bem. Mas depois do dia 18 você entra em um período vulnerável de curto prazo. Comparada a outras épocas do ano, essa será "menos tranquila". Assim, programe mais períodos de descanso. Não se permita ficar exausto. Como sabem nossos leitores assíduos, um nível alto de energia é a primeira linha de defesa contra as doenças. Aprimore a saúde nas formas mencionadas em "Tendências Gerais".

MARÇO

Melhores dias: 7, 8, 17, 18, 26, 27
Dias mais tensos: 1º, 2, 15, 16, 22, 23, 28, 29
Melhores dias para o amor: 1º, 2, 7, 10, 11, 17, 18, 19, 20, 22, 23, 26, 27, 28, 29
Melhores dias para o dinheiro: 1º, 2, 10, 11, 19, 20, 21, 22, 28, 29, 30, 31
Melhores dias para a carreira: 1º, 2, 10, 19, 28, 29

A saúde continuará precisando de vigilância até o dia 20. O sucesso (que você está tendo) pode ser tão estressante quanto o fracasso (embora seja mais divertido). Reveja o que conversamos sobre esse assunto no mês passado. A saúde e a energia vão se recuperar depois do dia 20.

Ainda que a energia geral pudesse estar melhor, muitas coisas boas vão acontecer para você. Você continua em meio a um pico profissional anual até o dia 20. Mercúrio, o senhor de seu Zodíaco, atravessa o Meio do Céu no dia 17 e ingressa em sua Décima Casa — da Carreira. Isso indica que você voltará ao topo, será apreciado, honrado e respeitado. A aparência será importante fator em sua carreira a partir do dia 17, então preste atenção a ela. Mercúrio fará conjunção com Netuno, seu planeta da Carreira, entre os dias 17 e 19, o que também proporciona oportunidades e ascensão profissionais (é uma repetição do que vimos no mês passado, só que agora Mercúrio está em movimento direto).

O movimento direto de Mercúrio indica mais autoconfiança e autoestima.

O amor estava razoável no mês passado — especialmente depois do dia 18 —, mas o movimento retrógrado de Júpiter complica as coisas. No dia 6 deste mês Júpiter começará a se mover para a frente. Um relacionamento atual vai adiante. Haverá mais confiança social. Mercúrio formará aspectos incríveis com o planeta do Amor a partir do dia 17, mas especialmente entre os dias 24 e 27. Os solteiros terão uma conexão amorosa no período. Relacionamentos existentes também ficam mais românticos. Além disso, podem acontecer parcerias profissionais.

Os solteiros encontrarão oportunidades amorosas enquanto estiverem tentando realizar seus objetivos profissionais e financeiros ou com pessoas envolvidas nessas áreas. A riqueza será um fator de atração no amor, como é o caso desde o ano passado.

SEU HORÓSCOPO PESSOAL PARA 2014

O que o cosmos tomou no mês passado, ele concederá este mês. Novamente, teremos duas Luas Novas — você terá um lucro a mais. Essas Luas Novas acontecerão nos dias 1º e 30. A Lua Cheia, que também proporciona boa recompensa financeira, acontecerá no dia 16. Em geral, o poder aquisitivo ficará mais forte entre os dias 1º e 16 e nos dias 30 e 31, quando a Lua estiver crescente. Parcerias profissionais e *joint ventures* também devem ser exploradas.

Vênus reativa um ponto de eclipse entre os dias 21 e 23. Os filhos ou enteados devem programar uma agenda mais tranquila. Esse trânsito também pode proporcionar mudanças espirituais.

Marte ativa um ponto de eclipse entre os dias 11 e 18. Computadores podem apresentar defeitos. Talvez seja preciso fazer substituições ou consertos. Os amigos devem dirigir com mais cuidado e evitar confrontos.

ABRIL

Melhores dias: 3, 4, 5, 13, 14, 15, 22, 23
Dias mais tensos: 11, 12, 18, 19, 24, 25
Melhores dias para o amor: 4, 5, 6, 7, 16, 17, 18, 19, 24, 25
Melhores dias para o dinheiro: 6, 7, 9, 10, 16, 17, 19, 20, 24, 25, 29, 30
Melhores dias para a carreira: 6, 7, 16, 17, 24, 25

No dia 17 do mês passado o poder planetário começou a se deslocar do Ocidente para o Oriente. No dia 6 deste mês a mudança se estabelece. O setor oriental, da independência pessoal, se tornará dominante no horóscopo. As outras pessoas têm qualidades maravilhosas, mas esta será a hora de se afirmar e seguir seu próprio caminho para a felicidade. Esperamos que tenha tomado nota das mudanças que precisavam ser feitas, pois nesse período (que vai durar cerca de cinco meses) você fará essas mudanças. Elas acontecerão facilmente, com menos esforço. É hora de agradar a si mesmo. Fazer as coisas do seu jeito será o melhor para você. Desde que os outros não sejam prejudicados, faça o que quiser. O cosmos quer que você seja feliz.

Teremos dois eclipses em abril, o que significa um mês de mudanças dramáticas. Situações ou projetos que não estejam de acordo com o Plano Cósmico serão eliminados. Em geral, o que está de acordo com o Plano fica intacto.

O eclipse lunar do dia 15 ocorre em sua Quinta Casa, e pode pôr à prova um caso amoroso (não um casamento ou um relacionamento sério). O eclipse proporciona mudanças e situações dramáticas para a vida de filhos ou enteados. Se você estiver em idade fértil, muitas vezes ocorre uma gravidez. As amizades também são testadas. Esse eclipse acontece exatamente em Marte. Haverá dramas em suas vidas, e talvez seus relacionamentos atuais sejam postos à prova. Caso se envolva em atividades de lazer, escolha as mais seguras. Todo eclipse da Lua acarreta mudanças e ajustes financeiros, e esse não será diferente. Ter chance de fazer as mudanças e melhorias necessárias duas vezes por ano é algo positivo.

O eclipse solar do dia 29 ocorrerá em sua Décima Segunda Casa — da Espiritualidade, prenunciando mudanças espirituais de longo prazo. Não vão acontecer da noite para o dia, mas em um processo de seis meses. Aqueles que não estiverem no caminho espiritual, talvez comecem a trilhá-lo. Quem já estiver no caminho, fará mudanças importantes, talvez relacionadas a seus professores ou práticas. As atitudes espirituais serão testadas por "fatos da vida". Todos os eclipses solares afetam os irmãos (ou figuras fraternas de sua vida), os vizinhos e o bairro. Assim, haverá dramas nessas áreas. Às vezes, uma grande construção começa no bairro e a locomoção fica difícil durante alguns meses. Carros e equipamentos de comunicação serão testados. Dirija com mais cuidado nesse período.

A saúde ficará basicamente bem, mas não custa nada programar um cronograma mais tranquilo durante os períodos de eclipse.

Os geminianos que estiverem envolvidos com as artes terão inspiração especial do dia 10 ao 18. Os solteiros terão oportunidades românticas com pessoas espiritualizadas, como artistas, músicos, poetas e iogues.

MAIO

Melhores dias: 1º, 2, 11, 12, 19, 20, 28, 29
Dias mais tensos: 8, 9, 10, 15, 16, 21, 22
Melhores dias para o amor: 3, 4, 5, 6, 13, 14, 15, 16, 21, 22, 24, 25, 31
Melhores dias para o dinheiro: 3, 4, 5, 8, 9, 10, 13, 14, 17, 18, 21, 22, 28, 29, 31
Melhores dias para a carreira: 3, 4, 13, 14, 21, 22, 31

No dia 20 do mês passado você entrou em um período muito espiritual, que se estenderá até o dia 21. É normal desejar se distanciar mais, ter mais momentos tranquilos e passar mais tempo sozinho. Não há nada de errado com você. Será um excelente período para estudos e práticas espirituais, e também para se envolver mais com instituições de caridade e com causas nas quais acredita. Esse período espiritual também será positivo em outros aspectos. Seu aniversário (na verdade, seu Retorno Solar), que acontece neste ou no próximo mês, é seu ano-novo pessoal. Você termina uma idade e inicia um novo ciclo. É um ótimo período para analisar o ano que passou e ver o que foi ou não realizado. O que poderia ter sido feito de uma forma melhor? Que erros foram cometidos? Você se arrepende de alguma coisa? Na antiga linguagem religiosa, a correção dos erros do passado era chamada de "expiação". A expiação é apenas isto: nós confessamos e corrigimos. Depois de fazer isso, defina seus objetivos para o próximo ano. Assim, você começa o seu ano-novo do zero.

No dia 21, quando o Sol entrar em seu signo, você começará um de seus picos anuais de prazer pessoal. Será um momento para mimar o corpo, permitindo-lhe aproveitar seus prazeres. Seu corpo não é você, ele faz parte do reino animal. Mas é bom mimar o animal de vez em quando.

A entrada do Sol em seu signo é algo maravilhoso para a saúde e para a energia. A saúde ficará bem. Você vai transmitir mais vitalidade, o que se reflete na aparência. Você terá um "quê" a mais — carisma e magnetismo. E terá mais autoconfiança e autoestima. Geralmente, isso favorece o amor, porque nos tornamos mais atraentes para o sexo oposto. Mas para dar certo o amor precisa de mais do que a simples atração física. A vida amorosa será muito melhor no mês que vem.

Seja mais paciente com os mais velhos, com figuras paternas ou maternas e com chefes nos dias 11, 28 e 29. Se precisar pedir algum favor a eles, procure fazê-lo em outro momento.

Mercúrio se move rapidamente este mês, indicando que você ficará ativo e realizará muitas coisas, além de ter boa autoestima e confiança. Mercúrio também ficará "fora de curso" a partir do dia 12, de forma que você vai sair de seu ambiente natural nesse período. Você usará o caminho menos trilhado em sua busca pela felicidade.

A carreira continuará sendo importante, mas começa a desacelerar. Os planetas vão começar a se deslocar para a metade inferior do Zodíaco. O processo não se completará este mês, mas está no início. Em junho, o deslocamento se estabelece. Este mês você viverá um período de crepúsculo, dividindo a atenção entre o lar e a carreira.

As finanças ficarão bem este mês, mas serão ainda melhores no mês que vem.

JUNHO

Melhores dias: 7, 8, 16, 17, 24, 25, 26
Dias mais tensos: 5, 6, 12, 13, 18, 19
Melhores dias para o amor: 1º, 5, 6, 10, 11, 12, 13, 14, 15, 18, 19, 23, 24, 27, 28
Melhores dias para o dinheiro: 1º, 7, 8, 10, 11, 16, 17, 18, 19, 27, 28
Melhores dias para a carreira: 1º, 9, 10, 18, 19, 27, 28

No dia 23 a metade inferior do Zodíaco se torna dominante. É hora de desviar a atenção da carreira e dos objetivos exteriores para a família e seu bem-estar emocional. Os próximos cinco ou seis meses devem ser usados para reunir forças para o próximo impulso profissional. É como ter uma boa noite de sono. Você parece inativo, mas processos importantes estão acontecendo nessa inatividade. A parte mais profunda da mente está criando os arranjos para o dia seguinte.

No mês passado e neste os planetas ocupam a posição mais oriental do ano. Portanto, você estará em seu período de maior independência pessoal. Mude o que deve ser mudado e crie a vida de acordo com sua vontade. Neste momento, tudo vai depender de você. O mundo vai se adaptar a você.

Este será, basicamente, um mês feliz. Os objetivos profissionais foram mais ou menos alcançados. E caso não tenham sido completamente alcançados, progrediram muito. A saúde continua excelente. Você está com uma aparência ainda melhor que no mês passado, pois Vênus entra em seu signo no dia 23. Isso proporciona à imagem um senso de estilo e beleza. Você terá graça. Sua mente ficará aguçada e clara. No dia 21 você entra em um pico financeiro anual, um período de prosperidade. Os rendimentos e o patrimônio líquido aumentarão. O amor também irá bem. A presença de Vênus em seu signo o deixa mais atraente para o sexo oposto. Júpiter, seu planeta do Amor, começa a receber estímulos positivos.

O único problema verdadeiro é o movimento retrógrado de Mercúrio a partir do dia 7, que diminui um pouco sua autoestima e sua autoconfiança. Ambas as características continuarão fortes, mas não tanto quanto poderiam ser. Além disso, neste mês haverá o pico de atividade retrógrada do ano — 40 por cento dos planetas a partir do dia 9. Essa porcentagem não será excedida em 2014. Portanto, o ritmo da vida será mais lento. As coisas serão realizadas mais devagar. Paciência. Paciência. Paciência.

Os geminianos não estarão especialmente férteis este ano (é claro que o mapa astral, feito especialmente para você, pode contradizer isso), mas com a presença de Vênus em sua Primeira Casa a partir do dia 23 haverá um período de maior fertilidade.

As finanças serão excelentes a partir do dia 21, como mencionamos, mas você terá ótimos lucros na Lua Cheia do dia 13 e na Lua Nova do dia 27. O poder aquisitivo também será forte entre os dias 1º e 13, quando a Lua estiver crescente.

JULHO

Melhores dias: 4, 5, 6, 13, 14, 22, 23
Dias mais tensos: 2, 3, 9, 10, 15, 16, 29, 30, 31
Melhores dias para o amor: 4, 5, 6, 7, 8, 9, 10, 13, 14, 16, 17, 24, 27
Melhores dias para o dinheiro: 7, 8, 15, 16, 17, 24, 25, 27
Melhores dias para a carreira: 7, 8, 15, 16, 24, 25

As finanças vão ser o principal destaque do mês. Você está em meio a um pico financeiro anual, que continuará até o dia 22. Sua Casa do Dinheiro (a Segunda), sem dúvida, será a mais poderosa do Zodíaco. Cinquenta por cento dos planetas vão estar ali ou passarão por ela este mês. É uma enorme quantidade de poder financeiro. Os ganhos serão extraordinariamente altos. Você fará as mesmas coisas que sempre faz, mas vai prosperar. De repente, as pessoas passarão a querer o que você tem a oferecer. Você terá um toque de Midas financeiro.

No dia 22 os objetivos financeiros de curto prazo estarão concretizados e você terá liberdade para se dedicar a seu maior amor: o desenvolvimento intelectual, o estudo, a leitura e a expansão mental.

Júpiter fará um movimento importante, saindo da Casa do Dinheiro e indo para a Terceira Casa — da Comunicação — no dia 17. O planeta vai ficar ali pelo restante deste ano e por grande parte de 2015. Em um nível puramente mundano, isso indica que você terá um carro novo (top de linha) e novos equipamentos de comunicação. Não importa "como", o cosmos vai fazer acontecer (é provável que aconteça este mês, mas também pode acontecer nos próximos seis meses).

O Sol vai se juntar a Júpiter na Terceira Casa no dia 22. Será o paraíso de Gêmeos. Todos os tipos de novos livros e informações chegarão até você. Você sempre tem vontade de estudar e aprender, mas terá ainda mais. Será um período excelente para os estudantes. Escritores, professores, pessoal de vendas e de marketing terão um mês de muito sucesso. Suas habilidades serão intensificadas.

Neste mês (e neste ano) você vai experimentar um pouco da vocação de Gêmeos — ser mensageiro e porta-voz dos deuses.

A saúde será excelente e você pode aprimorá-la ainda mais das formas mencionadas em "Tendências Gerais".

O deslocamento de Júpiter, saindo de Câncer e ingressando em Leão, indica uma mudança na vida amorosa e nas atitudes em relação ao amor. A riqueza será menos importante para você (provavelmente porque a maior parte de suas metas financeiras terá sido alcançada). Você começará a se interessar por compatibilidade intelectual e mental, e vai desejar alguém com quem seja fácil conversar, que saiba ouvir, com quem você possa compartilhar ideias. Você vai querer se apaixonar tanto pela mente quanto pelo corpo, e também vai buscar alguém que o entretenha. Uma pessoa divertida. Uma pessoa feliz. Os locais para encontrar o amor também vão se alterar. As oportunidades românticas acontecem no bairro, talvez com vizinhos, e em ambientes educacionais, como palestras e seminários, ou até na biblioteca.

AGOSTO

Melhores dias: 1º, 2, 10, 18, 19, 28, 29
Dias mais tensos: 5, 6, 11, 12, 25, 26, 27
Melhores dias para o amor: 3, 4, 5, 6, 12, 13, 14, 23, 24
Melhores dias para o dinheiro: 5, 6, 13, 14, 20, 21, 22, 23, 24, 25
Melhores dias para a carreira: 3, 4, 11, 12, 20, 21, 30, 31

A meia-noite de seu ano se aproxima. As atividades externas diminuem, mas uma dinâmica atividade interna acontece. A carreira se torna muito menos importante nesse período (ainda que o mês passado tenha proporcionado sucesso e oportunidade do dia 17 ao 20). É hora de recarregar as baterias, de lidar com o lar e a família e de colocar a vida emocional em ordem. Chega o momento de construir as bases psicológicas para o futuro sucesso profissional. Trabalhe em sua carreira pelos métodos da noite, fazendo visualizações e entrando no estado psicológico daquilo que quer obter. Use os sonhos controlados. As ações vão acontecer na hora certa, de uma maneira muito natural. Seu planeta da Carreira está em movimento retrógrado há alguns meses. Portanto, é seguro deixar (relativamente) de lado a carreira e se concentrar no lar e na família.

Este será um mês de progresso psicológico interior, não de progresso exterior. Um está relacionado ao outro. O progresso interior leva ao exterior e vice-versa. A questão é compreender em que ponto do ciclo você está.

Você vai continuar no paraíso de Gêmeos até o dia 23. Leia, estude, faça cursos e forme sua base de conhecimento. Este mês será muito propício para escrever. O pessoal de vendas e de marketing terá sucesso.

Seu período de independência pessoal ainda está em vigor, mas logo vai acabar. Se ainda houver mudanças pessoais a fazer, este é o momento. Depois será mais difícil.

O amor ficará bem este mês. Um feliz encontro romântico acontecerá entre os dias 1º e 3. Se você já está em um relacionamento, pode ter uma boa oportunidade social.

A saúde precisará de mais vigilância depois do dia 23.

Não haverá eclipses este mês, mas como muitos planetas vão ativar pontos de eclipse, será como se esses fenômenos ocorressem. Haverá muitos acontecimentos repentinos e dramáticos.

O Sol transita por um ponto de eclipse no dia 1º e no dia 2. Dirija com mais cuidado. As comunicações podem ficar irregulares.

Nos dias 5 e 6 Mercúrio transitará por esse mesmo ponto. É necessário programar uma agenda tranquila.

Júpiter passa por esse ponto do dia 24 ao 31, o que tende a acarretar dramas no amor. Seja mais paciente com a pessoa amada durante esse período.

SETEMBRO

Melhores dias: 6, 7, 14, 15, 24, 25
Dias mais tensos: 2, 3, 8, 9, 22, 23, 29, 30
Melhores dias para o amor: 1º, 2, 3, 10, 11, 12, 13, 19, 20, 23, 29, 30
Melhores dias para o dinheiro: 1º, 2, 3, 4, 5, 10, 11, 12, 13, 17, 18, 19, 20, 23, 24, 29, 30
Melhores dias para a carreira: 8, 9, 16, 17, 26, 27

Este mês, o poder planetário se deslocará do Oriente para o Ocidente. No dia 5, quando Vênus se move para o Ocidente, o setor social do Zodíaco torna-se dominante. Seu período de independência pessoal acaba. Assim, pelo restante do ano você terá de conviver com o que criou, seja bom ou ruim. Caso tenha criado situações inadequadas, vai tolerar o desconforto dos erros e pensar em um jeito de corrigi-los mais para a frente. Chamamos isso de "pagar o carma". Não é tão dramático quanto parece. As criações têm consequências, e até experimentarmos essas consequências não compreendemos de verdade o que criamos. As experiências de aprendizagem não são uma punição. Agora, e pelo restante deste ano, você deve voltar a desenvolver suas habilidades sociais. Será mais difícil agir arbitrariamente. Você vai precisar dos outros para alcançar seus objetivos. Talvez a simpatia seja tão importante quanto suas habilidades pessoais.

Sua Quarta Casa — do Lar e da Família — tornou-se poderosa no dia 23 do mês passado e continuará assim até o dia 23 deste mês. Os geminianos são pessoas mentais. Ninguém consegue verbalizar sentimentos melhor do que um nativo de Gêmeos. Mas sentir verdadeiramente, experimentar um sentimento real de forma direta é outra história. Outro universo. Um universo alienígena. No entanto, é o que vai acontecer este mês. O mundo dos sentimentos tem uma lógica própria, que você vai conhecer este mês.

A saúde está delicada desde o dia 23 do mês passado. Não há nada grave acontecendo com você, mas este não será o melhor mês para a saúde. Os níveis de energia não vão corresponder ao padrão normal, o que pode fazer uma condição preexistente parecer pior, ou torná-lo vulnerável a doenças oportunistas. Assim, descanse e relaxe mais. Faça tudo o que puder para manter altos os níveis de energia. Faça massagens ou passe mais tempo em um spa. Você também pode melhorar a saúde das formas mencionadas em "Tendências Gerais".

As finanças não têm sido muito importantes desde que Júpiter deixou a Casa do Dinheiro. Interpreto isso como algo positivo. Você está mais ou menos satisfeito com as coisas como estão. O poder aquisitivo se fortalecerá entre os dias 1º e 8 e do dia 24 a 30, com a Lua Crescente. A Lua Cheia do dia 8 e a Lua Nova do dia 24 proporcionarão bons lucros

O amor será razoável este mês. Nada de especial vai acontecer, mas também não haverá nenhum desastre. Você verá uma melhora após o dia 14.

OUTUBRO

Melhores dias: 3, 4, 12, 13, 21, 22, 23, 31
Dias mais tensos: 5, 6, 19, 20, 26, 27
Melhores dias para o amor: 3, 7, 8, 12, 13, 17, 18, 22, 23, 26, 27
Melhores dias para o dinheiro: 3, 4, 7, 8, 12, 13, 14, 15, 17, 18, 22, 23, 26, 27
Melhores dias para a carreira: 5, 6, 14, 23, 24

No dia 23 do mês passado você entrou em mais um de seus picos anuais de prazer pessoal, que vai durar até o dia 23 deste mês. Será um mês divertido. Um mês de diversão e lazer. Embora outubro vá ser tumultuado para o mundo (teremos dois eclipses), você conseguirá se divertir. Quando somos capazes de nos divertir em meio à crise, conquistamos algo importante.

O eclipse lunar do dia 8 ocorrerá em sua Décima Primeira Casa. Isso indica que as amizades serão postas à prova. Geralmente, isso acontece por causa de situações dramáticas na vida dos amigos, e não necessariamente devido à amizade entre vocês. Mas se a amizade tiver falhas, pode acabar nesse momento. O eclipse ocorrerá muito perto de Urano, o senhor de sua Nona Casa. É melhor evitar viagens internacionais desnecessárias no período. Esse eclipse também indica que suas crenças religiosas e filosóficas serão testadas (em um processo que vai durar seis meses), e muitas sofrerão mudanças. Com frequência, acontece uma "crise de fé". Plutão, seu planeta da Saúde e do Trabalho, será afetado pelo eclipse. Assim, talvez aconteçam distúrbios no emprego ou no local de trabalho. Ou mudanças na profissão. E haverá alterações na rotina geral de saúde (também em um processo que vai durar seis meses). Todo eclipse da Lua acarreta mudanças financeiras, e esse não será diferente. Em geral, não fazemos as mudanças necessárias a menos que haja uma crise — é o objetivo da crise.

O eclipse solar do dia 23 ocorre exatamente na cúspide da Sexta Casa. Novamente, indica distúrbios no emprego ou no local de trabalho e, talvez, mudanças na profissão. Essas mudanças podem ocorrer em sua empresa atual ou em outra. Também pode haver alterações na rotina de saúde e na dieta. Às vezes, ocorrem sustos na saúde. Como essa área estará basicamente bem, serão apenas sustos. Procure uma segunda opinião. As comunicações tendem a ficar irregulares ou ser interrompidas durante os eclipses solares, e com esse não será diferente. Carros e equipamentos de comunicação são postos à prova.

A saúde ficará basicamente bem este mês. Você poderá melhorá-la ainda mais nas formas mencionadas em "Tendências Gerais".

Os geminianos que estiverem procurando emprego terão sorte a partir do dia 23. Sua Sexta Casa — do Trabalho — vai ficar muito poderosa. Você terá vontade de trabalhar e estará focado nessa área, o que já é 90 por cento da batalha. Os empregadores percebem isso.

Marte passará a maior parte do mês em sua Sétima Casa — do Amor. Nesse período você ficará mais agressivo no amor e nas questões sociais. Evite disputas de poder no relacionamento. Elas serão a principal ameaça.

O poder aquisitivo fica mais forte entre o dia 1º e dia 8, e a partir do dia 23, quando a Lua estará crescente.

NOVEMBRO

Melhores dias: 8, 9, 18, 19, 27, 28
Dias mais tensos: 2, 3, 15, 16, 17, 22, 23, 29, 30
Melhores dias para o amor: 2, 3, 4, 5, 11, 12, 14, 22, 23
Melhores dias para o dinheiro: 2, 3, 4, 5, 10, 11, 12, 14, 21, 22, 23
Melhores dias para a carreira: 2, 3, 10, 11, 20, 29, 30

O poder planetário fará um deslocamento importante este mês, indo da metade inferior para a metade superior de seu Zodíaco. Isso acontece no dia 22 e fica ainda mais intenso no dia 28. É a manhã de seu ano. Hora de levantar e trabalhar com os métodos do dia. Hora de se concentrar na vida exterior, ou seja, em sua carreira e em objetivos externos. Se você usou os métodos da noite nos últimos seis meses, suas ações serão naturais e espontâneas. Você vai simplesmente "finalizar" o trabalho interno. É possível começar a deixar de lado as questões domésticas e familiares (embora vão sempre ser importantes para você) e dar mais atenção à profissão. Seu planeta da Carreira começa a se mover para a frente no dia 16, tornando seu julgamento profissional muito mais aguçado.

Novembro será um mês excelente para quem estiver procurando emprego. Haverá muitas oportunidades profissionais. O problema não será "arranjar um emprego", mas escolher entre as muitas possibilidades.

Aqueles que já estiverem empregados terão mais sucesso profissional. Serão mais produtivos. Os superiores vão perceber. Esse período também será propício para realizar aquelas tarefas chatas e minuciosas que precisam ser feitas — contabilidade, balanço do talão de cheques, arquivamento etc.

A saúde ficará bem até o dia 22, mas depois se torna mais delicada. No geral, você se sentirá bem, mas a energia não corresponderá aos padrões habituais. Durma bastante. Fazer mais massagens também é uma boa ideia. Aprimore a saúde das formas mencionadas em "Tendências Gerais".

No dia 22 você entra em um pico amoroso e social anual. A vida social vai ficar muito ativa. Além disso, os planetas formarão aspectos excelentes com Júpiter. Seu planeta do Amor fará parte de um Grande Trígono em Fogo a partir do dia 17. Se você é solteiro, é provável que conheça alguém especial nesse momento. Para os geminianos que já estiverem em um relacionamento haverá mais harmonia com o parceiro. Muitos de vocês podem decidir se casar nesse período.

As amizades continuam delicadas. Seja mais paciente com os amigos. Haverá muita agitação e mudanças em organizações comerciais ou profissionais com as quais você estiver envolvido. Computadores e equipamentos de alta tecnologia ficarão temperamentais. Carros e equipamentos de comunicação, também, entre os dias 17 e 19.

As finanças não sofrerão muitas alterações. O poder aquisitivo fica mais forte entre os dias 1º e 6 e entre os dias 22 e 30 — durante a Lua Crescente. Haverá bons lucros nos dias 6 e 22.

DEZEMBRO

Melhores dias: 5, 6, 15, 16, 24, 25
Dias mais tensos: 13, 14, 20, 21, 26, 27
Melhores dias para o amor: 1º, 2, 10, 11, 12, 13, 20, 21, 22, 28, 29, 30, 31
Melhores dias para o dinheiro: 1º, 2, 8, 9, 10, 11, 20, 21, 28, 29, 30, 31
Melhores dias para a carreira: 8, 18, 26, 27

Seu ano termina praticamente da mesma maneira que começou (embora, sem dúvida, você esteja mais rico e mais sábio). O poder planetário está concentrado no Ocidente e na metade superior do Zodíaco. O foco será a carreira e a vida social. Você vai aperfeiçoar as habilidades dos outros. Provavelmente, seu jeito não será o ideal. Aceite a opinião dos outros. Alcance seus objetivos através do consenso e da cooperação. Suas habilidades pessoais são sempre importantes, mas é possível que nesse período o fator "simpatia" tenha a mesma importância. Se houver condições desconfortáveis, tente se adaptar e se ajustar da melhor maneira possível. A hora de fazer mudanças chegará nos próximos meses.

A saúde continua precisando de vigilância até o dia 22. Descanse e relaxe mais, e aprimore o bem-estar das maneiras mencionadas em "Tendências Gerais". Quando Saturno ingressar em Sagitário (no dia 24), a saúde e a energia vão se tornar uma preocupação maior, uma tendência que vai se manter pelos próximos dois anos. O que você vai sentir é apenas o começo desse trânsito, especialmente os geminianos nascidos no começo do signo (entre 21 e 23 de maio).

A vida amorosa continua excelente. Você continua em meio a um pico amoroso anual. Júpiter ainda recebe aspectos positivos, mas entra em movimento retrógrado no dia 8, e se você estiver planejando um casamento ou uma festa, tente marcá-los antes desse dia. O ingresso de Saturno em Sagitário no dia 24 também terá um impacto sobre a vida amorosa. Você expandiu muito sua vida social nos últimos anos, agora Saturno a colocará à prova, vai separar o joio do trigo. A ação do planeta será mais evidente no ano que vem, mas já está começando.

Sua Oitava Casa se torna poderosa a partir do dia 22. Singularmente poderosa. Sessenta por cento dos planetas passarão por ela em dezembro, que vai ser sexualmente ativo. Seja qual for sua idade ou estágio da vida, a libido estará mais intensa que de hábito. Também será um mês para lidar com a morte e as questões que a cercam. Você terá encontros com a morte. Provavelmente, irá a mais funerais, descobertas da matzeiva ou missas que de costume. É hora de obter uma compreensão mais profunda sobre essa área da vida. Quando entendemos a morte, entendemos a vida, e passamos a viver de maneira diferente.

Será um ótimo mês para fazer inventários e se livrar de coisas que você não precisa nem usa mais. Os geminianos possuem um excesso de bens intelectuais: livros, revistas, panfletos. Será benéfico jogar fora tudo o que estiver atravancando. As ideias e os conceitos — o conteúdo da mente — também devem ser purificados. Noventa por cento não são válidos. Podem ser interessantes, mas não são verdadeiramente úteis.

O cônjuge, parceiro ou amor atual passará por um pico financeiro anual e provavelmente ficará mais generoso. Você terá bons lucros nos dias 6 e 21. O poder aquisitivo será mais intenso entre os dias 1º e 6 e no dia 31.

♋

CÂNCER

O CARANGUEJO
Nascidos entre 21 de junho e 20 de julho

PERFIL PESSOAL

CÂNCER NUM RELANCE

Elemento: Água
Planeta Regente: Lua
    Planeta da Carreira: Marte
    Planeta da Saúde: Júpiter
    Planeta do Amor: Saturno
    Planeta das Finanças: Sol
    Planeta do Divertimento e dos Jogos: Plutão
    Planeta do Lar e da Vida Familiar: Vênus
Cores: azul, castanho-escuro, prata
Cores que promovem o amor, o romance e a harmonia social: preto, índigo
Cores que propiciam ganhos: dourado, alaranjado
Pedras: pedra da lua, pérola
Metal: prata
Perfumes: jasmim, sândalo
Qualidade: cardeal (= atividade)
Qualidade essencial ao equilíbrio: controle das variações de humor
Maiores virtudes: sensibilidade emocional, tenacidade, capacidade de cuidar
Necessidade mais profunda: harmonia no lar e na vida familiar
Características a evitar: hipersensibilidade, estados depressivos
Signos de maior compatibilidade: Escorpião, Peixes
Signos de maior incompatibilidade: Áries, Libra, Capricórnio

Signo mais útil à carreira: Áries
Signo que fornece maior suporte emocional: Libra
Signo mais prestativo em questões financeiras: Leão
Melhor signo para casamento e associações: Capricórnio
Signo mais útil em projetos criativos: Escorpião
Melhor signo para sair e se divertir: Escorpião
Signos mais úteis em assuntos espirituais: Gêmeos, Peixes
Melhor dia da semana: segunda-feira

COMPREENDENDO A PERSONALIDADE CANCERIANA

No signo de Câncer os céus parecem empenhados em desenvolver o lado emocional do Universo. Se pudéssemos resumir o canceriano numa única palavra, seria *sentimento*. No que Áries tende a errar pelo excesso de ação, Touro pela inércia e Gêmeos pela frieza mental, Câncer erra por demasiada emotividade.

Os cancerianos parecem desconfiar da lógica. Talvez com razão. Para eles, não basta que um projeto ou argumento tenha aparência lógica; eles têm de *sentir* isso. Se não *sentirem* claramente que está tudo bem, rejeitarão a proposta ou se irritarão com ela. A frase "Siga seu coração" deve ter sido cunhada por um canceriano, pois descreve precisamente a atitude do nativo deste signo perante a vida.

A capacidade de sentir constitui um método mais direto de conhecimento do que a capacidade de pensar. O pensar nunca toca o objeto de sua análise, ao passo que o sentimento sempre encontra o alvo em questão, e nos faz vivenciá-lo. A intuição emocional é quase um sexto sentido da raça humana, um sentido de natureza psíquica. E, tendo em vista que muitas das realidades com as quais deparamos são pungentes e até destrutivas, não é de surpreender que os cancerianos optem por erguer barreiras de defesa, que funcionam como carapaças para proteger sua natureza sensível e vulnerável. Para os cancerianos é pura e simplesmente uma questão de bom-senso.

Quando um nativo de Câncer se acha na presença de desconhecidos ou num ambiente hostil, entra na carapaça, onde se sente protegido. As outras pessoas se queixam disso, mas é preciso questionar seus motivos. Por que essa proteção as incomoda tanto? Acaso gostariam de feri-lo e sentem-se frustradas por não poder fazê-lo? Afinal, se as intenções forem louváveis, não haverá por que recear: basta um pouco de paciência e a carapaça se abrirá — o estranho será aceito como parte do círculo familiar e da esfera de amizades do canceriano. Os processos de raciocínio são geralmente analíticos e separatistas. Para pensar com clareza precisamos fazer distinções, comparações etc. Já o sentimento unifica e integra. Analisar algo com clareza equivale a distanciar-se dele. Sentir é aproximar-se. Tendo aceitado você como amigo, um canceriano não o renegará jamais. Você terá de lhe fazer muito mal para chegar a perder a amizade de um canceriano. E se você se relacionar com nativos do signo, jamais conseguirá se desligar totalmente deles. Eles sempre procuram conservar algum tipo de laço, mesmo nas circunstâncias mais extremas.

FINANÇAS

Os nativos de Câncer intuem profundamente como os demais se sentem em relação a algo e por que o fazem. Essa faculdade representa um dom valiosíssimo no trabalho e no mundo dos negócios. É claro que também ajuda a formar um lar e a criar uma família. Mas, indubitavelmente, tem grande aplicação nas finanças. Os cancerianos frequentemente amealham grandes fortunas em negócios familiares. Mesmo que não se trate de um negócio em família, eles o tratarão como tal. Se o canceriano trabalhar para alguém, encarará o chefe como figura paternal (ou maternal) e os colegas de trabalho como irmãos e irmãs. Se o canceriano for o patrão, os demais serão tidos como filhos ou apadrinhados. Os cancerianos adoram ser vistos como provedores. Regozijam-se em saber que outras pessoas tiram sustento direto ou indireto de suas ações. É outra das formas de prover.

O fato de Leão ocupar a cúspide da Segunda Casa Solar de Câncer — das Finanças — faz dos cancerianos jogadores sortudos, com grandes possibilidades de êxito em transações imobiliárias, hotelaria e gastronomia. Estâncias, spas e casas noturnas também lhes proporcionam bons lucros. Eles se sentem atraídos por propriedades próximas à água e, embora tendam ao convencionalismo, gostam, por vezes, de tirar seu sustento de atividades um tanto glamourosas.

O Sol, regente das finanças de Câncer, acena com importante mensagem para os nativos. Em questões financeiras, eles devem procurar ser menos "de Lua"; mais estáveis e fixos. Para se dar bem no mundo dos negócios não podem deixar o humor oscilar a seu bel-prazer — estar hoje aqui e amanhã ali. Precisam desenvolver seu amor-próprio e valorizar-se para realizar seu pleno potencial financeiro.

CARREIRA E IMAGEM PÚBLICA

Áries rege a Décima Casa — da Carreira — dos nativos de Câncer, indicando que eles anseiam por ter seu próprio negócio, por se mostrar mais ativos em público e na política e por ser mais independentes. Responsabilidades familiares, o medo de magoar os outros ou de se ferir amiúde os inibem de atingir essas metas. Mas isso é, no fundo, o que gostariam de fazer.

Os cancerianos apreciam que seus chefes e líderes concedam liberdade, mas que também saibam se impor quando necessário. Sabem como lidar com essas características num superior. Eles esperam que seus líderes se comportem como guerreiros e que lutem sempre por seus liderados.

Quando ocupam posições de chefia, os cancerianos atuam como verdadeiros senhores feudais, dispostos a travar qualquer batalha em defesa dos vassalos sob sua proteção. É claro que as batalhas que travam não são só em autodefesa, mas em defesa daqueles por quem se sentem responsáveis. Se carece desse instinto de luta, desse pioneirismo e dessa independência, o nativo de Câncer encontra grande dificuldade em atingir suas metas profissionais mais elevadas, pois sua capacidade de liderança fica cerceada.

Por serem tão paternais os cancerianos apreciam trabalhar com crianças e são excelentes professores e educadores.

AMOR E RELACIONAMENTOS

Os cancerianos, da mesma forma que os taurinos, gostam de relacionamentos sérios. Funcionam melhor quando a relação é claramente definida e cada uma das partes conhece bem seu papel. Quando se casam, é para toda a vida. São extremamente fiéis ao ser amado. Mas existe um segredinho que a maioria dos cancerianos oculta a sete chaves: tendem a encarar os compromissos e o consórcio afetivo como uma obrigação ou dever. Entram neles porque desconhecem outra forma de criar a família que desejam. A união para eles é apenas um caminho, um meio para se atingir uma finalidade, não um fim em si. A legítima finalidade para eles é a família.

Se estiver apaixonado por um nativo de Câncer, você terá de lidar de mansinho com os sentimentos dele. Você, que não é do signo, levará um bom tempo para conhecer a delicada sensibilidade e suscetibilidade dos cancerianos. O menor clima de negatividade os perturba. O seu tom de voz, sua mais leve irritação, um olhar ou uma expressão mais severa podem revelar-se motivo de profunda tristeza para eles. Registram os mínimos gestos e reagem intensamente a eles. Pode ser duro habituar-se de início, mas não desista de seu amor canceriano. São grandes companheiros depois que você passa a conhecê-los e aprende a lidar com eles. É importante entender que os cancerianos reagem não tanto ao que você diz, mas à maneira como você se sente no momento.

VIDA DOMÉSTICA E FAMILIAR

É nesse terreno que os cancerianos dão tudo de si. O ambiente doméstico e familiar por eles criado é como uma primorosa joia personalizada. Esforçam-se por desenvolver coisas belas que sobrevivam aos seus próprios criadores. E frequentemente o conseguem.

Os cancerianos sentem-se muito ligados à família, aos parentes e, sobretudo, às mães. Esses elos perduram por toda a vida e amadurecem à medida que eles envelhecem. Orgulham-se muito dos familiares bem-sucedidos e são bastante apegados aos bens herdados e às recordações familiares. Os cancerianos adoram crianças e gostam de provê-las com tudo aquilo que desejam e de que necessitam. Essa natureza nutriz e sensível os torna excelentes pais — sobretudo a mulher canceriana, que encarna o arquétipo da mãe zodiacal por excelência.

A postura dos pais cancerianos em relação aos filhos é sempre do tipo "certos ou errados, são meus filhos". A devoção incondicional a eles está sempre na ordem do dia. Aliás, não importa o que um membro da família faça, os cancerianos sempre acabam perdoando-o; afinal, "somos uma família", argumentam eles. A preservação da instituição e da tradição familiar é uma das principais razões existenciais dos cancerianos. Nesse ponto, eles têm muitas lições a nos ensinar.

Por serem tão voltados para a família, seus lares se revelam sempre impecavelmente limpos, organizados e confortáveis. Apreciam mobiliário antigo, mas não dispensam os confortos da modernidade. Os cancerianos adoram hospedar, receber parentes e amigos e organizar festas. São anfitriões primorosos.

CÂNCER
HORÓSCOPO 2014

TENDÊNCIAS GERAIS

O ano de 2011 foi extremamente difícil. O de 2012 também, mas não tanto. Em 2013 as coisas ficaram mais fáceis. É como se você tivesse atravessado um longo túnel escuro e agora estivesse na luz. A saúde está muito melhor do que em 2011 e 2012, mas ainda precisa de vigilância. Falaremos mais sobre isso depois.

Apesar de todos os desafios que você tem enfrentado, muitas coisas boas estão acontecendo. Em 26 de junho de 2013 Júpiter ingressou em seu signo, dando início a um ciclo de prosperidade que vai durar anos. Esse ciclo atingirá o ápice em 2014.

Nos primeiros sete meses de 2014 (até 26 de julho) haverá nos céus uma Grande Cruz, que o afetará intensamente. Você vai se envolver em uma empreitada importante. Algo significativo e grandioso. Talvez abra um negócio ou funde uma instituição, ou se envolva em um negócio por causa de outra pessoa. Essas coisas são empolgantes, mas delicadas e tensas. A presença de Júpiter em seu signo traz sucesso.

A situação amorosa foi boa em 2013, e também será em 2014. Muitos de vocês conheceram alguém especial. Muitos se envolveram em um relacionamento equivalente a um casamento. As oportunidades românticas se apresentaram e continuam a existir. Falaremos mais sobre isso depois.

Urano está em sua Décima Casa — da Carreira — desde 2011. Então, tem havido muitas mudanças e instabilidade no campo profissional. Essas mudanças não são apenas pessoais, mas afetam também sua indústria, sua profissão e a empresa para a qual você trabalha. A boa notícia é que a carreira será muito estimulante, até mesmo glamourosa. Não haverá um minuto de tédio. Qualquer coisa pode acontecer a qualquer momento, o que mantém a adrenalina correndo nas veias. Essa tendência vai durar o ano todo.

Suas mais importantes áreas de interesse este ano serão corpo, imagem e prazer pessoal (até 16 de julho); finanças (após 16 de julho); lar e família (até 26 de julho); filhos, diversão e criatividade; amor, romance e atividades sociais; religião, filosofia, ensino superior e viagens ao exterior; carreira.

Seus caminhos para maior realização este ano serão corpo, imagem e prazer pessoal (até 16 de julho); finanças (após 16 de julho); filhos, diversão e criatividade (até 19 de fevereiro); lar e família (a partir de 19 de fevereiro).

SAÚDE

(Trata-se de uma perspectiva astrológica sobre a saúde, não de uma visão médica. No passado, essas perspectivas eram idênticas, porém, hoje, podem ocorrer diferenças. Para obter uma opinião com base em diagnósticos da medicina convencional consulte seu médico ou um profissional da saúde.)

Sua Sexta Casa não será uma Casa de poder este ano (só se tornará poderosa em 24 de dezembro, ou seja, apenas por seis dias). Em geral, interpreto isso como algo positivo para a saúde. Mas este ano não tenho tanta certeza. A Grande Cruz que mencionamos anteriormente terá efeito até o dia 26 de julho. Essas coisas normalmente são tensas, drenam a energia. É provável que você trabalhe muito e passe dos limites. Então, nesse contexto, a Sexta Casa vazia pode indicar o envolvimento tão grande com um projeto (ou projetos) que causa uma negligência com saúde. Mais tarde você pode pagar por isso (o ingresso de Saturno em sua Sexta Casa no final do ano mostra uma necessidade de prestar atenção).

Como sabem nossos leitores assíduos, o mais importante é manter altos os níveis de energia. Descanse quando estiver cansado. Mas com a agenda caótica deste ano fazer isso será um desafio. Muito será exigido de você. Se você se concentrar no que é essencial e deixar de lado as "coisas pequenas", vai conseguir lidar com sua carga de trabalho e manter a saúde. Decisões difíceis terão de ser tomadas. Nem todos ficarão felizes. É aconselhável passar momentos de lazer em um spa ou marcar massagens constantes. Essas atividades vão aumentar sua energia.

Você pode fazer muitas coisas para aprimorar sua saúde e impedir que os problemas se desenvolvam. Como mencionamos, o mais importante é manter altos os níveis gerais de energia. Depois, você pode dar uma atenção especial às seguintes áreas:

Coração. Evite preocupação e ansiedade, as raízes espirituais dos problemas cardíacos. Se houver algo positivo a ser feito em relação a determinada situação, tome as medidas positivas. Se nada puder ser feito no momento, para que se preocupar? Deixe para resolver o assunto no futuro e recuse-se a pensar nele. A meditação será de grande utilidade.

Estômago e seios. São sempre áreas importantes para você. Vigie a dieta, coma concentrada e vagarosamente. Eleve o ato de comer, transformando-o do mero apetite animal em algo sublime, um ato de devoção. Isso vai mudar a energia da comida e de seu corpo.

Coxas. Massageie as coxas regularmente.

Essas serão as áreas mais vulneráveis este ano. Energizá-las e mantê-las em forma pode impedir o desenvolvimento de problemas. E mesmo que eles não sejam completamente prevenidos, podem ser bastante amenizados.

Júpiter ficará em seu signo até o dia 16 de julho. Esse é basicamente um aspecto positivo, mas há um problema: pode levar a um excesso de indulgência, a um excesso de boa vida, e existe um preço a pagar por isso mais tarde. O peso também precisará de maior vigilância.

As cancerianas em idade de engravidar estarão mais férteis que de costume.

Já é bem difícil ter três planetas lentos em um alinhamento tenso com você. Mas haverá períodos do ano em que outros planetas — os planetas rápidos — vão acrescentar tensão. Serão períodos mais vulneráveis, nos quais você precisará descansar mais e talvez marcar mais massagens e tratamentos de saúde. Esses períodos serão de 1º a 20 de janeiro e de 21 de março a 19 de abril. O período entre 23 de setembro e 23 de outubro também será delicado, mas menos que os dois anteriores. Também falaremos sobre isso nas "Previsões Mensais".

LAR E FAMÍLIA

O lar e a família são sempre importantes para o canceriano, mas este ano — especialmente na primeira metade — serão ainda mais. Marte passará mais de seis meses em sua Quarta Casa, o que é extremamente incomum. Em geral, esse planeta passa de um mês e meio a dois meses em cada signo.

A presença de Marte na Quarta Casa pode ter muitas interpretações. Geralmente, indica que sua casa passará por construções ou reformas pesadas. Os familiares podem estar com os nervos à flor da pele. Haverá conflitos na família, e manter a calma será um desafio.

Enquanto Marte ficar em sua Quarta Casa estará em oposição com Urano e em quadratura com Plutão (em graus diferentes de exatidão). Isso indica necessidade de tornar a casa mais segura. Detectores de fumaça e alarmes devem estar funcionando bem. A casa deve ser vistoriada em busca de elementos tóxicos (na tinta, na mobília) ou de campos geopatológicos (existem radiestesistas especializados nesse tipo de trabalho). Utensílios perigosos como facas e objetos afiados precisam ser mantidos fora do alcance das crianças. Na verdade, se você estiver fazendo uma reforma — e muitos farão — deve se concentrar nas questões de segurança. Existem aplicativos para celular que permitem monitorar sua casa a distância. Eles podem ser uma boa ideia nesse período.

Marte é seu planeta da Carreira. A mensagem óbvia é que seu lar e sua família serão seu verdadeiro emprego nesse momento — seja qual for sua profissão. Isso indica que você trabalhará mais em casa. Um negócio caseiro pode ser interessante em 2014. A casa será tanto um local para os negócios quanto um lar.

Os pais ou figuras paternas ou maternas passarão por cirurgias ou experiências de quase morte este ano. Eles também podem se mudar, o que será positivo. Talvez comprem casas adicionais.

A situação familiar vai ficar instável, exigindo todo o seu foco. Haverá muitas crises e problemas este ano. Você precisa ficar atento. Disponível.

Não vejo mudanças de casa; é mais provável que aconteçam reformas. Filhos ou enteados terão chance se mudar depois do dia 16 julho. Será uma mudança positiva. O ideal para os irmãos ou figuras fraternas é ficar onde estão e usar melhor o espaço que têm. Os netos (ou aqueles que desempenham esse papel em sua vida) vão ter um ano sem alterações nas questões domésticas.

Vênus, seu planeta da Família, é extremamente rápido. A cada ano, ele passa por todos os signos e casas do seu Zodíaco. Portanto, há muitas tendências de curto prazo com a família que serão elaboradas nas "Previsões Mensais".

Um eclipse lunar acontece em sua Quarta Casa no dia 15 de abril. Ele vai ter efeitos intensos sobre você e sua família. Faça tudo o que puder para afastá-los dos riscos. É melhor passarem momentos tranquilos em casa.

DINHEIRO E CARREIRA

Há muitos anos que as finanças não são uma questão importante para você. Você ganhava a vida, mas não havia paixão. As coisas estão começando a mudar. Como mencionamos, você ingressou em um ciclo de prosperidade em 2013. Este ano ele ficará ainda mais intenso.

Até 16 de julho Júpiter ficará em seu signo — em sua Primeira Casa. No geral, será um trânsito maravilhoso, com tendência à felicidade e ao sucesso, mas também vai ser muito bom para as finanças. Falamos sobre ele no ano passado, mas continuará em efeito. Isso indica que você viverá a vida como uma pessoa "rica" (claro que é algo relativo. A maioria de vocês não viverá como bilionários, e sim de acordo com sua noção de "alto estilo"). Você vai comer em bons restaurantes, viajar e aproveitar os prazeres dos cinco sentidos. Fantasias sensuais serão realizadas nesse período, de acordo com os seus padrões. A quantidade de dinheiro que cada um ganha e tem no banco nunca é um problema durante este trânsito — as pessoas vivem "como se" fossem ricas, em um padrão mais elevado. E, por estranho que pareça, o dinheiro para cobrir essas despesas aparece.

Você se sentirá mais rico e mais otimista, e usará roupas mais caras. É a poderosa mágica do dinheiro: desse jeito, você atrai oportunidades de riqueza e pessoas mais ricas.

Júpiter é o senhor de sua Sexta Casa — do Trabalho e da Saúde. Assim, aparecerão boas oportunidades profissionais, o que também aconteceu no ano passado. É muito provável que você já tenha conseguido um bom emprego a essa altura, mas, se não, os aspectos continuam positivos este ano. Como em 2013, não há muito que você precise fazer — não há necessidade de olhar vagas de emprego no jornal ou na internet. O emprego vai achar você.

Os empregadores vão atrair o tipo certo de funcionário com pouco estresse ou esforço.

A presença de Júpiter em seu signo causa o que o mundo chama de "sorte". Então, pode ser aconselhável investir quantias moderadas na loteria e em outro tipo de especulação. Mas só o faça quando a intuição pedir. Esse tipo de coisa nunca deve ser automática, como um reflexo.

No dia 16 de julho Júpiter ingressa em sua Casa do Dinheiro e fica lá pelo restante de 2014 e no ano que vem. É um indicador clássico de prosperidade. O valor de seus bens aumentará. Talvez você encontre em seu sótão ou porão coisas que acabam valendo muito mais do que você imaginava, ou o valor de uma ação sobe muito. Boas oportunidades profissionais continuam a aparecer.

Embora você esteja "sortudo" este ano, a presença de Júpiter na Casa do Dinheiro indica rendimentos vindos do trabalho, dinheiro merecido (Júpiter é seu planeta do Trabalho). Em minha interpretação, a sorte será um efeito colateral do trabalho. Ela pode aumentar os ganhos, mas a maior parte deles virá do trabalho.

Quando Júpiter entrar em sua Casa do Dinheiro (a partir de 16 de julho), começa a formar ótimos aspectos com Urano, o senhor de sua Oitava Casa. Normalmente, isso indica uma herança, mas, com sorte, ninguém morrerá. Pode ser uma boa restituição de impostos. Às vezes, pagamos mais impostos que de costume, o que também é um sinal de prosperidade. Em geral, os impostos altos são relacionados a um rendimento maior. Você também pode ter facilidade para liquidar ou fazer dívidas, de acordo com suas necessidades. Sua capacidade de atrair dinheiro dos outros — seja emprestado ou investimento — será maior. O cônjuge, parceiro ou amor atual também estará próspero. Ele, ou ela, demonstrará mais generosidade com você.

A prosperidade oscila em determinados períodos do ano, dependendo da posição do Sol e dos aspectos que ele formará com outros planetas. Falaremos sobre isso com mais detalhes nas "Previsões Mensais".

O dinheiro não será problema em 2014.

Os números favoráveis para as suas finanças são 5, 6, 8 e 19.

Como mencionamos, haverá muitas mudanças e instabilidade na carreira. É importante estar a par das últimas tecnologias, pois seu conhecimento nessa área será muito importante. Este ano o talento natural dos cancerianos para lidar com imóveis residenciais, empresas relacionadas a comida, restaurantes, hotéis e negócios familiares estará ainda mais intenso.

AMOR E VIDA SOCIAL

Você vive um ciclo amoroso positivo desde 26 de junho do ano passado, e a tendência continua este ano. A entrada de Júpiter em seu signo foi um aspecto excelente para o amor, pois começou a formar ótimos aspectos com seu planeta do Amor, Saturno. Ele faz parte de um Grande Trígono em Água desde então. A tendência continuará na primeira metade de 2014.

Se você ainda não achou alguém especial, ainda terá essa chance em 2014. Muitos já encontraram essa pessoa. Embora o casamento literal possa não ter acontecido, muitos cancerianos estão em relacionamentos que são "como se" fossem um casamento, algo que é apenas uma formalidade legal. O horóscopo mostra a realidade.

Saturno, seu planeta do Amor, e Plutão (que ocupa sua Sétima Casa — do Casamento) passarão quase todo o ano em "recepção mútua", ou seja, um ficará hospedado na Casa e no signo regidos pelo outro. Também foi assim no ano passado. Isso indica grande cooperação entre esses dois planetas. Plutão é o senhor de sua Quinta Casa — dos Casos Amorosos, da Diversão e Criatividade. Portanto, este ano seu casamento ou atual relacionamento será mais divertido e terá um ar de lua de mel. Os solteiros terão opções — poderão escolher relacionamentos sérios ou casos amorosos. Ambos vão estar disponíveis.

As oportunidades românticas e sociais acontecerão nos lugares habituais este ano. Em festas, resorts e lugares reservados ao entretenimento, como teatros ou cinemas, salões de jogos etc. E, claro, o magnetismo sexual e a química serão mais importantes que de costume.

Com esse tipo de mapa, há uma tendência a valorizar demais a química sexual. Ninguém nega sua importância, mas sozinha ela não basta para produzir um relacionamento feliz de longo prazo. Outros fatores devem ser levados em consideração, e talvez você não esteja fazendo isso, o que pode causar mágoa no futuro. Nem a melhor das químicas sexuais dura muito mais que um ano. Quando ela diminui, você precisa lidar com uma pessoa real. As mesmas tendências valeram no ano passado.

Mais para o final do ano, depois de 24 de dezembro, haverá uma mudança nas atitudes amorosas. A química sexual continuará sendo importante — Plutão vai permanecer em sua Sétima Casa —, mas você também vai desejar alguém que favoreça seus interesses.

Este ano você sentirá atração por tipos corporativos e tradicionais. Talvez pessoas mais velhas e estabelecidas que você. É uma tendência natural para você, mas nesse período ficará ainda mais forte.

Este ano será sexualmente ativo. Além do que mencionamos, Júpiter formará aspectos favoráveis com o senhor da Oitava Casa a partir de 16 de julho. Seja qual for sua idade ou estágio de vida, a libido estará mais forte que de costume.

Os números favoráveis para o amor serão 3, 10, 15 e 21.

AUTOAPRIMORAMENTO

Como Urano ficará em sua Décima Casa por muitos anos, é provável que você se sinta cansado com profissões repetitivas. Será preciso encontrar um emprego que ofereça variedade e mudanças, no qual as tarefas se alterem periodicamente. Em geral, isso favorece trabalhos como freelancer, mas se você conseguir essas característica em sua carreira atual, ótimo. Também é importante ser original em seu caminho profissional. Não tente copiar o que os outros estão fazendo, não vai dar certo para você. Sua originalidade inata deve ser explorada.

Netuno está em sua Nona Casa desde fevereiro de 2012. Portanto, seus conceitos religiosos, sua filosofia de vida e sua visão de mundo se tornarão mais espiritualizados. Você será capaz de interpretar os eventos pessoais e globais através de uma perspectiva espiritual, vê-los como atos das Forças Superiores. Essa capacidade aumentará nos anos vindouros, alterando muitos aspectos da vida e melhorando suas reações psicológicas aos acontecimentos. Neste ano e nos próximos, considero caminhos religiosos mais místicos e empíricos os mais positivos. O monótono estudo das Escrituras e a repetição de orações não são para você. Toda religião tem sua tradição mística; busque-a nesse momento, pois se sentirá realizado e mais satisfeito.

Saturno está em sua Quinta Casa — dos Filhos — desde outubro de 2012. Portanto, o cosmos está colocando essa área em ordem. Disciplinar seus filhos ou enteados é algo extremamente difícil que precisa ser feito com cuidado. Se você passar do ponto (o que parece ser a tendência hoje em dia), pode reprimir e amedrontar a criança, atrasando seu desenvolvimento. Mas se não disciplinar o suficiente, terá o caos, o que também é prejudicial. Se o filho tem um problema de comportamento que poderia ter sido resolvido precocemente, e mais tarde comete um crime ou ato hediondo, o carma será tão seu quanto dele. Sem dúvida, as crianças precisam de liberdade. Mas a liberdade precisa de restrições. Alguns limites não podem ser ultrapassados. Os comportamentos destrutivos precisam ser punidos imediatamente — não com raiva, mas com firmeza. O equilíbrio correto entre liberdade e limites é a lição principal deste ano.

PREVISÕES MENSAIS

JANEIRO

Melhores dias: 5, 6, 14, 15, 24, 25
Dias mais tensos: 1º, 2, 7, 8, 22, 23, 28, 29
Melhores dias para o amor: 1º, 2, 5, 6, 9, 10, 14, 15, 19, 20, 24, 25, 28, 29
Melhores dias para o dinheiro: 1º, 2, 5, 6, 9, 10, 14, 15, 17, 18, 21, 22, 24, 25, 30, 31
Melhores dias para a carreira: 3, 4, 7, 8, 12, 13, 22, 23, 30, 31

Seu ano começa em meio a um pico amoroso anual. O romance irá muito bem. A vida social vai estar hiperativa. É provável que os cancerianos comprometidos decidam se casar nesse período (uma decisão que também pode ter acontecido no mês passado). Os solteiros devem conhecer pessoas interessantes. O amor vai estar no ar. O único problema nessa área é o movimento retrógrado de Vênus durante o mês inteiro. Então, não se apresse em se casar, talvez seja melhor marcar a cerimônia para data posterior.

O poder planetário estará no Ocidente. Setenta por cento e, às vezes, 80 por cento dos planetas estarão em seu setor social, ocidental. Portanto, esse será um período para desenvolver as habilidades pessoais e cultivar o favor e a predileção dos outros. Seus assuntos pessoais não serão tão importantes. Cultive bons relacionamentos. Se existirem condições que o incomodem, faça uma nota mental sobre elas, mas se adapte o melhor que puder. Logo chegará a hora de fazer as mudanças adequadas.

No mês passado o poder planetário se descolocou da metade inferior para a metade superior do Zodíaco. O lar e a família são sempre importantes para você, mas nesse período o melhor que você poderá fazer por eles é ter sucesso na vida exterior.

A saúde ficará, basicamente, bem, mas você não vai estar em um de seus melhores momentos — especialmente até o dia 20. Não deixe de descansar. Aprimore a saúde das maneiras mencionadas em "Tendências Gerais". Seu planeta da Saúde passará o mês em movimento retrógrado, então evite fazer mudanças drásticas na dieta ou na rotina. É hora de estudar esses assuntos, não de agir.

A saúde e a energia vão melhorar muito após o dia 20.

Quem estiver procurando emprego terá boas oportunidades este mês (e por muitos meses futuros), mas não aceite uma proposta de sucesso rápido demais. Apure a verdade. Faça perguntas. Tire suas dúvidas. As finanças serão excelentes. Seu planeta das Finanças transitará por pontos de eclipse entre os dias 14 e 17 e nos dias 30 e 31. Esses trânsitos podem ocasionar perturbações financeiras temporárias, obrigando-o a fazer mudanças e ajustes. Mas são mudanças positivas, apenas obstáculos no caminho e não problemas de longo prazo.

Haverá crises familiares entre os dias 1º e 7. Seja mais paciente com os membros da família nesse período. Eles ficarão mais temperamentais. Lide com o drama e mantenha o foco em sua carreira.

FEVEREIRO

Melhores dias: 1º, 2, 10, 11, 12, 20, 21, 28
Dias mais tensos: 3, 4, 18, 19, 24, 25
Melhores dias para o amor: 2, 5, 6, 7, 11, 12, 16, 17, 21, 24, 25, 28
Melhores dias para o dinheiro: 1º, 2, 8, 9, 10, 11, 12, 13, 14, 20, 21, 28
Melhores dias para a carreira: 3, 4, 8, 9, 18, 19, 26, 27

O movimento planetário será extremamente acelerado em fevereiro. Até o dia 6, 90 por cento dos planetas estarão em movimento direto. Depois dessa data, 80 por cento. Se você estiver lançando um novo produto ou começando um novo empreendimento, este será um bom mês (o período entre os dias 1º e 6 será o melhor, durante a Lua Crescente).

Em geral, as coisas vão ser resolvidas com mais rapidez que de costume.

Tudo correrá bem para você. Temos um Grande Trígono no elemento de Água desde o mês passado. Água é seu elemento natural. No dia 18, quando o Sol ingressar em Peixes, o poder do elemento Água se tornará ainda mais forte, algo muito confortável para você. As pessoas ficam mais sensíveis aos sentimentos dos outros e passa a ser mais fácil compartilhá-los.

O amor irá bem. Você não vai estar tão ativo no meio social quanto no mês passado, mas a vida amorosa será boa. Vênus se move para a frente este mês, e seu planeta do Amor recebe ótimos aspectos. Se algum de vocês ainda estiver solteiro, fevereiro será um bom mês para conhecer alguém especial. Os comprometidos terão mais harmonia no relacionamento.

SEU HORÓSCOPO PESSOAL PARA 2014

No dia 20 de janeiro o cônjuge, parceiro ou amor atual entrou em um pico financeiro anual que perdura este mês. A prosperidade será excelente para essa pessoa, que provavelmente ficará mais generosa com você. Como seu planeta das Finanças vai ficar na Oitava Casa até o dia 18, você prospera ao ajudar os outros a prosperar. Será preciso pensar nos interesses financeiros alheios, entendê-los e ajudar as pessoas a atingir seus objetivos. Ao fazer isso, sua própria prosperidade acontecerá de forma muito natural. Além disso, compreender os reais interesses financeiros de outra pessoa o ajudará a realizar os seus com mais eficiência.

As viagens estão em seu mapa há muitos meses. Mas depois do dia 18, quando o Sol ingressa em sua Nona Casa, a tendência se fortalece ainda mais. Viagens ao exterior não são apenas divertidas em si, mas também lucrativas. Haverá viagens de negócios depois do dia 18, além de oportunidades financeiras no exterior e com estrangeiros.

A saúde está muito melhor que no mês passado. Com Júpiter em seu signo, o único problema é exagerar no que é bom, na boa vida, em boas comidas e bebidas. O peso continua precisando de vigilância.

Os que estiverem em busca de emprego terão sorte no dia 28. Mas, repito, é preciso avaliar com cuidado.

MARÇO

Melhores dias: 1º, 2, 10, 11, 19, 20, 28, 29
Dias mais tensos: 3, 4, 17, 18, 24, 25, 30, 31
Melhores dias para o amor: 1º, 2, 7, 10, 11, 17, 18, 19, 20, 24, 25, 26, 27, 28, 29
Melhores dias para o dinheiro: 1º, 2, 10, 11, 12, 13, 19, 20, 21, 22, 28, 29, 30, 31
Melhores dias para a carreira: 3, 4, 7, 8, 17, 18, 26, 27, 30, 31

Você tem trabalhado arduamente este ano. Está envolvido em um projeto grande e complicado. Essa tendência continua este mês. A saúde foi bem até aqui, mas preste mais atenção a essa área depois do dia 20. Faça o que tiver de fazer — você não terá outra opção —, mas deixe de lado coisas sem importância. Aprimore a saúde das maneiras mencionadas em "Tendências Gerais". Trabalhar demais será muito arriscado.

Este mês será frenético, mas bem-sucedido. No dia 20 você entra em um pico profissional anual. O lar e a família sempre são um foco importante, mas você os servirá melhor tendo sucesso no mundo exterior.

As finanças seguem sem problemas, este será um mês próspero. Até o dia 20 o planeta das Finanças ficará na Nona Casa, o que, em geral, é uma posição afortunada que indica expansão financeira, ganhos mais altos e objetivos mais elevados. As oportunidades financeiras acontecerão em outros países e talvez com estrangeiros. Haverá viagens de negócios. A intuição financeira estará excepcional. No dia 20 o planeta das Finanças cruza o Meio do Céu e ingressa na Décima Casa, indicando forte concentração em dinheiro e ganhos, o que será muito importante para você. Conseguimos aquilo em que nos concentramos. Mas também indica o favor dos superiores — pais, figuras paternas e maternas, pessoas mais velhas e chefes. Normalmente, você recebe um aumento. Sua boa reputação profissional é recompensada no nível financeiro, o que em geral mostra dinheiro vindo do governo, direta ou indiretamente.

O amor terá um período feliz. Os relacionamentos existentes serão harmoniosos, e os solteiros não vão ter dificuldades em encontrar o romance. A única complicação é o movimento retrógrado de Saturno no dia 2. É possível que você, e talvez seu amor atual, fique sem direção no relacionamento. Vocês vão ficar "na mesma". Não há nada com que se preocupar, essa situação só precisa ser entendida. O planeta do Amor continuará em movimento retrógrado por vários meses, o que não interrompe o amor ou o romance, mas os desacelera um pouco. É hora de obter mais clareza em seus objetivos sociais. Também vale a pena rever a vida amorosa e checar que melhorias podem ser feitas.

Programe uma agenda tranquila perto da Lua Nova do dia 30. Será uma Lua Nova próspera para o cônjuge, parceiro ou amor atual.

Preste atenção à rotina de sonhos entre os dias 21 e 31. Eles serão muito significativos.

Seja mais paciente com os membros da família do dia 17 ao dia 19. Eles estarão mais temperamentais.

ABRIL

Melhores dias: 6, 7, 16, 17, 24, 25
Dias mais tensos: 13, 14, 15, 20, 21, 26, 27
Melhores dias para o amor: 4, 5, 6, 7, 16, 17, 20, 21, 24, 25
Melhores dias para o dinheiro: 6, 7, 8, 9, 10, 16, 17, 19, 20, 24, 25, 29, 30
Melhores dias para a carreira: 3, 4, 5, 13, 14, 15, 22, 23, 26, 27

Os planetas estão se deslocando lentamente do Ocidente para o Oriente. Essa mudança se completará no mês que vem, mas você também a sente agora. A independência pessoal está ficando mais forte. A cada dia você ganha mais poder para mudar as coisas de que não gosta e criar as condições que deseja. Esperamos que nos últimos meses você tenha tomado nota do que precisava ser alterado. Agora pode começar a agir.

Independência não significa sobrepujar os outros, e sim que nossa felicidade não precisa depender deles. Desde que você não tenha um comportamento destrutivo com as pessoas, deve (e pode) fazer o que quiser.

Você está em meio a um pico profissional anual. Então, mantenha o foco nos objetivos exteriores. Este momento será de sucesso.

A saúde vai continuar precisando de maior vigilância até o dia 20. Não há nada verdadeiramente errado com você, mas não será seu melhor período. A energia não corresponderá ao padrão habitual, de forma que problemas preexistentes podem se agravar (por algum tempo). Níveis baixos de energia podem deixá-lo vulnerável a invasões oportunistas (micróbios etc.), então descanse e relaxe mais. Aprimore a saúde das maneiras mencionadas em "Tendências Gerais". A saúde vai melhorar muito depois do dia 20.

Haverá dois eclipses este mês. O eclipse lunar do dia 15 ocorrerá em sua Quarta Casa e terá impacto sobre Marte, o planeta da Carreira. Todo eclipse lunar tem forte efeito sobre você, pois a Lua é a senhora de seu horóscopo. Então programe uma agenda tranquila. Também vão ocorrer mudanças profissionais, mas estas serão positivas. Seja mais paciente com os membros da família nesse período.

O eclipse solar no dia 29 vai acontecer em sua Décima Casa e afetará as finanças (como todo eclipse solar). A vida financeira estará bem, mas provavelmente vai precisar de ajustes, e o eclipse o força a fazê-los. Os pais e figuras paternas ou maternas também serão afetados.

Um golpe de sorte inesperado acontece nos dias 1º e 2, às vezes disfarçado como uma despesa repentina que traz sorte.

Apesar do movimento retrógrado de seu planeta do Amor, essa área estará maravilhosa, romântica e carinhosa. Vênus ingressa em Peixes no dia 6 e começa a formar aspectos incríveis com o planeta do Amor. O período entre os dias 23 e 26 será excepcionalmente bom para o amor. Mas não há pressa, vá com calma.

MAIO

Melhores dias: 3, 4, 5, 13, 14, 21, 22, 31
Dias mais tensos: 11, 12, 17, 18, 24, 25
Melhores dias para o amor: 3, 4, 5, 6, 13, 14, 17, 18, 21, 22, 24, 25, 31
Melhores dias para o dinheiro: 3, 4, 5, 6, 7, 8, 9, 10, 13, 14, 17, 18, 21, 22, 28, 29, 31
Melhores dias para a carreira: 1º, 2, 11, 12, 19, 20, 24, 25, 29, 30

O deslocamento do poder planetário para o Ocidente estará consolidado no dia 3. É hora de viver de acordo com seus termos, desde que não sejam destrutivos. Se os outros não cooperarem com seus planos, você terá o poder de realizá-los sozinho. É hora de explorar sua felicidade e desenvolver a iniciativa pessoal.

De modo geral, a vida amorosa será boa, mas até o dia 21 deste mês vai ficar mais complicada. Podem acontecer desentendimentos financeiros com a pessoa amada, e talvez diferenças de opinião sobre outros assuntos. Tudo isso será de curto prazo. No dia 21 essas questões serão resolvidas e a vida amorosa volta a ter harmonia.

Marte passará o mês inteiro em relativa oposição a Urano. É preciso deixar a casa mais segura. Os pais ou figuras paternas ou maternas devem evitar riscos e atividades cansativas. Haverá conflitos na carreira — talvez em sua indústria ou hierarquia corporativa. As regras do jogo vão mudar.

As finanças vão bem e serão basicamente prósperas este mês. Até o dia 21 a dimensão social terá importância para essa área (como aconteceu no mês passado), contando com uma participação importante dos amigos e contatos sociais. A tecnologia também terá papel crucial, e vale a pena se manter em dia com o que houver de mais recente. É muito provável que você gaste dinheiro com essas coisas. Será positivo se envolver com grupos e organizações profissionais ou comerciais. No dia 21 o planeta das Finanças ingressa em sua espiritual Décima Segunda Casa, deixando a intuição financeira apurada e digna de confiança. Será um período no qual você se aprofundará na dimensão espiritual da riqueza, e também ficará mais caridoso. Envolver-se com organizações e pessoas espirituais aumentará os lucros.

Você se sentirá bem este mês. Aprimore a saúde ainda mais das maneiras mencionadas em "Tendências Gerais".

Vênus vai estar em conjunção com Urano nos dias 14 e 15. Seja mais paciente com os amigos e com a família, eles ficarão mais temperamentais. Os filhos e enteados vai estar mais rebeldes.

Os sonhos e a intuição precisarão ser avaliados com cuidado no dia 11.

Figuras de autoridade, como chefes, pais ou figuras paternas e maternas darão apoio financeiro nos dias 30 e 31.

JUNHO

Melhores dias: 1º, 9, 10, 18, 19, 27, 28
Dias mais tensos: 7, 8, 14, 15, 20, 21
Melhores dias para o amor: 1º, 5, 6, 9, 10, 14, 15, 18, 19, 23, 24, 27, 28
Melhores dias para o dinheiro: 1º, 2, 3, 7, 8, 10, 11, 16, 17, 18, 19, 27, 28, 29, 30
Melhores dias para a carreira: 7, 8, 16, 17, 20, 21, 25, 26

Este será um mês feliz e próspero. O único problema é a alta porcentagem de planetas retrógrados — 40 por cento depois do dia 9. Isso não vai impedir que coisas boas aconteçam, mas as desacelera um pouco.

A presença de muitos planetas retrógrados significa um chamado do cosmos ao aperfeiçoamento em tudo o que fazemos. Atalhos devem ser evitados (eles são ilusões). Ser perfeito em todos os detalhes vai deixá-lo mais lento, mas o jeito lento é o jeito rápido. Quando cometemos erros, depois somos obrigados a refazer o trabalho — ou passar mais tempo consertando as coisas.

Sua Décima Segunda Casa — da Espiritualidade — se tornou poderosa no dia 21 do mês passado e continuará assim até o dia 21 deste mês. Então você vai passar por um período extremamente espiritual. Haverá progressos espirituais para os interessados, e será um período muito propício para meditar e estudar essa área. Além disso, é um ótimo momento para artistas, poetas e músicos, que terão mais inspiração. Os estudos espirituais também auxiliarão interiormente a vida financeira.

No dia 21 o Sol cruza o Ascendente e entra em sua Primeira Casa, proporcionando melhorias e oportunidades financeiras. O poder aquisitivo vai estar muito maior do que de costume. Você vai gastar consigo mesmo e transmitirá uma aparência abastada para os outros. Você adotará a imagem da riqueza, o que por sua vez lhe proporcionará melhores oportunidades financeiras. Esse trânsito também é maravilhoso para a aparência e a imagem, além de ser bom para a saúde. Você estará com ótima aparência e terá mais carisma que de hábito. Seu corpo vai estar atraente. Você entra em um de seus períodos anuais de prazer pessoal (já está vivendo esse período há quase um ano, mas agora ele se fortalecerá). Os desejos do corpo serão satisfeitos.

Os cancerianos que estiverem em busca de um emprego terão sorte este mês. Haverá perturbações no ambiente de trabalho entre os dias 21 e 26. Se você é empregador, enfrentará instabilidade entre os funcionários.

O mês inteiro será bom para o amor, mas especialmente após o dia 21. Depois desse dia surgem oportunidades para parcerias profissionais e *joint ventures*.

Mais uma vez, você vai se envolver em algum projeto grande e complicado, mas terá sucesso. E terá toda a energia de que precisa para lidar com essa questão.

Os pais ou figuras paternas ou maternas devem dirigir com mais cuidado e evitar atividades arriscadas este mês, e especialmente entre os dias 22 e 26. Também haverá alterações na carreira.

JULHO

Melhores dias: 7, 8, 15, 16, 24, 25
Dias mais tensos: 4, 5, 6, 11, 12, 17, 18
Melhores dias para o amor: 4, 5, 6, 7, 8, 11, 12, 13, 14, 15, 16, 24, 25
Melhores dias para o dinheiro: 1º, 7, 8, 15, 16, 17, 27, 28
Melhores dias para a carreira: 4, 5, 6, 13, 14, 17, 18, 24, 25

O elemento Água foi forte durante o ano inteiro, mas especialmente no mês passado, quando 40 por cento e, às vezes, 50 por cento dos planetas estavam em signos de Água. Até o dia 22 deste mês a porcentagem será ainda mais alta — 60 por cento e, às vezes, 70 por cento. Para o mundo, isso indica mais chuva e climas úmidos. Mas, pessoalmente, será muito bom para você. Você passará por uma "era de otimismo". Você fica mais poderoso quando seu humor está positivo (isso vale para todos, mas especialmente para você). Com o humor certo, você pode conquistar o mundo, com o errado, nada acontece.

O poder do elemento Água tem implicações metafísicas para quem está envolvido em orações e meditação. Uma oração bem-sucedida acontece quando se obtém a sensação de que "está feito". Quando há muita Água, é mais fácil obter essa sensação do que em outras ocasiões.

Você continua em um de seus picos anuais de prazer pessoal até o dia 22. Não deixe de aproveitar os prazeres do corpo, mas não precisa exagerar.

Vênus cruza o Ascendente e ingressa em sua Primeira Casa no dia 18. Você terá acesso a equipamentos e dispositivos de alta tecnologia. Sua aparência será ótima, você vai se vestir com elegância e obter um senso natural de estilo. Você gastou consigo mesmo no mês passado, mas este será um ótimo momento para comprar roupas e acessórios se precisar. Você terá uma graça natural e vai atrair o sexo oposto. O amor será feliz, pois o planeta do Amor recebe aspectos maravilhosos durante o mês inteiro. Além disso, Saturno começa a se mover para a frente no dia 20. Os relacionamentos atuais ganham clareza; começam a progredir. A confiança social também aumenta.

Neste e no mês passado você viveu basicamente do seu jeito. Este será o momento — talvez o melhor do ano — para criar as condições que você quer.

O Sol faz conjunção com Júpiter entre os dias 24 e 27, o que indica rendimentos e também proporciona oportunidade de emprego propícia. A Lua Nova do dia 26 será especialmente lucrativa.

No dia 17 Júpiter faz um deslocamento importante, saindo de seu signo e ingressando em Leão. Este tem sido um ano muito próspero, e está a ponto de melhorar.

Esse deslocamento terá um impacto sobre seus objetivos profissionais. Até agora, a satisfação e o conforto foram importantes na carreira, mas o foco vai se voltar estritamente para o lado financeiro. Se o salário for bom, você se sentirá pessoalmente satisfeito.

A saúde também precisa mudar. Preste mais atenção ao coração.

AGOSTO

Melhores dias: 3, 4, 11, 12, 20, 21, 22, 30, 31
Dias mais tensos: 1º, 2, 8, 13, 14, 28, 29
Melhores dias para o amor: 3, 4, 7, 8, 11, 12, 13, 20, 21, 22, 23, 24, 30, 31
Melhores dias para o dinheiro: 5, 6, 13, 14, 23, 24, 25
Melhores dias para a carreira: 3, 4, 11, 12, 13, 14, 20, 21, 30, 31

No dia 23 o Sol ingressa em sua Casa do Dinheiro e você entra em um de seus picos financeiros anuais. O Sol se junta a Júpiter, que chegou ali no dia 17. Assim, esse pico financeiro será muito mais intenso que os de anos anteriores. Haverá muita sorte na área das finanças, mas seu trabalho vai criar essa sorte. O dinheiro que chega a você é um dinheiro afortunado, ganho de formas bem-aventuradas. Você também vai gastar mais em atividades de lazer e aproveitar sua riqueza, algo que nem todos podem fazer.

Neste mês o poder planetário se desloca da metade superior para a inferior do Zodíaco. Seu planeta da Carreira, Urano, entra em movimento retrógrado no dia 22. É uma mensagem muito clara. Os problemas profissionais só vão ser resolvidos pelo tempo. É um bom momento para deslocar sua atenção para o lar, a família e o bem-estar emocional. A carreira continua sendo importante para você, mas não tanto quanto estava sendo desde o início do ano. Procure realizar seus objetivos profissionais usando os métodos interiores — meditação, visualização, oração e estabelecimento de metas —, o que também é um trabalho, mas não do tipo físico. Entre no "estado de espírito" do que deseja alcançar. Imagine que já atingiu seu objetivo. Sinta-o profundamente. Depois esqueça. Repita conforme for necessário. Vai ser importante encontrar seu ponto de harmonia emocional e agir de acordo com ele. Até agora, tudo se resumia a "fazer o bem", mas "sentir-se bem" passará a ser o objetivo.

Você ingressou em um pico financeiro anual no mês passado, e ele se fortalecerá ainda mais este mês. Quarenta por cento e, às vezes, 50 por cento dos planetas vão passar por sua Casa do Dinheiro, proporcionando muito poder financeiro. Este será um mês próspero. Você obterá ajuda de diversas fontes — trabalho, família, pais ou figuras paternas ou maternas, chefes e irmãos (ou figuras fraternas). A intuição financeira também vai estar muito boa — especialmente até o dia 15.

O amor terá mais problemas este mês, mas não haverá nenhuma crise importante, apenas conflitos e desentendimentos de curto prazo. O cônjuge, parceiro ou o amor atual deve ser mais cuidadoso com o dinheiro, pois o planeta das Finanças estará retrógrado.

A saúde vai estar ainda melhor que nos mês passado, pois Marte formará aspectos harmoniosos com você.

Você enfrentará alguns obstáculos, mas nada que não consiga resolver. Muitos planetas vão reativar pontos de eclipse, o que tende a criar "miniperturbações".

O Sol passa por um ponto de eclipse nos dias 1 e 2, o que indica mudanças financeiras — talvez causadas por um problema. Mas, como mencionamos, as finanças serão excepcionais.

O trânsito de Mercúrio pelo mesmo ponto de eclipse nos dias 5 e 6 indica a necessidade de dirigir com mais cautela e ser mais cuidadoso nas comunicações.

O trânsito de Vênus entre os dias 18 e 20 mostra a necessidade de ter mais paciência com os membros da família. E o de Marte, entre os dias 10 e 14, sugere mudanças profissionais e problemas com um dos pais ou figuras paternas ou maternas.

SETEMBRO

Melhores dias: 8, 9, 17, 18, 27, 28
Dias mais tensos: 4, 5, 10, 11, 24, 25
Melhores dias para o amor: 2, 3, 4, 5, 8, 9, 12, 13, 17, 18, 23, 27, 28
Melhores dias para o dinheiro: 1º, 2, 3, 4, 5, 10, 11, 12, 13, 19, 20, 23, 24, 29, 30
Melhores dias para a carreira: 1º, 8, 9, 10, 11, 19, 29, 30

A riqueza é maravilhosa e todos deveriam desfrutá-la. Mas ela não é o objetivo final. Um dos privilégios da riqueza é o tempo livre. Tempo para ler, estudar e desenvolver seus interesses e paixões intelectuais. E nesse período, que começou no dia 23 do mês passado e continuará até o dia 23 deste mês, é isso o que você terá. Será a hora de explorar os prazeres intelectuais, do aprendizado e da expansão mental. É um prazer com o qual muitas pessoas não estão familiarizadas. É maravilhoso se acomodar com um bom livro de um bom autor e entrar no mundo dele. É uma espécie de viagem astral. Retornamos dessa viagem modificados em aspectos sutis e, se o escritor for bom, mudamos para melhor. Este será o mês para esse tipo de coisa. Também será um período propício para fazer cursos sobre assuntos que o interessam, ou para frequentar palestras e seminários. A mente estará mais aguçada que de hábito e absorverá melhor as informações.

No dia 23 você entra no paraíso dos cancerianos. A Quarta Casa — do Lar e da Família — torna-se poderosa. O cosmos o impele a fazer o que mais gosta. É a meia-noite de seu ano. As atividades externas se amenizam, mas haverá muito dinamismo nas atividades internas. A Quarta

Casa é a Casa dos términos e começos. O dia que passou chegou ao fim, morreu, e o novo dia começa. A meia-noite, a Quarta Casa, é o início do dia: ele ainda não é visível, mas já começou. Assim, você vai digerir o ano profissional que passou e a psique, a parte mais profunda da mente, vai preparar o terreno para o próximo dia (o ano que vem). Será um período de progresso e avanços psicológicos. Você já compreende bem essas coisas, mas irá mais fundo.

É preciso vigiar mais a saúde a partir do dia 23. No geral, você estará ótimo, mas esse será um período mais vulnerável do ano. Procure descansar e relaxar mais. A meia-noite é feita para dormir. Você pode aprimorar ainda mais essa área das formas mencionadas em "Tendências Gerais".

As finanças estarão bem. Até o dia 23 você terá sorte nas especulações. Vendas, marketing e um bom uso da mídia vão ser importantes. Seu produto ou serviço precisa ser divulgado. Você pode ganhar dinheiro com o comércio — compra e venda. Após o dia 23 o planeta das Finanças ingressa em sua Quarta Casa. Então, é provável que você gaste mais com a família e o lar, mas também pode lucrar nessa área. A família e suas conexões vão desempenhar importante papel para as finanças nesse período. Haverá um bom apoio familiar e de um dos pais ou figuras paternas ou maternas.

O amor vai ser muito melhor que no mês passado.

OUTUBRO

Melhores dias: 5, 6, 14, 15, 24, 25
Dias mais tensos: 1º, 2, 7, 8, 21, 22, 23, 28, 29
Melhores dias para o amor: 1º, 2, 3, 5, 6, 12, 13, 14, 15, 22, 23, 24, 25, 28, 29
Melhores dias para o dinheiro: 3, 4, 7, 8, 12, 13, 16, 17, 18, 22, 23, 26, 27
Melhores dias para a carreira: 7, 8, 17, 18, 28

Em setembro o poder planetário se descolou do independente Oriente para o setor ocidental, dos "outros". É uma importante mudança psicológica para você. Terminou seu período de independência pessoal, de fazer as coisas à sua maneira e de criar suas próprias condições. Agora será o momento de conviver com as consequências, positivas ou negativas, do que você criou. Caso tenha produzido coisas boas, os próximos seis meses serão agradáveis. Você terá um "bom carma". Se cometeu erros, vai descobri-los, passar pelas consequências e ter a oportunidade de corrigi-los quando o próximo ciclo de independência pessoal chegar. Nesse meio-tempo, adapte-se às condições atuais da melhor maneira possível. Mais uma vez, o cosmos o convida a desenvolver sua habilidade de lidar com as pessoas. Sua bondade será visível para os outros nesse período.

Dois eclipses indicam um mês turbulento para o mundo como um todo; um mês ativo, frenético.

O eclipse lunar do dia 8 ocorre em sua Décima Casa e terá forte impacto sobre você. Programe uma agenda tranquila para o período (na verdade, você deve ir com calma até o dia 23, mas especialmente durante o período do eclipse — alguns dias antes e outros depois). Todo eclipse lunar proporciona uma redefinição da imagem e da personalidade, ou seja, do autoconceito. E este não será diferente, mas também haverá mudanças na carreira. Talvez você continue na mesma profissão, mas de uma maneira diferente. Talvez até mude de caminho profissional. Haverá abalos em sua indústria e na hierarquia de sua empresa. Às vezes, novas políticas são implantadas e as regras do jogo profissional mudam. Há problemas familiares e crises com um dos pais ou figura paterna ou materna (eles também devem programar uma agenda tranquila). Esse eclipse terá impacto sobre Urano, então o cônjuge, parceiro ou amor atual fará dramáticas mudanças financeiras. Os filhos também serão afetados pelo eclipse e farão mudanças importantes no plano pessoal.

O eclipse solar do dia 23 ocorrerá exatamente na cúspide da Quinta Casa. Assim, os filhos serão novamente afetados. Eles devem ficar longe dos riscos e planejar uma programação tranquila. Todo eclipse solar proporciona mudanças financeiras, alterações ideológicas e estratégicas. Muitas vezes isso acontece por causa de algum problema ou crise financeira. Mas quando as mudanças são feitas, a crise se resolve a as finanças se tornam ainda melhores do que antes. Esse eclipse pode indicar cirurgias ou experiências de quase morte para um dos pais ou figuras paternas ou maternas — não necessariamente a morte física literal, mas encontros com ela.

A saúde precisa de mais vigilância até o dia 23. Não deixe de descansar. Aprimore essa área das formas mencionadas em "Tendências Gerais". A saúde vai melhorar a partir do dia 23.

NOVEMBRO

Melhores dias: 2, 3, 10, 11, 20, 21, 29, 30
Dias mais tensos: 4, 5, 18, 19, 25, 26
Melhores dias para o amor: 2, 3, 11, 12, 21, 22, 23, 25, 26, 30
Melhores dias para o dinheiro: 2, 3, 4, 5, 10, 11, 12, 13, 14, 21, 22, 23
Melhores dias para a carreira: 4, 5, 6, 7, 15, 16, 17, 25, 26

A prosperidade geral ainda está basicamente intacta e continuará bem no ano que vem. Mas até o dia 22 haverá problemas temporários. Se você resolvê-los de maneira adequada, a prosperidade aumenta ainda mais. O planeta das Finanças reativa um ponto de eclipse nos dias 6 e 7, o que pode trazer perturbações financeiras — um gasto ou débito inesperado. Geralmente, acaba ocorrendo uma mudança positiva. O Sol (o planeta das Finanças) fica em conjunção com Saturno entre os dias 17 e 19, criando uma sensação de "aperto" e falta. Repito, se você reorganizar as coisas, fazer pequenas alterações aqui e ali, terá os recursos de que precisa. Seu planeta das Finanças ficará em Escorpião até o dia 22. Escorpião baseia-se na "redução", na eliminação de desperdícios e gastos inúteis. Você terá a atitude de um cirurgião, eliminando e removendo apenas o que for desnecessário (uma boa ideia é avaliar seus bens e vender ou doar à caridade as coisas que não usa ou das quais não precisa). Diminuir o desperdício é uma parte tão grande da prosperidade quanto aumentar os ganhos. No dia 22 o planeta das Finanças (o Sol) ingressará em Sagitário, o que é um sinal muito positivo de prosperidade. A confiança nas finanças estará alta. Você vai gastar mais, mas também ganhará muito mais. Os objetivos financeiros serão extremamente elevados.

Novembro também vai ser um bom mês para os candidatos a emprego. Até o dia 22, haverá desafios nessa área: no emprego atual ou para encontrar um emprego, dependendo de sua situação. Mas depois desse dia as coisas se descomplicam. Haverá muitas boas oportunidades profissionais em sua empresa atual ou em outra.

A saúde estará excelente este mês. Você terá a energia de dez pessoas. Por si só, esse fato amplia sua visão em relação à vida e ao que você pode alcançar. Quando você tem energia, o céu é o limite; sem ela, mesmo a menor tarefa se torna um sacrifício.

O amor também passará por um momento feliz. Os solteiros conhecerão parceiros românticos. Com tanto poder no elemento Água até o dia 22 você terá muito carisma e atrairá pessoas do sexo oposto. O relacionamento de quem já estiver comprometido ficará mais profundo.

Urano passará o mês inteiro muito próximo a um ponto de eclipse. Isso indica mudanças financeiras importantes e dramáticas para o cônjuge, parceiro ou amor atual, e também mostra que você lidará com a morte ou assuntos relacionados a ela neste mês — talvez compareça a funerais ou missas.

O elemento Fogo se torna dominante a partir do dia 22, o que em geral traz uma energia otimista. Os eventos acontecem rapidamente e o progresso é veloz (a atividade retrógrada diminui em novembro. Depois do dia 16, 90 por cento dos planetas estarão se movendo para a frente, o que reforça o que dissemos).

DEZEMBRO

Melhores dias: 8, 9, 18, 19, 26, 27
Dias mais tensos: 1º, 2, 15, 16, 22, 23, 28, 29
Melhores dias para o amor: 1º, 2, 8, 9, 12, 13, 19, 21, 22, 23, 28, 30, 31
Melhores dias para o dinheiro: 1º, 2, 10, 11, 20, 21, 28, 29, 30, 31
Melhores dias para a carreira: 1º, 2, 3, 4, 15, 16, 24, 25, 28, 29

O poder planetário estará em sua posição mais ocidental em dezembro. Será um mês social, um momento para tirar férias de si mesmo e de seus interesses pessoais e se concentrar mais nos outros. Interessar-se por si mesmo é bom, mas às vezes exageramos. O deslocamento periódico dos planetas de um setor para outro é o recurso do cosmos para manter o equilíbrio. Pensar na felicidade dos outros é outra forma de aprimorar seus próprios interesses. Essas serão as lições de dezembro. Não é o momento de tentar alterar as condições desconfortáveis. Adapte-se da melhor maneira que puder. A hora para as mudanças e para criar o que você quer chegará nos próximos meses.

No dia 22, quando o Sol ingressa em sua Sétima Casa, você entra em um pico amoroso anual. O amor será ardente. No dia 24 o planeta do Amor, Saturno, faz importante movimento (que acontece uma vez a cada dois anos e meio), deixando Escorpião e ingressando em Sagitário, ou seja, saindo de sua Quinta Casa e entrando na Sexta. Isso indica uma mudança de longo prazo em suas atitudes e necessidades amorosas. Nos últimos dois anos e meio o magnetismo sexual foi o principal fator de atração para o amor. Isso continua sendo importante, mas agora outros fatores ganham destaque. Você vai desejar alguém que não apenas o satisfaça, mas que sirva a seus interesses. Assim se sentirá amado e demonstrará amor. Haverá forte atração por profissionais de saúde, colegas de trabalho e pessoas envolvidas com sua saúde. Gente sem conteúdo será menos interessante. Os lugares românticos também começarão a se alterar — uma tendência de longo prazo. As oportunidades românticas acontecerão no trabalho, em spas, na academia ou no consultório médico, enquanto você busca realizar seus objetivos de saúde e profissionais.

A saúde precisará de mais vigilância depois do dia 22. No geral, você estará bem, mas haverá um declínio de curto prazo causado por planetas rápidos. Como sempre, não deixe de descansar. Não se permita ficar exausto. Não se sobrecarregue.

Você ainda vive uma tendência geral de prosperidade. Este mês também será próspero. Até o dia 22 o Sol (o planeta das Finanças) ficará em Sagitário (como no mês passado), indicando objetivos e confiança financeiros elevados, o que tende a levar à prosperidade. Entretanto, o problema nesse momento pode ser exagerar no que é bom, ou seja, gastar demais. No dia 22 essa questão se resolve quando o planeta das Finanças entra no conservador Capricórnio. O julgamento financeiro ficará saudável. Você pensará na riqueza em longo prazo, e será ótima hora para fazer investimentos e planos de poupança — guardar recursos para o futuro. No logo prazo, se você seguir as regras, a riqueza é inevitável. O problema é que essa atitude é "chata" para muitas pessoas. Muitos gostam de ver resultados rápidos, que em geral lhes causa problemas. Mas depois do dia 22 você vai estar nesse estado de espírito.

LEÃO

O LEÃO
Nascidos entre 21 de julho e 21 de agosto

PERFIL PESSOAL

LEÃO NUM RELANCE

Elemento: Fogo
Planeta Regente: Sol
  Planeta da Carreira: Vênus
  Planeta da Saúde: Saturno
  Planeta do Amor: Urano
  Planeta das Finanças: Mercúrio
Cores: dourado, alaranjado, vermelho
Cores que promovem o amor, o romance e a harmonia social: preto, índigo, azul-ultramarino
Cores que propiciam ganhos: amarelo, amarelo-ouro
Pedras: âmbar, crisólito, diamante amarelo
Metal: ouro
Perfumes: bergamota, incenso, almíscar, nerol
Qualidade: fixa (= estabilidade)
Qualidade essencial ao equilíbrio: humildade
Maiores virtudes: capacidade de liderança, amor-próprio, autoconfiança, generosidade, criatividade, jovialidade
Necessidades mais profundas: divertimento, elevação espiritual, desejo de se fazer notar
Características a evitar: arrogância, vaidade, autoritarismo
Signos de maior compatibilidade: Áries, Sagitário
Signos de maior incompatibilidade: Touro, Escorpião, Aquário
Signo mais útil à carreira: Touro

Signo que fornece maior suporte emocional: Escorpião
Signo mais prestativo em questões financeiras: Virgem
Melhor signo para casamento e associações: Aquário
Signo mais útil em projetos criativos: Sagitário
Melhor signo para sair e se divertir: Sagitário
Signos mais úteis em assuntos espirituais: Áries, Câncer
Melhor dia da semana: domingo:

COMPREENDENDO A PERSONALIDADE LEONINA

Pensou em Leão, pensou em realeza. Assim você compreenderá melhor a personalidade dos leoninos e o porquê de eles agirem como agem. Os leoninos são o que são. É verdade que por motivos variados nem todos expressam essa qualidade de realeza, mas certamente gostariam de fazê-lo.

Um monarca não governa com base no exemplo, como fazem os arianos; tampouco por consenso, como os capricornianos e os aquarianos. Ele o faz por vontade pessoal. Sua vontade é lei. Seus gostos pessoais são logo imitados por todos os súditos. Um grande monarca é, de certa forma, imortal, e é assim que os leoninos desejariam ser.

O fato de você contestar a vontade de um leonino é assunto sério. Ele considerará isso uma afronta pessoal, um insulto; logo fará você saber que a vontade dele encerra autoridade e que desobedecê-la é degradante e desrespeitoso.

Os leoninos são reis ou rainhas em seus domínios. Os amigos, os subordinados e a família são os leais súditos de confiança, que eles governam com benevolência e por cujos interesses sempre zelam. Dotados de presença majestosa, são poderosos e parecem atrair a atenção em qualquer evento social a que compareçam. Destacam-se porque são astros em seus espaços. Todo leonino sente, à semelhança do Sol, que nasceu para brilhar e governar. Os nativos de Leão pressentem que nasceram com privilégios reais, e a maioria deles alcança, pelo menos até certo ponto, esse status.

O Sol, regente do signo, é sinônimo de saúde e entusiasmo. É difícil pensar no fulgor do Sol e continuar a sentir-se enfermo e deprimido, pois ele é, de certa forma, a antítese da enfermidade e da apatia. Por isso, os leoninos amam a vida e adoram se divertir. Apreciam o teatro, a música e todos os tipos de divertimento. Afinal, são essas atividades que colorem e alegram a existência. Se, mesmo que seja para o bem deles, você tentar privá-los dos prazeres, das boas comidas, das bebidas e dos divertimentos, subtrairá deles a própria vontade de viver, pois consideram que a vida sem alegrias não é vida.

O signo de Leão representa o anseio humano de poder. Mas o poder em si não é bom nem ruim. Somente quando se abusa dele é que ele se torna maligno. Sem a existência de um poder, nem mesmo as coisas boas poderiam se concretizar. Os leoninos compreendem isso e parecem talhados para o comando. São, entre todos os signos do Zodíaco, os que melhor manejam o poder. Capricórnio, outro grande detentor de poder zodiacal, gera e administra extremamente bem, até melhor do que Leão, mas perde para ele em magnanimidade. Leão *adora* exercer o poder, ao passo que Capricórnio encara seu exercício apenas como uma responsabilidade.

FINANÇAS

Os leoninos são excelentes líderes, mas nem sempre são bons administradores. Lidam bem com decisões importantes de ordem geral, mas não gostam de ficar se preocupando com os pormenores de um negócio. Tendo bons gerentes a seu serviço, podem tornar-se executivos fora de série, já que são dotados de visão e de bastante criatividade.

Os leoninos amam a riqueza e os prazeres que ela traz. Apreciam a opulência, a pompa e o glamour. Mesmo quando não são ricos, vivem como se fossem. Em razão disso, tendem a contrair dívidas vultosas que muitas vezes têm dificuldade em saldar.

Os leoninos, assim como os piscianos, são generosos ao extremo. Muitas vezes, aspiram à riqueza apenas com o intuito de ajudar economicamente os demais. Na visão de um leonino, a riqueza compra serviços e capacidade de gerenciamento. Serve para gerar empregos para terceiros e para melhorar o bem-estar geral dos que o cercam. Portanto, para um leonino, a riqueza é uma coisa boa e deve ser desfrutada ao máximo. O dinheiro não foi feito para ficar empoeirando num velho cofre. Tem de ser posto em uso, precisa circular e ser bem-aproveitado. Não é preciso dizer que os nativos de Leão gastam de forma descuidada, perdulários que são por natureza.

Virgem ocupa a cúspide da Segunda Casa Solar de Leão — do Dinheiro e das Finanças. E, de fato, os leoninos precisam aprender a cultivar alguns traços virginianos — como a capacidade de análise e o discernimento — para lidar com as finanças de forma mais equilibrada. Precisam aprender a ser mais cuidadosos com detalhes financeiros (ou contratar alguém que o faça) e a observar melhor seus gastos. Trocando em miúdos, eles devem administrar melhor o dinheiro. Irritam-se com apertos financeiros, mas essas limitações podem ser decisivamente úteis ao desenvolvimento de seu pleno potencial financeiro.

Os leoninos gostam de saber que seus amigos e suas famílias contam com seu apoio financeiro ou precisam dele. Não se importam — na verdade, até gostam — de emprestar dinheiro, desde que não se sintam explorados. Do alto de seu trono real os nativos de Leão apreciam dar presentes a seus familiares e amigos e compartilhar a alegria e o bem-estar que esses mimos proporcionam a todos. Adoram investir, e quando as influências celestes são favoráveis, costumam ter bastante sorte.

CARREIRA E IMAGEM PÚBLICA

Os leoninos gostam de transmitir a impressão de riqueza, pois no mundo de hoje ela quase sempre se traduz em poder. Quando são realmente ricos, adoram morar em mansões nababescas com muitas terras e vários animais.

No trabalho destacam-se em posições de liderança e autoridade. Exibem excelente capacidade decisória no tocante a questões mais amplas, mas preferem deixar os detalhes para os outros. São, geralmente, respeitados por colegas e subordinados porque têm o dom de compreender e de se relacionar bem com os que os cercam. Os leoninos sempre almejam o ápice, mesmo quando têm de começar de baixo e trabalhar duro para avançar até o topo. Como seria de esperar de um signo tão carismático, os leoninos estão sempre tentando melhorar sua situação profissional. E o fazem pensando em chegar às posições mais altas.

Por outro lado, os nativos de Leão não apreciam que digam a eles o que fazer, detestam ser mandados. Talvez até seja por isso que aspiram alcançar o topo, onde possam tomar eles próprios as decisões, sem ter de acatar ordens.

Um leonino nunca duvida do seu sucesso e canaliza toda a sua atenção e o seu esforço para obtê-lo. Outra característica distintiva deles é que, a exemplo dos monarcas esclarecidos, jamais tentam abusar do poder ou da reputação que chegam a conquistar. Se porventura o fizerem, não terá sido de forma deliberada ou consciente, pois, geralmente, procuram compartilhar a riqueza e fazer com que todos ao seu redor também sejam bem-sucedidos em suas aspirações.

São bons trabalhadores e gostam de ser vistos assim. Contudo, embora deem duro no trabalho e sejam capazes de grandes realizações, não podemos nos esquecer de que, lá no fundo, é de muita diversão que eles gostam.

AMOR E RELACIONAMENTOS

Os leoninos não são tipos muito casadouros. Para eles os relacionamentos são bons enquanto dão prazer. Quando a relação deixa de ser prazerosa, querem logo pular fora. E valorizam muito a liberdade de poder dar o fora quando bem entenderem. Por isso, destacam-se mais pela quantidade de casos amorosos do que pela qualidade dos compromissos. Porém, quando casados, costumam ser fiéis, embora sua tendência seja a de casar-se muitas vezes na vida. Se você se apaixonou por um nativo de Leão, proporcione-lhe muita diversão. Viaje, frequente cassinos, clubes, teatros, discotecas. Saia constantemente para beber e jantar fora com seu amor leonino; custará caro, mas valerá a pena... e você se divertirá à beça.

Os nativos deste signo costumam ter vida sentimental bastante ativa e demonstram claramente a afeição. Gostam de conviver com pessoas otimistas e hedonistas — como eles próprios —, mas muitas vezes acabam se envolvendo com pessoas vanguardistas, mais sérias e intelectualizadas do que eles. Os companheiros dos leoninos também exibem maior consciência sociopolítica e espírito libertário do que seus parceiros de Leão. Todavia, se você se casou com alguém desse signo, saiba que dominar o apego do seu amado à liberdade será um desafio para toda a vida — e tome cuidado para que seu amor leonino não domine você primeiro.

Aquário ocupa a cúspide da Sétima Casa de Leão — do Amor. Dessa forma, para atingir um ótimo potencial no amor e na vida social, os leoninos precisam cultivar um pouco a maneira igualitária dos aquarianos de encarar e tratar os demais — o que nem sempre é fácil para o rei Leão, que só consegue se considerar igual a outros reis e rainhas como ele. Mas, talvez, justamente aí resida a solução para o dilema social dos leoninos, e eles possam permanecer reis entre reis. Afinal, não há nada de errado em ter sangue nobre, desde que se consiga reconhecer também a nobreza nos demais.

VIDA DOMÉSTICA E FAMILIAR

Embora os leoninos sejam ótimos anfitriões e gostem de receber convidados, muitas vezes tudo não passa de um show. Somente uns poucos amigos íntimos chegam a conhecer o lado autêntico da vida diária de um nativo de Leão. Para ele, o lar é um local de conforto, recreação e transformação; um refúgio secreto e privado — um castelo. Os leoninos apreciam gastar dinheiro, exibir-se um pouquinho, entreter e divertir-se. Gostam de adquirir os últimos lançamentos de móveis, roupas e tecnologia doméstica.

Os nativos deste signo são ferozmente leais à família e, naturalmente, esperam o mesmo dela. Amam os filhos com loucura e devem tomar cuidado para não mimá-los demais. Também devem procurar evitar moldar membros da família à sua própria imagem e semelhança. Precisam entender que os outros têm o direito e a necessidade de continuar a ser como são. Nesse sentido, você, leonino, deve tomar o máximo de cuidado para não ser um dominador ou um mandão.

LEÃO
HORÓSCOPO 2014

TENDÊNCIAS GERAIS

Júpiter está em sua Décima Segunda Casa — da Espiritualidade — desde 26 de junho do ano passado, e continuará ali até 26 de julho deste ano. Portanto, você vive em um período de profundo crescimento espiritual e desenvolvimento interno. Crescimento e desenvolvimento que (ainda) não são visíveis para os outros, mas que estão acontecendo. O ano de 2013 foi um período de progresso espiritual, e a primeira metade de 2014 seguirá essa tendência. E esses progressos (que estão acontecendo) são maravilhosos. Toda a perspectiva de vida se altera, o que eventualmente proporciona mudanças positivas para a vida exterior.

Quando Júpiter ingressa em seu signo, em 16 de julho, você entra em um ciclo de prosperidade, que vai continuar em vigor pelos próximos anos, até 2016. Falaremos mais sobre isso depois.

Seja paciente no amor. O ano começa lento nesse departamento, mas vai terminar com muita agitação. Haverá um amor verdadeiro no ar a partir de 16 de julho. Nesse meio-tempo você vai se preparar internamente para vivê-lo. Falaremos mais sobre isso depois.

A presença de Urano em sua Nona Casa desde 2011 indica que suas crenças espirituais e filosóficas estão sendo testadas. Há grandes mudanças em curso nessa área. Mudanças na filosofia e na religião sempre levam a alterações nos demais assuntos cotidianos, que passam a ser interpretados de forma diferente. Além disso, crenças limitadoras que causem dependência serão eliminadas.

Desde outubro de 2012 Saturno tem formado aspectos tensos com você, e essa continuará sendo a situação por praticamente o ano todo. A energia vai precisar de vigilância, mas você vai ficar bem. A saúde melhora no final do ano, quando Saturno se afasta desse aspecto tenso. Falaremos mais sobre isso depois.

Suas principais áreas de interesse este ano serão corpo, imagem e prazer pessoal (depois de 16 de julho); lar e família; saúde e trabalho; sexo, transformação pessoal, impostos, dívidas, imóveis, estudos de ocultismo; religião, filosofia, ensinamentos superiores e viagens internacionais; espiritualidade (até 16 de julho).

Seus caminhos para maior realização este ano serão espiritualidade (até 16 de julho); corpo, imagem e prazer pessoal (a partir de 16 de julho); lar e família (até 19 de fevereiro); comunicação e interesses intelectuais (de 19 de fevereiro em diante).

SAÚDE

(Trata-se de uma perspectiva astrológica sobre a saúde, não de uma visão médica. No passado, essas perspectivas eram idênticas, porém, hoje, podem ocorrer diferenças. Para obter uma opinião com base em diagnósticos da medicina convencional consulte seu médico ou um profissional da saúde.)

Sua Sexta Casa — da Saúde — será uma Casa de poder este ano, como tem sido por muitos anos. Em 2014, interpreto isso como algo positivo. Como Saturno está formando um aspecto tenso com você, será preciso se concentrar mais nessa área.

Por si só, Saturno não é suficiente para causar doenças. Entretanto, quando os planetas rápidos se juntarem aos aspectos tensos, você pode ter problemas se não for cuidadoso. Este ano as épocas vulneráveis serão de 20 de janeiro a 18 de fevereiro; de 20 de abril a 20 de maio e de 23 de outubro a 23 de novembro. Não deixe de descansar bastante durante esses períodos. Talvez seja uma boa ideia marcar massagens e tratamentos de reflexologia e acupuntura, além de passar mais tempo em spas ou clínicas de estética.

Os aspectos tensos de Saturno tendem a enfraquecer sua energia geral. É como se dirigíssemos um carro com o freio de mão puxado. O carro anda, mas fica mais lento e gasta mais combustível. Se para desempenhar suas atividades habituais você vai gastar mais energia, imagine com tarefas extras. Então, os níveis de energia devem ser preservados. Como sabem nossos leitores assíduos, essa é a ação mais importante. Descanse quando estiver cansado, mantenha o foco nas questões importantes da vida e esqueça as coisas menores, alterne atividades, crie um ritmo de trabalho.

A saúde também pode ser aprimorada dando mais atenção às seguintes áreas:

Coração. Esta é sempre uma área importante para você, mas será ainda mais este ano. Faça o melhor que puder para evitar preocupação e ansiedade, emoções que são as raízes dos problemas cardíacos. Caso possa tomar decisões positivas em relação a um problema, tome. Se não, espere o momento apropriado de fazê-lo. Enquanto isso, não se preocupe — aproveite a vida. A preocupação não o favorece em nada.

Coluna, joelhos, dentes, ossos, pele e o alinhamento geral do esqueleto. Outra área que é sempre importante para você. Massagens frequentes nas costas serão poderosas. Os joelhos também devem ser massageados e receber mais proteção quando você estiver se exercitando. Se sair ao sol, use um bom protetor solar. Ioga, pilates, técnica de Alexander e o método Feldenkrais são terapias excelentes para a coluna. Visitas regulares ao quiroprático ou ao osteopata também são boa ideia.

Cólon, bexiga e órgãos sexuais. Essa área se tornou importante para você em 2002, quando Plutão ingressou em sua Sexta Casa. É preciso se concentrar no sexo seguro e na moderação sexual durante esse período. Este ano você será mais ativo sexualmente, sentirá desejo, então esse conselho é válido. Permita-se, mas não exagere. A energia sexual estará mais lenta este ano, tente não forçar as coisas. Uma ou duas lavagens intestinais também serão benéficas. O cólon precisa estar limpo.

Por causa da presença de seu planeta da Saúde em Escorpião, que rege as desintoxicações, e do fato de Plutão, o planeta que rege a desintoxicação, estar em sua Sexta Casa, você responderá muito bem a esse tipo de tratamento. Talvez haja uma tendência a fazer cirurgias, mas com frequência uma desintoxicação fará o mesmo efeito, embora leve mais tempo.

Seu planeta da Saúde, Saturno, passará praticamente o ano todo em sua Quarta Cassa — do Lar e da Família — e só vai deixá-la em 24 de dezembro. Portanto, os relacionamentos familiares precisam ficar em harmonia. Se houver problemas nessa área, podem causar um impacto na saúde física. É preciso manter as emoções e os humores positivos e construtivos. Evite a depressão a todo custo. Por sorte, os leoninos raramente ficam deprimidos por muito tempo.

Em geral, Leão é um signo fértil, mas as leoninas em idade de engravidar estarão ainda mais férteis em 2014 — sobretudo depois de 16 de julho.

Seus números favoráveis para a saúde são 3, 10, 15 e 21.

LAR E FAMÍLIA

Sua Quarta Casa está poderosa desde outubro de 2012, quando Saturno, um planeta lento, ingressou ali. A Casa vai continuar com muita energia durante praticamente o ano todo, voltando seu foco para o lar e a família.

Será preciso reorganizar o lar e a vida doméstica, colocar as coisas em ordem. O cosmos faz isso aplicando pressão. Talvez você seja obrigado a lidar com novas responsabilidades familiares. Talvez a saúde de um membro da família caia em suas mãos. Talvez a casa pareça atravancada, sem espaço suficiente, mas mesmo assim você não deve se mudar (não é aconselhável este ano) e, então, é forçado a usar melhor o espaço que tem. A verdade é que você TEM espaço suficiente, só precisa reorganizar um pouco as coisas.

É possível que você se sinta sobrecarregado pelas responsabilidades familiares nesse período, mas será apenas uma "sensação". Se reorganizar as coisas, vai descobrir que tudo pode ser resolvido.

Embora o ano de 2014 vá ser pessoalmente feliz — sobretudo após 16 de julho —, a vida em família terá alguns percalços. Será um fardo, uma tarefa, um peso. Você (e talvez também seus parentes) não se sentirá seguro para expressar seus verdadeiros sentimentos, que podem se achar reprimidos.

Criar a felicidade doméstica é possível — na verdade, imprescindível —, mas será preciso um esforço consciente. Todos os dias, tente fazer algo que torne as coisas mais alegres. Talvez um novo quadro na parede, um bibelô que o faça sorrir; talvez uma gentileza — uma palavra ou ato gentil — para um membro da família (e especialmente uma das figuras paternas ou maternas). Essas pequenas coisas, se praticadas com persistência, terão um efeito cumulativo.

Saturno é seu planeta da Saúde. A presença dele em sua Quarta Casa indica que você trabalhará para tornar a casa um lugar mais saudável em vários sentidos. Isso pode ser feito ao remover da casa mobílias ou substâncias nocivas, campos geopatológicos ou ar e água contaminados. Em muitos casos, essa postura se manifesta com a compra de aparelhos de saúde para a casa ou com a instalação de uma sala de ginástica, equipamentos esportivos, sauna ou hidromassagem. Se dependesse de você, a casa seria tanto lar quanto spa.

Saturno também é seu planeta do Trabalho. Assim, mesmo que seja funcionário de uma empresa, levará mais trabalho para casa. Muitos leoninos montarão *home offices* este ano (o que também pode ter acontecido em 2013).

Um dos pais ou figuras paternas ou maternas ficará deprimido. A autoestima e a autoconfiança estarão em baixa. Ele ou ela sentirá a idade que tem e ficará pessimista em relação à vida e a si mesmo. Essa pessoa vai precisar de seu ânimo leonino. Talvez a saúde dela também não esteja tão boa quanto deveria. O interessante é que essa pessoa terá muito sucesso na carreira. Trabalhar demais também pode ser um problema.

DINHEIRO E CARREIRA

Assim como acontece no amor, o ano começa vagaroso nessa área. Vai parecer que nada especial está acontecendo nas finanças. Não haverá desastres, mas também nenhum acontecimento positivo. Tudo vai continuar na mesma. Mas, conforme o ano for passando, a vida financeira (e a vida em geral) se tornará cada vez melhor. Enquanto isso, você se prepara. Acontecimentos positivos e importantes não podem acontecer sem a preparação adequada. As fases preparatórias muitas vezes duram mais e requerem mais esforço do que o acontecimento em si. Vemos isso em muitas áreas da vida. Aquele show que você adorou pode ter durado uma ou duas horas, mas a preparação para que ele acontecesse talvez tenha levado anos. O mesmo acontecerá com você. Assim como no ano passado, a primeira metade deste ano será dedicada à preparação psicológica para a riqueza e o sucesso. Quando esses fatores se manifestarem física e tangivelmente, você estará pronto para lidar com eles.

O trânsito de Júpiter por um signo é sempre feliz e positivo. Mas com você a positividade será ainda maior, pois Júpiter é também o senhor de sua Quinta Casa — uma das Casas mais benéficas. Nesse momento, o planeta vai se comportar como um "mega Júpiter", proporcionando prazer pessoal, realização de desejos sensuais, prazeres físicos, otimismo e o que o mundo chama de sorte.

Os leoninos têm uma tendência a especular. Aposto que se alguém andasse por um cassino e verificasse aleatoriamente as datas de nascimento, encontraria uma porcentagem desproporcional de nativos de Leão (e caso se aprofundasse e verificasse os horóscopos, veria grande predominância do signo de Leão e de planetas na Quinta Casa). Sugiro que você se controle um pouco até 16 de julho, quando Júpiter ingressa em seu signo e o custo-benefício das especulações se torna mais favorável.

Júpiter não proporciona apenas dinheiro. Também melhora o estilo de vida. A despeito do quanto uma pessoa tem, ele ou ela vai viver "como se" tivesse muito dinheiro, acima de seu padrão habitual.

A partir de 16 de julho o ano será divertido e agitado.

Júpiter também vai trazer viagens ao exterior. Você terá um estilo de vida luxuoso (segundo sua noção de luxo). Essa viagem não terá relação com negócios, será mais dedicada a diversão e prazer.

Muitos leoninos (também uma porcentagem desproporcional) trabalham na indústria do entretenimento — seja no âmbito da performance ou dos negócios. Este será um bom ano para essa atividade. Negócios voltados para crianças também serão lucrativos, e haverá muitas oportunidades nessa área. Sua criatividade será mais intensa e rentável.

Como sabem nossos leitores assíduos, Mercúrio, seu planeta das Finanças, é muito rápido. Ao longo do ano ele passa por todos os signos e Casas de seu Zodíaco, recebendo todo tipo de aspecto e entrando três vezes em movimento retrógrado. Assim, há muitas tendências financeiras de curto prazo que serão analisadas com mais cuidado nas "Previsões Mensais".

Seus números favoráveis para as finanças serão 1, 3, 6, 8 e 9.

AMOR E VIDA SOCIAL

Sua Sétima Casa — do Amor e do Casamento — não será uma Casa de poder este ano. Então, é improvável que haja um matrimônio. O ano de 2015 será muito melhor para as uniões do que 2014. Entretanto, também não há nada contra o casamento. Use seu livre-arbítrio para decidir essa questão.

Como mencionamos, a situação amorosa será lenta no começo de 2014. A primeira metade do ano não será nada demais. Não vão acontecer coisas boas ou ruins, não haverá alterações. Conforme o ano for passando, entretanto — sobretudo após 16 de julho —, a situação amorosa melhora dramaticamente.

Assim como nas finanças, será preciso ter paciência no começo de 2014. "A paciência", diz Isidore Friedman, "é apenas a compreensão consciente do que realmente está acontecendo." Se um bolo leva três horas para assar, devemos esperar três horas. Você está sendo preparado para um amor sério. Deixe que a preparação aconteça. Uma boa preparação é 95 por cento do sucesso de qualquer coisa, incluindo o amor. Certo grau de crescimento espiritual interior é necessário, e é isso o que vai acontecer.

A espera valerá a pena. Júpiter, que está se comportando como um "mega Júpiter", começa a formar aspectos fabulosos com o planeta do Amor a partir de 16 de julho. Seria um erro se precipitar, começando um relacionamento sério antes dessa data para obter a sensação de "acomodação" ou "compromisso". O que você realmente quer está a caminho.

O relacionamento será muito feliz, com um ar de lua de mel. Terá jeito de caso amoroso, mas se tornará algo mais sério. Sem dúvida, essa pessoa é "para casar".

Seu planeta do Amor está em Áries desde março de 2011. Você é o tipo de pessoa que se apaixona à primeira vista, mas agora essa característica vai se acentuar. Sua tendência é entrar em um relacionamento sério prematuramente. Aproveite seu amor, mas deixe que ele se desenvolva de maneira natural. Muitos desejariam se precipitar e se casar este ano, mas, como mencionamos, 2015 será mais propício.

Muitas das tendências sobre as quais escrevemos nos anos anteriores ainda estão em vigência. Urano é um planeta que se move muito lentamente. Você se sente atraído por pessoas não convencionais — o especialista em computação, o astrólogo ou astrônomo, o rebelde, o professor ou pastor. Os estrangeiros serão mais atraentes do que nunca nesse período. E talvez você encontre o amor em viagens internacionais (que acontecerão este ano).

O amor vai acontecer em outros países e em ambientes educacionais e religiosos — em uma universidade ou em cerimônias religiosas.

Você se sentirá atraído por pessoas extremamente cultas e refinadas, talvez por religiosos. Seus aspectos serão os de alguém que se apaixona por um professor ou um pastor. Você vai querer estar perto de pessoas com quem possa aprender, que expandam seus horizontes mentais e filosóficos.

A química física é sempre importante para você, mas nesse período é possível que a compatibilidade filosófica e religiosa tenha o mesmo peso. Vocês dois vão precisar estar em sintonia quanto à visão de mundo e ao significado da vida. Problemas nessa área podem acabar até com a melhor das químicas físicas.

Os casados se divertem mais no relacionamento. Você e a pessoa amada desfrutarão de viagens e atividades agradáveis. O casamento passará por um período muito feliz. Uma boa ideia é marcar uma segunda lua de mel depois de 16 de julho.

Será um bom momento para o amor se você estiver buscando o primeiro, o segundo ou o quarto casamento. Quem quiser se casar pela terceira vez terá um ano sem alterações.

Os números favoráveis para o amor serão 0, 2, 11 e 17.

AUTOAPRIMORAMENTO

Como mencionamos, a espiritualidade foi importante no ano passado e continuará a ser na primeira metade de 2014. A passagem de Júpiter por sua Décima Segunda Casa indica que esta será uma área tanto agradável quanto bem-sucedida de sua vida.

Em geral, os leoninos são pessoas extremamente criativas. Mas este ano a criatividade será inspirada pelo espírito — você vai experimentar um nível completamente novo (e melhor) de criatividade. Mantenha a mente aberta e aceite. Neste ano, a criatividade será um caminho espiritual válido. Não há nada de errado com os métodos habituais, como frequentar seu ambiente religioso, assistir a palestras, meditar ou praticar ioga. Mas me parece que você obterá mais avanços espirituais ao deixar sua criatividade fluir. Não é apenas agradável — o fluxo criativo é eufórico —, mas também educativo. As mesmas leis que regem a criação de uma música, de uma pintura ou escultura são as que o Supremo Criador usa para gerar universos e galáxias. Ao imitar o Supremo (mesmo em menor grau), temos acesso a essas Leis.

O Supremo está sempre envolvido na criação da beleza e na constante liberação de mais alegria para o mundo. É um processo eterno. E se estivermos abertos, somos usados para essas atividades, nos tornamos canais para elas.

Neste ano as experiências sobrenaturais se tornarão normais e naturais — especialmente para aqueles que estiverem trilhando o caminho espiritual. Os outros ficarão confusos: Como isso aconteceu? Como posso ter sonhado com você antes de conhecê-lo? Como eu soube que você ia ligar antes que o telefone tocasse? Como você percebeu que eu precisava daquela lava-louças e a comprou para mim? Por que senti que devia ver aquele filme no qual o herói diz exatamente o que eu precisava ouvir?

O Mundo Invisível (a origem e a fonte de todas as coisas visíveis) está chamando sua atenção, declarando que existe. Ele tem muitas maravilhas para lhe revelar. Se puder agir sem interferência, transformará esta existência terrena banal e monótona em algo mágico e milagroso.

Netuno ficará em sua Oitava Casa por mais ou menos 12 anos. Sua vida sexual vai ser elevada e espiritualizada nesse período. Os leoninos têm uma natureza extremamente sexual, mas o Zodíaco está dizendo que você não precisa de sexo, sexo e mais sexo, e sim de um sexo melhor e com mais qualidade. O ato sexual deve deixar de ser um mero apetite animal com movimentos mecânicos e ser elevado a algo sublime e sagrado. Um ato de adoração. Isso não apenas vai tornar o sexo mais divertido, mas também melhorar a saúde, sobrecarregando menos os órgãos sexuais, que estarão vulneráveis este ano. Conforme o tempo vai passando, você se aprofundará nas dimensões espirituais do sexo. Os que trilharem o caminho espiritual oriental vão se envolver com ioga kundalini ou tantra. Aqueles que estiverem no caminho ocidental, com os métodos do hermetismo e da Cabala. *The Esoteric Philosophy Of Love And Marriage*, de Dion Fortune, é uma ótima leitura sobre esse assunto.

PREVISÕES MENSAIS

JANEIRO

Melhores dias: 7, 8, 17, 18, 26, 27
Dias mais tensos: 3, 4, 9, 10, 24, 25, 30, 31
Melhores dias para o amor: 1º, 2, 3, 4, 7, 8, 9, 10, 17, 18, 19, 20, 26, 27, 28, 29, 30, 31
Melhores dias para o dinheiro: 1º, 2, 5, 6, 10, 11, 14, 15, 19, 20, 22, 23, 24, 25, 30, 31
Melhores dias para a carreira: 1º, 2, 9, 10, 19, 20, 28, 29

O rei passará este mês no exílio. O Sol, senhor de seu horóscopo, está muito longe de casa — longe de seu habitat natural, o signo de Leão. E é assim que você vai se sentir. Com 70 por cento e, às vezes, 80 por cento dos planetas no setor ocidental — incluindo o Sol —, o foco se volta para as outras pessoas, não para você. É como se o soberano estivesse percorrendo o reino para ouvir seus súditos e descobrir quais são as necessidades e interesses deles. Esse tipo de informação é essencial para qualquer regente. Nesse período os outros virão em primeiro lugar. Seus próprios interesses podem esperar. Você terá muito tempo para lidar com eles depois, quando os planetas se deslocarem para o Oriente. A boa notícia é que você ficará mais popular que de costume, e estará presente para a pessoa amada e para os amigos. No dia 20 você entra em um pico anual amoroso e social. A vida social ficará ativa e feliz.

Neste mês o poder planetário se descola da metade inferior para a superior do mapa. É a manhã de seu ano. Hora de acordar e se concentrar na carreira e nos objetivos exteriores. Sonhar e fazer visualizações foi uma prática maravilhosa nos últimos seis meses, mas agora será o momento de fazer esses sonhos se tornarem realidade pelos meios físicos — os métodos do dia. Não é preciso agir de forma impulsiva — o ciclo está apenas começando —, mas você está sendo preparado. Além disso, como seu planeta da Carreira, Vênus, passará o mês em movimento retrógrado, você precisa obter clareza mental em relação a seus objetivos profissionais. Até o dia 20 sua Sexta Casa — da Saúde — ficará muito forte, então seu foco se volta para essa área, o que é bom. Os regimes que implantar até essa data lhe serão de grande valia depois, quando a saúde se tornar mais delicada. Não deixe de descansar bastante depois do dia 20. Melhore a saúde das formas mencionadas em "Tendências Gerais".

O Sol reativa pontos de eclipse entre os dias 14 e 17 e nos dias 30 e 31. Evite se arriscar e se envolver em atividades cansativas. Não há necessidade de realizar façanhas nesse período.

Seu planeta das Finanças transita por pontos de eclipse entre os dias 8 e 11 e nos dias 18 e 19. Isso pode criar perturbações financeiras — às vezes uma despesa inesperada ou uma perda financeira (apenas aparente). As coisas não são o que parecem e as perturbações serão apenas temporárias. O propósito é obrigá-lo a fazer as mudanças financeiras necessárias.

Em geral, as finanças correrão bem este mês. Até o dia 11, Mercúrio, seu planeta das Finanças, ficará em Capricórnio, o que mostra um senso financeiro bom e estável. O dinheiro virá pelo meio tradicional: o trabalho. As especulações (uma atividade que os leoninos adoram) não serão muito aconselháveis no período. No dia 11 Mercúrio ingressa em Aquário, sua Sétima Casa. Isso indica a importância da dimensão social para as finanças, que serão beneficiadas pelos outros. Seus dotes sociais e sua habilidade de se dar bem com os outros serão cruciais para as finanças. Os amigos o apoiarão.

FEVEREIRO

Melhores dias: 3, 4, 13, 14, 22, 23
Dias mais tensos: 5, 6, 7, 20, 21, 26, 27
Melhores dias para o amor: 3, 4, 5, 6, 7, 13, 14, 16, 17, 22, 23, 24, 25, 26, 27
Melhores dias para o dinheiro: 1º, 2, 10, 11, 12, 15, 16, 17, 19, 20, 21, 26, 27, 28
Melhores dias para a carreira: 5, 6, 7, 16, 17, 24, 25

A maior parte do poder planetário continua no Ocidente, e você ainda estará em um pico anual amoroso e social. Adapte-se às condições da melhor forma que puder. Ainda não chegou a hora de criar novas condições. Reveja nossa conversa do mês passado sobre esse assunto.

Seu planeta das Finanças, Mercúrio, entra em movimento retrógrado no dia 6, e continua assim pelo restante do mês. Tente finalizar compras e investimentos importantes antes dessa data. Depois, será um bom momento para revisar suas finanças e ver que pontos podem ser melhorados. Então, quando Mercúrio entrar em movimento direto no mês que vêm, você poderá colocar seus planos em prática. O movimento retrógrado de Mercúrio não fará cessar os ganhos, apenas os reduz um pouco. Seja especialmente cuidadoso quando falar de dinheiro (nos negócios, com bancos e corretores etc.). Não peque por excesso de segurança. Dedique um pouco mais de tempo para se certificar de que os outros entenderam sua mensagem e de que você entendeu a deles, o que vai lhe poupar muitos aborrecimentos no futuro. Esse movimento de Mercúrio tende a deixar as coisas mais caóticas, mas essas situações serão passageiras, irritando mais do que representando problemas graves. Uma discordância financeira com um familiar entre os dias 18 e 20 não passará de um inconveniente cuja razão mais provável será um mal-entendido.

A saúde continua precisando de vigilância até o dia 18. O mais importante é descansar bastante. Níveis altos de energia são a principal defesa contra doenças. Além disso, aprimore a saúde das maneiras mencionadas em "Tendências Gerais".

Depois do dia 18 você sentirá uma melhora sensível na energia. Os candidatos a emprego terão sorte após esse dia.

A sexualidade de Leão é lendária. E ficará ainda mais intensa depois do dia 18, quando sua Oitava Casa — do Sexo — se torna muito poderosa. Essa tendência deve ser interpretada de acordo com a idade e o estágio de vida da pessoa. A sexualidade de alguém de 80 anos não será igual à de alguém de 20 — mas estará mais intensa que de hábito. Uma boa oportunidade sexual surge entre os dias 22 e 24 (dirija com mais cuidado nesse período e evite confrontos).

Uma Oitava Casa poderosa significa muito mais do que sexo, ainda que ele esteja presente. Significa "ressurreição" e transformação. Nesse período você terá uma habilidade especial nessas áreas. Muitos leoninos estão envolvidos em projetos de transformação e renovação pessoais, de criação da pessoa que você quer se tornar, e agora esses projetos terão sucesso.

Regimes de desintoxicação terão efeito positivo (especialmente entre os dias 22 e 24). Também será um ótimo momento para fazer uma dieta.

O poder na Oitava Casa indica que o cônjuge, parceiro ou amor atual vai prosperar este mês — ele ou ela está em um pico financeiro anual.

MARÇO

Melhores dias: 3, 4, 12, 13, 22, 23, 30, 31
Dias mais tensos: 5, 6, 19, 20, 26, 27
Melhores dias para o amor: 3, 4, 7, 12, 13, 17, 18, 22, 23, 26, 27, 30, 31
Melhores dias para o dinheiro: 1º, 2, 7, 8, 10, 11, 15, 16, 19, 20, 28, 29
Melhores dias para a carreira: 5, 6, 7, 17, 18, 26, 27

A maioria dos planetas está acima da linha do horizonte de seu mapa — a metade superior do Zodíaco e Vênus, seu planeta da Carreira, estão se movendo para a frente. Então você pode deixar as questões do lar e na família um pouco de lado, diminuir a ênfase nessa área e se concentrar na carreira. Com Vênus em movimento direto, haverá clareza em seus objetivos, o que já é 90 por cento da batalha. O julgamento profissional estará sensato.

Este mês será próspero. O Sol vai formar aspectos maravilhosos com Júpiter entre os dias 1º e 2 (o que também aconteceu em fevereiro), in-

SEU HORÓSCOPO PESSOAL PARA 2014

dicando sorte, e as especulações serão afortunadas. Mercúrio, o planeta das Finanças, começa a se mover para a frente no dia 1º, outro bom sinal. O senso financeiro vai estar forte e haverá mais confiança. A dimensão social das finanças continuará sendo muito importante até o dia 17. Os contatos sociais (e sua simpatia em geral) aumentarão os lucros. Haverá boas chances para sociedades e *joint ventures*. Até o dia 20 seu foco deve estar na prosperidade dos outros. É importante ter isso em mente ao fazer uma apresentação ou proposta, mas, além disso, existe uma lei cármica envolvida: quando você proporciona a prosperidade aos outros, também se torna próspero. Talvez não aconteça de imediato, mas acontecerá. Agir em prol dos outros é como depositar dinheiro em uma poupança espiritual. Você vai poder sacá-lo quando precisar.

O planeta das Finanças estará na Oitava Casa a partir do dia 17, o que reforça o que dissemos anteriormente. Também indica a necessidade de fazer um inventário das finanças — despesas, duplicatas — e eliminar o desperdício. Cresça descartando o que não serve mais. Este é o momento. Certas áreas de sua vida financeira precisam de "ressurreição e renovação", e isso vai acontecer quando você eliminar o que for desnecessário. O trânsito também mostra que você terá oportunidade para investir ou comprar propriedades em situação ruim e virar o jogo. A presença do planeta das Finanças o místico signo de Peixes indica uma boa intuição financeira, que estará especialmente intensa entre os dias 21 e 23, quando Mercúrio faz uma conjunção com Netuno. Preste atenção aos sonhos nesse período, eles trarão mensagens financeiras.

A vida sexual se tonou mais ativa no dia 18 do mês passado, mas, como todos sabem, sexo e amor são duas coisas diferentes. Neste mês haverá mais romance no ar, causado pela Lua Nova do dia 30. Um relacionamento existente fica mais forte. Os solteiros conhecem pessoas promissoras.

A saúde será boa este mês.

ABRIL

Melhores dias: 8, 9, 10, 18, 19, 26, 27
Dias mais tensos: 1º, 2, 16, 17, 22, 23, 29, 30
Melhores dias para o amor: 4, 5, 6, 9, 10, 16, 17, 18, 19, 22, 23, 24, 25, 26, 27
Melhores dias para o dinheiro: 6, 7, 8, 11, 12, 16, 17, 18, 19, 24, 25, 29, 30
Melhores dias para a carreira: 1º, 2, 4, 5, 6, 16, 17, 24, 25, 29, 30

Abril será um mês ativo e tumultuado, mas muito bem-sucedido, no qual a carreira será um dos maiores destaques. Você ingressa em um pico profissional anual no dia 20. Você vai tentar alcançar o que há de melhor, e terá sucesso. Essas coisas geralmente não são fáceis, então saiba que vai enfrentar alguns obstáculos. Haverá um eclipse solar em sua Décima Casa no dia 29, abalando sua carreira e a hierarquia corporativa — talvez até sua indústria.

Neste mês você vai estar em seu devido lugar — acima de todos de seu mundo, no comando, tomando as decisões. A aparência e o carisma vão ser fatores profissionais muito importantes nesse período.

Os outros destaques do mês são dois eclipses, que vão abalar o mundo em geral. Quando as barreiras para o progresso precisam ser quebradas, os eclipses entram em ação, geralmente de forma dramática.

O eclipse lunar do dia 15 vai ocorrer em sua Terceira Casa e será relativamente ameno para você, causando impacto sobre seu carro e seus equipamentos de comunicação. Isso muitas vezes causa dificuldades na comunicação — problemas na agência de correios, com e-mails e mensagens de texto. Haverá eventos dramáticos na vida de irmãos e figuras fraternas, com os vizinhos e na vizinhança. Como Marte será afetado por esse eclipse, sair do país não é aconselhável no período. Caso a viagem seja imprescindível, marque-a antes ou depois do evento. Todo eclipse lunar afeta sua vida espiritual e proporciona mudanças — nas práticas, mestres e até nos ensinamentos. Este não será diferente. Esse tipo de fenômeno também causa abalos em organizações espirituais ou de caridade com as quais você esteja envolvido.

O eclipse solar do dia 29 terá um impacto muito mais intenso sobre você, então programe uma agenda tranquila para o período (de qualquer forma, você vai precisar de mais descanso a partir do dia 20, mas especialmente próximo do eclipse). Os leoninos que nasceram entre os dias 31 de julho e 2 de agosto vão sentir os efeitos do evento com mais intensidade que os outros nativos do signo. Grandes mudanças vão acontecer para você nos próximos seis meses. Como mencionamos, esse eclipse afeta a carreira, a hierarquia da empresa e a indústria. As regras do jogo serão alteradas; novas políticas entram em vigor; eventos dramáticos acontecem na vida de chefes, pessoas mais velhas, pais ou figuras paternas ou maternas. Todo eclipse solar afeta sua imagem e autoconceito. É maravilhoso ter a oportunidade de atualizar essa área da vida duas vezes por ano.

A saúde fica mais delicada a partir do dia 20, então não deixe de descansar bastante. Caso se sinta mal, uma boa noite de sono pode ser mais benéfica que uma consulta médica. Aprimore a saúde das formas mencionadas em "Tendências Gerais".

MAIO

Melhores dias: 6, 7, 15, 16, 24, 25
Dias mais tensos: 13, 14, 19, 20, 26, 27
Melhores dias para o amor: 6, 7, 13, 14, 15, 16, 19, 20, 24, 25
Melhores dias para o dinheiro: 3, 4, 5, 8, 9, 10, 11, 12, 13, 14, 19, 20, 21, 22, 29, 30, 31
Melhores dias para a carreira: 6, 13, 14, 24, 25, 26, 27

Você fica em seu pico profissional anual até o dia 21. Continua no topo, onde é seu devido lugar. Um dos problemas causados por isso — que você perceberá claramente — é se tornar um alvo de colegas de trabalho, que estão em posição inferior à sua. Qualquer coisa que der errado, mesmo que seja na vida pessoal, em geral é atribuída a quem está por cima, à pessoa mais visível. No dia 29, Vênus, seu planeta da Carreira, cruza o Meio do Céu e ingressa em sua Décima Casa, proporcionando sucesso e oportunidades profissionais.

A saúde continua precisando de vigilância. Essa área enfrenta um dos períodos mais vulneráveis de 2014. Saturno passará o ano formando aspectos tensos com você, mas nesse momento os planetas rápidos se juntam a ele nesses aspectos. Então, assim como no mês passado, não deixe de descansar o máximo que puder. Atividades eletivas devem ser eliminadas ou reduzidas. A saúde e a energia melhoram muito após o dia 21.

O amor não é um tópico importante este mês, que será muito social — especialmente após o dia 21 —, mas não necessariamente romântico. Maio vai ser mais dedicado ao envolvimento com amigos, grupos e atividades coletivas. Amizades com afinidade mental entre espíritos semelhantes serão mais importantes que romance. Elas também são prazerosas. Em relação ao amor, este será um mês sem alterações. Os relacionamentos atuais permanecem intactos. Nos dias 14 e 15 Vênus faz uma conjunção com Urano, proporcionando oportunidades românticas para os solteiros e indicando a socialização com pessoas importantes.

As finanças correrão bem. Este será um mês próspero. Seu planeta das Finanças estará em um movimento direto bastante acelerado. Haverá confiança nessa área. Você realizará muitas coisas e seu progresso será rápido. O planeta das Finanças, Mercúrio, fica "além-fronteiras" do dia 12 ao dia 31. Isso indica que você vai sair de sua esfera habitual para buscar rendimentos — pensando de modo original, percorrendo territórios inexplorados, superando seus limites. E terá sucesso. Até o dia 7, o dinheiro será proveniente de sua boa reputação profissional. Muitas vezes, as pessoas recebem aumentos sob este aspecto (às vezes o aumento é literal e, em outras, dissimulado, podendo receber outro nome, mas o efeito é equivalente ao de um aumento). Você terá o favor financeiro de chefes, pais e figuras paternas ou maternas. Do dia 7 ao dia 29 a dimensão social será importante para as finanças. As pessoas que você conhece serão muito importantes para seu poder aquisitivo. Os amigos darão apoio e proporcionarão oportunidades financeiras. Será bom se envolver em grupos e organizações, tanto por diversão quanto pela perspectiva financeira. As redes sociais serão fonte de lucro. No dia 29 Mercúrio ingressa em sua Décima Segunda Casa. Será o momento de seguir a intuição; de tentar alcançar os objetivos financeiros pelos meios espirituais; de acionar as leis da afluência espiritual.

JUNHO

Melhores dias: 2, 3, 12, 13, 20, 21, 29, 30
Dias mais tensos: 9, 10, 16, 17, 22, 23
Melhores dias para o amor: 2, 3, 5, 6, 12, 13, 14, 15, 16, 17, 20, 21, 23, 24, 29, 30
Melhores dias para o dinheiro: 1º, 5, 6, 9, 10, 11, 17, 18, 19, 25, 26, 27, 28
Melhores dias para a carreira: 5, 6, 14, 15, 22, 23, 24

No mês passado o progresso financeiro foi rápido e você realizou muitas coisas. Agora é preciso desacelerar um pouco, apurar melhor os fatos, pesquisar e obter clareza financeira. Isso envolve trabalho interior, não exterior. Mercúrio, seu planeta das Finanças, entra em movimento retrógrado no dia 7. Até mesmo antes que esse movimento comece, o planeta vai estar mais lento, e você deve fazer o mesmo. Se tiver de fazer compras, investimentos importantes ou tomar decisões financeiras, tente finalizá-los antes do dia 7. O movimento retrógrado de Mercúrio não vai reduzir os rendimentos, apenas desacelera um pouco as coisas. Tenha em mente que estamos falando de compras importantes, não de mantimentos e necessidades diárias.

O movimento retrógrado de seu planeta das Finanças funciona basicamente como uma boa noite de sono. A atividade externa desacelera e você reúne forças (internamente) para o próximo grande impulso financeiro. Essas pausas periódicas (que acontecem para você três vezes ao ano) são saudáveis. Quando bem usadas, a expansão financeira seguinte é muito mais positiva.

A carreira continua sendo importante e bem-sucedida este mês — sobretudo até o dia 23. Seu planeta da Carreira, Vênus, está no próprio signo e Casa, e agirá poderosamente em seu benefício. Mas a carreira começa a perder força depois do dia 23. Os objetivos de curto prazo já foram mais ou menos obtidos, e os de longo prazo, provavelmente, ainda não foram (nunca os realizamos completamente), mas houve progresso. E isso também deve ser considerado sucesso. Você está se preparando para uma mudança de clima a partir do dia 23, para entrar no poente de seu ano, para as atividades da noite. Isso vai acontecer no mês que vem, mas você já está se preparando. Você saiu do trabalho e está indo para casa.

A saúde vai estar muito melhor este mês. Saturno ainda forma aspectos tensos, mas os planetas rápidos estarão em harmonia com você ou deixando-o em paz. Aprimore a saúde das maneiras citadas em "Tendências Gerais".

Junho, assim como maio, continuará sendo muito social. O romance será bom e haverá muitas oportunidades para os solteiros, mas o foco vai continuar mais concentrado nas amizades e nas atividades coletivas.

Vênus transita por um ponto de eclipse nos dias 5 e 6, indicando mudanças profissionais e problemas com pais, figuras paternas ou maternas e chefes. Além disso, não custa nada dirigir com mais cuidado nesse período.

Júpiter transita por um ponto de eclipse entre os dias 21 e 26. Evite especulações por ora. Os filhos (ou enteados) devem ser mantidos longe dos riscos. Eles devem ficar mais temperamentais nessa época.

Marte estará em oposição a Urano entre os dias 22 e 26. Evite viagens desnecessárias ao exterior. Seja mais paciente com a pessoa amada. Um relacionamento atual será posto à prova.

JULHO

Melhores dias: 1º, 9, 10, 17, 18, 27, 28
Dias mais tensos: 7, 8, 13, 14, 19, 20, 21
Melhores dias para o amor: 1º, 4, 5, 6, 9, 10, 13, 14, 17, 18, 24, 27, 28
Melhores dias para o dinheiro: 2, 3, 5, 6, 7, 8, 13, 14, 16, 17, 24, 25, 27, 29, 30, 31
Melhores dias para a carreira: 4, 5, 6, 13, 14, 19, 20, 21, 24

Sua casa da Espiritualidade se tornou poderosa no dia 21 do mês passado, e continuará assim até o dia 23. O ano de 2014 tem sido importante para essa área, mas agora se tornará ainda mais. Você teve avanços espirituais durante o ano inteiro, mas em julho eles ficarão mais intensos. Isso é muito significativo. Um verdadeiro avanço espiritual é um acontecimento capaz de mudar sua vida. Depois dele, nada continua sendo o que era. Em geral, a manifestação externa dessa mudança acontece depois, mas a mudança está estabelecida.

Este será um ótimo mês para estudos espirituais, meditação, oração e estudos das escrituras sagradas. Além disso, como isso acontece antes de seu aniversário, será ótimo rever o ano passado, corrigir qualquer erro e definir os objetivos para o próximo ano que, astrologicamente falando, começa no dia de seu nascimento.

Em julho o poder planetário estará na posição mais oriental do ano. Você vai viver seu período de maior independência. Não é egoísmo pensar na própria felicidade e fazer as mudanças necessárias para que ela aconteça. Quem é feliz tem a capacidade de fazer os outros felizes. O cosmos quer que você seja feliz. Agora você poderá viver segundo seus termos e terá o poder para criar as condições que quiser. Não vai ser preciso se adaptar às coisas. Se as condições o desagradarem, altere-as.

No dia 17 Júpiter ingressa em seu signo e você começa um ciclo de prosperidade que vai durar vários anos. No dia 23 o Sol entra em seu signo, e você inicia um de seus picos anuais de prazer pessoal. A sorte lhe sorrirá, e será generosa. Do dia 24 ao 27 o Sol estará em conjunção com Júpiter — um sinal clássico de prosperidade e sorte. As especulações serão favoráveis nesse período. Não fará mal investir pequenas quantias na loteria ou em algum outro tipo de especulação.

O amor e o romance se tornarão excelentes a partir do dia 23. Um amor sério vai estar no ar. Um casamento este ano não seria surpresa.

Mas não há pressa. Urano, o planeta do Amor, entra em movimento retrógrado no dia 22. Deixe que o amor se desenvolva naturalmente. Esse movimento de Urano não interrompe sua vida amorosa, mas desacelera um pouco as coisas.

A saúde fica excelente o mês inteiro. Você terá boa aparência, e sua autoconfiança e autoestima (sempre fortes) se intensificam.

Você levará uma boa vida pelo restante do ano, mas especialmente neste mês.

AGOSTO

Melhores dias: 5, 6, 13, 14, 23, 24
Dias mais tensos: 3, 4, 10, 16, 17, 30, 31
Melhores dias para o amor: 3, 4, 5, 6, 9, 10, 12, 13, 14, 23, 24
Melhores dias para o dinheiro: 5, 6, 13, 14, 15, 23, 24, 25, 26, 27
Melhores dias para a carreira: 3, 4, 12, 13, 16, 17, 23, 24

A vida estará boa. Haverá alguns obstáculos pelo caminho, mas enfrentar obstáculos em um paraíso tropical é diferente de enfrentá-los em uma trincheira de guerra. O clima psicológico muda a perspectiva. O presente é bom e o futuro parece ainda melhor.

Você ainda está em um de seus picos anuais de prazer pessoal. Em certos casos, esse pico dura a vida inteira. Você vai desfrutar os prazeres do corpo — a boa comida, o bom vinho, bem-estar físico e viagens. Às vezes exageramos, e há um preço a pagar. Você precisa vigiar seu peso este ano.

A vida amorosa estará ainda melhor que no mês passado. Mas sua capacidade de atração pode se voltar contra você. Serão tantas as oportunidades amorosas que o amor atual pode se sentir ameaçado. Casos sexuais podem erodir um relacionamento, embora o amor ainda exista. A infidelidade será a maior ameaça ao amor nesse momento.

Você vai ser o astro de seu mundo este mês, e as pessoas o verão assim. As coisas acontecerão do seu jeito e, nesse período, não poderia ser diferente.

O poder planetário se desloca para a metade inferior do Zodíaco neste mês. Mesmo assim, você terá boas oportunidades profissionais depois do dia 12. Mas poderá ser mais exigente e vai precisar de oportunidades que não o tirem de sua zona de conforto. Uma oportunidade

LEÃO ♌ 165

especialmente positiva aparece entre os dias 17 e 19. Um carro novo ou novos equipamentos de comunicação (de alta qualidade) chegarão até você nesse período.

A boa vida que você está levando pode irritar algumas das pessoas religiosas de sua vida ou talvez violar suas próprias crenças. Haverá conflito nessa área.

As finanças também serão excelentes este mês. Mercúrio, seu planeta das Finanças, vai ficar em sua Primeira Casa até o dia 15, proporcionando golpes de sorte (haverá ótimos lucros entre os dias 1º e 3) e oportunidades financeiras. Isso indica que as oportunidades financeiras irão até você, não o contrário. Você não vai precisar fazer nada de especial, apenas estar presente. No dia 15, Mercúrio entra no próprio signo e Casa, tornando-se mais forte em seu favor. No dia 23 o Sol entra em sua Casa do Dinheiro e você começa um pico financeiro anual.

A saúde e a energia estarão no máximo para o ano.

Nada mau. Aproveite!

SETEMBRO

Melhores dias: 2, 3, 10, 11, 19, 20, 29, 30
Dias mais tensos: 6, 7, 12, 13, 27, 28
Melhores dias para o amor: 2, 3, 6, 7, 10, 11, 12, 13, 19, 20, 23, 29, 30
Melhores dias para o dinheiro: 1º, 2, 3, 4, 10, 11, 12, 13, 19, 20, 21, 22, 23, 28, 29, 30
Melhores dias para a carreira: 2, 3, 12, 13, 23

No dia 1º do mês passado o poder planetário se deslocou da metade superior para a inferior de seu Zodíaco. No dia 12 a metade inferior ficou ainda mais forte, pois 70 por cento e, às vezes, 80 por cento dos planetas passaram para baixo da linha do horizonte. É hora de deixar a carreira e as atividades externas de lado e se concentrar no lar, na família e em seu bem-estar emocional. Hora de recarregar as baterias. Isso não significa pedir demissão, mas dedicar mais energia à vida interior — aos assuntos domésticos e familiares. Essas coisas são uma parte tão importante de uma carreira bem-sucedida quanto as ações exteriores. Segundo os psicólogos, elas possibilitam o sucesso; são as fundações psicológicas e emocionais que apoiam o êxito profissional externo. E agora vão precisar de mais atenção. Até o final do ano você vai reunir as forças interiores para o próximo impulso profissional, de forma que este seja saudável e natural.

Marte está em sua Quarta Casa desde 18 de julho, e continuará lá até o dia 14 deste mês. Muitas vezes isso indica construção ou grandes reformas na casa. Pode haver conflitos com a família ou dentro da unidade familiar. Mais um motivo para prestar mais atenção a essa área.

Você continua em meio a um pico financeiro anual até o dia 23. Setembro será um mês próspero, em um ano próspero. A presença do Sol em sua Casa do Dinheiro até o dia 23 indica que você se envolverá pessoalmente nas finanças em vez de delegar essa função a outras pessoas. A aparência e o comportamento em geral terão um papel muito importante nos rendimentos, não custa nada investir em boas roupas e acessórios. Será um bom momento para exibir uma imagem de riqueza, seja qual for seu saldo bancário. Mercúrio, o planeta das Finanças, ingressa em sua Terceira Casa no dia 2. Boas vendas, marketing e relações públicas são sempre importantes para você, mas, neste mês, serão mais ainda. Os irmãos e as figuras fraternas vão ser úteis nas finanças. Os lucros provêm do comércio — compra e venda. No dia 5 Vênus entra na Casa do Dinheiro, o que é um ótimo trânsito. Vênus é sempre benéfico. Isso reforça a importância de vendas e marketing, mas também indica aumentos (sejam literais ou dissimulados) e o favor financeiro de chefes, pais ou figuras paternas e maternas. O dinheiro pode vir do governo, seja por um pagamento direto ou por boas graças.

O amor continua feliz este mês. O trígono que Júpiter forma com Urano entre os dias 23 e 30 proporciona importantes encontros e oportunidades amorosas. Além disso, você receberá bons convites sociais.

A saúde estará excelente e vai melhorar ainda mais depois do dia 14, quando Marte deixa o aspecto tenso que formava com você.

OUTUBRO

Melhores dias: 7, 8, 16, 17, 18, 26, 27
Dias mais tensos: 3, 4, 9, 10, 24, 25, 31
Melhores dias para o amor: 3, 4, 7, 8, 12, 13, 16, 17, 18, 22, 23, 26, 27, 31
Melhores dias para o dinheiro: 5, 6, 7, 8, 13, 17, 18, 19, 20, 22, 23, 26, 27, 31
Melhores dias para a carreira: 3, 9, 10, 12, 13, 22, 23

LEÃO ♌ 167

Neste mês dois eclipses criam instabilidade para você e para o mundo. Obstruções ao progresso serão eliminadas para o que Plano Superior possa prosseguir. Ambos os eclipses terão forte efeito sobre você, então programe uma agenda tranquila durante a ocorrência deles.

O eclipse lunar do dia 8 acontecerá em sua Nona Casa, testando as crenças religiosas e filosóficas. Esses testes são saudáveis. As crenças determinam nossa vida, e as incorretas (ou parcialmente corretas) devem ser reveladas para que as correções e ajustes possam ser feitos. Com frequência, isso produz uma "crise de fé". Viagens desnecessárias ao exterior devem ser evitadas. Se a viagem for imprescindível, tente marcar os voos antes ou depois desse período. Esse eclipse tem um impacto direto sobre Urano e afeta Plutão. Urano é seu planeta do Amor, então, um relacionamento ou casamento atual será posto à prova. É nesse momento que a roupa suja aparece para poder ser lavada. Bons relacionamentos vão sobreviver e se tornar ainda melhores, mas os que forem fundamentalmente imperfeitos podem se desfazer. Seja mais paciente com a pessoa amada nesse período. É possível que ele ou ela fique mais temperamental que de costume, talvez esteja passando por problemas pessoais que influenciem o humor e o relacionamento entre vocês. O impacto sobre Plutão afeta o lar, a família e uma figura paterna ou materna. Isso tende a causar dramas — eventos que podem mudar a vida dessas pessoas. Se houver problemas em casa, esse será o momento para descobri-los. Talvez seja preciso consertar as coisas.

O eclipse solar do dia 23 terá um efeito muito mais intenso sobre você. Todo eclipse solar o afeta muito, pois o Sol é o senhor de seu Zodíaco, mas este o afetará ainda mais. Ele ocorrerá em quadradura com você. Os leoninos que nasceram entre 22 e 24 de julho serão os mais afetados. Novamente, esse eclipse causará dramas familiares e dificuldades em casa. Sejam quais forem os problemas não resolvidos no último eclipse, o serão agora. Todo eclipse solar proporciona mudanças, redefinições da imagem, do autoconceito e da maneira como você quer ser visto pelos outros. Se você mesmo não se definir, os outros o farão — e não vai ser muito agradável.

A saúde vai ficar mais delicada a partir do dia 23, então não deixe de descansar bastante.

No geral, a vida financeira continuará ótima, mas o movimento retrógrado de Mercúrio entre os dias 4 e 25 complica as coisas. O senso financeiro não vai estar tão bom quanto poderia. Tente fechar compras ou investimentos importantes antes do dia 4 ou depois do dia 25. O período retrógrado de Mercúrio deve ser usado para obter clareza mental em relação às finanças e para descobrir que pontos podem ser aprimorados. É apenas uma pausa, não acontecerá nada grave na vida financeira.

NOVEMBRO

Melhores dias: 4, 5, 13, 14, 22, 23
Dias mais tensos: 6, 7, 20, 21, 27, 28
Melhores dias para o amor: 2, 3, 4, 5, 11, 12, 13, 14, 22, 23, 27, 28
Melhores dias para o dinheiro: 1º, 4, 5, 10, 11, 14, 15, 16, 17, 20, 21, 23
Melhores dias para a carreira: 2, 3, 6, 7, 11, 12, 22, 23

Marte passou o mês passado inteiro além-fronteiras, e continuará assim até o dia 21 deste mês. Isso indica que você vai explorar novos mundos e novos territórios nas questões religiosas e filosóficas — que vai se afastar das filosofias e visões de mundo dentro das quais foi criado. Em um nível filosófico, é como uma viagem para lugares exóticos e remotos.

A saúde continua precisando de vigilância até o dia 22. Como sempre, descanse mais e melhore essa área das formas mencionadas em "Tendências Gerais". A saúde vai melhorar muito depois do dia 22. A condição atual é temporária, causada por planetas rápidos.

O poder planetário está firme no setor ocidental desde o dia 23 do mês passado. Seu ciclo de independência pessoal terminou. O cosmos quer que você seja feliz, mas parte de sua felicidade é a felicidade dos outros, que passam a vir em primeiro lugar nesse momento. Você pode sentir que está sacrificando sua felicidade pelos outros, mas será só uma impressão. Sua própria felicidade vai aumentar — talvez não imediatamente, mas no devido tempo. Talvez o seu jeito de fazer as coisas não seja o melhor no momento; os outros podem ter ideias melhores. Você está em um ciclo de desenvolvimento da habilidade de lidar com as pessoas. Os majestosos leoninos são um pouco autocráticos, mas esse não será um bom momento para agir assim. Os reis e as rainhas de hoje conseguem o que querem tanto por consenso quanto por decreto.

Como sua Quarta Casa está muito poderosa desde o dia 23 do mês passado, você atravessa um período de progresso psicológico. É um progresso interno. Sua compreensão dos humores e sentimentos aumentará muito. É comum que memórias do passado venha à tona intensamente, isso faz parte do progresso psicológico. Essas coisas são analisadas segundo sua maturidade atual e ganham nova perspectiva. Muito do que um dia você viu como trauma e desastre passa a ser visto como verdadeira bênção. Graças a Deus as coisas aconteceram daquele jeito! Olhar para o passado é uma ótima maneira de curar os males psicológicos.

No dia 22, quando o Sol ingressa em sua Quinta Casa, você inicia outro pico anual de prazer pessoal. Hora de sair, de se divertir e explorar o lado eufórico da vida. O paraíso de Leão. Esse período será muito mais forte do que foi nos anos anteriores. O Sol e o senhor de sua Quinta Casa, Júpiter, estão formando aspectos maravilhosos um com o outro e também encontram-se em "recepção mútua". Isso mostra uma cooperação incrível e um ótimo fluxo de energia entre os dois planetas. É um ótimo aspecto tanto para a seriedade amorosa quanto para casos frívolos e divertidos. Os solteiros poderão escolher, e ambas as escolhas serão abundantes. O principal desafio para o amor sério nesse momento (como vimos em outros meses) será a infidelidade. Com tanta oferta, será difícil resistir.

Urano manterá o ponto do eclipse lunar de 8 de outubro ativado o mês inteiro. Assim, haverá obstáculos no caminho do amor. Você e o cônjuge, parceiro ou amor atual estarão em harmonia, mas talvez os problemas pessoais dele compliquem as coisas.

DEZEMBRO

Melhores dias: 1º, 2, 10, 11, 20, 21, 28, 29
Dias mais tensos: 3, 4, 18, 19, 24, 25, 30, 31
Melhores dias para o amor: 1º, 2, 10, 11, 12, 13, 20, 21, 22, 24, 25, 28, 29, 30, 31
Melhores dias para o dinheiro: 1º, 2, 10, 11, 13, 14, 20, 21, 22, 28, 29, 30, 31
Melhores dias para a carreira: 1º, 2, 3, 4, 12, 13, 21, 22, 30, 31

A diversão continua a todo vapor até o dia 22. Você continua em um pico anual de prazer pessoal muito forte. Mas nem mesmo os leoninos conseguem sustentar essa situação para sempre. Você vai fazer uma pausa para o trabalho depois do dia 22. Vai sentir vontade de trabalhar. Será um ótimo momento para resolver aquelas tarefas chatas, minuciosas e mundanas que você estava adiando — contabilidade, balanço do talão de cheques, organização de arquivos etc. Os candidatos a emprego terão muito sucesso. Haverá muitas oportunidades. Uma mudança de emprego não seria surpresa. Saturno, seu planeta do Trabalho, faz um movimento importante, saindo de Escorpião e ingressando em Sagitário. Você sente que é "hora de seguir em frente". Muitos leoninos trabalharam em casa nos últimos anos, mas agora podem começar a achar isso entediante. Vocês vão querer estar com outras pessoas — no mundo exterior. Você desejará um trabalho que possa desfrutar; vai precisar gostar do ato de trabalhar.

As especulações ficam favoráveis até o dia 17. Depois dessa data, seja mais cuidadoso. Até o dia 17 o dinheiro chegará por meios agradáveis, enquanto você estiver se divertindo ou envolvido em atividades de lazer. A festa ou evento esportivo pode ser tão lucrativo quanto o escritório. Você também vai gastar mais com lazer. O principal risco é gastar demais. Mas depois do dia 17 o julgamento financeiro ficará mais sensato, mais moderado, mais sério. O dinheiro será ganho através do trabalho honesto.

A saída de Saturno de Escorpião diminui muito a pressão familiar que você vinha sentindo nos últimos anos. Um dos pais ou figuras paternas ou maternas ficará menos deprimido, menos irritável.

A saúde estará boa no momento — a felicidade é uma grande força curativa. Depois do dia 22 você fica mais focado nas questões de saúde, mais disposto a começar rotinas disciplinadas de saúde. Melhore essa área ainda mais dando mais atenção ao coração (a partir do dia 22), aos quadris e rins (a partir do dia 10), aos braços, ombros, pulmões, intestino delgado e ao sistema respiratório (a partir do dia 17).

Evite viagens internacionais desnecessárias entre os dias 4 e 7.

O trânsito de Vênus por um ponto de eclipse entre os dias 21 e 23 proporcionará mudanças na carreira.

O movimento planetário vai estar incrivelmente acelerado este mês — 90 por cento a partir do dia 21. Como o Solstício de Inverno é a Lua Nova solar — o nascimento do ciclo solar anual —, esta será uma hora excelente para lançar novos empreendimentos e produtos. O mês que vem também será bom.

♍

VIRGEM

A VIRGEM
Nascidos entre 22 de agosto e 22 de setembro

PERFIL PESSOAL

VIRGEM NUM RELANCE

Elemento: Terra
Planeta Regente: Mercúrio
    Planeta da Carreira: Mercúrio
    Planeta da Saúde: Urano
    Planeta do Amor: Netuno
    Planeta das Finanças: Vênus
    Planeta do Lar e da Vida Familiar: Júpiter
Cores: tons terrosos, ocre, amarelo, laranja
Cor que promove o amor, o romance e a harmonia social: azul-turquesa
Cor que propicia ganhos: verde-jade
Pedras: ágata, jacinto
Metal: mercúrio
Perfumes: alfazema, lilás, lírio-do-vale, estoraque (benjoim)
Qualidade: mutável (= flexibilidade)
Qualidade essencial ao equilíbrio: amplitude de visão
Maiores virtudes: agilidade mental, capacidade de análise, meticulosidade, poder curativo
Necessidade mais profunda: ser útil e produtivo
Característica a evitar: mania de criticar destrutivamente
Signos de maior compatibilidade: Touro, Capricórnio
Signos de maior incompatibilidade: Gêmeos, Sagitário, Peixes
Signo mais útil à carreira: Gêmeos
Signo que fornece maior suporte emocional: Sagitário

Signo mais prestativo em questões financeiras: Libra
Melhor signo para casamento e associações: Peixes
Signo mais útil em projetos criativos: Capricórnio
Melhor signo para sair e se divertir: Capricórnio
Signos mais úteis em assuntos espirituais: Touro, Leão
Melhor dia da semana: quarta-feira

COMPREENDENDO A PERSONALIDADE VIRGINIANA

A virgem é uma representação simbólica bastante adequada ao signo. Meditar sobre sua imagem facilita muito a compreensão da personalidade virginiana. Ela é um símbolo natural da pureza e da inocência. Um objeto virgem é aquele que nunca foi utilizado. Terras virgens preservam suas características originais. E as matas virgens também conservam sua pureza prístina inalterada.

Se aplicarmos o conceito de pureza aos processos mentais, à vida emocional, ao corpo físico e às atividades e aos projetos do mundo cotidiano, chegaremos perto da forma como os virginianos encaram o Universo. Eles procuram manifestar a pureza de ideal em suas mentes, seus corpos e negócios, e se encontram impurezas, tentam expurgá-las.

Impurezas são princípios geradores de desordem, tristeza e intranquilidade. O trabalho dos virginianos consiste em extirpar as impurezas, conservando apenas o que pode ser assimilado e utilizado pelo corpo e pela mente.

Aí reside o segredo da boa saúde: 90 por cento da arte de permanecer sadio decorre da manutenção da pureza física, mental e emocional. Quando o limite de impurezas ultrapassa a capacidade de tolerância do corpo e da mente, surge o que conhecemos como moléstia ou mal-estar. Não é de surpreender que muitos virginianos se revelem excelentes médicos, enfermeiros, curandeiros e nutricionistas. Eles possuem uma compreensão inata do que vem a ser uma boa saúde e sabem que ela transcende o plano meramente físico. Em todos os aspectos da vida, os que desejam ter êxito num projeto devem salvaguardar sua pureza. Ela precisa ser protegida de elementos adversos que possam miná-la. É esse o grande segredo por trás da espantosa competência técnica dos virginianos.

A formidável capacidade virginiana de análise, seu perfeccionismo e detalhismo sobre-humanos derivam, todos, do anseio que o nativo deste signo sente pela pureza e pela perfeição. Um mundo sem virginianos estaria arruinado há muito tempo.

Um vício ou defeito pode, em muitos casos, não ser outra coisa senão uma virtude às avessas, mal-utilizada ou mal-aplicada dentro de um contexto específico. Os aparentes vícios ou máculas dos virginianos derivam, muitas vezes, de virtudes inerentes. Seu forte poder de análise, que deveria ser empregado para curar, auxiliar ou aperfeiçoar projetos no mundo, pode, quando mal-empregado, voltar-se contra as pessoas. Sua faculdade crítica, que deveria ser utilizada construtivamente para aprimorar uma estratégia ou proposta, pode ser usada de forma destrutiva como arma, para magoar ou ferir. Seu anseio de perfeição pode converter-se em preocupação excessiva que mina a confiança; e sua humildade natural, de tão grande, pode induzi-los à autonegação e a um complexo de inferioridade. Quando os virginianos se tornam negativos, podem até voltar seu ferino senso crítico contra si próprios, lançando a semente da autodestruição.

FINANÇAS

Os virginianos possuem todos os predicados que facilitam o acúmulo de riquezas. São trabalhadores engenhosos, eficientes, organizados, frugais, produtivos e prestativos. Um virginiano bem-equilibrado é o sonho de todo empregador. Mas, enquanto não aprenderem a exercitar um pouco da graça social libriana, os nativos de Virgem continuarão longe da realização de seu potencial financeiro. Sua pureza e seu perfeccionismo, quando são manejados de forma incorreta, incomodam os demais. Esses atritos de relacionamento podem causar estragos devastadores tanto em seus projetos mais diletos quanto na sua conta bancária.

Os virginianos apreciam a segurança financeira. Por serem trabalhadores, conhecem o real valor do dinheiro e não gostam de arriscá-lo desnecessariamente. Preferem poupar para quando se aposentarem ou para os dias mais parcos de inverno. Só investem de maneira prudente e calculada, procurando minimizar os riscos. A estratégia funciona bem, ajudando os virginianos a alcançar a estabilidade financeira que almejam. Os abastados, e mesmo os não tão abastados, apreciam ajudar amigos em dificuldade.

CARREIRA E IMAGEM PÚBLICA

Os virginianos se realizam quando conseguem comunicar seus conhecimentos de forma que os outros os compreendam. Para transmitir melhor suas ideias eles precisam aprimorar sua habilidade verbal e aprender a exprimir-se de modo mais natural, que não tenha qualquer tom de julgamento. Respeitam muito os professores e comunicadores. Apreciam que seus chefes e superiores sejam bons comunicadores, mas dificilmente irão respeitá-los se o quilate intelectual deles não se equiparar ao seu, independentemente de quanto dinheiro e poder esses superiores possuam. Os virginianos gostam de ser vistos como pessoas intelectuais e educadas.

A humildade nata dos virginianos, muitas vezes, dificulta a realização de suas ambições e os impede de adquirir renome e prestígio. Precisam valorizar-se um pouquinho mais para conquistar seus objetivos profissionais, bem como auxiliar o próprio progresso com a mesma veemência com que encorajam o dos colegas.

No trabalho, apreciam a atividade. Mostram-se dispostos a aprender qualquer tipo de serviço que possa contribuir para sua segurança material. Podem mudar de ocupação diversas vezes em sua vida profissional, antes de descobrir o que realmente gostam de fazer. Os virginianos não têm medo de trabalho, sabem trabalhar bem em grupo e sempre cumprem suas responsabilidades.

AMOR E RELACIONAMENTOS

Para permitir que os virginianos analisem melhor ou critiquem algo, é necessário limitar a esfera de abrangência. Focalizar as partes — e não o todo. Isso pode transmitir uma impressão de limitação mental, e os virginianos detestam pessoas que exibem essa mente limitada. Gostam de parceiros com mente aberta e visão ampla. Possivelmente, como forma de compensar a carência que eles próprios têm dessas virtudes.

Os nativos de Virgem são tão perfeccionistas no amor quanto nas demais áreas de suas vidas. Precisam de companheiros tolerantes, abertos e bonachões. Se você se apaixonou por um virginiano, nem perca tempo com gestos românticos sem praticidade. Terá mais chances de conquistá-lo fazendo por ele coisas úteis e práticas. É exatamente isso que ele aprecia e fará por você.

Os virginianos exprimem seu amor de forma pragmática e utilitária. Você, nativo de outro signo, não se deixe abater pelo fato de eles não o chamarem de "meu amor" todo dia. Não faz parte da natureza deles. Se o amam, demonstrarão de forma prática. Estarão sempre por perto quando você necessitar; mostrarão interesse por sua saúde e finanças; consertarão as torneiras de sua casa e o aparelho de DVD que quebrou. Para eles, essas ações dizem muito mais do que buquês de flores ou caixas de bombons.

Nos relacionamentos amorosos, não são particularmente passionais ou espontâneos. Não tome isso como falha pessoal sua. Não significa que você não seja atraente aos olhos de seu parceiro virginiano ou que ele não goste de você. É o jeito dele. O que lhe falta em ardor é compensado em dedicação e lealdade.

VIDA DOMÉSTICA E FAMILIAR

Não é preciso dizer que a casa de um virginiano é sempre imaculada. Tudo é bem limpinho e organizado em seu próprio cantinho — não se atreva a tirar nada do lugar! Para encontrarem a felicidade no lar, entretanto, os nativos de Virgem precisam relaxar um pouquinho mais e conceder mais liberdade ao cônjuge e aos filhos, e ser mais generosos e abertos. Os membros da família não são meras criaturas biológicas passíveis de análise microscópica — são seres humanos que possuem suas próprias virtudes a expressar.

Malgrado essas pequenas dificuldades, os virginianos são bons anfitriões. Gostam de ficar em casa, de receber amigos para pequenas reuniões e se empenham em manter seus convidados felizes. Adoram crianças, mas tendem a ser severos com elas, pois querem assegurar-se de que sejam educadas no seio dos bons valores pessoais e familiares.

VIRGEM
HORÓSCOPO 2014

TENDÊNCIAS GERAIS

Os anos de 2012 e 2013 foram muito importantes para a sua carreira. Houve muito sucesso nessa área. Você ascendeu, foi promovido e homenageado por suas conquistas profissionais. Ótimas oportunidades de trabalho chegaram até você. Em 2014 vai haver uma sensação de saciedade nesse campo. Os objetivos mais importantes foram conquistados e o foco se transfere mais para amizades, grupos e atividades coletivas. Em 16 de julho Júpiter entra em sua Décima Segunda Casa — da Espiritualidade —, iniciando um ciclo de crescimento, desenvolvimento e sucesso espiritual, uma tendência que continuará no ano que vem.

Urano ingressou em sua Oitava Casa em 2011 e ficará nela por muitos anos. Seja qual for sua idade ou estágio de vida, isso vai deixá-lo mais ativo sexualmente. A libido fica mais forte que de hábito. Também indica muita experimentação nessa área que, desde que não seja destrutiva, aumenta o prazer o proporciona novos conhecimentos.

Talvez o maior destaque seja a presença (desde fevereiro de 212) de Netuno em sua Sétima Casa — do Amor e do Casamento. O amor e a vida social estão se tornando mais espirituais, mais refinados, você passa a atrair e ser atraído por pessoas mais sofisticadas. A vida amorosa foi excelente no ano passado, e essa tendência continua em 2014, com muito mais estabilidade que nos últimos anos. Falaremos mais sobre isso depois.

Saturno ingressou em sua Terceira Casa em 2013 e continuará nela por praticamente todo o ano de 2014 (só deixará essa Casa em 24 de dezembro). Portanto, tem sido difícil lidar com irmãos (ou figuras fraternas). Na maioria dos casos, a questão não é o relacionamento de vocês, mas problemas na própria vida deles. Isso também indica uma necessidade de limitar o discurso, de amenizá-lo, de falar apenas quando for necessário e de saber o que está dizendo. Os estudantes (abaixo do nível universitário) terão mais desafios e precisarão se esforçar mais. Este vai ser um ano para dar tudo de si nos estudos. Muitos trocaram de instituição de ensino nos últimos anos, e é provável que haja mais mudanças em 2014.

Suas áreas de maior interesse este ano serão comunicação e interesses intelectuais; filhos, diversão e criatividade, amor e romance, sexo, reinvenção e transformação pessoais, dívidas, impostos, imóveis e estudos de ocultismo; amigos, grupos e atividades coletivas (até 16 e julho); espiritualidade (a partir de 16 de julho).

Seus caminhos para maior realização em 2014 serão comunicação e interesses intelectuais (até 19 de fevereiro); finanças (a partir de 19 de fevereiro); amigos, grupos e atividades coletivas (até 16 de julho); espiritualidade (a partir de 16 de julho)

SAÚDE

(Trata-se de uma perspectiva astrológica sobre a saúde, não de uma visão médica. No passado, essas perspectivas eram idênticas, porém, hoje, podem ocorrer diferenças. Para obter uma opinião com base em diagnósticos da medicina convencional consulte seu médico ou um profissional da saúde.)

A saúde é sempre importante para os virginianos, está sempre um foco, mas em 2014 será mais do que nunca. A Sexta Casa — da Saúde — não será uma Casa de poder. Essa área vai ficar bem e não será preciso prestar atenção exagerada a ela.

Este ano haverá apenas um planeta lento — Netuno — em alinhamento tenso com você. Todos os outros vão formar aspectos harmoniosos ou o deixarão em paz. Assim, a saúde e a energia ficam bem. Claro, haverá períodos em que a área vai ficar um pouco mais fragilizada que o habitual. Essas coisas são causadas por trânsitos temporários, não são tendências para o ano. Quando os trânsitos tensos passam, a saúde e a vitalidade voltam ao normal. Em 2014, isso acontecerá de 18 de fevereiro a 20 de março; de 21 de maio a 20 de junho; de 22 de novembro a 21 de dezembro. Descanse bastantes durantes esses períodos.

Por melhor que sua saúde esteja, você pode aprimorá-la ainda mais. Dê mais atenção às seguintes áreas — as mais vulneráveis em 2014:

Intestino delgado. Um órgão sempre importante para você.

Tornozelos e panturrilhas. Outra área importante para você. Será benéfico massageá-la regularmente e dar mais proteção aos tornozelos quando se exercitar. Tornozelos fracos com frequência são a causa oculta de problemas em outras partes do corpo.

Cabeça, rosto e couro cabeludo. Massagens regulares no couro cabeludo e no rosto terão um efeito maravilhoso agora (e nos próximos anos). Como o rosto e o couro cabeludo têm reflexos no corpo inteiro, esse tipo de massagem causa um fortalecimento generalizado, não apenas das áreas trabalhadas. A terapia sacrocranial também será poderosa. Os ossos do crânio tendem a se deslocar e precisam ser mantidos no alinhamento correto.

Glândulas suprarrenais. Evite a raiva e o medo, duas emoções que estressam as suprarrenais. Às vezes, é impossível evitar essas emoções, e se isso acontecer não fique remoendo. Saia do estado emocional o mais rápido possível. A prática da meditação vai ser de grande ajuda.

Cólon, bexiga e órgãos sexuais. Sexo seguro e moderação sexual serão importantes. O cólon deve ser mantido limpo. Talvez uma ou duas lavagens intestinais sejam uma boa ideia.

Seu planeta da Saúde é Urano. No corpo físico, ele rege os tornozelos e as panturrilhas, daí a importância desses membros para a saúde em geral.

Urano rege sua saúde do signo de Áries, regente da cabeça, do rosto e do couro cabeludo. Por isso, essas áreas também terão destaque.

Urano rege a saúde da Oitava Casa, associada ao cólon, à bexiga e aos órgãos sexuais, conferindo a importância desses órgãos.

A Oitava Casa rege cirurgia e desintoxicação. Ela cria uma tendência a ver a cirurgia como a "solução rápida" para um problema de saúde. Às vezes é, outras, não. Busque uma segunda opinião. A Oitava Casa também rege regimes de desintoxicação, que também serão poderosos este ano.

LAR E FAMÍLIA

Embora sua Quarta Casa — do Lar e da Família — não seja uma Casa de poder este ano, o senhor da Quarta Casa, Júpiter, estará em uma posição muito proeminente no Zodíaco, quase no Meio do Céu — na Décima Casa. Assim, sua atenção estará voltada para essa área, ao menos na primeira metade do ano.

No caso de muitos virginianos, isso indica que o lar e a família vão se tornar a própria carreira, a coisa mais importante de sua vida. Também pode significar que você passará a trabalhar em casa. Muitos já montaram escritórios em casa, mas talvez este ano eles sejam expandidos.

O lar vai ganhar mais prestígio, ficará mais sofisticado. Normalmente, as pessoas vão querer que a casa reflita seu atual status, mas às vezes também o status que gostariam de ter. Isso pode ser muito caro, e muitos passam dos limites. Felizmente, essa tendência vai durar pouco, e até o final de junho a casa vai ter mais cara de lar — um local de conforto e amparo, não uma exposição para impressionar os outros.

Este ano as distinções entre a casa e o escritório perdem o significado, passam a restringir-se apenas à nomenclatura. Um funde-se com o outro. A casa ganha forma de escritório e o escritório, de casa.

É pouco provável que você se mude, mas é bem possível que modernize sua residência.

Um dos pais ou figura paterna ou materna estará pessoalmente envolvido — de uma maneira física e tangível — em sua carreira. Essa pessoa terá um ano muito social, será muito popular e terá uma vida social movimentada. Se os pais ainda forem casados (uma raridade nos dias de hoje), o casamento ficará mais harmonioso. A grande dedicação de um deles fará as coisas funcionarem. Um dos pais ou figura paterna ou materna vai prosperar muito, e deve dirigir de forma mais cuidadosa na segunda metade do ano.

Os irmãos ou as figuras fraternas — aqueles que desempenham esse papel em sua vida — terão um ano difícil e sério. Precisarão carregar fardos extras, coisas das quais não conseguirão escapar. Estarão um pouco frios, reservados, distantes. Se você compreender a influência da Astrologia por trás disso, poderá ser mais tolerante e incentivá-los a se esforçar para que sejam mais calorosos e afetuosos com os outros. Mudanças não são prováveis. Este será um bom ano para eles colocarem em forma o corpo e a imagem, e perder peso, caso seja necessário.

Filhos ou enteados vão se mudar — provavelmente também o fizeram no ano passado. Eles trocarão de endereço muitas vezes nos próximos anos, pois se sentirão inquietos e terão dificuldades em criar raízes. Praticar meditação irá ajudá-los a controlar a instabilidade emocional e as alterações de humor.

Um eclipse lunar no dia 25 de maio testará a situação de sua casa. Se houver problemas ocultos que necessitem de ajustes, você os descobrirá. Essas mudanças serão de curto prazo.

Se estiver com vontade de redecorar a casa, os períodos entre 1º e 9 de janeiro, 7 de outubro e 5 de novembro e 22 de novembro e 21 de dezembro serão os mais propícios.

DINHEIRO E CARREIRA

Sua Segunda Casa — das Finanças — será forte por aproximadamente sete meses em 2014, até 26 de julho. Assim, vai haver muito foco e mudanças nessa área. Em 15 de abril ocorre um eclipse lunar em sua Casa do Dinheiro, reforçando tudo isso.

Marte vai passar uma quantidade de tempo incomum em sua Casa do Dinheiro — quase sete meses. É algo muito singular. O trânsito normal do planeta dura de um mês e meio a dois meses. Marte também faz parte de uma Grande Cruz nos signos cardinais. Então, algo importante vai acontecer. Você vai se envolver (provavelmente, com a família) em algum empreendimento grande. Provavelmente, será um negócio, mas em grande escala. Essas coisas são sempre complicadas. É preciso muita coragem e motivação, muito trabalho, e Marte fornece tudo isso.

Em geral, a presença de Marte na Casa do Dinheiro causa um comportamento de risco atípico nos virginianos que, como todos os signos de Terra, tendem a ser conservadores nas finanças. Outro aspecto incomum. Como Marte rege sua Oitava Casa — das Dívidas — talvez você se endivide muito, ou pegue emprestada quantia grande demais, o que é arriscado.

Este será um bom ano para compreender a diferença entre dívidas construtivas e destrutivas. A dívida construtiva — que acontece quando pedimos empréstimos para comprar coisas ou fazer investimentos que aumentam de valor — nos torna ricos. Todos os grandes negócios financiam suas operações com dívidas. Mas usam-nas de forma sábia. O retorno financeiro é sempre muito maior do que o "custo do dinheiro". A dívida destrutiva acontece quando pedimos empréstimos para comprar ou investir em coisas que perdem valor — como férias, jantares caros ou roupas. Depois de algum tempo, essas coisas se tornam inúteis e você fica com a dívida. Nos últimos anos, vimos isso no mercado de imóveis. As pessoas pediam grandes somas emprestadas para comprar casas que perderam o valor. Esse tipo de dívida nos empobrece. À vezes (como no caso do mercado imobiliário) é difícil saber se o empréstimo é construtivo ou destrutivo, e é aí que entra o risco.

Muitas vezes, a presença do senhor da Oitava Casa na Casa do Dinheiro indica uma herança. Com sorte, ninguém terá de morrer, mas talvez seu nome apareça no testamento de alguém ou você seja indicado para alguma função remunerada. Muitos virginianos farão um grande planejamento imobiliário que, juntamente com as questões fiscais, terá grande influência em suas decisões. Parece-me que muitos de vocês vão pagar mais impostos este ano (o que é positivo, pois geralmente indica um aumento da renda) e muitos receberão restituições altas de impostos.

A presença de Marte na Casa do Dinheiro indica agressividade nas finanças. Para Marte, nós "fazemos a riqueza acontecer," nós a criamos com motivação e iniciativa. Marte quer conquistar o mercado — dominá-lo — não apenas "ter um lucro justo" ou "ganhar a vida". O problema é que você pode exagerar, causando conflitos desnecessários nos negócios. Trabalhe duro, use a iniciativa. Mas evite conflitos inúteis (às vezes, é impossível, mas tente).

Os investidores que estiverem sob esse aspecto vão se arriscar e lucrar no mercado de ações. Serão mais como caçadores que investidores.

Vênus, seu planeta das Finanças, é um planeta rápido. Ao longo do ano, passa por todo o seu mapa. Então, o dinheiro pode chegar de várias maneiras, através de diversas pessoas — depende da localização de Vênus e de que aspectos recebe. Essas tendências financeiras serão de curto prazo, e as discutiremos com mais detalhes nas "Previsões Mensais".

Como mencionamos, a carreira não será um foco importante em 2014. Alguns anos são assim. Você está saindo de um período profissional muito intenso que durou anos, e está na hora de transferir a atenção para outra área — amizades, grupos e organizações, além da espiritualidade. A carreira não terá alterações.

AMOR E VIDA SOCIAL

Desde que Urano saiu de sua Sétima Casa em 2011 a vida amorosa ficou mais estável. Para ser franco, antes disso estava uma loucura. O amor ia e vinha. Os amigos apareciam e desapareciam. Desde 2003-2004 todo o seu círculo social foi alterado.

Sob tudo isso havia um objetivo cósmico. Você estava sendo liberado para buscar seu amor ideal e seguir o plano cósmico para sua vida amorosa, o que está começando a acontecer. Em 2012, seu planeta do Amor, Netuno, entrou em sua Sétima Casa — de Amor e do Casamento. O ingresso de Júpiter em Câncer no ano passado formou aspectos incríveis para o planeta do Amor — o mesmo fez Saturno. Então, o amor está no ar, e me parece o amor "ideal". O amor dos sonhos. O casamento pode ter acontecido no ano passado e, para muitos, ainda pode acontecer em 2014. Júpiter continua formando bons aspectos com o planeta do Amor na primeira metade do ano.

Como sabem nossos leitores assíduos, não estamos falando de um casamento "literal". Muitos de vocês começaram relacionamentos que são "como se fossem" um casamento ou conheceram pessoas que são "para casar".

Netuno ficará no próprio signo e Casa por um longo período, mais ou menos 12 anos, algo positivo para o amor. O planeta se torna muito mais forte e eficaz nessa posição, age de acordo com sua natureza. Assim, seu magnetismo social será intenso.

Os padrões amorosos dos virginianos são sempre altos. Os nativos do signo são perfeccionistas no amor assim como em todos os outros setores da vida. Nesse período, o padrão ficará ainda mais alto que de costume — nada inferior ao ideal será aceito. E você vai obter o que quer.

Talvez o principal desafio dessa época seja discernir a pessoa ideal daquelas que apenas "parecem" ideais. Netuno o deixa muito idealista, e é possível que você ignore sinais característicos de alerta. Mas, conforme o tempo for passando, você vai aprender a discernir. Sua intuição amorosa será treinada. Aprenda a confiar nela.

Os amigos e as pessoas queridas que tiverem inclinações mundanas podem acusá-lo de estar vivendo em uma "utopia amorosa", com expectativas irreais. Não se deixe abater. O amor verdadeiro é meio utópico e tem suas próprias regras e leis. É melhor viver na utopia amorosa do que na prisão solitária do opressivo e veloz mundo material.

Quando Júpiter deixar o signo de Câncer, em 16 de julho, a maioria dos virginianos terá conquistado seus objetivos sociais. Vai ser o momento de se concentrar em outras coisas, como o crescimento espiritual.

De forma geral, tanto o romance quanto a vida social irão bem este ano. A presença de Júpiter na Décima Primeira Casa até 16 de julho indica a expansão do círculo social — o surgimento de amigos novos e importantes. Haverá romance, mas também muito envolvimento com grupos e organizações. Muitos vão encontrar oportunidades românticas e sociais na internet este ano. Mas elas também acontecerão do jeito habitual — em festas, casamentos e reuniões. E através de contatos familiares.

Os números favoráveis para o amor serão 1, 12 e 18.

AUTOAPRIMORAMENTO

Em 2014 o crescimento espiritual acontece em duas frentes. A primeira é o amor e a vida social — através de suas interações sociais e do que aprende sobre si mesmo no envolvimento romântico. A segunda (a partir de 16 de julho) é através das relações familiares. Nada do que acontecer nessas duas frentes será o que parece. Haverá um objetivo espiritual preciso por trás dos eventos, de forma que tudo o que acontecer nessa área — seja agradável ou não — será para um bem maior. Isso é difícil de enxergar, sobretudo quando acontecem coisas desagradáveis, mas é assim. Na verdade, o desconforto é uma porta — um portal — que leva a um entendimento mais profundo. Mas é preciso saber como passar pela porta. O primeiro passo é reconhecer que o cosmos quer seu bem, a despeito do que pode parecer. O segundo é não julgar os acontecimentos, bons ou maus, limitando-se a observá-los e suas próprias reações internas. Esse estado simples de consciência vai revelar o propósito oculto por trás do acontecimento. Os seres humanos têm uma noção limitada de que é bom, mas a noção do cosmos é ampla e extensa. Não julgue. Se sua reação for forte o bastante para impedi-lo de entrar nesse estado de consciência — o que pode acontecer, especialmente com questões tão arraigadas como amor e família —, livre-se da negatividade, descarregue-a de forma inócua como é mencionado nos capítulos 2 e 3 de *A Technique For Meditation*. Isso reduz a negatividade e permite a desobstrução de sua consciência — a consciência superior.

Na vida amorosa você será conduzido passo a passo ao amor mais ideal que existe. O Amor Transpessoal do Divino. Isso não acontece do dia para a noite. O cosmos pode levá-lo até lá por muitos caminhos — em geral, através de relacionamentos que lhe pareciam ideais. Até mesmo seu conceito mais elevado de amor no nível humano perde a importância em comparação com o Amor Divino. Mas para enxergar isso você precisa experimentar os altos e baixos do amor humano. E é o que vai acontecer nesse período. Depois de entrar em contato com o Amor Divino, sempre haverá amor em sua vida. Estando ou não em um relacionamento, você sempre sentirá que está em lua de mel.

Algumas pessoas acham que é preciso sacrificar ou desistir dos relacionamentos humanas para alcançar o Amor Divino, mas não é verdade. Os relacionamentos são apenas um dos instrumentos que o cosmos usa para amá-lo, podendo atuar diretamente sobre sua mente e suas emoções (e até sobre seu corpo) se quiser.

Todos têm uma família espiritual — uma família da alma, se você preferir. Em 95 por cento das vezes a família da alma é muito diferente da biológica. A família biológica pode ser chamada de "família cármica". É necessário resolver questões antigas de encarnações passadas. A família biológica é um dos laboratórios nos quais obtemos conhecimento e compreensão. A família da alma pode ser chamada de família "ideal", pois seus membros o amam e apoiam incondicionalmente — como uma família de verdade deveria fazer. É possível que alguns membros dessa família da alma estejam encarnados, outros, não. Uma pessoa pode passar a vida inteira sem conhecê-los em pessoa. Mesmo assim, eles estão sempre presentes no plano espiritual, estão sempre lá. Quando Júpiter ingressar em sua Primeira Casa, em 16 de julho, você vai começar a encontrar essas pessoas, fisicamente ou no plano interior. Vai perceber a presença delas.

PREVISÕES MENSAIS

JANEIRO

Melhores dias: 1º, 2, 9, 10, 19, 20, 28, 29
Dias mais tensos: 5, 6, 12, 13, 26, 27
Melhores dias para o amor: 1º, 2, 5, 6, 9, 10, 14, 19, 20, 24, 28, 29
Melhores dias para o dinheiro: 1º, 2, 5, 6, 9, 10, 14, 15, 19, 20, 22, 23, 24, 25, 28, 29
Melhores dias para a carreira: 1º, 2, 10, 11, 12, 13, 22, 23, 30, 31

O ano de 2014 começa com quase todo o poder planetário abaixo da linha do horizonte. Você ainda está na noite de seu ano, um período no qual o foco deve estar no lar, na família e no bem-estar emocional. Sentir-se bem é mais importante do que fazer o bem; estar em seu ponto de harmonia emocional é importante. Quando você está nesse ponto, sua influência sobre os assuntos exteriores é poderosa.

O impulso planetário será acelerado este mês — 80 por cento dos planetas vão estar em movimento direto. Será um bom mês para começar novos empreendimentos ou lançar produtos (há outros fatores favoráveis em ação). Os períodos entre os dias 1º e 16 e 30 e 31 serão especialmente propícios.

Praticamente, todo o poder planetário está no setor ocidental e social de seu Zodíaco. Você ainda vive os efeitos colaterais de seu ciclo de independência anterior. Adapte-se às situações da melhor forma possível, coloque os outros em primeiro lugar e cultive as habilidades sociais. Assim, estará cuidando de seus próprios interesses.

Janeiro será basicamente um mês feliz. Você está em um de seus picos anuais de prazer pessoal. É o momento de comemorar, de envolver-se em atividades divertidas, de recreação. Está na hora do recreio. No dia 20, quando o Sol ingressar em sua Sexta Casa, você entrará no modo profissional — que para os virginianos é outra forma de diversão.

As finanças ficam delicadas este mês, mas saiba que será um problema de curta duração. Seu planeta das Finanças, Vênus, entra em um de seus raros movimentos retrógrados (que ocorre uma vez a cada dois anos). Você terá rendimentos, mas eles vão chegar com mais lentidão. Atrasos ou problemas nos pagamentos são normais durante um movimento retrógrado. Lide com eles como lidaria com o mau tempo. Não torne as coisas piores do que precisam ser. Você pode usar esse movimento retrógado a seu favor, revisando as finanças, identificando pontos fracos e criando soluções. No mês que vem, quando Vênus começar a se mover para a frente, você vai poder colocar seus planos em ação. A boa notícia é que o cônjuge, parceiro ou amor atual lhe dará apoio. Os candidatos a emprego terão sorte depois do dia 20.

A saúde será excelente em janeiro. Apenas um planeta lento vai estar em um aspecto tenso com você. Os planetas rápidos formarão aspectos harmoniosos ou o deixarão em paz. Melhore ainda mais a saúde das maneiras mencionadas em "Tendências Gerais".

O amor foi bom no ano passado e será bom este mês. Com o movimento retrógrado de Vênus, não é hora de se casar, mas você pode aproveitar o amor sem uma cerimônia formal.

FEVEREIRO

Melhores dias: 5, 6, 7, 15, 16, 17, 24, 25
Dias mais tensos: 1º, 2, 8, 9, 22, 23, 28
Melhores dias para o amor: 1º, 2, 5, 6, 7, 10, 16, 17, 20, 24, 25, 28
Melhores dias para o dinheiro: 1º, 2, 5, 6, 7, 10, 11, 12, 16, 17, 18, 19, 20, 21, 24, 25, 28
Melhores dias para a carreira: 1º, 8, 9, 10, 19, 26, 27

Vênus entra em movimento direto este mês. Agora você pode começar a implementar suas melhorias financeiras. Esperamos que já tenha alcançado a clareza mental — foi esse o objetivo do movimento retrógrado. O julgamento financeiro vai estar muito mais saudável que em janeiro. Vênus está no signo de Capricórnio, outro fator positivo para a riqueza. Haverá um realismo saudável em relação às finanças e aos gastos, que serão vistos através de uma perspectiva de longo prazo. É um bom momento para começar poupanças e planos de investimento. Se essas coisas forem feitas e mantidas de forma adequada, ao longo do tempo a riqueza se torna inevitável, não uma conjectura.

Marte, o senhor de sua Oitava Casa (e senhor clássico da Oitava Casa) está em sua Casa do Dinheiro. Isso nos fornece muitas mensagens. Mostra, como mencionamos, apoio do cônjuge, mas também a necessidade de fazer uma desintoxicação na vida financeira — desintoxicar seus bens. Como o fazendeiro que poda suas vinhas, você cresce ao "podar" o que não serve mais — coisas ou despesas das quais não precisa. Você "tapa os vazamentos" de sua consciência financeira. É uma boa hora (e você terá muitos meses pela frente para fazer isso) para examinar seus bens e doar ou vender o que não precisa ou usa. Reduza a acumulação. Se não estiver usando ativamente alguma coisa, livre-se dela.

Os candidatos a emprego continuam tendo excelentes aspectos até o dia 18.

No dia 18 o Sol entra em sua Sétima Casa e você começa um pico anual amoroso e social. A vida social se torna hiperativa. Você irá a mais casamentos e festas. Haverá mais convites para eventos sociais. Os solteiros vão conhecer pessoas promissoras. O amor ficará especialmente feliz entre os dias 22 e 24, quando o Sol ativa seu planeta do Amor. Haverá um encontro com alguém espiritual, talvez um artista, poeta ou músico. Você vai se sentir atraído por esse tipo de pessoa, de qualquer forma — seu planeta do Amor vai ficar no místico Peixes por muito tempo.

A saúde se torna mais delicada depois do dia 18. Nada grave vai acontecer com você, só que este não será um de seus melhores períodos. O estresse será causado por planetas rápidos, e é temporário, não uma tendência para o ano ou para a vida. Quando esses períodos chegam, problemas preexistentes podem dar a impressão de piorar. Não deixe de descansar bastante. Um bom nível de energia é a melhor defesa contra as doenças.

Mercúrio, tanto o senhor de seu mapa quanto seu planeta da Carreira, entra em movimento retrógrado no dia 6. Seus objetivos pessoais e a carreira devem ser revistos. Não será o momento para tomar decisões importantes nessas áreas. A clareza mental é necessária, você vai obtê-la no mês que vem.

MARÇO

Melhores dias: 5, 6, 15, 16, 24, 25
Dias mais tensos: 1º, 2, 7, 8, 22, 23, 28, 29
Melhores dias para o amor: 1º, 2, 7, 10, 17, 18, 19, 26, 27, 28, 29
Melhores dias para o dinheiro: 1º, 2, 7, 10, 11, 17, 18, 19, 20, 26, 27, 28, 29
Melhores dias para a carreira: 7, 8, 19, 28, 29

Mercúrio começa a se mover para a frente no dia 1. A carreira e as questões profissionais ganharão impulso. Será um momento bem melhor para tomar decisões nessa área.

Neste mês os planetas se deslocam. A metade inferior do Zodíaco deixa de ser dominante, e as duas metades ficam basicamente com o mesmo poder (o que se modifica no mês que vem). A carreira e as atividades exteriores se tornam mais importantes. As questões domésticas e familiares já terão sido mais ou menos resolvidas, mas não de todo. Você vai se dividir entre a carreira e o lar e a família neste mês. Depois do dia 6, quando Júpiter começa a se mover para a frente, o momento será excelente para resolver qualquer assunto doméstico. Mas é hora de se preparar para o próximo impulso profissional.

Você ainda está em meio a um pico anual amoroso e social, que tecnicamente termina no dia 20, mas como o senhor do Zodíaco passa o mês inteiro na Sétima Casa, a tendência continua depois desse dia. Você ficará mais popular do que nunca este mês, sobretudo depois do dia 17. Você se fará presente para os amigos e a pessoa amada. E eles vão perceber. A Lua Nova do dia 1º ocorre muito próxima ao planeta do Amor e melhora a vida social e amorosa. Ela proporcionará bons convites sociais e clareza no amor à medida que o mês progredir.

Mercúrio faz conjunção com Netuno entre os dias 21 e 23. Para os solteiros, isso proporciona bons encontros amorosos. Para quem já for comprometido (e muitos de vocês são), traz mais intimidade no relacionamento existente. O amor está idealista há alguns anos, e agora esse traço ficará ainda mais intenso. É muito mais do que o mero "desejo carnal" ou satisfação pessoal. É algo espiritual e elevado.

O trânsito de Mercúrio com Netuno também será um período espiritual para você. Os sonhos ficarão mais ativos (preste atenção a eles). Os contatos sociais vão ter utilidade para a carreira.

A saúde continua precisando de mais vigilância até o dia 20. Assim como no mês passado, descanse bastante. Faça tudo o que puder para manter alto o nível de energia. A saúde melhora depois do dia 20.

Vênus, o planeta das Finanças, transita por um ponto de eclipse entre os dias 17 e 19. Isso vai proporcionar as mudanças financeiras necessárias — em geral, através de algum transtorno ou problema.

Marte transita por um ponto de eclipse do dia 11 ao 18 — evite confrontos e atividades arriscadas. O cônjuge, parceiro ou amor atual terá uma perturbação financeira de curto prazo, que causará as mudanças necessárias.

ABRIL

Melhores dias: 1º, 2, 11, 12, 20, 21, 29, 30
Dias mais tensos: 3, 4, 5, 18, 19, 24, 25
Melhores dias para o amor: 4, 5, 6, 7, 16, 17, 24, 25
Melhores dias para o dinheiro: 4, 5, 6, 7, 13, 14, 15, 16, 17, 24, 25
Melhores dias para a carreira: 3, 4, 5, 7, 8, 18, 19, 29, 30

Neste mês dois eclipses abalam o mundo, mas você sairá ileso. O eclipse lunar do dia 15 ocorre em sua Segunda Casa — das Finanças. Assim, mudanças financeiras importantes e dramáticas entram em curso. Será um processo de seis meses — geralmente não acontece de uma só vez. Você terá de mudar suas atitudes, ideias e estratégia financeira. As finanças levam um "choque de realidade". As mudanças que você fizer serão positivas, mas talvez o processo seja desconfortável. Esse eclipse também afeta as finanças do cônjuge, parceiro ou amor atual. O que vai acontecer com você também acontecerá com ele, ou ela. Todo eclipse da Lua testa as amizades e tende a proporcionar situações dramáticas que podem mudar a vida dos amigos. Esse eclipse não foge à regra. Embora fisicamente você não vá ser muito afetado, não custa nada planejar uma agenda tranquila.

O eclipse solar do dia 29, que ocorre em sua Nona Casa, também será benevolente com você. É melhor evitar viagens internacionais desnecessárias nesse período, pois o eclipse proporciona dramas para as vidas das pessoas com quem você partilha sua religião. Haverá abalos em sua igreja, sinagoga ou mesquita. Os universitários farão importantes mudanças em seus planos educacionais — talvez mudem de curso ou de instituição de ensino. Todo eclipse solar provoca mudanças espirituais — de atitude e de prática. Este será mais forte nesse sentido, pois suas crenças religiosas e filosóficas também serão postas à prova, algo que talvez seja proveniente de suas experiências espirituais. Alterações nas crenças acabam por mudar todos os outros departamentos da vida. E para melhor.

Embora o cônjuge, parceiro ou amor atual vá enfrentar problemas financeiros por causa do eclipse, a prosperidade em geral continuará bem. Ele, ou ela, fica em um pico financeiro anual até o dia 20, concentrando-se nessa área, o que em geral leva ao sucesso. Suas finanças também irão bem — apesar dos desafios. Os amigos vão estar presentes e ser prestativos, assim como o cônjuge, parceiro ou amor atual. A intuição financeira fica especialmente boa a partir do dia 6, mas sobretudo entre os dias 10 e 13. Importantes Informações e orientações financeiras chegarão através de sonhos ou de médiuns, pastores ou canais espirituais. Quem estiver procurando emprego terá sorte entre os dias 13 e 15. Nesse período, também haverá mudanças profissionais.

O período entre os dias 10 e 13 também proporciona boas oportunidades românticas. O amor será feliz este mês. A presença de Vênus em sua Casa do Amor e do Casamento é sempre positiva.

A saúde será boa este mês. Você pode aprimorá-la ainda mais das formas mencionadas em "Tendências Gerais".

MAIO

Melhores dias: 8, 9, 10, 17, 18, 26, 27
Dias mais tensos: 1º, 2, 15, 16, 21, 22, 28, 29
Melhores dias para o amor: 3, 4, 6, 13, 14, 21, 22, 24, 25, 31
Melhores dias para o dinheiro: 3, 4, 5, 6, 11, 12, 13, 14, 21, 22, 24, 25, 31
Melhores dias para a carreira: 1º, 2, 11, 12, 19, 20, 28, 29, 30

No dia 6 do mês passado o equilíbrio do poder planetário se deslocou para a metade superior do Zodíaco, que agora é dominante. É hora de impulsionar a carreira, de implementar, de formas físicas, os planos que você fez durante muitos meses. O melhor que você pode fazer por sua família é ser bem-sucedido na vida exterior. No dia 21 você ingressa em um pico financeiro anual, mas o sentirá até antes — a partir do dia 7. Mercúrio cruza o Meio do Céu no dia 7 e entra em sua Décima Casa. Isso indica sucesso e crescimento pessoal (às vezes, o crescimento acontece de forma oculta, mas acontece). Você será honrado e respeitado por suas conquistas. Envolver-se em causas de caridade beneficiará a carreira.

Marte e Urano passam o mês em diferentes graus de oposição este mês. As pessoas podem ter reações exageradas nesse período. Isso também indica que as mudanças financeiras na vida com o cônjuge, parceiro ou amor atual, que já começaram há alguns meses, ainda não terminaram.

O amor continua bem, mas haverá dificuldades de curto prazo este mês. Seja mais paciente com a pessoa amada nos dias 11, 28 e 29; vocês vão enfrentar um período difícil a partir do dia 21. Não há nada gravemente errado na vida amorosa — apenas estresse temporário causado pelos planetas rápidos.

Embora você e o cônjuge, parceiro ou amor atual estejam fazendo mudanças financeiras importantes este mês, apoiarão um ao outro. Vênus e Marte (seus planetas das Finanças) ficarão em "recepção mútua" entre os dias 3 e 29, o que indica boa cooperação financeira. Ele, ou ela, o ajudará e vice-versa.

A saúde se tona mais delicada após o dia 21. No longo prazo, essa área ficará bem, mas este não será um de seus melhores meses. O estresse proveniente dos planetas rápidos é temporário. Como sempre, descanse bastante, marque uma ou duas (ou três) massagens e passe mais tempo em um spa. Mantenha as baterias carregadas.

Mercúrio, o senhor de seu Zodíaco (e seu planeta da Carreira) fica "além-fronteiras" entre os dias 12 e 31. Isso indica que pessoal e profissionalmente você sairá de sua esfera costumeira, passando dos limites habituais. Provavelmente, é disso que você precisa no momento. Sua capacidade de pensar com originalidade impulsionará a carreira.

JUNHO

Melhores dias: 5, 6, 14, 15, 22, 23
Dias mais tensos: 12, 13, 18, 19, 24, 25, 26
Melhores dias para o amor: 1º, 5, 6, 9, 10, 14, 15, 18, 19, 23, 24, 27, 28
Melhores dias para o dinheiro: 1º, 5, 6, 7, 8, 10, 11, 14, 15, 18, 19, 23, 24, 27, 28
Melhores dias para a carreira: 1º, 9, 10, 17, 24, 25, 26

Você continua em seu pico profissional anual. A carreira será bem-sucedida, mas mais complicada que em maio. Mercúrio entra em movimen-

VIRGEM ♍ 191

to retrógrado no dia 7, o que não vai impedir o progresso profissional, apenas vai desacelerá-lo um pouco. Em geral, o movimento retrógrado do planeta da Carreira sugere revisão profissional em vez de ação. Mas você não vai conseguir evitar a ação. Provavelmente, não será possível se afastar da carreira — haverá demanda demais sobre você. Entretanto, você pode cuidar para que tudo o que faça seja "perfeito". Preste atenção aos detalhes. Isso vai prevenir muitos problemas no futuro. Pode parecer que essa atitude retarda o processo, mas na verdade acelera.

As finanças correrão bem este mês. Seu planeta das Finanças está no próprio signo e Casa — Touro, que agirá intensamente por você. Além disso, Vênus vai ficar na Nona Casa até o dia 23, o que em geral leva à expansão financeira. Vênus transita por um ponto de eclipse nos dias 5 e 6, o que pode proporcionar perturbações de curto prazo — alguma despesa ou dívida inesperada. Às vezes, esse trânsito revela falhas em seu raciocínio ou planejamento financeiro. De certa forma, isso é bom, embora nem sempre seja confortável, pois o força a fazer as mudanças e os ajustes necessários. Vênus cruza o Meio do Céu e entra em sua Décima Casa no dia 23. Outro bom sinal financeiro, que indica ação e rendimentos provenientes de boa reputação profissional e do favor financeiro de chefes, pais ou figuras paternas ou maternas. Os rendimentos também podem vir do governo — seja através de um pagamento direto ou de políticas que o beneficiem. É comum ganhar um aumento nesse tipo de trânsito. Às vezes, não é algo "oficial", e sim mais disfarçado — o efeito acaba sendo o mesmo. É "como se" você tivesse ganhado um aumento.

Marte continua em oposição a Urano este mês, então reveja a conversa que tivemos sobre o assunto no mês passado. Seja especialmente cuidadoso entre os dias 22 e 26, quando o aspecto estará mais exato.

O amor continua delicado. O planeta do Amor entra em movimento retrógrado no dia 9, o que desacelera as coisas. O julgamento social não estará tão bom como de costume. Você passará por um período de revisão da vida amorosa. Apesar do movimento retrógrado, o amor melhora muito depois do dia 21, quando o planeta do Amor começa a receber estímulos positivos. Haverá amor — seja sério ou não —, mas não há pressa. Deixe que ele se desenvolva naturalmente.

A saúde demanda vigilância até o dia 21. Veja o que falamos no mês passado. Haverá grande melhora da energia depois desse dia.

Quando o Sol ingressar em sua Décima Primeira Casa, no dia 21, você entrará em forte período social — tanto romanticamente (como mencionamos) quanto no que diz respeito a amigos e grupos. Este ano você fez amigos novos e importantes, e mais está por vir após o dia 21.

JULHO

Melhores dias: 2, 3, 11, 12, 19, 20, 21, 29, 30, 31
Dias mais tensos: 9, 10, 15, 16, 22, 23
Melhores dias para o amor: 4, 5, 6, 7, 8, 13, 14, 15, 16, 24, 25
Melhores dias para o dinheiro: 2, 3, 4, 5, 6, 7, 8, 11, 12, 16, 17, 19, 20, 27, 29, 30
Melhores dias para a carreira: 5, 6, 13, 14, 22, 23, 24, 25

No dia 23 do mês passado o poder planetário descolou-se do social Ocidente para o independente Oriente. Você entrou em um período de independência pessoal que vai durar até dezembro. As habilidades das pessoas são ótimas, os outros são maravilhosos, mas esta será a hora de traçar seu próprio caminho para a felicidade. Você terá o poder de fazer isso. Chega de se adaptar às situações. Se alguma condição o desagradar, mude-a. Se os outros não cooperarem, aja sozinho. Eles vão mudar de ideia no devido tempo. É bom se deixar levar e é bom fazer as coisas à sua maneira, mas este é o momento de fazer as coisas à sua maneira.

A carreira continua bem-sucedida este mês. Você será honrado, respeitado e reconhecido. Sua aparência também será elogiada. Você vai obter reconhecimento por suas conquistas e também por ser quem é. Mas o poder maior este mês estará na Décima Primeira Casa — dos Amigos e Grupos. A consequência natural do sucesso profissional são as amizades que fazemos. Você vai circular por grupos diferentes e melhores.

O poder na Décima Primeira Casa não favorece apenas o nível social, mas a expansão de seu conhecimento sobre alta tecnologia, astrologia, ciência e astronomia. Muitas informações novas chegarão até você. Em meu trabalho, já percebi que geralmente as pessoas fazem seu primeiro mapa astral quando o senhor da Décima Primeira Casa está ativo.

A consequência natural de um conhecimento científico expandido é a expansão do conhecimento espiritual. É por isso que a Décima Segunda Casa vem depois da Décima Primeira. A ciência só nos leva até certo ponto. Apenas a espiritualidade (chamada de reino sobrenatural) pode responder as questões mais profundas da ciência. Sua Décima Segunda Casa — da Espiritualidade — se torna poderosa a partir do dia 22.

Como júpiter ingressará na Décima Segunda Casa no dia 17 (e vai ficar lá pelo restante do ano), o mês de julho — e também todo o ano de 2014 — será mais espiritual. Haverá muita expansão nessa área, progressos e experiências espirituais. Acostume-se com o sobrenatural agora, pois ele será parte de sua vida cotidiana por mais ou menos um ano. A rotina de sonhos vai começar a ficar hiperativa e profética. Todos os tipos de sincronicidade começam a acontecer. A percepção extrassensorial se torna mais aguçada. Você será capaz de enxergar o interior das outras pessoas sem fazer esforço. A intuição ficará muito forte e confiável. O universo invisível está lhe dizendo que existe.

Este mês e este ano serão excelentes para os estudos espirituais — para meditação e estudo das sagradas escrituras. Os que ainda não estiverem trilhando o caminho espiritual terão grande chance de dar o primeiro passo. Os que já estiverem nele vão obter muito sucesso e satisfação nessa área.

AGOSTO

Melhores dias: 8, 16, 17, 25, 26, 27
Dias mais tensos: 5, 6, 11, 12, 18, 19
Melhores dias para o amor: 3, 4, 11, 12, 13, 20, 21, 23, 24, 30, 31
Melhores dias para o dinheiro: 1º, 2, 3, 4, 5, 12, 13, 14, 23, 24, 28, 29
Melhores dias para a carreira: 5, 6, 14, 15, 18, 19, 25, 26

Sem dúvida sua Décima Segunda Casa — da Espiritualidade — será a mais forte do Zodíaco este mês. Quarenta por cento e, às vezes, 50 por cento dos planetas estarão ali ou passarão por ela, que será o centro de seu mundo até o dia 23 deste mês. Reveja a conversa que tivemos sobre isso no mês passado. As batalhas da vida são travadas, vencidas ou perdidas, no interior do coração e da mente. O que acontece "do lado de fora" é puro efeito colateral. Se uma batalha interior for vencida, o resultado é a vitória em alguma batalha exterior. O resultado não é a causa. Agosto será o mês no qual você vai se aprofundar nessas coisas. Até o dia 23, não tente resolver um problema mundano pelos meios mundanos. Use uma solução espiritual, e ela também funcionará no mundo exterior.

Este também será um bom momento — pois antecede seu aniversário — para rever racional e honestamente o ano que passou. Reconheça o que você conseguiu e o que não conseguiu. Analise os sucessos e fracassos. Caso tenha cometido erros, resolva corrigi-los e crie metas para o próximo ano. Assim, você começa o ano-novo pessoal (seu aniversário) com o pé direito.

Os planetas estão em sua posição mais oriental. Portanto, é o auge do poder e da independência pessoais. Use sua independência de forma positiva. Crie a felicidade para si mesmo. Molde a vida à sua maneira. Você não precisa da aprovação de ninguém. O mundo vai se adaptar a você.

É natural que as coisas saiam do jeito que você quer nesse período, mas a independência pode prejudicar a vida amorosa ou um relacionamento atual. A pessoa amada quer agir do jeito dela e você, do seu. Nenhum dos dois está errado. O outro precisa entender que se você não estiver feliz, não vai conseguir fazê-lo feliz. Deixe o tempo ajustar as coisas.

Mas o ponto principal do mês não é o amor, é a felicidade. No dia 23, quando o Sol ingressa em seu signo, você começa outro pico anual de prazer pessoal. Será uma boa hora para realizar os desejos do corpo, mimá-lo e deixá-lo na forma que quer. Você vai descobrir que, se trabalhar espiritualmente, terá todo tipo de poder sobre o corpo. Conseguirá moldá-lo à sua vontade. O corpo fica mais receptivo a essas coisas neste mês.

Agosto será muito próspero. Vênus ficará em conjuntura com Júpiter a partir do dia 12. O aspecto será mais exato entre os dias 17 e 19, mas você também o sentirá depois desse período. Isso mostra boas recompensas a caminho. Os membros da família — um dos pais ou figura paterna ou materna — serão muito generosos com você. A intuição financeira também vai estar excelente a partir do dia 12.

SETEMBRO

Melhores dias: 4, 5, 12, 13, 22, 23
Dias mais tensos: 2, 3, 8, 9, 14, 15, 29, 30
Melhores dias para o amor: 2, 3, 8, 9, 12, 13, 16, 17, 23, 26, 27
Melhores dias para o dinheiro: 1º, 2, 3, 10, 11, 12, 13, 19, 20, 23, 24, 25, 29, 30
Melhores dias para a carreira: 4, 12 14, 15, 20, 21, 28

Tecnicamente, o melhor momento para começar novos projetos ou lançar produtos é a primeira metade do ano — especialmente na primavera, quando o Sol está em Áries. Mas no seu caso, como você acabou de fazer aniversário, ou fará em breve, este é um período favorável para iniciar coisas novas. Você está no princípio de seu ciclo solar pessoal. Acrescente a isso o movimento extremamente acelerado dos planetas — 80 por cento a partir do dia 23 — e o aspecto se torna ainda mais positivo. Além do mais, sua Primeira Casa estará poderosa e você no período de independência pessoal mais forte do ano, o que aumenta ainda mais suas chances. O melhor momento será a partir do dia 24, quando a Lua estiver crescente.

Este será um mês feliz e próspero. Você ainda vive um momento no qual pode fazer as coisas à sua maneira (em geral, as pessoas gostam dessa situação, mas ela também tem suas desvantagens, pois muitas vezes causa problemas no futuro). Você está em meio a um de seus picos anuais de prazer pessoal. E no dia 23 entra em um pico financeiro anual. A vida é boa. Aproveite.

A saúde e a energia vão estar excelentes. Você terá toda a energia de que precisa para conseguir qualquer coisa que quiser realizar. Sua aparência chamará a atenção. A imagem ganhará uma beleza e um glamour incomuns. A presença do Sol em seu signo até o dia 23 proporciona muito magnetismo pessoal — carisma. Vênus entra em seu signo (no dia 8), fornecendo beleza, graça e estilo. Seus movimentos serão bonitos e os gestos de seu corpo, elegantes. Será um ótimo mês para fazer boas compras de roupas e acessórios.

A entrada de Vênus em seu signo reforça a prosperidade sobre a qual escrevemos anteriormente. Vênus é o planeta das Finanças. Isso indica golpes de sorte. As oportunidades financeiras chegarão até você sem esforço. Apenas esteja presente. Você usará roupas caras e sua aparência e comportamento terão grande papel nos rendimentos. Adotar a imagem de riqueza — algo que você fará este mês — tem uma mágica: atrai riqueza e oportunidades de riqueza para você. É o auge de sua independência financeira de 2014.

Você e a pessoa amada estavam em extremidades contrárias nos últimos tempos, com posições e perspectivas totalmente opostas. Se conseguirem superar essas diferenças, talvez o amor fique melhor do que era antes. Com o tempo, essas diferenças vão diminuir.

Os candidatos a emprego terão oportunidades maravilhosas entre os dias 23 e 30.

OUTUBRO

Melhores dias: 1º, 2, 9, 10, 19, 20, 28, 29
Dias mais tensos: 5, 6, 12, 13, 26, 27
Melhores dias para o amor: 3, 5, 6, 12, 13, 14, 22, 23, 24
Melhores dias para o dinheiro: 3, 7, 8, 12, 13, 17, 18, 21, 22, 23, 26, 27
Melhores dias para a carreira: 5, 6, 12, 13, 22, 23, 31

Marte está em sua Quarta Casa — formando um aspecto tenso com você — desde 14 de setembro. O planeta continuará lá até o dia 26 deste mês. Em geral, isso indica reparos, reformas ou construção na casa. Se precisar fazer essas coisas, esse será um bom período. Os ânimos vão estar exaltados no ambiente doméstico. Pode haver conflitos com membros da família, que passarão por experiências dramáticas — talvez de quase morte ou cirurgias (que são consideradas experiências de quase morte pela astrologia). Faça tudo o que puder para manter o lar seguro nesse período. Haverá tendência a acidentes no lar. Emocionalmente, muita roupa suja aparecerá para ser lavada.

O principal destaque de outubro são os dois eclipses, que garantem um mês tumultuado.

O eclipse lunar do dia 8 acontecerá em sua Oitava Casa, o que indica muitas coisas. Haverá encontros com a morte (em geral em nível psicológico) — às vezes experiências de quase morte, às vezes a recomendação de uma cirurgia (a saúde estará bem, então, não deixe de buscar uma segunda opinião). Urano sofrerá o impacto desse eclipse. Então, pode haver sustos na saúde e mudança de emprego. As condições do ambiente de trabalho se alteram. Se você for empregador, haverá instabilidade entre seus funcionários, em geral devido a problemas na vida pessoal deles. Plutão também sofrerá um impacto, mas não tão direto. Portanto, carros e equipamentos de comunicação vão ser testados. Dirija de uma forma mais defensiva durante o período do eclipse. Haverá situações dramáticas com irmãos, figuras fraternas e vizinhos. É preciso programar uma agenda bem tranquila (alguns dias antes e outros depois). Todo eclipse lunar põe à prova as amizades. Muitas vezes, ocorrem eventos dramáticos que mudam a vida de amigos.

O eclipse solar do dia 23 vai ocorrer em sua Terceira Casa. Assim como aconteceu com o eclipse lunar, este vai testar ainda mais seu carro e seus equipamentos de comunicação. Dirija com cuidado. Os estudantes que ainda não estiverem na universidade talvez mudem seus planos educacionais. Haverá abalos nas instituições de ensino que eles frequentam. Todo eclipse solar proporciona mudanças espirituais — nas atitudes, na perspectiva e na prática. É bom atualizar suas práticas espirituais periodicamente, e o eclipse lhe dá essa oportunidade.

O outro destaque do mês é o poder na Casa do Dinheiro. Quarenta por cento dos planetas vão estar lá ou passar por ela. Será um mês próspero.

Apesar dos possíveis sustos na saúde, esta área ficará basicamente bem.

NOVEMBRO

Melhores dias: 6, 7, 15, 16, 17, 25, 26
Dias mais tensos: 2, 3, 8, 9, 22, 23, 29, 30
Melhores dias para o amor: 2, 3, 10, 11, 12, 20, 22, 23, 29, 30
Melhores dias para o dinheiro: 2, 3, 4, 5, 11, 12, 14, 18, 19, 22, 23
Melhores dias para a carreira: 1º, 8, 9, 10, 11, 20, 21

Sua Terceira Casa — da Comunicação e dos Interesses Intelectuais — tornou-se poderosa no dia 23 do mês passado e continuará assim até o dia 22 deste mês. Os objetivos financeiros já foram mais ou menos alcançados. Se eram muito elevados, houve um bom progresso em sua direção. Será o momento de aproveitar os frutos da prosperidade — tempo livre para desenvolver a mente, para aprender e expandir seus conhecimentos. Acomodar-me com um bom livro de um bom autor sempre foi uma alegria para mim. Mas hoje em dia esse é, basicamente, um privilégio dos ricos — a classe ociosa. Será um ótimo mês para os estudantes. A mente vai estar mais aguçada e reter mais informação. Eles terão sucesso nos estudos. Seja qual for sua idade e estágio de vida, será proveitoso fazer cursos sobre assuntos que lhe interessam, ir a palestras, seminários e oficinas. Escritores, professores e jornalistas também terão um bom mês. Assim como o pessoal de vendas e marketing.

A saúde fica mais delicada depois do dia 23. O bem-estar geral continua bem, mas você terá menos energia que de costume. Assim, problemas preexistentes podem dar a impressão de estar piorando (temporariamente). Além disso, seu planeta da Saúde praticamente acampa no ponto do eclipse lunar de 8 de outubro, o que também pode provocar sustos para a saúde. Mas esses problemas serão temporários — causados por planetas rápidos. Quando eles passarem (mais para o final do mês), a saúde e a energia voltarão ao normal. Enquanto isso, descanse o máximo que puder.

A presença de Urano no ponto do eclipse mostra mudanças dramáticas no regime de saúde. Mudanças no emprego também estão em curso. Podem acontecer na empresa em que você trabalha atualmente (talvez você troque de cargo) ou em uma nova empresa. As condições no trabalho ficarão instáveis.

Já a presença de Mercúrio no ponto do eclipse entre os dias 8 e 10 é um aspecto mais sério. Dirija com mais cuidado e evite atividades arriscadas. Ela indica mudanças na carreira ou abalos em sua empresa ou indústria.

O movimento planetário será incrivelmente acelerado este mês. A partir do dia 16, 90 por cento dos planetas vão estar se movendo para a frente. Portanto, haverá rápido progresso em direção a seus objetivos — e os eventos do mundo se desenvolverão mais depressa. O momento continua sendo excelente para iniciar projetos ou lançar novos produtos. Do dia 22 até o final do mês será o período ideal (na Lua Crescente).

O amor fica cada vez mais harmonioso. Você e a pessoa amada vão estar mais em sincronia este mês. O período entre os dias 10 e 12 será especialmente bom. Os solteiros conhecerão pessoas interessantes e os relacionamentos já existentes serão mais felizes.

DEZEMBRO

Melhores dias: 3, 4, 13, 14, 22, 23, 30, 31
Dias mais tensos: 5, 6, 20, 21, 26, 27
Melhores dias para o amor: 1º, 2, 8, 12, 13, 18, 21, 22, 26, 27, 30, 31
Melhores dias para o dinheiro: 1º, 2, 10, 11, 12, 13, 15, 16, 20, 21, 22, 28, 29, 30, 31
Melhores dias para a carreira: 1º, 2, 5, 6, 10, 11, 21, 22, 30, 31

No dia 22 do mês passado sua Quarta Casa — do Lar e da Família — tornou-se poderosa. Você está na "meia-noite" de seu ano. Dezembro será um mês para fazer progresso psicológico e para aceitar o passado. Quando a Quarta Casa se fortalece, as memórias tendem a vir à tona sem razão aparente. Mas, por baixo de tudo, o cosmos tem suas razões. O passado será digerido em um novo nível — à luz de seu conhecimento e compreensão atuais. As memórias não mudam. Os fatos são o que são, mas você os interpretará de maneira diferente. De certa forma, vai reescrever e redefinir seu passado, destituindo-o de parte da força que tinha sobre você.

Um dos problemas com o poder da Quarta Casa é a tendência a viver no passado — um desejo de voltar aos "bons e velhos tempos". Uma coisa é digerir o passado, outra, é "morar" lá. Permaneça no agora, no presente, enquanto revê seu passado. O passado é como um filme: voce olha para ele do momento presente.

Com a Quarta Casa forte o foco volta-se para o lar, a família e seu ponto de harmonia emocional. As questões externas — a carreira e os objetivos exteriores — perdem a importância. É preciso lançar as fundações — as bases psicológicas — para o sucesso exterior, o que é um trabalho interno. O trabalho da meia-noite.

A saúde continua precisando de vigilância até o dia 22, então tenha em mente nossa conversa do mês passado. A saúde e a energia vão melhorar depois do dia 22.

O outro destaque do mês é o ingresso de Saturno em Sagitário — sua Quarta Casa — no dia 24. As questões emocionais e psicológicas continuarão sendo importantes pelos próximos dois ou três anos. Esse trânsito também afeta a saúde e o nível de energia. Você terá que ser mais cuidadoso com essa área pelos próximos anos.

A vida amorosa vai bem há alguns anos. Houve grande expansão do círculo social. Agora (e pelos próximos anos) esses relacionamentos serão testados. Os bons vão sobrevier e ficar ainda melhores. Os falhos, provavelmente, vão terminar. Você vai experimentar isso com mais intensidade no ano que vem, mas os primeiros sinais já começam a ser sentidos.

Marte passa por um ponto de eclipse entre os dias 4 e 7. Dirija com mais cuidado, evite confrontos e atividades arriscadas.

Vênus transita por um ponto de eclipse entre os dias 21 e 23, o que pode proporcionar problemas financeiros de curto prazo, mas também traz a necessidade de mudanças e ajustes.

♎

LIBRA

A BALANÇA
Nascidos entre 23 de setembro e 22 de outubro

PERFIL PESSOAL

LIBRA NUM RELANCE

Elemento: Ar
Planeta Regente: Vênus
  Planeta da Carreira: Lua
  Planeta da Saúde: Netuno
  Planeta do Amor: Marte
  Planeta das Finanças: Plutão
  Planeta do Lar e da Vida Familiar: Saturno
Cores: azul, verde-jade
Cores que promovem o amor, o romance e a harmonia social: carmesim, vermelho, escarlate
Cores que propiciam ganhos: vinho, púrpura, violeta
Pedras: cornalina, crisólito, coral, esmeralda, jade, opala, quartzo, mármore branco
Metal: cobre
Perfumes: amêndoa, rosa, baunilha, violeta
Qualidade: cardeal (= atividade)
Qualidades essenciais ao equilíbrio: noção do eu, autossuficiência, independência
Maiores virtudes: encanto social, charme, tato, diplomacia
Necessidades mais profundas: amor, romance, harmonia social
Característica a evitar: violação de princípios (para ser socialmente aceito)
Signos de maior compatibilidade: Gêmeos, Aquário

Signos de maior incompatibilidade: Áries, Câncer, Capricórnio
Signo mais útil à carreira: Câncer
Signo que fornece maior suporte emocional: Capricórnio
Signo mais prestativo em questões financeiras: Escorpião
Melhor signo para casamento e associações: Áries
Signo mais útil em projetos criativos: Aquário
Melhor signo para sair e se divertir: Aquário
Signos mais úteis em assuntos espirituais: Gêmeos, Virgem
Melhor dia da semana: sexta-feira

COMPREENDENDO A PERSONALIDADE LIBRIANA

No signo de Libra, a psique universal manifesta sua capacidade de relacionamento, isto é, o talento de harmonizar elementos distintos de forma orgânica e unificada. Libra representa o poder da alma de expressar a beleza em todas as suas formas. Mas a beleza não pode existir isoladamente. Ela nasce da comparação, da relação proporcional entre as partes. Sem essa justa harmonia nas relações não haverá beleza, seja nas artes, nos costumes, nas ideias, no foro sociopolítico.

Duas faculdades humanas elevam a espécie acima do reino animal. A primeira é a capacidade de raciocínio, conforme expressada nos signos de Gêmeos e Aquário. A segunda é o senso estético que Libra personifica, sem o qual não passaríamos de bárbaros inteligentes. Libra corresponde ao ímpeto civilizador da alma.

A beleza é a essência da natureza dos librianos. Eles vieram a este mundo para embelezá-lo. Poderíamos falar de seu charme social, de seu senso de equilíbrio e justiça, de sua capacidade de enxergar e acatar o ponto de vista alheio, mas todos derivam de uma única qualidade central: o anseio pela beleza dos nativos de Libra.

Ninguém, por mais solitário que pareça, vive isolado. A vida no Universo apenas se mantém mediante ampla colaboração entre os seres. Os librianos compreendem bem isso e conhecem as leis espirituais que tornam as relações amenas e agradáveis.

Os librianos são, consciente ou inconscientemente, os grandes civilizadores, harmonizadores e artistas do planeta, traduzindo sua necessidade mais profunda e maior talento. Adoram reunir pessoas e são perfeitamente qualificados para isso. Conseguem detectar os pontos de união entre as pessoas e os elos que as atraem, em vez de separá-las.

FINANÇAS

Os librianos podem parecer frívolos ou ilógicos em assuntos financeiros. Talvez porque estejam mais preocupados em ganhar dinheiro para os outros do que para si mesmos. Porém, existe uma lógica por trás dessa atitude. Eles sabem que tudo está interligado e que é, portanto, impossível ajudar os demais a progredir sem prosperar junto. E como aumentar a renda dos parceiros tende a fortalecer o relacionamento, os librianos optam por esse caminho. Para eles não há nada mais divertido do que um bom relacionamento. E você raramente encontrará um libriano enriquecendo-se à custa de alguém.

Escorpião, regente da Segunda Casa Solar de Libra — do Dinheiro —, confere aos librianos uma inusitada capacidade de visão em questões financeiras, que muitas vezes surge disfarçada de aparente indiferença. Muitos nativos de outros signos voltam-se para os librianos em busca de aconselhamento e orientação financeira.

Sua graça social faz com que gastem grandes somas de dinheiro na organização de festas, recepções e eventos sociais. Também gostam de ajudar os que necessitam. Os librianos são capazes de deixar suas prioridades de lado para auxiliar um amigo, mesmo que tenham de tomar dinheiro emprestado para fazê-lo. Contudo, sempre pagam suas dívidas sem que tenham de ser lembrados de fazê-lo.

CARREIRA E IMAGEM PÚBLICA

Os librianos apreciam aparecer em público como mecenas de boas causas. Os amigos e conhecidos são sua família, e os librianos apreciam exercer influência paternalista sobre eles. Também gostam de chefes com essa característica.

A cúspide da Décima Casa de Libra — da Carreira — está no signo de Câncer. A Lua, regente da carreira dos librianos, é o corpo celeste mais ágil e mutável nos céus do horóscopo. É o único a percorrer todo o Zodíaco e as 12 Casas a cada mês. Aí temos uma chave fundamental para entender a forma como os librianos abordam a carreira e o que precisam fazer a fim de melhorar seu potencial profissional. A Lua é o corpo sideral dos humores e sentimentos; assim, os librianos precisam de uma carreira em que suas emoções possam ser livremente expressas.

É por isso que tantos librianos se dedicam às belas-artes. As ambições librianas crescem e minguam com a Lua. Sua capacidade varia segundo o humor lunar.

A Lua governa as massas, fazendo com que o ideal mais elevado de Libra seja conquistar a aclamação popular e o prestígio público. Os librianos que alcançam a fama tratam o público como um amigo íntimo ou amante. São muito flexíveis, por vezes inconstantes, em sua carreira e em suas ambições. Por outro lado, conseguem atingir seus objetivos de diversas maneiras. Não se prendem a um único tipo de postura ou jeito de fazer as coisas.

AMOR E RELACIONAMENTOS

Os librianos expressam sua verdadeira natureza no amor. Não há companheiros mais românticos, sedutores e justos. Se existe algo capaz de destruir uma relação e bloquear o amor que flui de um coração libriano é a desigualdade ou o desequilíbrio nas trocas entre amante e amado. Se um lado estiver dando ou recebendo demais, o ressentimento aflorará mais cedo ou mais tarde. Os librianos cuidam muito para que isso não ocorra. Erram sempre por dar demais — nunca por deixar faltar.

Se você estiver apaixonado por alguém de Libra, certifique-se de manter vicejante a aura de romance. Atente para os detalhes: jantares à luz de velas, viagens a locais exóticos, flores e presentinhos. Presenteie com objetos belos, não necessariamente caros. Envie cartões. Telefone regularmente, mesmo que não tenha nada específico para dizer. Essas delicadezas são essenciais para os librianos, os quais encaram o relacionamento como uma obra de arte — torne-o belo, e seu parceiro libriano ficará encantado. Se você for criativo nisso, eles o apreciarão ainda mais — e é assim que se comportarão em relação a você.

Os librianos gostam que seus parceiros sejam determinados e até um pouquinho agressivos. Sabem que carecem dessas qualidades, de forma que apreciam que seus companheiros as exibam. Nos relacionamentos, entretanto, os próprios librianos podem ser um tanto agressivos, mas sempre de forma sutil e encantadora. É que eles agem deliberadamente no sentido de encantar e seduzir o objeto de seu desejo. E essa determinação é sempre deliciosa para quem está sendo cortejado.

VIDA DOMÉSTICA E FAMILIAR

Por serem criaturas intensamente sociais, os librianos não morrem de amores pelas tarefas domésticas. Gostam de uma casa bem-organizada, limpa e bela, e com tudo de que necessitam, mas as tarefas domésticas são para eles um fardo, uma carga de trabalho não aprazível que tentam executar com a maior rapidez possível. Quando têm dinheiro — e muitas vezes mesmo quando não têm —, preferem pagar a alguém para cuidar das tarefas domésticas. Apreciam, no entanto, a jardinagem e adoram ter flores e plantas em casa.

O lar do libriano é moderno e decorado com muito bom gosto. Haverá sempre um bom número de pinturas e de esculturas na residência do nativo deste signo. Por apreciar estar com os amigos e a família, o libriano adora receber convidados e é um ótimo anfitrião.

Capricórnio ocupa a cúspide da Quarta Casa Solar de Libra — do Lar e da Família. Saturno, o planeta da Lei, da Ordem, dos Limites e da Disciplina, governa os assuntos domésticos de Libra. Se desejarem que sua vida doméstica seja boa e alegre, precisarão desenvolver mais algumas das virtudes saturninas — da ordem, da organização e da disciplina. É que os librianos, por serem tão criativos e necessitarem de harmonia, tendem a ser demasiado permissivos com os filhos, o que nem sempre é bom. Devem compreender que as crianças precisam de liberdade, mas também de limites.

LIBRA
HORÓSCOPO 2014

TENDÊNCIAS GERAIS

Passar por 2011 e 2012 com a saúde e a sanidade intactas foi um feito e tanto. Este ano vai apresentar desafios, mas você terá a musculatura mental e emocional para lidar com eles, atravessando 2014 com tranquilidade.

Apesar de todos os desafios, muitas coisas boas vão acontecer. Você terá de trabalhar arduamente para obter cada uma delas — mas vão acontecer.

Em 26 de junho do ano passado você começou um período profissional muito forte e bem-sucedido, que vai continuar até o dia 16 de julho deste ano. Você ascenderá em sua empresa ou profissão e muitas boas oportunidades profissionais vão aparecer. Falaremos mais sobre isso depois.

Desde 2011 a situação amorosa está empolgante, mas instável. Entretanto, este ano terá romance. O único problema será sua estabilidade. O ingresso de Júpiter em sua Décima Primeira Casa em 16 de julho indica que a vida social em geral será boa e que você fará amigos novos e importantes. Falaremos mais sobre isso depois.

Assim como no ano passado, Saturno vai estar em sua Casa do Dinheiro. Será preciso reorganizar e reestruturar as finanças. Talvez você se sinta um pouco apertado por causa de responsabilidades extras. Mas se alterar um pouco as coisas, reorganizá-las, terá todos os recursos de que precisa.

É necessário vigiar a saúde este ano, mas você já passou por momentos piores. Falaremos mais sobre isso depois.

Suas áreas de maior interesse este ano serão corpo, imagem e prazer pessoal (até 26 de julho); finanças; lar e família; saúde e trabalho; amor e romance; carreira (até 16 de julho); amigos, grupos e atividades coletivas (a partir de 16 de julho).

Seus caminhos para a maior realização em 2014 serão finanças (até 19 de fevereiro); corpo, imagem e prazer pessoal (a partir de 19 de fevereiro); carreira (até 16 de julho). Amigos, grupos e atividades coletivas (a partir de 16 de julho).

SAÚDE

(Trata-se de uma perspectiva astrológica sobre a saúde, não de uma visão médica. No passado, essas perspectivas eram idênticas, porém, hoje, podem ocorrer diferenças. Para obter uma opinião com base em diagnósticos da medicina convencional consulte seu médico ou um profissional da saúde.)

A saúde será complicada este ano — mais na primeira metade que na segunda. Você vai notar uma melhora constante a partir do dia 16 de julho. Felizmente, sua Sexta Casa — da Saúde — será forte em 2014, de forma que você vai estar concentrado nessa área, exatamente o que é preciso fazer. Se você a ignorasse, sofreria consequências mais sérias. Aspectos tensos nessa área não significam necessariamente doenças, e sim que você deve se esforçar mais para manter a saúde. Se houver esse esforço — o que é provável —, a saúde será boa.

Seu ano começa com quatro planetas lentos em alinhamento tenso com você. É sério. Durante o primeiro semestre, haverá períodos em que planetas rápidos também farão pressão — o que pode tornar as porcentagens ainda mais altas, chegando a 70 por cento. Em 2014, isso acontecerá de 1º a 20 de janeiro; de 21 de março a 19 de abril e de 21 e de junho a 16 de julho. Descanse bastante durante esses períodos. É aconselhável marcar mais massagens ou passar mais tempo em um spa (não é má ideia fazer isso na primeira metade do ano em geral, mas especialmente durante os períodos vulneráveis). Falaremos sobre isso de forma mais detalhada nas "Previsões Mensais".

A boa notícia é que você vai poder fazer muitas coisas para melhorar a saúde e impedir que os problemas se desenvolvam. Como sabem nossos leitores assíduos, a melhor defesa é manter altos os níveis de energia. Seja implacável com relação a isso. Recuse-se a desperdiçar energia com bobagens, com coisas que não são seus propósitos e objetivos principais. Evite se preocupar, pensar e falar demais. Esses são os esbanjadores ocultos de energia. Delegue tarefas sempre que possível. Tente planejar as atividades de forma mais eficiente — para que mais coisas sejam feitas com menos esforço. Você precisará de cada grama de energia que tiver.

A segunda forma mais importante de se defender é dar mais atenção às seguintes áreas, que estarão vulneráveis:

Coração. Evite preocupação e ansiedade, as raízes espirituais dos problemas cardíacos. A meditação será útil para essa área.

Pés. Use sapatos que caibam bem e não o desequilibrem. O conforto deve vir antes da moda (mas isso é difícil para os librianos). Se conseguir juntar os dois, ótimo. Massagens regulares nos pés serão poderosas. Escalda-pés também vão ser benéficos. Há muitos aparelhos com esse fim no mercado, e vale a pena investir em um e usar com frequência. Torne essa prática parte de sua rotina de saúde.

Como Netuno é seu planeta da Saúde, você terá ótimos resultados com técnicas de cura espiritual — meditação, impostação de mãos, reiki, manipulação de energias sutis. Caso se sinta indisposto, uma visita a um curandeiro espiritual será benéfica.

Marte passará muito tempo em seu signo, o que traz algumas vantagens, como energia, coragem e motivação. Entretanto, às vezes pode deixar a pessoa impaciente e levá-la a forçar o corpo além dos limites. Há uma tendência à pressa que aumenta a chance de ferimentos, mesmo que a saúde esteja boa. Esse aspecto pode deixar a pessoa mais propensa ao confronto, o que às vezes acarreta conflitos e até violência. Mantenha a calma. Se sentir raiva, respire fundo e conte até dez antes de falar. Reduza a agressividade.

Seu planeta da Saúde rege de um signo de Água (Peixes). Portanto, você terá uma conexão especial com os poderes curativos desse elemento. Será bom beber mais água, e sua pureza vai ser importante para você. Filtre bem a água da pia, mas prefira água mineral. Caso esteja se sentindo mal, será benéfico ficar perto da água — mares, rios, lagos e fontes. Nado e esportes aquáticos serão exercícios saudáveis. A água natural é sempre a melhor, mas se for impossível, você pode imergir em sua banheira ou hidromassagem. Chuveiradas frequentes são ótimas para os momentos de pressa, mas um longo banho de banheira é melhor.

LAR E FAMÍLIA

Sua Quarta Casa — do Lar e da Família — é uma Casa de poder há muitos anos, e continuará assim por muitos mais. É uma tendência de prazo extralongo. Sem dúvida, ela foi discutida em anos anteriores, mas ainda vale a pena mencioná-la, já que continua em vigência. Vai haver uma desintoxicação no círculo familiar. As impurezas da situação virão à tona, serão trazidas à luz e depois eliminadas e corrigidas. Raramente uma desintoxicação é agradável. Todos os tipos de detritos desagradáveis, assuntos malresolvidos, sentimentos negativos e suas causas vêm à tona. Há muita "excreção". Mas o resultado final é sempre bom. Você verá uma renovação na situação familiar e doméstica. Isso não vai acontecer do dia para a noite, mas ao longo do tempo.

É essa desintoxicação que estará por trás de todos os dramas do lar e da família. No nível mundano, ela proporciona "crise" familiar, uma necessidade de confrontar situações de vida ou morte. Às vezes, acontece de fato uma morte na família, e o luto e as recordações resultantes são uma forma de desintoxicação. Às vezes, acontecem cirurgias e experiências de quase morte com membros da família, o que também é uma espécie de desintoxicação — sentimentos profundos precisam ser confrontados. Às vezes, a família como um todo se separa, acontecem rompimentos nas conexões familiares — seja por um divórcio, conflitos financeiros ou outros fatores. É "como se" a unidade familiar que você conhece tivesse "morrido". Tenha em mente que a ressurreição e a renovação sempre vêm depois da morte. A morte e a ressurreição são gêmeas, nunca existe uma sem a outra.

Em geral, a presença de Plutão na Quarta Casa mostra grandes construções e reformas na casa física. Plutão age em muitos níveis, e o físico é um deles. Essa reforma não será apenas "cosmética" — envolverá derrubada de paredes, remodelamento de quartos, eliminação de fiação e encanamentos velhos. Provavelmente, será cara. Enquanto isso estiver acontecendo, sua casa fica um caos. Não é agradável, mas o resultado final será bom.

Quando o resultado final é entendido, fica muito mais fácil lidar com o caos — físico e emocional. Na maior parte do tempo só percebemos isso muito tempo depois, mas saber que essa revelação acontecerá é o bastante.

Eventualmente, a unidade familiar se reconstitui em um nível melhor e mais saudável.

O lar e a família também serão importantes para as finanças. Você vai gastar mais ao investir neles, mas é provável que também obtenha rendimentos provenientes dessa área. O apoio financeiro da família será bom, ainda que turbulento.

Um dos pais ou figura paterna ou materna vai prosperar e se envolver muito em sua vida financeira. Você, por sua vez, estará financeiramente envolvido com essa pessoa.

É mais provável que uma mudança de casa aconteça no ano que vem, e não neste. E mesmo uma mudança envolveria construção e reforma.

Irmãos ou figuras fraternas podem ter se mudado no ano passado, mas, se não, isso pode acontecer na primeira metade de 2014. Acho que casas perto da água serão algo positivo para eles. Filhos ou enteados prosperam depois de 16 de julho. Vão viajar muito. Uma mudança não está fora de questão. Um dos pais ou figuras paternas ou maternas pode se mudar ou reformar várias vezes. Ele ou ela fica "emocionalmente inquieto".

DINHEIRO E CARREIRA

Sua Casa do Dinheiro foi forte no ano passado, e continuará assim este ano, o que é positivo para as finanças. Mostra interesse, motivação e desejo de superar todos os muitos desafios que vão aparecer. Considero isso mais importante do que ter aspectos benéficos.

Você terá de lidar com muitos desafios financeiros este ano — especialmente até 26 de julho. Seu planeta das Finanças passa a primeira

SEU HORÓSCOPO PESSOAL PARA 2014

metade do ano envolvido em uma Grande Cruz (tecnicamente, até 16 de julho). Isso indica envolvimento em um grande projeto — a fundação de um negócio ou instituição. Esses projetos grandes sempre são complicados, e precisam de muito equilíbrio.

A presença de Saturno em sua Casa do Dinheiro desde o ano passado indica uma sensação de falta de recursos. Você vai assumir mais responsabilidades financeiras e terá mais fardos a carregar. Eles virão da família, e são inevitáveis. Talvez você possa se esquivar deles (os seres humanos são poderosos e podem fazer muitas coisas), mas não seria sensato, pois eles têm vantagens escondidas. Como mencionamos anteriormente, você vai gastar mais com o lar e com a família, mas também vai ganhar mais com eles. Talvez a família limite sua liberdade financeira, mas fornecerá recursos — se não de uma maneira física e tangível, de forma emocional. As conexões familiares também serão importantes para as finanças.

Esses fardos a mais vão forçar importantes alterações e reorganizações nessa área. Algumas dessas alterações serão dramáticas, mas no final vão dar certo. Você já sabe quais mudanças precisam ser feitas, e este vai ser o ano para colocá-las em prática.

Se fizer as mudanças, reorganizar e realocar as coisas, eliminar o desperdício e as redundâncias, terá os recursos de que precisa.

Seu planeta das Finanças está no signo de Capricórnio, e Saturno (o regente do signo), em sua Casa do Dinheiro. Esses planetas entram em "recepção mútua" — um se hospeda no signo e na Casa do outro, o que é positivo e indica cooperação entre eles. Portanto, a família e os contatos familiares terão importância financeira. Isso mostra a possibilidade de obter dinheiro de casa (ou trabalhando em casa). Esse aspecto favorece imóveis (residenciais e comerciais), restaurantes e hotéis — ou indústrias voltadas para o lar. É um bom aspecto financeiro para psicólogos.

A combinação do planeta da Finanças em Capricórnio com a presença Saturno na Casa do Dinheiro sugere algum tipo de negócio — algo tradicional e socialmente aceitável — e proporciona um ótimo senso financeiro. Será uma perspectiva de longo prazo nas finanças sobre que investimentos valerão a pena daqui a muitos anos.

Esses são aspectos maravilhosos para colocar a vida financeira em ordem — é um bom momento para poupanças, programas de investimentos e para fazer um controle financeiro diário e sério.

Essa combinação não é muito favorável para as especulações, que devem ser evitadas na primeira metade do ano, pois não serão afortunadas. Mas, depois de 16 de julho, elas se tornam um pouco mais favoráveis (essas coisas sempre devem ser feitas com base na orientação interna, e nunca de forma automática).

Os dois planetas envolvidos em sua vida financeira não são do tipo que favorece o enriquecimento rápido. A riqueza será obtida, lenta e metodicamente, ao longo do tempo — através do bom-senso e da disciplina financeira.

A carreira, como mencionamos, correu bem no ano passado e continuará poderosa em 2014 — até 16 de julho. Júpiter fica em sua Décima Casa até essa data, o que é um indicador clássico de sucesso profissional. Se você trabalha para outras pessoas, uma promoção está a caminho. Se trabalha por conta própria, seu status e prestígio vão aumentar. Júpiter também vai proporcionar boas oportunidades profissionais. A presença desse planeta no signo de Câncer favorece negócios de família. Também indica que irmãos e figuras fraternas terão sucesso este ano e vão apoiar seus objetivos profissionais. Marketing, promoção e capacidade de comunicação eficientes serão muito importantes para a carreira.

AMOR E VIDA SOCIAL

O amor será interessante e empolgante este ano — sobretudo até 26 de julho —, mas muito instável. Todo o círculo social passará por mudanças e agitação. O relacionamento dos casados será posto à prova — talvez com muita severidade. Isso está acontecendo desde 2011. Bons relacionamentos podem sobreviver a esse trânsito, mas não será fácil. Vai ser preciso muito esforço e trabalho duro para mantê-los. Em um relacionamento morno, o casal não está disposto a fazer esse esforço, então se separa.

Muitos librianos já se divorciaram ou se separaram, e isso pode continuar a acontecer. Essas situações normalmente não são agradáveis, mas o amor pode acontecer em qualquer hora ou lugar. É como se você ficasse socialmente livre para explorar novos amores.

Marte, seu planeta do Amor, passará uma quantidade de tempo incomum em seu signo. De 1º de janeiro a 26 de julho, o que indica amor e romance. Seja qual for o estado de seu casamento, haverá amor em sua vida. O que me agrada aqui é que não há nada que você precise fazer. Essa pessoa irá atrás de você, será devotada a você, colocará seu interesse acima do próprio. Entretanto, como mencionamos, a estabilidade está em questão. Não é aconselhável se casar. Aproveite o amor, mas não se amarre.

Há outra maneira de interpretar esse trânsito. A presença de Marte em seu signo também pode indicar que o parceiro atual, percebendo os problemas do casamento, vai se esforçar muito para reconquistar você, tentar de tudo para manter o relacionamento. Mas a questão é: isso basta? Para muitos de vocês, a situação será essa.

Há muitas razões para a vida amorosa ficar instável. A primeira é que você e seu parceiro vão querer experimentar mais no amor. Você quer uma mudança. Quer abalar a rotina, torná-la mais empolgante. Se isso for compreendido, essa necessidade pode ser usada para tratar o relacionamento. Deixem que a rotina seja abalada, façam coisas diferentes e pouco convencionais juntos. Criem lembranças duradouras, deixem a mudança acontecer dentro do relacionamento. Com um pouco de criatividade, isso é possível.

Podem existir outras razões para a crise. A infidelidade é uma delas. Talvez uma gravidez não desejada ou uma mudança radical na vida do parceiro.

Você vai precisar de toda a sua habilidade social (que não lhe falta) para impedir que as coisas desmoronem.

Se você for solteiro e estiver buscando o primeiro casamento, não é uma boa ideia se casar nesse período. Se estiver buscando o segundo casamento, 2014 não trará alterações. Se for o terceiro casamento, vai haver romance e boas oportunidades de união a partir de 16 de julho.

No dia 16 de julho Júpiter ingressa em sua Décima Primeira Casa — dos Amigos. Não é um aspecto romântico, mas é propício para a vida social. Você conhecerá gente nova e importante. Seu círculo de amigos vai aumentar. Você se envolve com grupos, atividades coletivas e organizações, o que será positivo. Também podem acontecer casos amorosos para os solteiros — e oportunidades para esse tipo de coisa entre os casados. Mas ter uma oportunidade não quer dizer que você precise aproveitá-la. Ela apenas existe. A escolha é sua.

AUTOAPRIMORAMENTO

Assim como aconteceu em 2013, Saturno vai passar quase o ano todo na Casa do Dinheiro. Então, esse será o momento para tomar o controle das finanças — especialmente dos gastos — em vez de deixar que elas o controlem. Essa é a intenção espiritual desse trânsito — torná-lo financeiramente saudável e enriquecê-lo. A prosperidade pode acontecer de duas maneiras. A primeira é a partir do aumento da renda, e a segunda, de um bom gerenciamento financeiro. Este ano seu caminho para a prosperidade será a segunda maneira, o que também aconteceu em 2013. Se não houver um bom gerenciamento financeiro, o aumento da renda não vai aumentar a riqueza, e sim ser desperdiçado. Mas com um bom gerenciamento financeiro, quando os rendimentos aumentarem, a riqueza também aumentará.

A presença de Saturno na Casa do Dinheiro sugere um bom uso do orçamento. Muitas pessoas ligadas à metafísica não gostam de orçamentos, pois acham que restringem o pensamento. Mas não precisa ser assim. Um bom orçamento tem a ver com controle financeiro, não com a falta dele, possibilitando que as pessoas usem os recursos da maneira mais eficiente. Um bom orçamento deve incluir diversão e lazer — não apenas as necessidades. Uma porcentagem X é destinada a cada atividade ou despesa importante de sua vida. Deve haver uma categoria para poupança e investimentos também — para construir a riqueza futura. O orçamento é um guia para a quantia que você pode gastar. É essa sua utilidade.

Netuno está em sua Sexta Casa desde fevereiro de 2012 (ele a visitou rapidamente em 2011, mas em 2012 chegou para ficar por bastante tempo). Mencionamos alguns dos efeitos puramente físicos desse trânsito na seção de saúde. Mas a saúde não é apenas física, e Netuno vai lhe provar isso de forma dramática nos próximos anos. Muitos librianos já fizeram um bom progresso nesse departamento, mas há mais pela frente.

A presença de Netuno em sua Sexta Casa (e como senhor da Sexta Casa) indica a cura espiritual, na qual você vai se aprofundar. É uma tendência de longo prazo. Escrevemos sobre ela no ano passado, mas vale a pena mencioná-la novamente, já que continua em vigência. Leia tudo o que puder sobre esse assunto. Emmet Fox, Joseph Murphy e Ernest Holmes são bons escritores para começar. Depois, você pode buscar outros.

A cura espiritual é um pouco diferente da cura "corpo-mente" — embora ambas tenham semelhanças. A cura "corpo-mente" baseia-se em afirmações e imagens positivas que têm o intuito de fazer a mente curar o corpo. Isso é maravilhoso. Hoje em dia ela é usada na medicina convencional. Eu me lembro de uma época em que isso não acontecia.

SEU HORÓSCOPO PESSOAL PARA 2014

Na cura espiritual, a atitude é diferente. Usamos a mente e a imaginação para convidar a atividade de um poder que está "além" e "acima" da mente. É o fluxo desse poder que realiza a cura, não as afirmações e imagens. São apenas formas distintas de alcançar o mesmo objetivo.

Esse poder — que é chamado de Espírito, Chi, Deus, Divino, Amor (os rótulos não são importantes) — geralmente trabalha através de instrumentos humanos — médicos, terapeutas, profissionais de saúde —, mas não é limitado a eles, podendo agir diretamente no corpo.

Essa será a área de pesquisa mais interessante para o librianos nesse período. E em minha opinião, eventualmente, revolucionará a medicina.

PREVISÕES MENSAIS

JANEIRO

Melhores dias: 3, 4, 12, 13, 22, 23, 30, 31
Dias mais tensos: 1º, 2, 7, 8, 14, 15, 28, 29
Melhores dias para o amor: 1º, 2, 3, 4, 7, 8, 9, 10, 12, 13, 19, 20, 22, 23, 28, 29, 30, 31
Melhores dias para o dinheiro: 1º, 2, 5, 6, 9, 10, 14, 15, 19, 20, 24, 25, 28, 29
Melhores dias para a carreira: 1º, 2, 9, 10, 14, 15, 21, 22, 30, 31

Este será um mês caótico e estressante. Você vai estar envolvido em uma grande empreitada, e essas coisas sempre são complicadas. O mais importante vai ser vigiar a saúde. Você será muito exigido, mas tente encontrar tempo para descansar e relaxar — não vai ser fácil, mas você consegue. Setenta por cento e, às vezes, 80 por cento dos planetas (uma porcentagem enorme) formarão aspectos tensos com você até o dia 11. Esse será o pior momento. Mas a saúde deve ser vigiada durante o mês inteiro, especialmente até o dia 20. Aconteça o que acontecer, o importante é atravessar o mês com a saúde e a sanidade intactas. Aprimore a saúde das maneiras mencionadas em "Tendências Gerais". Não custa nada fazer massagens frequentes e passar o tempo livre em um spa.

A presença de Marte em seu signo durante o mês inteiro fornece mais energia, mas algumas vezes pode deixá-lo com "o olho maior que a barriga". Evite a pressa e a precipitação.

Seu ano começa com grande parte do poder planetário abaixo da linha do horizonte — a metade inferior do Zodíaco. Será a meia-noite de seu ano pessoal. Hora de obter harmonia emocional — de sentir-se bem. Dessa harmonia emocional sua vida exterior deriva de um jeito natural e poderoso. Embora não vá conseguir ignorar completamente o trabalho, pois você será muito exigido, pode deslocar mais energia para o lar e a família. Trabalhe em sua carreira usando os métodos internos — meditação, oração, visualização e sonhos controlados. Se quiser alcançar um objetivo profissional, imagine que já o conseguiu e sinta como foi. Mais tarde, quando os planetas mudarem de posição, você dará os passos exteriores para chegar lá.

Este mês o poder planetário está concentrado no social Ocidente, o setor preferido dos librianos. O cosmos o impele a fazer o que mais ama — socializar, aprimorar suas habilidades sociais (que já são incríveis) e colocar os outros em primeiro lugar. Nesse período você consegue o que quer através do consenso e das boas graças dos outros.

O amor será agridoce no momento. Você está em um ciclo de instabilidade social há alguns anos, e essa será a situação em janeiro. O amor, entretanto, irá até você. Não precisa fazer nada de especial, só estar presente. O cônjuge, parceiro ou amor atual será muito devotado a você (algo bom este mês), mas a estabilidade do relacionamento está em xeque. Ele, ou ela, também vai se envolver em um projeto grande e complicado.

FEVEREIRO

Melhores dias: 8, 9, 18, 19, 26, 27
Dias mais tensos: 3, 4, 10, 11, 12, 24, 25
Melhores dias para o amor: 3, 4, 5, 6, 7, 8, 9, 16, 17, 18, 19, 24, 25, 26, 27
Melhores dias para o dinheiro: 1º, 2, 5, 6, 7, 10, 11, 12, 15, 16, 17, 20, 21, 24, 25, 28
Melhores dias para a carreira: 8, 9, 10, 11, 12, 20, 28

A saúde melhora muito em relação ao mês passado, mas continua precisando de vigilância. A porcentagem de estresse caiu de 70 a 80 por cento para 50 a 60 por cento. Ainda é tenso, mas menos. Se você conseguiu passar pelo mês passado, passará por este. Felizmente, haverá mais foco na saúde a partir do dia 18, o que é positivo. O perigo seria ignorar essa área.

O amor continua instável. Não é aconselhável se casar agora. Este mês a pessoa amada vai estar muito devotada a você, mas não será o bastante. Ele, ou ela, vai se esforçar muito, mas vocês vão se desentender. Será preciso mais investimento na relação. Os solteiros terão muitas oportunidades — o amor irá até você. Mas as pessoas que vão aparecer não o animarão muito. Aproveite a vida amorosa do jeito que for, sem esperar muito dela. O amor melhora no mês que vem.

No dia 20 do mês passado você entrou em um de seu picos anuais de prazer pessoal, que continua até o dia 18 deste mês. Com toda a atividade e estresse em sua vida, esse pico de prazer pessoal não será tão forte quanto outros que você já teve. Mesmo assim, será bom descansar e se divertir mais nesse período.

Você continua reorganizando sua vida financeira, mas neste mês — especialmente no começo — seus rendimentos vão aumentar. Vênus está perto de Plutão, seu planeta das Finanças (o que já estava acontecendo no final do mês passado). Um dos pais ou figura paterna ou materna dará apoio e se mostrará generoso. A família e as conexões familiares também terão utilidade. O principal nesse momento, como mencionamos, e realocar as coisas. Você não precisa necessariamente de um aumento enorme nos ganhos, apenas de um gerenciamento financeiro melhor. Os recursos existem para o que você realmente precisa.

No dia 18 sua Sexta Casa se torna poderosa. Será um período excelente para quem estiver procurando emprego. Haverá boa sorte nessa área e várias oportunidades de trabalho, não apenas uma.

Mercúrio entra em movimento retrógrado no dia 6. Se for possível, evite viagens internacionais desnecessárias (Júpiter, o senhor genérico das viagens internacionais, também estará se movendo para trás no período). Se for imprescindível, reserve mais tempo para chegar a seu destino. Não marque voos com conexões próximas demais. Faça seguro das passagens.

Continue a tomar decisões e agir a partir de seu ponto de harmonia emocional. Mantenha esse sentimento o máximo possível (será um desafio).

MARÇO

Melhores dias: 7, 8, 17, 18, 26, 27
Dias mais tensos: 3, 4, 10, 11, 24, 25, 30, 31
Melhores dias para o amor: 3, 4, 7, 8, 17, 18, 26, 27, 30, 31

Melhores dias para o dinheiro: 1º, 2, 5, 6, 10, 11, 15, 16, 19, 20, 24, 25, 28, 29
Melhores dias para a carreira: 1º, 2, 10, 11, 21, 22, 30, 31

Os planetas estão em sua posição mais ocidental. Você continua no paraíso de Libra. Suas habilidades sociais são sempre ótimas e você terá chance de torná-las ainda melhores. No dia 20 você entra em um pico social anual. Novamente o paraíso de Libra. O amor já vai estar muito melhor a essa altura. Libra entra em um aspecto harmonioso com Marte (o planeta do Amor) após o dia 6. O romance fica muito mais agradável, mas, mesmo assim, instável. O amor continua perto de casa — bem onde você está. Não vai ser necessário ir atrás dele.

Algumas pessoas gostam de instabilidade no amor. É mais empolgante. Você não sabe quem vai conhecer, nem quando. O amor pode acontecer a qualquer momento, das formas mais inesperadas. Ele chega como um raio, mas pode desaparecer com a mesma rapidez. O amor será livre e descompromissado.

Seu planeta do Amor, Marte, passará o mês inteiro em movimento retrógrado, não há necessidade de tomar decisões amorosas importantes nesse momento. É hora de obter clareza sobre a vida amorosa. Defina claramente o que quer e precisa. Veja que pontos podem ser aprimorados. Então, quando Marte começar a se mover para a frente (daqui a alguns meses), você poderá implementar seus planos.

O único problema será a saúde, que precisa de mais vigilância a partir do dia 20. Essa área não estará sob tanta pressão quanto esteve em janeiro, mas mesmo assim esse não vai ser seu melhor período. Durma e descanse bastante. Marque mais massagens (talvez semanalmente ou até todos os dias), passe mais tempo em um spa. E melhore a saúde das formas mencionadas em "Tendências Gerais".

Marte transita por um ponto de eclipse entre os dias 11 e 18, o que vai colocar o amor à prova. Seja mais paciente com a pessoa amada nesse período. Ele, ou ela, deve dirigir com mais cuidado e evitar atividades arriscadas.

Mercúrio fica em conjunção com Netuno do dia 21 ao dia 23. Será um período muito espiritual que vai proporcionar descobertas para quem as estiver buscando. Os candidatos a emprego terão oportunidades em outros países e em empresas estrangeiras.

Agora que tanto Mercúrio quanto Júpiter vão entrar em movimento direto (Mercúrio no dia 1º e Júpiter no dia 6), as viagens ao exterior são mais aconselháveis.

ABRIL

Melhores dias: 3, 4, 5, 13, 14, 15, 22, 23
Dias mais tensos: 6, 7, 20, 21, 26, 27
Melhores dias para o amor: 3, 4, 5, 6, 13, 14, 15, 16, 17, 22, 23, 24, 25, 26, 27
Melhores dias para o dinheiro: 1º, 2, 6, 7, 11, 12, 16, 17, 21, 24, 25, 29, 30
Melhores dias para a carreira: 6, 7, 9, 10, 19, 20, 29, 30

Este será um mês turbulento. Aperte o cinto. Embora janeiro tenha tido aspectos mais tensos, abril pode ser mais difícil. Sessenta por cento e, às vezes, 70 por cento dos planetas formarão alinhamentos tensos com você até o dia 20, um pouco menos que em janeiro. Mas haverá dois eclipses este mês, o que aumenta o nível de estresse. Mantenha o foco no que for essencial e deixe as coisas menos importantes para lá. Delegue ou terceirize ao máximo. Evite atividades arriscadas e estressantes. E, claro, descanse bastante.

A boa notícia é que você vai estar concentrado na saúde. Vênus entra em sua Sexta Casa no dia 6. Você deve conhecer um curandeiro espiritual — ou alternativo — entre os dias 10 e 13, o que também será positivo. Você vai responder muito bem a isso.

O eclipse lunar do dia 15 será o mais forte dos dois. Ele ocorre em seu signo. Assim, nos próximos seis meses, haverá uma redefinição de sua imagem e autoconceito, que serão atualizados e refinados, apresentando uma nova imagem ao mundo. Em geral, isso leva a mudanças no guarda-roupa, no corte e na cor do cabelo etc. Esse eclipse ocorre perto de Marte, de forma que o amor também será testado. Um relacionamento atual pode entrar em crise. Eclipses da Lua afetam a carreira, a indústria, os pais, figuras paternas ou maternas e chefes. Haverá abalos nessas áreas. As regras do jogo se alteram. Também podem acontecer situações dramáticas com pais ou figuras paternas e maternas. Você e a pessoa amada precisam planejar uma agenda tranquila nesse período.

O eclipse solar no dia 29 ocorre em sua Oitava Casa, criando problemas financeiros para o cônjuge, parceiro ou amor atual. São abalos financeiros que levam às mudanças necessárias. Se você estiver envolvido com impostos, seguros ou questões imobiliárias, haverá desenvolvimentos drásticos. As coisas andam para a frente. Esse eclipse, assim como todo eclipse solar, põe as amizades à prova e proporciona dramas à vida de amigos. E abala organizações ou grupos com os quais você esteja envolvido.

No dia 20 suas finanças ficam melhores do que estavam havia meses. Plutão vai receber aspectos positivos, mas entra em movimento retrógrado no dia 14, de forma que podem haver atrasos e problemas nessa área. Pelos próximos meses as finanças devem ficar sob revisão. O objetivo é obter clareza mental nessa área.

MAIO

Melhores dias: 1º, 2, 11, 12, 19, 20, 28, 29
Dias mais tensos: 3, 4, 5, 17, 18, 24, 25, 31
Melhores dias para o amor: 1º, 2, 6, 11, 12, 13, 14, 19, 20, 24, 25, 28, 29
Melhores dias para o dinheiro: 3, 4, 5, 8, 9, 13, 14, 17, 18, 21, 22, 26, 27, 31
Melhores dias para a carreira: 3, 4, 8, 9, 10, 17, 18, 28, 29, 31

Embora o nascer do Sol de seu ano tenha começado em 20 de março, a metade superior do mapa só começa a dominar (e levemente) no dia 3 deste mês. O Sol nasceu, é dia, você está acordado, mas a luz não está forte como de costume. A noite continua presente e você não se incomodaria em voltar a dormir por algum tempo. Então, a carreira e os assuntos externos vão atraí-lo, mas grande parte sua continua procurando a harmonia emocional e desejando ficar com a família. Interpreto isso como uma tentativa de viver nos dois mundos ao mesmo tempo — o mundo do bem-estar e o mundo da ação; a carreira e o lar. Embora seja o momento de dar mais atenção à carreira, o lar e a família vão continuar sendo muito importantes e não devem ser deixados de lado. Em outras palavras, você precisa fazer as DUAS coisas — obter sucesso profissional e levar uma vida familiar feliz e harmoniosa. É complicado, mas se você estiver estabelecido em seu ponto de harmonia emocional, será muito mais fácil.

A vida religiosa e educacional fica mais interessante este mês. Sua Nona Casa — da Religião, Filosofia e Ensinamentos Superiores — se torna poderosa no dia 21 (você sentirá isso antes, quando Mercúrio entrar na Nona Casa no dia 7). Além disso, o senhor da Nona Casa, Mercúrio, fica "além-fronteiras" a partir do dia 12, indicando que você vai explorar novas religiões, filosofias e compreensões do significado da vida, fora dos limites nos quais foi criado. Você vai ingressar em "território proibido". Eventualmente, vai voltar, mas com novas informações e compreensão. Para entender suas próprias tradições religiosas às vezes é necessário se afastar e observá-las racionalmente. Esse fenômeno "além-fronteiras" afetará também viajantes e estudantes. Os viajantes vão querer ir para lugares exóticos "além-fronteiras". O normal não será interessante neste mês. Os estudantes também podem ir para instituições de ensino distantes.

O amor será muito feliz. Vênus (você) e Marte (o amor atual) ficam em "recepção mútua" entre os dias 3 e 29 — a maior parte do mês. Sim, você e a pessoa amada são opostos e têm perspectivas diversas em relação às coisas, mas conseguirão superar as diferenças. Haverá devoção mútua. Você colocará os interesses da pessoa amada acima dos seus e ele, ou ela, fará o mesmo.

A saúde estará razoável este mês, mas continua precisando de vigilância. Aprimore essa área das maneiras mencionadas em "Tendências Gerais".

Evite atividades arriscadas nos dias 14 e 15. E dirija com mais cuidado.

Embora um bom gerenciamento financeiro continue sendo muito importante, o rendimento aumenta até o dia 21 e a partir do dia 29. Plutão, o planeta das Finanças, continua em movimento retrógrado, então, essa área vai estar em revisão.

JUNHO

Melhores dias: 7, 8, 16, 17, 24, 25, 26
Dias mais tensos: 1º, 14, 15, 20, 21, 27, 28
Melhores dias para o amor: 5, 6, 7, 8, 14, 15, 16, 17, 20, 21, 23, 24, 25, 26
Melhores dias para o dinheiro: 1º, 5, 6, 9, 10, 11, 14, 15, 18, 19, 22, 23, 27, 28
Melhores dias para a carreira: 1º, 7, 8, 16, 17, 27, 28

Sua Nona Casa vai continuar poderosa até o dia 21, e o senhor da Nona Casa, Mercúrio, fica "além-fronteiras" até o dia 5. Reveja o que conversamos sobre isso no mês passado.

Este será um mês bem-sucedido. No dia 21 você começa um pico profissional anual. Júpiter ainda está em sua Décima Casa — da Carreira —, onde passou o ano todo. O sucesso será muito maior se você puder dedicar toda a sua força e atenção à carreira. Mas notamos uma "hesitação" em relação ao trabalho. Você ainda está tentando viver em dois mundos — o dos sentimentos e emoções e o da carreira e da vida exterior. O papel do astrólogo não é julgar. Talvez o verdadeiro sucesso não sejam os eventos externos, e sim viver nos dois mundos.

Mais uma vez, no dia 21, você entra em um de seus períodos vulneráveis para a saúde. Ainda que o estresse de janeiro ou abril esteja amenizado, continuará forte. Sessenta e, às vezes, 70 por cento dos planetas entram em alinhamento tenso com você. Então faça o que for necessário — concentre-se no essencial e não se preocupe com as coisas sem importância. Programe mais períodos de descanso. Durma bastante. Marque mais massagens ou tratamentos de reflexologia e tente passar mais tempo em um spa. Além disso, aprimore a saúde das formas mencionadas em "Tendências Gerais".

Embora você vá ter boa melhora financeira entre os dias 8 e 11, as finanças se tornam mais problemáticas depois do dia 21. Sua renda não vai cessar, mas será preciso se esforçar mais para obtê-la. Haverá mais desafios (talvez o foco na carreira se torne uma distração. O sucesso profissional pode envolver sacrifícios financeiros).

O amor não vai estar tão bem quanto no mês passado, mas melhora depois do dia 23. Os solteiros terão ótimas oportunidades. Assim como aconteceu durante o ano inteiro, você não precisa fazer nada de especial para atrair o amor. Ele continua em seu encalço.

Evite atividades arriscadas nos dias 5 e 6.

O trânsito de Júpiter por um ponto de eclipse entre os dias 21 e 26 indica situações dramáticas com a família e com pais ou figuras paternas ou maternas. Seja mais paciente com eles nesse período. Eles vão estar sob pressão.

O amor será posto à prova entre os dias 22 e 26. O amor atual precisa ficar longe do perigo e evitar atividades arriscadas.

JULHO

Melhores dias: 4, 5, 6, 13, 14, 22, 23
Dias mais tensos: 11, 12, 17, 18, 24, 25

Melhores dias para o amor: 4, 5, 6, 13, 14, 17, 18, 24, 25
Melhores dias para o dinheiro: 2, 3, 7, 8, 11, 12, 16, 17, 19, 20, 27, 29, 30
Melhores dias para a carreira: 7, 8, 15, 16, 24, 25, 27

Haverá muitas mudanças no Zodíaco este mês — mudanças importantes.
O poder planetário se desloca do Ocidente para o Oriente no dia 18. É uma mudança decisiva. O setor oriental começa a dominar. Você está entrando em um período de independência pessoal. Em geral, os librianos são pessoas que colocam os outros em primeiro lugar. Eles não gostam muito de independência pessoal. Os relacionamentos são tudo para eles. Normalmente, não conseguem "andar com as próprias pernas" — ficar sozinhos se for necessário. Esse será o momento para trabalhar nisso, para desenvolver mais essa característica, e para se perguntar: "O que me faz feliz?" — independente do que agrada aos outros ou das regras sociais —, "O que me faz feliz? Qual é o meu caminho para a realização?". Quando isso é compreendido, chega a hora de buscar e criar as condições para essa felicidade.

Júpiter faz um movimento importante, saindo de sua Décima Casa e ingressando em sua Décima Primeira Casa no dia 17. Nesse momento, os objetivos de curto prazo já devem ter sido alcançados. E um bom progresso foi feito nos de longo prazo. Você entra em um período mais social.

Marte, o planeta do Amor, está em seu signo desde o começo do ano. No dia 18 ele entra em Escorpião, sua Casa do Dinheiro. Será algo positivo para as finanças. Você terá a ajuda do cônjuge, parceiro ou amor atual — e também dos amigos. Também pode começar uma parceria de negócios ou *joint venture*. Como Marte passou o ano inteiro em oposição a Urano (em maior ou menor grau), a vida amorosa se torna um pouco mais estável. Não completamente, mas mais do que foi durante o ano todo.

O trânsito de Marte indica uma mudança na vida e nas atitudes amorosas. A riqueza se torna influente no amor depois do dia 18. Você se sentirá atraído pelos ricos — os bons provedores. Oportunidades românticas vão aparecer enquanto você estiver tentando alcançar seus objetivos financeiros ou com pessoas envolvidas nessa área. A compatibilidade sexual se torna mais importante.

Também haverá boas notícias com relação à saúde. Você ainda precisa vigiá-la até o dia 18 — reveja a conversa que tivemos no mês passado —, mas o estresse está diminuindo. No dia 17 Júpiter deixa o aspecto tenso que formava com você e passa a formar aspectos harmoniosos. A saída de Marte de seu signo também será positiva para a saúde — haverá menos probabilidade de acidentes ou ferimentos. No dia 22 o Sol deixa seu aspecto tenso e começa a formar aspectos harmoniosos. No final do mês você se sentirá mais saudável do que nunca em 2014.

AGOSTO

Melhores dias: 1º, 2, 10, 18, 19, 28, 29
Dias mais tensos: 8, 13, 14, 20, 21, 22
Melhores dias para o amor: 3, 4, 11, 12, 13, 14, 20, 21, 23, 24, 30, 31
Melhores dias para o dinheiro: 3, 4, 5, 7, 8, 13, 14, 16, 17, 23, 24, 25, 26, 30, 31
Melhores dias para a carreira: 5, 6, 13, 14, 20, 21, 22, 25

A saúde melhorou depois do dia 23 do mês passado. E vai melhorar ainda mais após o dia 12, quando Vênus deixa seu alinhamento tenso. Você atravessou os piores momentos. Se passou por janeiro, abril e julho, não terá a menor dificuldade pelo restante do ano. Pode se orgulhar de si mesmo. Se conseguiu manter a saúde e a sanidade, se saiu muito bem.

O mês passado foi intenso para a carreira. Você ficou em um pico profissional anual até o dia 23. No dia 18 Vênus cruzou o Meio do Céu e ingressou em sua Décima Casa, trazendo sucesso e ascensão profissional. Você ficou no topo e no comando. Vênus continua em sua Décima Casa até o dia 12.

O principal destaque este mês será o poder de sua Décima Primeira Casa até o dia 23. Quarenta e, às vezes, 50 por cento dos planetas passarão por ela. Agosto será muito social. Mas a atividade social da Décima Primeira Casa é diferente da atividade social da Sétima Casa. Na Sétima Casa você se envolve com amizades do coração — amizades românticas. A Décima Primeira Casa tem a ver com amizades da mente — amizades platônicas, com pessoas com ideias e interesses semelhantes. Essas amizades são descompromissadas. Os laços não são pessoais, mas baseados na mente ou no interesse pessoal. Este não será um mês particularmente romântico (essas amizades podem ser mais duradouras do que as românticas), mas essa área vai ser empolgante e feliz em agosto. Você vai fazer amigos novos e importantes, vai se envolver com grupos, organizações e atividades coletivas. Os contatos familiares desempenharão um papel para que isso aconteça.

Uma das vantagens do sucesso profissional são as pessoas que você conhece no topo. E é isso o que vai acontecer este mês.

Seja mais paciente no amor, este não será um de seus meses mais românticos. Você não vai estar em concordância com o cônjuge, parceiro ou amor atual. Isso não significa necessariamente um rompimento, mas vai ser preciso mais esforço para manter o relacionamento de pé.

Embora não haja eclipses por ora, agosto vai "parecer" que teve muitos eclipses, pois muitos planetas reativam pontos de eclipse este mês. Então, haverá mais turbulências, e talvez eventos chocantes. Mas não é nada com que você não vá conseguir lidar.

Evite atividades arriscada entre os dias 18 e 20. Seja mais paciente com a pessoa amada entre os dias 10 e 14 (e ele, ou ela, também deve ficar longe do perigo). Seja mais paciente com os membros da família do dia 24 ao dia 31, quando Júpiter passar por um ponto de eclipse.

SETEMBRO

Melhores dias: 6, 7, 14, 15, 24, 25
Dias mais tensos: 4, 5, 10, 11, 17, 18
Melhores dias para o amor: 1º, 2, 3, 8, 9, 10, 11, 12, 13, 19, 23, 29, 30
Melhores dias para o dinheiro: 1º, 2, 3, 4, 5, 10, 11, 12, 13, 19, 20, 22, 23, 27, 28, 29, 30
Melhores dias para a carreira: 4, 5, 12, 13, 17, 18, 23, 24

O poder planetário vai atingir sua posição mais oriental entre setembro e outubro, o que significa que você vai passar por seu período mais forte de independência pessoal do ano. Será o momento de ser assertivo (mas não de pisar nos outros), de fazer as coisas do seu jeito e criar as condições que o fazem feliz. Não será necessário agradar aos outros nesse período. Você pode fazer as coisas como quiser. Se cometer erros, vai pagar por eles mais tarde, quando os planetas se deslocarem para o Ocidente, e isso servirá de aprendizado. É hora de desenvolver mais o individualismo. As habilidades dos outros são maravilhosas, e abrem portas, mas no final das contas são as suas habilidades que importam. Você precisa ser capaz de agir.

A saúde está cada vez melhor. No dia 23, quando o Sol entrar em seu signo, você vai se encher de energia. Terá toda a energia de que precisar para alcançar qualquer objetivo que tiver. Você pode aprimorar mais a saúde das maneiras descritas em "Tendências Gerais".

O amor será complicado este mês. Você ainda precisa se esforçar no relacionamento atual. Além disso, a independência pessoal, às vezes, complica essa área. Marte continua em sua Casa do Dinheiro até o dia 14, tornando a riqueza um fator de atração até essa data. As oportunidades românticas acontecem enquanto você estiver tentando alcançar seus objetivos financeiros e com pessoas envolvidas nessa área. No dia 14 Marte ingressa em Sagitário, sua Terceira Casa, o que altera as atitudes amorosas. Você passa a buscar intelectuais — escritores, professores, jornalistas. Uma boa comunicação com a pessoa amada passa a ser mais importante do que dinheiro. Você se sentirá atraído por pessoas com que seja fácil conversar e trocar ideias. Uma boa conversa é parte muito importante das preliminares sexuais, tanto quanto os atos físicos. O amor vai estar perto de casa depois do dia 14, na vizinhança e, talvez, com vizinhos. Também haverá oportunidades românticas em palestras, oficinas, na biblioteca ou na livraria local. Os solteiros devem buscar seus interesses intelectuais, e o amor os encontrará.

Sua Décima Segunda Casa — da Espiritualidade — tornou-se forte no dia 23 do mês passado e continuará assim até o dia 23 deste mês. Então, esse será um período para estudo espiritual, meditação e contemplação. Você também vai se beneficiar do envolvimento com instituições de caridade. O mundo espiritual está sempre próximo a nós, mas as pessoas ficam mais receptivas em certos momentos. Esse será um período de grande receptividade de sua parte, então haverá sucesso e descobertas nessa área para aqueles que estiverem trilhando o caminho espiritual.

No dia 23 você entra em um de seus picos anuais de prazer pessoal. Hora de dar ao corpo o que ele precisa e deseja. Hora de realizar as fantasias sensuais. Hora de colocar o corpo e a imagem em forma.

OUTUBRO

Melhores dias: 3, 4, 12, 13, 21, 22, 23, 31
Dias mais tensos: 1º, 2, 7, 8, 14, 15, 28, 29
Melhores dias para o amor: 3, 7, 8, 12, 13, 17, 18, 22, 23, 28

Melhores dias para o dinheiro: 1º, 2, 7, 8, 9, 10, 17, 18, 19, 20, 24, 25, 26, 27, 28, 29
Melhores dias para a carreira: 3, 4, 12, 13, 14, 15, 22, 23

Outubro será basicamente feliz e próspero. Entretanto, com dois eclipses neste mês, haverá dificuldades no caminho. Nada com que você não consiga lidar, mas elas complicam as coisas.

O eclipse lunar do dia 8 vai exercer o maior efeito sobre você. Ele ocorre em sua Sétima Casa — do Amor — e testa um relacionamento atual ou uma parceria de negócios. Seja mais paciente com a pessoa amada, pois ele, ou ela, vai estar mais temperamental. Um bom relacionamento sobreviverá a isso, mas os relacionamentos imperfeitos podem terminar. Programe uma agenda tranquila. O eclipse forma aspectos tensos com você, mas a saúde geral estará bem — apenas seja mais cuidadoso nesse período. Todo eclipse lunar traz mudanças no trabalho — uma necessidade de redefinir a carreira e o caminho profissional. Os acontecimentos vão obrigá-lo a fazer isso. Muitas vezes ocorrem abalos em sua empresa e indústria. Com frequência, o governo muda as regras do jogo. Pode haver dramas na vida de pais, figuras paternas ou maternas e chefes.

O eclipse solar do dia 23 acontece exatamente na cúspide de sua Segunda Casa e afeta as finanças. Importantes alterações começam a acontecer nessa área durante um processo de seis meses, não necessariamente um evento único. O raciocínio e a estratégia financeiros, provavelmente, não estavam realistas, e esse eclipse revela isso para que as mudanças possam ser feitas. Como o Sol, o planeta eclipsado, é o senhor de sua Décima Primeira Casa, o eclipse testará amizades, computadores e equipamentos de alta tecnologia. Haverá eventos dramáticos que podem mudar a vida de amigos e também em grupos ou organizações nos quais você esteja envolvido. Esse eclipse lhe traz prosperidade. As mudanças financeiras serão positivas, pois a partir do dia 23 você entra em um pico financeiro anual.

O amor melhora em outubro. Vênus está em seu signo e proporciona beleza e graça à imagem. Você vai atrair o sexo oposto. Vênus também forma aspectos harmoniosos com o planeta do Amor, Marte. O eclipse lunar complica o amor, mas, aconteça o que acontecer, você terá amor em sua vida. Se um relacionamento atual terminar, você conhecerá alguém novo. Os problemas do relacionamento atual vão ficar mais fáceis de resolver.

O planeta do Amor passa a maior parte do mês em sua Terceira Casa, então reveja o que conversamos sore o assunto no mês passado. No dia 26 o planeta do Amor entra em Capricórnio, sua Quarta Casa, trazendo mais uma mudança no amor e suas necessidades. Você passa a se sentir atraído por pessoas mais velhas e mais sérias. Os valores familiares se tornam importantes no amor. Você vai valorizar o compartilhamento e o apoio emocional.

NOVEMBRO

Melhores dias: 8, 9, 18, 19, 27, 28
Dias mais tensos: 4, 5, 10, 11, 25, 26
Melhores dias para o amor: 2, 3, 4, 5, 6, 7, 11, 12, 15, 16, 17, 22, 23, 25, 26
Melhores dias para o dinheiro: 4, 5, 6, 7, 14, 15, 16, 17, 20, 21, 23, 25, 26
Melhores dias para a carreira: 2, 3, 10, 11, 12, 21, 22

O planeta do Amor passou o mês passado inteiro "além-fronteiras", e essa continuará sendo a situação até o dia 21 de novembro. Isso indica que você vai buscar o amor fora de seus limites habituais. A vida social, em geral, o afasta de suas limitações naturais. Você terá uma nova atitude em relação ao amor.

Este ano não foi especialmente próspero. Foi um ano de consolidação e reorganização. Mas neste mês você ainda está em um pico financeiro anual (que começou no dia 23 do mês passado). Então, os rendimentos vão estar mais altos do que de costume. Plutão, seu planeta das Finanças, começou a se mover para a frente em setembro, e continuará assim este mês, o que é outro ponto positivo. O senso financeiro ficará saudável e realista. O progresso pode ser lento, mas vai acontecer. Entre os dias 8 e 12 Marte faz conjunção com Plutão. Isso indica a generosidade do cônjuge, parceiro ou amor atual. Os amigos vão prosperar e darão apoio financeiro. Os objetivos financeiros serão alcançados através de meios sociais.

Marte, o planeta do Amor, passa o mês inteiro em sua Quarta Casa. Portanto, como mencionamos, as oportunidades amorosas acontecem perto de casa ou através da família e de suas conexões. Antigos interesses amorosos podem voltar à cena nesse período (às vezes, não é literalmente a pessoa que volta à cena, mas alguém que encarna sua personalidade, sua aparência e seus maneirismos — psicologicamente falando é "como se" você voltasse com o antigo interesse amoroso). Isso não é algo aleatório, tem um propósito cósmico. Velhas questões podem ser resolvidas. O antigo relacionamento pode ser colocado na devida perspectiva. Você se sentirá pronto para seguir em frente a partir dali. Haverá uma cura psicológica.

Assim como no mês passado, você vai se sentir atraído por pessoas com fortes valores familiares. Talvez se aproxime de gente mais estabelecida, que seja estável, sólida, consistente. Há algo seguro e reconfortante nisso — especialmente com as instabilidades que vêm acontecendo no amor há alguns anos. O compartilhamento, a intimidade e o apoio emocional vão ser o mais importante nesse período. A intimidade emocional será tão importante quanto a física. Você demonstra amor dando apoio emocional, e se sentirá amado da mesma maneira.

Marte entra em quadratura com Urano entre os dias 12 e 14, o que pode colocar o amor à prova. Seja mais paciente com a pessoa amada e com os amigos, que vão ficar mais temperamentais. A pessoa amada deve dirigir com mais cuidado e evitar confrontos.

A saúde vai bem. Estamos dizendo isso em um sentido "relativo". Ainda há dois planetas lentos e um rápido prejudicando você. Mas, em comparação a outros meses deste ano, a saúde está muito bem.

DEZEMBRO

Melhores dias: 5, 6, 15, 16, 24, 25
Dias mais tensos: 1º, 2, 8, 9, 22, 23, 28, 29
Melhores dias para o amor: 1º, 2, 3, 4, 12, 13, 15, 16, 21, 22, 24, 25, 28, 29, 30, 31
Melhores dias para o dinheiro: 1º, 2, 3, 4, 10, 11, 13, 14, 18, 19, 20, 21, 22, 23, 28, 29, 30, 31
Melhores dias para a carreira: 1º, 2, 8, 9, 10, 11, 20, 21, 30, 31

A metade inferior do Zodíaco está dominante desde setembro. Neste mês os planetas chegam ao ponto mais baixo do mapa (o nadir). No dia 22 você entra na meia-noite de seu ano. A carreira se torna menos importante que de costume. Você vai viver em um período de armazenamento de forças para o próximo impulso profissional, que começará na próxima primavera. Enquanto isso, concentre-se no lar, na família e em seu bem-estar emocional. Esse será o momento de usar os métodos interiores para trabalhar em sua carreira — meditação, oração, visualização, definição de intenções etc., que são mais eficazes quando você está em harmonia emocional.

Este será um mês propício para avanços psicológicos. Aqueles que fizerem terapia terão um bom progresso. Você vai ter muito mais insights sobre humores, sentimentos e o passado.

Quando a Quarta Casa é forte, há tendência à nostalgia — uma tendência a querer voltar aos "bons e velhos tempos" quando as coisas eram mais simples e os problemas de hoje não existiam. É bom analisar o passado, digeri-lo, assimilá-lo e extrair a nutrição das experiências passadas, mas não é bom viver no passado ou retornar a ele. A vida é sempre agora. Agora é sempre o melhor momento.

A saúde fica mais delicada depois do dia 22, mas nem de longe tão difícil quanto foi no começo do ano. Se você aguentou janeiro e abril, dezembro não será um problema.

Saturno, que passou os últimos dois anos em sua Casa do Dinheiro, deixa-a no dia 24 e ingressa em sua Terceira Casa. A longa provação acabou. Você verá um aumento quase imediato nos ganhos. Fardos antigos desaparecem. Esperamos que você tenha usado os últimos dois anos para se tornar financeiramente mais saudável, assim sua próxima expansão financeira será mais proveitosa e duradoura. Este mês será próspero — especialmente depois do dia 24. Seu planeta das Finanças, Plutão, receberá muitos estímulos positivos. Os rendimentos vão chegar mais facilmente e serão mais altos. A família e as conexões familiares constituem importante fonte. Foi assim o ano todo, e ainda será por alguns anos.

O planeta do Amor entra em sua Quinta Casa no dia 5. Isso indica uma nova mudança no amor. Agora você vai querer se divertir e se sentirá atraído por pessoas que lhe proporcionem isso. O compartilhamento emocional foi bom, mas talvez um pouco deprimente demais. Você quer alguém "para cima".

♏

ESCORPIÃO

O ESCORPIÃO
Nascidos entre 23 de outubro e 22 de novembro

PERFIL PESSOAL

ESCORPIÃO NUM RELANCE

Elemento: Água
Planeta Regente: Plutão
　Planeta Corregente: Marte
　Planeta da Carreira: Sol
　Planeta da Saúde: Mercúrio
　Planeta do Amor: Vênus
　Planeta das Finanças: Júpiter
　Planeta do Lar e da Vida Familiar: Urano
Cor: púrpura
Cor que promove o amor, o romance e a harmonia social: verde
Cor que propicia ganhos: azul
Pedras: hematita, malaquita, topázio
Metais: ferro, rádio, aço
Perfumes: flor de cerejeira, coco, sândalo, melancia
Qualidade: fixa (= estabilidade)
Qualidade essencial ao equilíbrio: amplitude de visão
Maiores virtudes: lealdade, concentração, determinação, coragem, profundidade
Necessidades mais profundas: recolhimento íntimo e transformação
Características a evitar: ciúme, desejo de vingança, fanatismo
Signos de maior compatibilidade: Câncer, Peixes
Signos de maior incompatibilidade: Touro, Leão, Aquário

Signo mais útil à carreira: Leão
Signo que fornece maior suporte emocional: Aquário
Signo mais prestativo em questões financeiras: Sagitário
Melhor signo para casamento e associações: Touro
Signo mais útil em projetos criativos: Peixes
Melhor signo para sair e se divertir: Peixes
Signos mais úteis em assuntos espirituais: Câncer, Libra
Melhor dia da semana: terça-feira

COMPREENDENDO A PERSONALIDADE ESCORPIANA

A fênix é um dos símbolos do signo de Escorpião. Meditar sobre essa lenda facilita a compreensão do temperamento escorpiano, bem como de seus interesses e de suas capacidades e necessidades mais profundas.

A fênix mitológica era uma ave capaz de recriar-se e de se reproduzir sozinha. E o fazia de forma curiosa. Voava à procura de um fogo ardente, geralmente em algum templo religioso, e se lançava nele, deixando-se consumir pelas chamas, para depois emergir das cinzas como um novo pássaro. Não poderia haver melhor símbolo para representar a transmutação mais profunda do ser.

Transformação — seja ela na mente, no corpo, nos negócios ou nos relacionamentos — é a palavra-chave para compreender o temperamento dos escorpianos. Eles são os transformadores da sociedade. Para que uma transformação se processe de forma natural, sem artificialidade, ela deve provir do íntimo. Esse tipo de mudança é mais radical do que uma simples maquiagem na superfície. Muitos acreditam que ao mudar a aparência estão se transformando, mas não é esse tipo de mudança que interessa aos escorpianos. Eles buscam alterações profundas e fundamentais. Uma vez que as transformações genuínas provêm do interior, os nativos demonstram grande interesse pelo cerne das coisas e, por conseguinte, pelo âmago filosófico da existência.

O intelecto dos nativos de Escorpião é profundo e penetrante. Se você, que é de outro signo, tenciona prender o interesse de um escorpiano, terá que lhe apresentar algo mais do que uma simples imagem superficial. Você e seus projetos ou propostas terão de ser substanciais para despertar o interesse de um escorpiano. Se não o forem, ele logo irá desmascará-los e lhes dará adeus.

ESCORPIÃO ♏ 233

Ao observar a vida, com seus processos de crescimento e degeneração, torna-se evidente a atuação da força transformadora do signo de Escorpião. A lagarta se transforma em borboleta; o bebê se faz criança e, então, se torna um adulto. Para os escorpianos, esse perpétuo processo de transformação não causa medo. Encaram-no como parte natural da existência. Essa aceitação das transformações é a chave que lhes abre a compreensão do verdadeiro sentido da vida.

A compreensão escorpiana da vida, incluindo suas fraquezas, faz dos nativos do signo guerreiros valorosos, no sentido mais amplo da palavra. Acrescente a essas virtudes a profundidade, a paciência, a capacidade de resistir e suportar e você terá diante de si alguém com uma personalidade poderosíssima. Os escorpianos possuem memória boa e de longo alcance. Podem ser muito vingativos — esperam anos para descontar algo em alguém. Entre os amigos, contudo, não há nenhum mais leal e verdadeiro do que o escorpiano. Poucos nativos de outros signos se mostram dispostos a fazer os sacrifícios de que um escorpiano é capaz por um amigo de verdade.

Os resultados de uma transformação são evidentes, muito embora o processo possa ser invisível e secreto. É por isso que os escorpianos possuem natureza oculta ou reservada. Uma semente não germinará adequadamente se a cutucarmos o tempo inteiro expondo-a à luz solar. Ela deve permanecer enterrada, longe da visão, até brotar. Da mesma forma, os escorpianos temem revelar muito de si e de suas aspirações aos demais. Contudo, ficarão felizes em mostrar-lhes o produto acabado, mas só depois que estiver devidamente embrulhado. Por outro lado, os escorpianos apreciam conhecer os segredos alheios tanto quanto detestam revelar os seus.

FINANÇAS

Amor, nascimento, vida e morte são as transformações mais poderosas que se operam na natureza. Os escorpianos se interessam por todas elas. Em nossa sociedade, o dinheiro é também uma força transformadora; e é por essa razão que os escorpianos se interessam também por ele. Para um escorpiano, dinheiro representa poder de controlar e gerar mudanças, sua força o fascina. Mas se não se mantiver atento, o nativo de Escorpião poderá tornar-se excessivamente materialista e maravilhar-se com o dinheiro, a ponto de acreditar que é ele que governa o mundo.

Até mesmo a palavra "plutocracia" provém de Plutão, o regente do signo de Escorpião, cujos nativos, de uma forma ou de outra, acabam atingindo o status financeiro a que aspiram. Lutam para fazê-lo e, quando o conseguem, zelam cuidadosamente por seu patrimônio. Parte desse zelo financeiro deriva da honestidade, pois os escorpianos frequentemente lidam com o dinheiro de terceiros na condição de contadores, advogados, corretores e gerentes. E lidar com o dinheiro alheio requer ainda mais cautela do que fazê-lo com as próprias finanças.

Para realizar plenamente suas metas financeiras precisam aprender importantes lições. Deverão desenvolver qualidades que não lhes são intrínsecas, como a amplitude de visão, o otimismo, a fé, a confiança e, acima de tudo, a generosidade. Terão de aprender a enxergar que a opulência se faz presente em toda parte: tanto na natureza e na vida, quanto em suas manifestações bem mais óbvias, como o poder e o dinheiro. Se eles aprenderem a desenvolver a generosidade, seu potencial financeiro se elevará a grandes alturas, pois Júpiter, o senhor da abundância e da boa sorte, é também o regente financeiro de Escorpião.

CARREIRA E IMAGEM PÚBLICA

A aspiração mais profunda dos nativos de Escorpião é de serem considerados pela sociedade fontes de vida e de luz. Desejam ser líderes ou estrelas. Mas seguem uma trilha diferente da dos leoninos, as outras grandes estrelas do Zodíaco. O escorpiano chega às suas metas em segredo, sem ostentação; o leonino as persegue ostensivamente. O escorpiano busca as alegrias e o glamour dos ricos e famosos de forma mais discreta e reservada.

Os escorpianos possuem natureza introvertida e tendem a evitar as luzes da ribalta. Mas se desejam verdadeiramente consolidar suas metas profissionais mais elevadas, terão de se abrir um pouco mais e expressar-se com menos circunspecção; parar de ocultar sua luz debaixo de um barril e deixar que ela brilhe livremente. Acima de tudo, terão de abrir mão dos desejos de vingança e de certa mesquinharia. Os dons e a visão das profundezas lhes foram dados com um propósito importantíssimo: servir à vida, expandindo a alegria pessoal de viver em função dos outros.

AMOR E RELACIONAMENTOS

Escorpião é outro dos signos zodiacais que apreciam relacionamentos claramente definidos, sérios e bem-estruturados. São cautelosos na hora de contrair matrimônio, mas, tendo assumido um compromisso, permanecem fiéis a ele. E Deus proteja o cônjuge que for flagrado, ou mesmo que seja suspeito de infidelidade! O ciúme escorpiano já se tornou lendário. É tão intenso que consegue detectar o menor pensamento ou intenção de infidelidade, o qual desencadeará tanta tempestade quanto a prática do ato em si.

O escorpiano costuma desposar alguém mais abastado do que ele. A intensidade do seu temperamento faz com que ele valha por dois, de modo que tende a buscar parceiros pacatos, amistosos, estáveis e trabalhadores. Ele quer alguém com quem possa contar, leal, para acompanhá-lo nas batalhas da vida. Para um escorpiano, um parceiro — seja amante ou amigo — é um companheiro, não um adversário. Os escorpianos buscam aliados, não competidores.

Se estiver apaixonado por um escorpiano, você precisará de muita paciência. Demanda muito tempo conhecê-lo, pois ele não se revela facilmente. Mas se você perseverar e se seus motivos forem louváveis, gradualmente, ele permitirá que você penetre nas câmaras secretas de sua mente e de seu coração.

VIDA DOMÉSTICA E FAMILIAR

Urano é o regente da Quarta Casa Solar de Escorpião — a Casa do Lar e da Vida Familiar. Urano é, também, o planeta da ciência, da tecnologia, das mudanças e da democracia. Isso fornece indícios interessantes da conduta escorpiana no lar e de como necessitam agir para garantir uma vida doméstica feliz e harmoniosa.

Muitos escorpianos tendem a transportar seu arrebatamento passional e sua vontade férrea para o ambiente doméstico e familiar, cenário totalmente inadequado para tal tipo de manifestação. Esses traços de caráter caem bem num soldado ou num pioneiro desbravador, mas não num provedor de família. Em virtude disso, e também de sua necessidade de mudanças e de transformação, os nativos de Escorpião têm propensão a mudanças súbitas de residência. Se não forem contidos cuidadosamente, os escorpianos — geralmente inflexíveis — podem causar muita turbulência e sublevações no seio familiar.

Os nativos de Escorpião precisam desenvolver mais algumas virtudes aquarianas para poderem lidar melhor com os problemas domésticos. Devem aprender a cultivar o espírito de equipe e a tratar as atividades familiares como verdadeiras atividades grupais, em que todos os membros possam opinar quanto ao que funciona e ao que não dá certo. Pois, com frequência, os escorpianos se convertem em ditadores, e quando isso acontece eles ficam mil vezes piores do que um leonino ou um capricorniano (os outros dois signos de poder do Zodíaco). A ditadura escorpiana é mais intensa, passional, meditada, firme e centrada. Obviamente, isso é intolerável para os demais familiares, sobretudo para os mais sensíveis.

Para se beneficiarem do apoio emocional que a família oferece os escorpianos precisam aprender a abrir mão do conservadorismo e a ser um pouco mais experimentais. Devem explorar novas formas de criar os filhos, procurar ser democráticos no lar e tentar administrar as situações por meio do consenso, não de editos autocráticos.

ESCORPIÃO
HORÓSCOPO 2014

TENDÊNCIAS GERAIS

Saturno está em seu signo desde 2012, e continuará ali por praticamente todo o ano de 2014 (até 24 de dezembro). Será uma época séria de sua vida. Você vai conseguir se divertir um pouco, mas terá uma perspectiva mais circunspecta, pensando no futuro e, talvez, até na velhice — isso vale também para os escorpianos mais novos. Você vai se tornar mais ambicioso e terá forte ética profissional. Vai pensar no motivo de sua existência e no que pretende fazer dela. Geralmente, seriedade demais pode levar ao pessimismo — uma visão negativa sobre as coisas e o futuro. Mas não precisa ser assim. Com trabalho e disciplina, você pode criar um futuro feliz para si mesmo. A saúde e a energia também são afetadas por esse trânsito. Falaremos mais sobre isso depois.

A presença de Saturno em seu signo mostra a necessidade de discrição. Nesse momento, não há razão para alardear suas conquistas. Brilhe, mas brilhe em silêncio, como o Sol.

Suas atitudes sérias e sua ética profissional são um bom agouro para a carreira este ano. Em 16 de julho Júpiter entra em sua Décima Casa — da Carreira —, o que em geral proporciona sucesso, ascensão, promoção e até honrarias. Falaremos mais sobre isso depois.

Plutão, o senhor de seu Zodíaco, está em sua Terceira Casa há alguns anos, e continuará lá por muitos mais. Isso indica grande concentração na comunicação e nos interesses intelectuais. É um aspecto maravilhoso para estudantes (especialmente para aqueles que ainda não entraram na faculdade), professores, escritores e jornalistas. A mente fica mais aguçada e clara.

Júpiter ingressou em sua Nona Casa em 26 de junho de 2013, proporcionando mais viagens internacionais a você. Essa tendência continua até 16 de julho deste ano. Esse é outro aspecto incrível para os estudantes — especialmente para os de nível universitário ou de pós-graduação. Eles terão sorte.

Netuno está em sua Quinta Casa desde fevereiro de 2012. Isso indica que sua diversão — as atividades de lazer — vai se tornar mais espiritual e refinada. Um seminário de meditação ou uma palestra espiritual pode ser mais interessante do que sair à noite. Sua criatividade também fica inspirada — especialmente a dos artistas, aqueles que se prepararam para recebê-la. Os filhos e enteados vão se tornar mais espirituais e sensíveis.

Urano está em sua Sexta Casa — da Saúde e do Trabalho — desde 2011. Assim, haverá muitas mudanças profissionais e alterações dramáticas na rotina de saúde. Falaremos mais sobre isso depois.

Suas áreas de maior interesse este ano serão corpo, imagem e prazer pessoal; comunicação e interesses intelectuais; filhos, diversão e criatividade; saúde e trabalho; viagens internacionais, ensinamentos superiores, religião e filosofia (até 16 de julho); carreira (a partir de 16 de julho).

Seus caminhos para maior realização em 2014 serão corpo, imagem e prazer pessoal (até 19 de fevereiro); espiritualidade (a partir de 19 de fevereiro); viagens internacionais, ensinamentos superiores, religião e filosofia (até 16 de julho); carreira (a partir de 16 de julho).

SAÚDE

(Trata-se de uma perspectiva astrológica sobre a saúde, não de uma visão médica. No passado, essas perspectivas eram idênticas, porém, hoje, podem ocorrer diferenças. Para obter uma opinião com base em diagnósticos da medicina convencional consulte seu médico ou um profissional da saúde.)

Sua Sexta Casa — da Saúde — é uma Casa de poder desde 2011, e continuará assim por muitos anos, o que é ótimo. Com Saturno em seu signo, a saúde vai precisar de vigilância. Uma Sexta Casa forte indica que você vai prestar atenção a essa área.

Embora seja necessário monitorar a saúde, ela vai estar basicamente bem. Na primeira metade do ano apenas Saturno forma um alinhamento tenso com você. Mais tarde, a partir de 16 de julho, Júpiter também fará um alinhamento tenso. Fora isso, os outros planetas lentos formam aspectos harmoniosos ou o deixam em paz.

Sozinho, Saturno não consegue causar doenças. Entretanto, os níveis de energia não vão estar como deveriam, de forma que talvez você não consiga fazer as coisas que sempre fez normalmente. Isso é relativo. Talvez você nunca tenha ficado gripado e nunca tenha precisado tomar nenhuma precaução. Agora que Saturno entra em cena, o campo áurico fica um pouco mais fraco que de costume, então você segue sua vida como de hábito e fica gripado. A imunidade que você sempre teve não está mais presente. Ou você sempre subiu a escada para colher as frutas da parte mais alta da árvore. Nunca foi um problema. Agora Saturno está em cena e esse procedimento simples se torna mais complicado. Os reflexos, o sistema sensorial e o julgamento ficam um pouco mais fracos, abaixo do padrão. Então você dá um passo em falso e cai.

Assim, Saturno não causa diretamente o problema, mas criou condições internas que o possibilitam.

Sua principal defesa é manter altos os níveis de energia. Livre-se de tudo o que desperdiça tempo e energia em sua vida. Observe, identifique e, depois, elimine. Mantenha o foco no que for realmente importante. Evite pensamentos e palavras desnecessários. A preocupação e a ansiedade desperdiçam quantidades imensas de energia. Descanse mais. Planeje seu dia para conseguir realizar mais coisas com menos esforço. Delegue sempre que possível.

A segunda defesa é fortalecer as áreas vulneráveis do corpo, o que geralmente evita o aparecimento dos problemas. E mesmo que eles não possam ser totalmente prevenidos, é possível amenizá-los muito.

Dê mais atenção a:

Coração. Como mencionamos, evite preocupação e ansiedade — as raízes espirituais dos problemas cardíacos.

Cabeça, rosto e couro cabeludo. Massagens frequentes no couro cabeludo e no rosto são sempre poderosas para você.

Rins e quadris. Os quadris devem ser massageados com regularidade. A atividade renal será excessiva na primeira metade do ano.

Suprarrenais. Evite a raiva e o medo, duas emoções que podem extenuar as suprarrenais.

Tornozelos e panturrilhas. Devem ser massageados com frequência. Dê mais atenção aos tornozelos quando se exercitar.

Como Marte é seu planeta da Saúde, exercícios físicos vigorosos sempre são benéficos — dependendo no nível e da capacidade de cada um. É importante manter os músculos tonificados.

Seu planeta da Saúde move-se relativamente rápido (embora este ano vá passar quase sete meses no signo de Libra). Em 2014 ele transita por cinco signos e Casas de seu Zodíaco. Portanto, haverá muitas tendências de curto prazo na saúde que serão analisadas com mais cuidado nas "Previsões Mensais".

Os números favoráveis para a sua saúde serão 1, 4, 5 e 16.

LAR E FAMÍLIA

Embora sua Quarta Casa não seja poderosa em 2014 — ficará praticamente vazia, e apenas planetas rápidos a cruzarão —, vemos a possibilidade de uma mudança, que também pode acontecer no ano que vem. Na primeira metade do ano, entretanto, o lar e a família não terão alterações.

Em 16 de julho Júpiter ingressa em Leão e começa a formar aspectos maravilhosos com seu planeta da Família, Urano, podendo proporcionar mudanças de endereço. Mas, como sabem nossos leitores assíduos, nem sempre as pessoas se mudam literalmente. Às vezes, compram mais uma casa e, em outras, renovam ou ampliam a casa que já têm. Talvez comprem itens caros para o lar, obtendo o efeito de uma mudança. A casa fica mais feliz e receptiva.

Essas mudanças e reformas terão relação com a carreira. Júpiter vai estar em sua Décima Casa. A empresa para a qual você trabalha pode transferi-lo, ou talvez apareça uma vaga de emprego em outra cidade ou outro país.

Esse aspecto também indica a expansão do círculo familiar — geralmente através de nascimentos ou casamentos, mas também quando conhecemos pessoas que são como se fossem da família.

Na primeira metade do ano o apoio familiar será escasso. As despesas familiares vão ser altas e dar a impressão de que não levam a nada. Você vai ter uma discordância financeira com um dos pais ou figuras paternas ou maternas. Mas tudo isso muda depois de 16 de julho. Talvez você gaste com a família, mas eles também vão apoiá-lo. Você pode ganhar dinheiro através deles ou das conexões familiares.

Seu planeta da Família, Urano, está em sua Sexta Casa — da Saúde e do Trabalho — desde 2011. Assim, você tem comprado todos os tipos de aparelhos para a saúde e equipamentos esportivos para a casa, transformando-a tanto em spa ou academia quanto em lar. Muitos escorpianos também estão montando *home offices*, mesclando lar e ambiente de trabalho. Isso não acontece do dia para a noite, é um processo de longo prazo que vai culminar em alguns anos.

Você e um dos pais ou figuras paternas ou maternas têm tido problemas há alguns anos — desentendimentos sérios. Essa tendência continua em 2014. Você só precisa se esforçar mais para fazer esse relacionamento dar certo. Nos últimos anos, houve um distanciamento da família, mas será temporário.

Os estudantes podem sentir que a família (ou um dos pais ou figuras paternas ou maternas) está interferindo com seus estudos, e terão mais dificuldade de se concentrar.

Os pais ou figuras paternas ou maternas, provavelmente, não vão se mudar este ano — nem devem fazê-lo. Não é aconselhável.

Irmãos ou figuras fraternas se mudaram nos últimos anos e podem se mudar outra vez. Eles vão estar errantes e inquietos, em busca da casa perfeita. A cada ano, embora achem que a encontraram, encontram outra casa ainda mais perfeita.

Os filhos ou enteados terão um ano familiar sem alterações. É mais provável que se mudem no ano que vem.

DINHEIRO E CARREIRA

Sua Casa do Dinheiro só se torna uma Casa de poder na última semana de 2014. Por praticamente o ano inteiro ela ficará vazia (com exceção das breves passagens dos planetas rápidos). Talvez essa seja a principal fraqueza financeira (especialmente na primeira metade do ano). Talvez você não preste atenção suficiente a essa área. Júpiter fará oposição a Plutão, o senhor de seu Zodíaco, nesse período, deixando-o com vontade de fazer várias outras coisas em vez de ganhar dinheiro.

Assim, vemos muitas mudanças financeiras — repentinas e dramáticas — na primeira metade do ano. Seu planeta das Finanças, Plutão, vai estar em quadratura com Urano, de forma que a família estará por trás dessas mudanças. Talvez apareça alguma despesa familiar inesperada ou uma reforma repentina na casa (isso também aconteceu no ano passado).

Apesar de toda a volubilidade financeira da primeira metade de 2014, a prosperidade e os ganhos se mantêm. Júpiter estará em seu signo de exaltação, o que mostra um poder aquisitivo forte — "exaltado". Além disso, o planeta vai estar na Nona Casa, uma das mais benéficas do Zodíaco (os hindus a consideram a MAIS benéfica). Júpiter forma aspectos basicamente harmoniosos com Netuno na primeira metade do ano, indicando sorte nas especulações. Os filhos e enteados prosperam.

Ter Júpiter como planeta das Finanças indica talento para investimentos internacionais — dinheiro de outros países ou de estrangeiros. Júpiter rege publicações literárias e universidades particulares. No signo de Câncer, indica imóveis residenciais, restaurantes, hotéis e negócios relacionados à comida em geral.

Em 16 de julho Júpiter ingressa em Leão, sua Décima Casa, o que deve aumentar ainda mais os rendimentos. Os desentendimentos financeiros em família estarão resolvidos. Como mencionamos, vai haver mais apoio financeiro da família e de suas conexões. O dinheiro pode vir de negócios familiares. Esse trânsito mostra o favor financeiro de pais, figuras paternas ou maternas, chefes e autoridades. Eles darão apoio a seus objetivos financeiros.

Às vezes, o dinheiro vem do governo ou de empresas que prestam serviços para o governo. Sua boa reputação profissional se torna importante nesse momento. Ela proporciona indicações e outras oportunidades.

Talvez o fator mais importante seja seu foco. A presença de Júpiter em sua Décima Casa indica que as finanças se tornam importante prioridade. Você as verá como uma "missão" e um propósito.

A presença de Urano em sua Sexta Casa — do Trabalho —, desde 2011, mostra muitas mudanças no emprego. Você vai precisar de mais liberdade, de mais variedade e chance de expressar suas inovações e originalidade. Os empregos que proporcionam isso, provavelmente, serão melhores para você (mais satisfatórios) do que aqueles que pagam melhor, mas não permitem esse tipo de coisa. Se você emprega outras pessoas, haverá grande instabilidade na força de trabalho e alta (e talvez repentina) rotatividade de funcionários.

A presença de Júpiter em sua Décima Casa (a partir de 16 de julho) é um indicador clássico de sucesso profissional. Sugere promoção e ascensão em sua empresa atual, ou em sua profissão ou negócio. Você obtém mais status e prestígio. Suas conquistas profissionais receberão reconhecimento e, muitas vezes, honrarias. Não lhe faltam boas oportunidades profissionais.

A presença do planeta das Finanças em Leão também indica sorte nas especulações. Mostra a prosperidades dos filhos ou enteados e bons agouros para produtos ou empresas voltados para crianças.

Seus números favoráveis para as finanças serão 4, 9, 10 e 14.

AMOR E VIDA SOCIAL

Sua Sétima Casa — do Amor e do Casamento — não será uma Casa de poder em 2014. Nem a Décima Primeira Casa — das Amizades. Este não será um ano muito social. Alguns anos são assim. O cosmos quer um desenvolvimento equilibrado, de forma que diferentes áreas da vida são acentuadas em determinados momentos. Em geral, isso indica um ano sem alterações no amor. Os casados devem continuar casados. Os solteiros devem continuar solteiros.

Entretanto, os casos amorosos são outra história. Eles vão ser abundantes, mas servem apenas para entretenimento. Não é provável que levem a algo sério e comprometido.

A presença de Saturno em seu signo (você teve o mesmo problema no ano passado), normalmente, não gera popularidade social. Não é o tipo de aspecto que o torna "a alma da festa", pois causa um comportamento mais sério e sóbrio. As atividades divertidas parecem frívolas. Os melindres sociais parecem frívolos. Talvez você sinta certa antipatia por pessoas que vivem para festas e prazer. Essas coisas são TÃÃÃO efêmeras, TÃÃÃO superficiais... O amor e as atividades sociais precisam ter algum propósito útil — algo que vá além da mera diversão.

Em geral, a presença de Saturno em seu signo deixa a pessoa indiferente, fria e distante, com profunda sensação de estar afastada dos outros. Isso pode acontecer de forma inconsciente. Talvez você não tenha a intenção de ficar assim, mas os outros percebem seu comportamento e se distanciam. É fácil corrigir essa situação. Você só precisa fazer um esforço consciente para projetar amor e simpatia para os outros. É bom ser sério e ambicioso, mas permita-se um pouco de diversão também. Libere seu senso de humor natural. Ser sério o tempo todo é um desequilíbrio.

Os escorpianos que estiverem buscando o segundo casamento terão grandes oportunidades românticas este ano. Em 2013 o amor também atravessou um bom momento. Se nada especial aconteceu no ano passado, pode acontecer este ano.

Aqueles que estiverem buscando o terceiro casamento terão um ano sem alterações.

Se um dos pais ou figura paterna ou materna for solteiro, terá boas oportunidades românticas depois de 16 de julho. A vida social como um todo se agita.

Os irmãos ou figuras fraternas vão se envolver em romances e podem se casar este ano. Eles também tiveram bons aspectos românticos no ano passado.

Os filhos e enteados estarão atraentes e interessantes, mas não terão alterações no amor em 2104.

Os números favoráveis para o amor serão 2, 3, 5, 7 e 12.

AUTOAPRIMORAMENTO

Com frequência a presença de Saturno em seu signo cria uma sensação de pessimismo, o que não favorece muito a vida social, pois as pessoas não gostam quando alguém as deixa "para baixo". O outro problema é que o pessimismo indevido pode atrair para você as coisas que mais teme. É a lei espiritual. Existem dois tipos de pessimismo. Um é construtivo e o outro, destrutivo. O pessimismo construtivo acontece quando analisamos o lado ruim das coisas, o pior que pode acontecer (o que raramente é o caso), e encontramos maneiras de lidar com os problemas. Então, nos tornamos "otimistas" em meio ao pessimismo. O medo do escuro desaparece. Nós nos sentimos livres. O pessimismo destrutivo acontece quando olhamos o lado ruim das coisas e não planejamos uma maneira de lidar com ele. Ficamos emocionalmente presos ao que há de mais sombrio, o que acaba se tornando uma depressão.

Caso ache que isso está acontecendo com você, é bom conversar sobre seus sentimentos com uma pessoa de confiança — um terapeuta ou um bom amigo. Em geral, isso nos ajuda a deixar para trás as imagens sombrias. Se isso não for possível, é benéfico "botar para fora" esses sentimentos e imagens de uma forma segura. Não os guarde dentro de si. Expresse-os da forma indicada nos capítulos dois e três de meu livro *A Technique For Meditation*. Há outras maneiras de exteriorizar esses sentimentos — e você precisa explorá-las.

A presença de Saturno em seu signo também tem pontos positivos. É excelente para perder peso (caso você precise).

Netuno está em sua Quinta Casa desde fevereiro de 2012, indicando que seu gosto para entretenimento vai se tonar mais espiritual e refinado. O gosto musical se volta para música espiritual/gospel e outros tipos de música sagrada. Você também vai preferir filmes de natureza espiritual. Como mencionamos anteriormente, talvez você se divirta mais indo a uma palestra espiritual ou a um seminário de meditação do que saindo à noite.

A criatividade daqueles que estiverem no caminho espiritual vai proporcionar bons frutos. O Espírito o inspira nessa área. A criatividade não é positiva apenas por si própria, mas também por promover o crescimento e a compreensão espirituais. O Poder Superior vai se comunicar com você através dela.

Marte, seu planeta da Saúde, passa quase sete meses em sua Décima Segunda Casa — da Espiritualidade. Isso indica um interesse pela cura espiritual. Caso se sinta mal, uma visita a um curandeiro espiritual vai resolver, e visitas frequentes serão poderosa prevenção contra doenças. Além disso, você vai se aprofundar nessa área em 2014. Leia o máximo que puder e frequente seminários e cursos sobre o assunto. E, sobretudo, coloque em prática o que aprender. Você terá resultados maravilhosos.

PREVISÕES MENSAIS

JANEIRO

Melhores dias: 5, 6, 14, 15, 24, 25
Dias mais tensos: 3, 4, 9, 10, 17, 18, 30, 31
Melhores dias para o amor: 1º, 2, 9, 10, 19, 20, 28, 29
Melhores dias para o dinheiro: 5, 6, 14, 15, 24, 25, 26, 27
Melhores dias para a carreira: 1, 2, 9, 10, 17, 18, 21, 22, 30, 31

Seu ano começa com a maioria dos planetas no setor oriental do mapa — o setor da independência pessoal. Mas isso não vai durar muito. No dia 20 o poder planetário se desloca para o setor ocidental, social. Esse setor não se torna dominante de imediato, mas seu poder se iguala ao do setor oriental. Você vai estar no limite entre a independência pessoal e a dependência em relação aos outros. Em certos momentos, fica mais independente e, em outros, mais dependente. Mas até o dia 20 você tem uma janela durante a qual as condições vão poder ser alteradas conforme a sua vontade. Depois dessa data, será mais difícil fazer isso.

Este mês a metade inferior do Zodíaco estará muito mais forte do que a superior. Setenta por cento e, às vezes, 80 por cento dos planetas vão estar abaixo da linha do horizonte. Os planetas rápidos estão chegando a seu nadir (o ponto mais baixo do Zodíaco). Você se aproxima da meia-noite de seu ano. As atividades da noite passam a ser dominantes. Este é o momento em que as condições internas necessárias para o sucesso exterior são construídas e desenvolvidas. O trabalho interno torna-se mais importante que o externo. Para ter sucesso no trabalho interno você precisa de harmonia emocional, então, tente obtê-la agora. O planeta da Carreira, o Sol, também passa pela Quarta Casa este mês (a partir do dia 20), o que reforça o que estamos dizendo. Sua verdadeira carreira nesse período será o lar, a família e seu bem-estar emocional. Quando essa área está em ordem, a carreira exterior acontece de maneira saudável.

A vida é rítmica. Podemos definir a doença como um episódio "fora do ritmo" (é uma forma de defini-la). Todas as atividades da vida têm seu ritmo natural, e isso aparece no horóscopo. A carreira não é exceção.

A saúde precisa de vigilância a partir do dia 20. Nada grave vai acontecer, mas a energia, em geral, vai estar abaixo do padrão. Então, se não tomar cuidado, você pode ficar mais suscetível a micróbios e outros invasores oportunistas. Às vezes, um problema preexistente dá a impressão de piorar. Na verdade, isso não acontece, mas como sua energia está mais baixa, parece que sim. Se a energia for alterada, os sintomas enfraquecem. Quando os aspectos são bondosos com você, não existe a necessidade de alterar a energia "artificialmente", mas quando são cruéis, é preciso fazer isso por conta própria. Descanse e relaxe mais. Durma bastante. Delegue ou terceirize ao máximo.

O planeta do amor, Vênus, continua em um de seus raros movimentos retrógrados (que acontece uma vez a cada dois anos). Assim, a vida amorosa fica sob revisão. A atividade social diminui. Haverá amor e oportunidades românticas para os solteiros, mas vá com calma. Não há pressa. O importante, agora, é obter clareza mental e emocional nos relacionamentos e amar a vida como um todo.

Da mesma maneira, as finanças entram em revisão. O planeta das Finanças também está em movimento retrógrado, o que não faz cessar os rendimentos, mas desacelera um pouco as coisas. As questões financeiras devem ser tratadas com o máximo de cuidado possível — atalhos não vão poupar tempo nesse período.

FEVEREIRO

Melhores dias: 1º, 2, 10, 11, 12, 20, 21, 28
Dias mais tensos: 5, 6, 7, 13, 14, 26, 27
Melhores dias para o amor: 5, 6, 7, 16, 17, 24, 25
Melhores dias para o dinheiro: 1º, 2, 10, 11, 12, 20, 21, 22, 23, 28
Melhores dias para a carreira: 8, 9, 13, 14, 20, 28

Continue a prestar mais atenção à saúde até o dia 19. Essa área pode ser melhorada das formas que mencionamos em "Tendências Gerais". Esse será um ótimo período — um ótimo ano — para perder peso.

As questões do lar e da família continuam sendo muito importantes neste mês — especialmente até o dia 18. O bem-estar da família, a organização da casa e da situação doméstica serão a verdadeira carreira no momento. Seja qual for seu emprego exterior, espiritualmente ele será a família e os filhos.

Agora que Vênus está em movimento direto, a vida amorosa vai melhorar muito. Terá mais clareza. Vênus passa o mês em conjunção com Plutão. O planeta estará mais perto no começo do mês. Então, para os solteiros, haverá um encontro romântico (que também pode ter acontecido no final do mês passado). O amor vai ser encontrado perto de casa este mês — na vizinhança ou com vizinhos. A presença do planeta do Amor em Capricórnio indica atração por pessoas mais velhas e estabelecidas. E embora Vênus esteja se movendo para a frente, o amor continua demorando para se desenvolver. Capricórnio gosta que as coisas aconteçam devagar. A dimensão mental se torna muito importante para o amor. Você se aproxima de pessoas com quem é fácil conversar. O compartilhamento de ideias vira um estimulante romântico. Você busca intelectuais — escritores, professores e jornalistas —, pessoas com "o dom da palavra". Podem acontecer encontros românticos na biblioteca local, em uma palestra, um seminário ou uma oficina.

A saúde melhora dramaticamente depois do dia 18.

No dia 18 o Sol ingressa em sua Quinta Casa, e você começa um de seus picos anuais de prazer pessoal. É hora de aproveitar a vida, ir a festas e dedicar-se a atividades de lazer. Será um período feliz.

O planeta das Finanças continua em movimento retrógrado este mês, mas mesmo assim você vai perceber um aumento nos ganhos a partir do dia 18. Pode haver atrasos e problemas nessa párea, mas o dinheiro chega eventualmente. Continue a rever a vida financeira e defina que pontos podem ser aprimorados. Quem estiver procurando emprego terá melhores chances antes do dia 18.

Embora este não vá ser um período muito forte para a carreira, pois você estará mais focado no lar e na família, haverá boa oportunidade profissional no dia 28. Também haverá boas chances de trabalho para filhos e enteados.

MARÇO

Melhores dias: 1º, 2, 10, 11, 19, 20, 28, 29
Dias mais tensos: 5, 6, 12, 13, 26, 27
Melhores dias para o amor: 5, 6, 7, 17, 18, 26, 27
Melhores dias para o dinheiro: 1º, 2, 10, 11, 19, 20, 22, 23, 28, 29
Melhores dias para a carreira: 1º, 2, 10, 11, 12, 13, 21, 22, 30, 31

No mês passado (e desde janeiro) os setores oriental e ocidental do Zodíaco ficaram mais ou menos equilibrados. Você não está dependente nem independente — está um pouco de cada. Agora, no dia 6, o equilíbrio do poder planetário se desloca de forma decisiva para o setor ocidental — o setor social do Zodíaco. Vai ser o momento de colocar os outros em primeiro lugar, de tirar férias de si mesmo e de seus próprios interesses; o momento de "permitir" que as coisas boas aconteçam, em vez de se esforçar para tentar obtê-las. Quando você se desfizer do *self*, descobrirá que todas as suas necessidades vão ser resolvidas como que por milagre. Com muita frequência, impedimos nosso próprio bem. Esse vai ser o momento de entender isso. Adapte-se às situações da melhor forma que puder. Cultive as habilidades sociais.

A saúde continua bem este mês. Mas Marte, o planeta da Saúde, entrará em um de seus raros movimentos retrógrados (que vai durar o mês inteiro). Portanto, não é hora de fazer mudanças drásticas na rotina da saúde ou na dieta. Essas coisas vão precisar de muito mais estudo. Os candidatos a emprego devem ser mais cuidadosos. Haverá oportunidades de trabalho, mas analise-as bem. As coisas podem não ser o que parecem.

Marte não só começa a se mover para trás como reativa um ponto de eclipse entre os dias 11 e 18, o que pode causar problemas e abalos no local de trabalho. Mudanças profissionais estão em curso, mas não as apresse. Também é possível ocorrerem sustos na saúde — mas, como essa área estará indo bem, provavelmente não passarão de sustos. Se você emprega outras pessoas, vai haver instabilidade entre os funcionários nesse período.

As finanças correrão bem este mês. O planeta das Finanças, Júpiter, começa a se mover para a frente no dia 6. Ele ainda recebe ótimos aspectos até o dia 20. Março será próspero. O mais importante é que agora você terá mais clareza nas finanças e tomará decisões melhores.

Vênus entra na Quarta Casa no dia 6, proporcionando mudanças nas atitudes e nas necessidades amorosas. Até essa data, a compatibilidade mental foi importante; depois, a compatibilidade terá de ser emocional. O sexo emocional — o compartilhamento de sentimentos — é tão importante quanto o sexo físico. A intimidade emocional é tão importante quanto a física. Duas pessoas podem estar no mesmo lugar, mas em universos emocionais diferentes. Isso não vai ser o bastante este mês. Muitas vezes, quando o planeta do Amor está na Quarta Casa, reencontramos antigos interesses amorosos. Às vezes é a própria pessoa, mas com frequência é algo psicológico — você conhece alguém que tem os mesmos padrões de personalidade do antigo interesse amoroso e, talvez, se pareça com ele. Isso é bom, mas não é o que parece. Na verdade, é a maneira que o cosmos tem de resolver as velhas questões daquele relacionamento. Revivemos o relacionamento em outro momento de vida, de forma que ele é redefinido e ajustado, deixando-nos prontos para seguir em frente.

Vênus reativa um ponto de eclipse entre os dias 17 e 19. Isso vai testar o amor. Seja mais paciente com a pessoa amada. Ele, ou ela, vai estar mais inconstante e temperamental.

ABRIL

Melhores dias: 6, 7, 16, 17, 24, 25
Dias mais tensos: 1º, 2, 8, 9, 10, 22, 23, 29, 30
Melhores dias para o amor: 1º, 2, 4, 5, 6, 16, 17, 24, 25, 29, 30
Melhores dias para o dinheiro: 6, 7, 16, 17, 18, 19, 24, 25
Melhores dias para a carreira: 8, 9, 10, 19, 20, 29, 30

Neste mês, não espere nada, mas esteja pronto para tudo. Dois eclipses abalam o mundo como um todo e sua vida pessoal. Abril será tumultuado.

O homem tem livre-arbítrio, mas o cosmos tem um plano bem definido. Muitas vezes, o homem abusa de seu livre-arbítrio para criar coisas contrárias a esse plano. A função do eclipse é eliminar essas obstruções e permitir a manifestação de um plano melhor. Em geral, esse processo não é agradável, mas tem bons resultados, que normalmente só são percebidos depois.

O eclipse lunar do dia 15 ocorre em sua Décima Segunda Casa e tem impacto sobre Marte, proporcionando mudanças espirituais — de prática, de atitude e até mesmo de ensinamentos e mestres. Com frequência, acontecem situações dramáticas na vida de gurus e das pessoas espiritualizadas de sua vida. Essa mudança na atitude espiritual — geralmente causada por uma nova revelação — também terá impacto sobre suas crenças religiosas e filosóficas, que serão testadas e afinadas. O processo vai durar seis meses. Viagens desnecessárias ao exterior devem ser evitadas nesse período. Os estudantes, universitários, ou de um nível mais avançado, farão mudanças em seus planos educacionais — talvez troquem de instituição de ensino ou de curso. Ocorrerão abalos em seu local de culto ou na vida das pessoas que compartilham de sua religião.

O envolvimento de Marte indica mudanças de emprego e instabilidade no local de trabalho. Se você emprega outras pessoas, haverá instabilidade entre os seus funcionários e, talvez, rotatividade (também será um processo de seis meses). Pode haver sustos na saúde e mudanças importantes na rotina dessa área. Mas não se apresse em fazer essas mudanças, Marte ainda está em movimento retrógrado.

O eclipse solar do dia 29 também terá um impacto muito forte sobre você, especialmente sobre aqueles cujo aniversário cai em 1º ou 2 de novembro. Ele ocorre em sua Sétima Casa — do Amor e do Casamento — e coloca à prova um relacionamento atual. Seja mais paciente com o parceiro nesse período. Um bom relacionamento vai sobreviver ao eclipse, mas os inferiores — relacionamentos fundamentalmente imperfeitos ou que não sejam parte do Plano Divino — devem terminar. Todo eclipse solar proporciona mudanças, e esse não será diferente. Haverá abalos em sua empresa ou indústria. Você começa a redefinir seu caminho profissional e sua imagem pública (em um processo de seis meses). Talvez continue na mesma carreira, mas vai mudar sua atitude em relação a ela. Às vezes, surge uma nova carreira. Situações dramáticas alteram a vida de pais, figuras paternas ou maternas e chefes.

Programe uma agenda tranquila e relaxada para esses períodos, mas, sobretudo, para o eclipse solar do dia 29. Como a saúde ficará mais delicada depois do dia 20, você deve descansar mais nesse período de qualquer forma.

MAIO

Melhores dias: 3, 4, 5, 13, 14, 21, 22, 31
Dias mais tensos: 5, 6, 19, 20, 26, 27
Melhores dias para o amor: 6, 13, 14, 24, 25, 26, 27
Melhores dias para o dinheiro: 3, 4, 5, 13, 14, 15, 16, 21, 22, 31
Melhores dias para a carreira: 6, 7, 8, 9, 10, 17, 18, 28, 29

Neste mês a metade superior de seu mapa entra no período mais forte do ano. Ela não vai dominar o Zodíaco como fez em anos anteriores, mas estará em seu auge de força para 2014. Assim, a carreira começa a se tornar mais importante. É dia em seu ano, mas a noite continua presente. Você está meio sonolento. É hora de ficar ativo, mas você não se incomodaria de virar para o lado e dormir mais um pouco. Quatro planetas lentos vão ficar sob a linha do horizonte de seu mapa por muito tempo. Portanto, será um momento de sua vida em que o lar e as questões psicológicas terão muito peso. Será assim durante o ano inteiro, mas agora você começa a deslocar um pouco de atenção para a carreira.

A saúde continua precisando de vigilância até o dia 21, mas melhora de forma drástica depois dessa data. Enquanto isso, descanse bastante. Faça o que puder para manter altos os níveis de energia.

No dia 20 do mês passado você entrou em um de seus picos anuais amorosos e sociais, que continua até o dia 21 de maio. A vida social ganha força. Você irá a mais festas, casamentos e reuniões e estará em um clima romântico — focado nessa área —, de forma que o amor tende a acontecer. Para aqueles que estiverem planejando um casamento, esse será um bom momento para marcá-lo — o período entre os dias 1º e 14 é o mais propício.

O amor fica empolgante — mas instável — nos dias 14 e 15. Podem acontecer mudanças repentinas nos planos sociais, oportunidades românticas inesperadas e comportamentos estranhos por parte da pessoa amada. Ele, ou ela, deve evitar atividades arriscadas nesse período.

Este mês também será próspero. Júpiter fica em movimento direto e recebe basicamente aspectos positivos. A prosperidade será mais intensa antes do dia 21, mas depois também será boa.

Os escorpianos que estiverem em busca de um emprego terão boas oportunidades nos dias 30 e 31. Se você já tem um emprego, sua boa ética profissional será notada pelos superiores.

Os filhos e enteados terão desafios sociais ou românticos no dia 11.

A maioria dos planetas ainda está no setor social ocidental, e Plutão, o senhor de seu Zodíaco, continua em movimento retrógrado. É o momento de definir os objetivos pessoais e as condições de sua vida. Não é hora de fazer mudanças, mas de planejá-las. Em alguns meses, quando seu período de independência pessoal começar, você poderá fazer as mudanças positivas.

JUNHO

Melhores dias: 1º, 9, 10, 18, 19, 27, 28
Dias mais tensos: 2, 3, 16, 17, 22, 23, 29, 30
Melhores dias para o amor: 5, 6, 14, 15, 22, 23, 24
Melhores dias para o dinheiro: 1º, 10, 11, 12, 13, 18, 19, 27, 28
Melhores dias para a carreira: 2, 3, 7, 8, 16, 17, 27, 28, 29, 30

A Oitava Casa — sua Casa favorita — se tornou poderosa no dia 21 do mês passado, e continuará assim até o dia 21 deste mês. É o paraíso de Escorpião. Será um mês sexualmente ativo — e para os escorpianos isso é algo considerável. Sexualmente, apenas os leoninos se comparam a eles.

A Oitava Casa não é relacionada apenas a sexo, mas também à transformação e à reinvenção pessoal, a criar o eu ideal — a pessoa que você quer ser. Todos os projetos desse tipo terão sucesso no momento. Você tem habilidades naturais nessas áreas, mas agora elas serão muito aprimoradas. O poder cósmico vai estar com você.

A Oitava Casa também tem a ver com ressurreição. Quando falamos de ressurreição, também estamos falando de morte — elas são inseparáveis. Todos têm áreas da vida que precisam de ressurreição. Pode ser algum órgão, a vida amorosa ou um projeto. Esse será o momento para fazer ressurgir coisas que pareciam ter morrido.

Quando a Oitava Casa está forte, as pessoas ficam mais envolvidas com a morte. Vão a mais funerais, velórios, missas e coisas dessa natureza. Também acontecem mais encontros com a morte — não necessariamente a morte física, mas a morte a nível psicológico. Existe um propósito nisso. Quando confrontamos a morte, passamos a entendê-la melhor, perdendo parte do medo, de forma que passamos a viver melhor enquanto estamos aqui. Acontece uma cura profunda durante esses confrontos.

Em um nível mais mundano, o cônjuge, parceiro ou amor atual prospera. Ele, ou ela, está em um pico financeiro anual e demonstra mais generosidade.

Suas finanças também ficam especialmente boas no final do mês — sobretudo depois do dia 21. Será outro pico financeiro anual para você. Vai ser preciso fazer importantes mudanças e ajustes nessa área entre os dias 21 e 26, quando Júpiter ativa um ponto de eclipse. Mas isso será positivo. Sua prosperidade geral continuará praticamente intacta.

Vênus ativa um ponto de eclipse nos dias 5 e 6, o que pode por à prova o relacionamento atual. Será preciso ter mais paciência com a pessoa amada nesse período para impedir que as coisas fiquem piores do que o necessário. Bons relacionamentos sobrevivem a essas coisas.

A saúde fica bem este mês, mas melhor ainda depois do dia 21.

JULHO

Melhores dias: 7, 8, 15, 16, 24, 25
Dias mais tensos: 1º, 13, 14, 19, 20, 21, 27, 28
Melhores dias para o amor: 4, 5, 6, 13, 14, 19, 20, 21, 24
Melhores dias para o dinheiro: 7, 8, 9, 10, 16, 17, 27
Melhores dias para a carreira: 1º, 7, 8, 15, 16, 27, 28

No dia 21 do mês passado, quando o Sol ingressou em Câncer, sua Nona Casa, começou um dos períodos mais felizes de seu ano. Esse continuará sendo o caso até o dia 22. A saúde será boa. A prosperidade será boa. Você se sentirá otimista em relação à vida e ao futuro.

Quando a energia está alta, nossos horizontes se expandem naturalmente. Coisas que pareciam impossíveis durante períodos ruins passam a ser possíveis. Esse momento será assim.

Uma Nona Casa forte indica viagens ao exterior, boas oportunidades educacionais e avanços religiosos e filosóficos. Será um ótimo período para universitários, que terão sucesso nos estudos. Os escorpianos que estão tentando entrar para uma faculdade tiveram ótimos aspectos durante o ano todo, mas este mês será ainda melhor. Essa área terá boas notícias.

Se você estiver envolvido em alguma questão legal, também terá boas notícias.

Sua carreira vai estar agitada nesse momento. No dia 17 Júpiter cruza seu Meio do Céu e ingressa em sua Décima Casa, proporcionando boas oportunidades profissionais e ascensão de seu status no trabalho. A carreira vai se expandir muito este ano. No dia 22 o Sol também entra em sua Décima Casa. Você começa um pico profissional anual. Se houver alguma deficiência na carreira, será porque você não concentrou todo o seu poder nela. Talvez o lar, a família e as questões emocionais o distraiam. Se o foco fosse maior, o sucesso também seria. Como está, a carreira vai bem, mas poderia ser melhor.

Teremos um curioso fenômeno em seu mapa. Você vai estar em um pico profissional, mas 50 por cento dos planetas ficarão abaixo da linha do horizonte. A metade superior do Zodíaco não será tão dominante quanto normalmente fica nessa época do ano. Isso indica uma divisão de sua energia.

A saúde precisa de mais vigilância após o dia 22. Não acontecerá nada de grave, só que esse não será um de seus melhores períodos. Faça o que for preciso fazer, mas programe mais períodos de descanso. Aprimore a saúde das maneiras descritas em "Tendências Gerais".

No dia 18 o planeta da Saúde entra em seu signo depois de passar o ano inteiro em Libra. Isso indica mudanças nas necessidades e na rotina de saúde. Uma boa saúde não se baseia apenas na "ausência de sintomas", mas também em uma "boa aparência". Existe um componente de vaidade nela. Seu estado de saúde reflete-se imediatamente na aparência física. Assim, uma boa saúde valerá mais que qualquer cosmético ou creme a partir do dia 18. Esse trânsito também indica o poder dos regimes de desintoxicação, que são sempre positivos para você, mas depois do dia 18 serão ainda mais.

A presença de Marte em seu signo é um sinal positivo para a saúde. Mostra que você vai prestar atenção necessária a esse setor, mas também indica alguns perigos. Haverá tendência a forçar o corpo para além de seus limites, algo desnecessário no momento. Também será perigoso agir com pressa, o que pode levar a ferimentos. Então, faça o que precisar fazer, mas evite correr.

AGOSTO

Melhores dias: 3, 4, 11, 12, 20, 21, 22, 30, 31
Dias mais tensos: 10, 16, 17, 23, 24
Melhores dias para o amor: 3, 4, 12, 13, 16, 17, 23, 24
Melhores dias para o dinheiro: 5, 6, 13, 14, 23, 24
Melhores dias para a carreira: 5, 6, 13, 14, 23, 24, 25

Sua Décima Casa estava forte no mês passado, e ficará ainda mais forte este mês. Quarenta por cento e, às vezes, 50 por cento dos planetas vão estar ali ou passar por ela em agosto. Será um mês de grande sucesso. Em muitos casos, isso se torna não apenas um pico profissional anual, mas uma série de picos profissionais que dura a vida inteira. Só podemos imaginar como será o sucesso se todo o seu poder e concentração forem voltados para ele. Mesmo sem isso, já é muito bom.

A saúde precisa de mais vigilância até o dia 23. Depois dessa data você vai perceber melhoras. Felizmente, assim como em julho, o planeta da Saúde está em seu signo, de forma que você vai prestar atenção a essa área. Como no mês passado, evite a presa, a precipitação e acessos de raiva. Os outros podem reagir de forma exagerada a ataques nesse período.

O planeta do Amor cruza o Meio do Céu e ingressa em sua Décima Casa no dia 12. Isso será positivo tanto para a carreira quanto para a vida amorosa, pois indica sucesso social e profissional. Vênus fica em conjunção com Júpiter a partir do dia 12, mas o aspecto se torna mais exato entre os dias 17 e 19, proporcionando ótimos encontros românticos e boas recompensas financeiras. Também haverá oportunidades para parcerias de negócios ou *joint ventures*. Você terá chance de se envolver romanticamente com chefes e com pessoas de alto status — e também com as pessoas do dinheiro de sua vida. As oportunidades românticas acontecem enquanto você estiver tentando alcançar seus objetivos profissionais e com pessoas envolvidas nessa área. Você terá oportunidade de aprimorar sua vida profissional através dos meios sociais a partir do dia 12. Será positivo comparecer ao tipo certo de festas e reuniões, e também promovê-las. O cônjuge, parceiro ou amor atual também terá sucesso este mês, e dará apoio à sua carreira. Ele, ou ela, prospera e fica muito generoso.

Em geral, você vai conviver com pessoas de status este mês. Os solteiros se sentem atraídos por poder e posição. O perigo é começar relacionamentos por conveniência e não por amor. O amor vai lhe parecer apenas uma jogada profissional durante esse período.

As finanças vão correr bem. Este será um mês próspero. Você terá o favor financeiro de chefes, pessoas mais velhas, pais ou figuras paternas ou maternas. Até mesmo o governo terá uma disposição financeira favorável em relação a você. O dinheiro pode vir do governo, direta ou indiretamente, ou através de políticas ou decisões governamentais favoráveis. Se você tiver questões com o governo e precisar de sua benevolência, este será um bom mês (especialmente entre os dias 17 e 19) para lidar com o assunto. Você terá os melhores resultados possíveis.

A presença do planeta das Finanças na Décima Casa geralmente indica aumentos no pagamento — sejam abertos ou ocultos. Às vezes, não acontece um aumento "oficial", mas o efeito é o mesmo.

SETEMBRO

Melhores dias: 8, 9, 17, 18, 27, 28
Dias mais tensos: 6, 7, 12, 13, 19, 20
Melhores dias para o amor: 2, 3, 12, 13, 23
Melhores dias para o dinheiro: 1º, 2, 3, 10, 11, 19, 20, 29, 30
Melhores dias para a carreira: 4, 5, 12, 13, 19, 20, 23, 24

A carreira continua sendo importante este mês, mas no dia 28 a metade inferior de seu Zodíaco se torna mais forte que a superior. Este ano a metade superior não chegou a dominar como deveria. Esse ciclo será bastante rápido. É como se você estivesse com um pé no dia e outro, na noite, vivendo entre dois mundos. A carreira é importante e continua bem-sucedida, mas talvez as questões domésticas e familiares — e seu bem-estar emocional — tenham mais peso. Você vai se esforçar para conseguir progredir em ambas as frentes. Não é fácil. Surgirão boas oportunidades profissionais, mas dificilmente você vai aceitar alguma delas se isso significar prejudicar sua harmonia emocional ou deslocar a família.

Seu planeta do Amor se move rapidamente este mês. Vênus passará por três signos e Casas de seu Zodíaco. Por um lado, isso indica confiança social. Você vai progredir muito e tomar decisões rápidas nessa área. Por outro lado, será mais difícil decifrá-lo quando se tratar de amor. Suas necessidades e atitudes serão muito efêmeras. Os escorpianos geralmente não são inconstantes com as pessoas, mas neste mês você será assim no amor.

Até o dia 5, Vênus fica em sua Décima Casa, o que indica atração por poder e status e mostra oportunidades românticas no trabalho, enquanto você estiver tentando alcançar seus objetivos profissionais e com pessoas envolvidas nessa área. Você vai querer ter uma "mobilidade ascendente" nos assuntos românticos e sociais. No dia 5 Vênus entra em sua Décima Primeira Casa — o signo de Virgem — e passa a maior parte do mês ali. Isso indica o desejo de ter um relacionamento mais "igualitário" — um relacionamento entre iguais. A amizade é importante para o amor. Você não quer ser submisso —subalterno—, e sim amigo e amante. As oportunidades românticas vão aparecer quando você se envolver em grupos e atividades coletivas — grupos e organizações profissionais e comerciais. As atividades virtuais favorecem o amor, e as oportunidades românticas também podem vir das redes sociais.

Virgem não é a melhor posição para Vênus. O planeta está "em queda", não expressa o máximo de seu poder. Portanto, você vai ter de se esforçar mais para mostrar simpatia e amor pelos outros. Se não tomar cuidado, pode parecer crítico demais, e isso não é bom para o romance. Você quer perfeição no amor — um objetivo nobre — e tem direito a ela, mas não se esqueça de que a perfeição é um "processo", não um fato estabelecido. A perfeição é algo pelo que trabalhamos — raramente acontece de imediato.

As finanças correrão bem este mês. Você continua tendo o favor de seus superiores — chefes, pais, figuras paternas ou maternas e o governo. Aumentos (abertos ou ocultos) ainda podem acontecer. Sua boa reputação profissional atrai rendimentos e oportunidades financeiras.

OUTUBRO

Melhores dias: 5, 6, 14, 15, 24, 25
Dias mais tensos: 3, 4, 9, 10, 16, 17, 18, 31
Melhores dias para o amor: 3, 9, 10, 12, 13, 22, 23
Melhores dias para o dinheiro: 7, 8, 17, 18, 26, 27
Melhores dias para a carreira: 3, 4, 12, 13, 16, 17, 18, 22, 23

Em agosto o poder planetário deslocou-se do social Ocidente para o independente Oriente. Neste mês os planetas rápidos chegam à sua posição mais oriental. Assim, você viverá um ciclo de máxima independência pessoal no momento. É hora de mudar as condições segundo sua vontade — de definir sua vida de acordo com suas próprias especificações e de fazer as coisas à sua maneira. É hora de cultivar as virtudes da iniciativa — de andar com as próprias pernas.

O outro destaque deste mês será a ocorrência de dois eclipses, o que praticamente assegura grandes mudanças — tanto pessoais quanto para o mundo como um todo. Quando acontecem mudanças, sobretudo as importantes, as coisas ficam tumultuadas. A poeira tem de baixar antes que a situação se esclareça.

O eclipse lunar do dia 8 ocorre em sua Sexta Casa. Esse eclipse terá forte efeito sobre você, então programe uma agenda tranquila durante o período. Ele indica mudanças de emprego, alterações nas condições profissionais e instabilidade no local de trabalho. Podem acontecer sustos na saúde (mas essa área estará bem, de forma que é improvável que sejam mais do que sustos) e mudanças na rotina de saúde e na dieta. Tanto Urano quanto Plutão sofrerão o impacto do eclipse — Urano mais diretamente. Então, haverá situações dramáticas em casa e na vida dos membros da família. Se existirem problemas em seu lar, esse será o momento de descobri-los e fazer as correções. Tente tornar a casa mais segura. Os pais e figuras paternas ou maternas devem evitar atividades arriscadas. O impacto sobre Plutão afeta seu corpo e sua imagem. Você vai redefinir a imagem e o autoconceito ao longo dos próximos seis meses. É provável que passe a se vestir de outra forma e apresente um "novo visual" para o mundo. Você vai querer ser visto de maneira diferente. Às vezes, também acontece uma desintoxicação do corpo.

O eclipse solar do dia 23 também terá um impacto sobre o corpo e a imagem. Qualquer coisa que tenha ficado pendente durante o eclipse da Lua será resolvida agora. Esse eclipse terá um efeito mais forte sobre os escorpianos nascidos entre os dias 22 e 24 de novembro, embora seja aconselhável todos os nativos do signo irem com calma nesse período. Mudanças importantes acontecerão na vida de vocês nos próximos seis meses. Todo eclipse solar traz alterações profissionais, e esse não será diferente. Às vezes, a própria carreira se altera. Em outras, as pessoas continuam no mesmo caminho, mas com uma nova atitude. Às vezes, abalos na empresa ou na indústria forçam uma nova atitude. Sua estratégia e planejamentos profissionais vão precisar passar por uma revisão nos próximos meses. Vênus vai sofrer o impacto desse eclipse. Assim, o amor será posto à prova. Os bons relacionamentos sobrevivem, mas a tendência dos imperfeitos é terminar.

NOVEMBRO

Melhores dias: 2, 3, 10, 11, 20, 21, 29, 30
Dias mais tensos: 6, 7, 13, 14, 27, 28
Melhores dias para o amor: 2, 3, 6, 7, 11, 12, 22, 23
Melhores dias para o dinheiro: 4, 5, 14, 22, 23
Melhores dias para a carreira: 2, 3, 10, 11, 12, 13, 14, 21, 22

Marte entrou em sua Casa do Dinheiro em 14 de setembro e permaneceu ali até o dia 26 do mês passado. Isso indica que você gastou mais com saúde e ganhou mais através do trabalho. Neste mês Marte estará em sua Terceira Casa, o que tem implicações para a saúde. Essa área estará basicamente bem no momento, mas você pode melhorá-la ainda mais dando atenção à coluna, aos joelhos, dentes, ossos, pele e alinhamento geral do esqueleto. Massagens frequentes nas costas serão poderosas. Uma boa saúde mental será mais importante do que de costume. Evite pensar ou falar demais.

Quando a poeira dos eclipses do mês passado tiver baixado, a vida será boa. Você fará as coisas à sua maneira. Ofertas interessantes de trabalho chegarão até você. Você exibirá uma aparência bem-sucedida

— os outros o verão assim. O amor também irá ao seu encontro, e você vai conseguir o que quiser nessa área. Se estiver em um relacionamento, a pessoa amada estará devotada a você. Se for solteiro, as oportunidades românticas estarão em seu encalço. Não precisa se esforçar muito.

Ambos os eclipses de outubro afetaram o corpo e a imagem e indicaram mudanças nessa área. Esse será um ótimo período para colocar em prática essas mudanças, para deixar o corpo e a imagem do jeito que você quer. Até o dia 17 será um ótimo momento para comprar roupas e acessórios, pois o senso de estilo vai estar excelente.

Este também será um mês muito próspero. No dia 22, quando o Sol entrar em sua Casa do Dinheiro, você começa um pico financeiro anual. O poder aquisitivo fica muito forte. Seu planeta das Finanças recebe aspectos favoráveis a partir do dia 17. A Lua Nova do dia 22 será especialmente próspera, pois acontece na Casa do Dinheiro, proporcionando não apenas uma boa recompensa financeira, mas também esclarecendo questões financeiras ao longo do mês.

Marte fica em conjunção com Plutão entre os dias 8 e 12. Isso traz oportunidades profissionais excelentes para quem estiver procurando emprego. Esse é um aspecto muito dinâmico que fornece energia e coragem, mas pode deixá-lo apressado ou impaciente demais. Desacelere um pouco. O temperamento também precisa ser vigiado.

Marte está "além-fronteiras" desde 30 de setembro, e vai continuar assim até o dia 21. Portanto, quem estiver em busca de um emprego ultrapassará seus limites habituais na procura por uma vaga (é aí que estão as oportunidades). Os que já tiverem um emprego o levarão para além dos parâmetros habituais — pode ser no nível físico ou em termos da natureza do trabalho. Esse mesmo fenômeno acontece na saúde. Você vai explorar soluções de saúde e terapias pouco convencionais.

DEZEMBRO

Melhores dias: 8, 9, 18, 19, 26, 27
Dias mais tensos: 3, 4, 10, 11, 24, 25, 30, 31
Melhores dias para o amor: 1º, 2, 3, 4, 12, 13, 21, 22, 30, 31
Melhores dias para o dinheiro: 1º, 2, 10, 11, 20, 21, 28, 29
Melhores dias para a carreira: 1º, 2, 10, 11, 20, 21, 30, 31

Em dezembro seu período de independência pessoal continua, mas isso vai mudar mais para o final do mês. Assim, se houver mudanças pessoais — ou nas condições — precisando ser feitas, esse é o momento. Depois, será mais difícil.

Urano está mais ou menos "acampado" em um ponto de eclipse desde 8 de outubro, causando dramas no lar e na família. Muitos abalos e mudanças estão acontecendo. Tenha o máximo de paciência que puder com os familiares. Não há necessidade de tornar ainda pior uma situação que já é difícil. Marte entra na Quarta Casa — do Lar e da Família — no dia 5, o que pode botar ainda mais lenha na fogueira. Os ânimos da família estão exaltados. Pode haver grandes reformas ou construções na casa. Com 80 por cento e, às vezes, 90 por cento dos planetas abaixo da linha do horizonte, o lar e a família precisam da maior parte de sua atenção. A carreira continua bem-sucedida, mas nesse momento só é preciso fazer a manutenção do que já conseguiu. Você vai reunir forças para o próximo impulso profissional, que acontecerá no ano que vem.

Este será um mês muito próspero. Até o dia 22 você continua em meio a um pico financeiro anual. Mas no dia 8 Júpiter começa a se mover para trás e desacelera as coisas. Os rendimentos continuarão sendo abundantes, mas pode haver atrasos e complicações. Tente fechar compras ou investimentos importantes antes dessa data. Se não conseguir, tente se proteger ao máximo. Certifique-se de que a loja tem uma boa política de devoluções. Estude as letras miúdas de todos os contratos. Faça muitas perguntas. Solucione suas dúvidas da melhor forma que puder. Depois do dia 8, suas finanças ficam sob revisão. Nesse período você deve reunir fatos, alcançar a clareza mental, explorar maneiras de melhorar essa área. Não será uma hora especialmente boa para fazer mudanças.

A entrada de Saturno em sua Casa do Dinheiro no dia 24 reforça o que estamos dizendo. E também sugere uma atitude comedida nas finanças. Esse movimento, que só acontece a cada dois ou três anos, tem grande significado, indicando uma tendência de longo prazo nas finanças para os próximos anos. Você ingressa em um período de consolidação e reorganização desse setor. É hora de fazer melhor uso dos recursos que possui — de esticá-los. Às vezes, surgem novas responsabilidades financeiras que não podem ser evitadas, proporcionando uma sensação de "aperto". Mas a verdade é que se você realocar as coisas terá todos os recursos de que precisa.

Sua Terceira Casa se torna poderosa depois do dia 22. Será um período excelente para os estudantes. A mente fica clara e aguçada e eles terão sucesso nos estudos. Quando a Terceira Casa fica forte, todos nós nos tornamos estudantes, seja qual for nossa idade e nosso estágio de vida. O corpo mental — que, aliás, é um corpo de verdade — exige alimento. Você sentirá fome e desejo por conhecimento. É um bom momento para fazer cursos sobre assuntos que o interessem, para frequentar palestras, seminários e oficinas e para colocar a leitura em dia.

SAGITÁRIO

O ARQUEIRO
Nascidos entre 23 de novembro e 20 de dezembro

PERFIL PESSOAL

SAGITÁRIO NUM RELANCE

Elemento: Fogo
Planeta Regente: Júpiter
   Planeta da Carreira: Mercúrio
   Planeta do Amor: Mercúrio
   Planeta das Finanças: Saturno
   Planeta da Saúde e do Trabalho: Vênus
   Planeta do Lar e da Vida Familiar: Netuno
   Planeta da Fortuna e da Abundância: Júpiter
Cores: azul, azul-marinho
Cores que promovem amor, romance e harmonia social: amarelo, amarelo-ouro
Cores que propiciam ganhos: preto, índigo
Pedras: carbúnculo, turquesa
Metal: estanho
Perfumes: cravo, jasmim, mirra
Qualidade: mutável (= flexibilidade)
Qualidades essenciais ao equilíbrio: atenção aos detalhes, organização, senso administrativo
Maiores virtudes: generosidade, honestidade, mente aberta, poder de visão
Necessidade mais profunda: expansão mental
Características a evitar: excesso de otimismo, exagero, muita generosidade com o dinheiro alheio

Signos de maior compatibilidade: Áries, Leão
Signos de maior incompatibilidade: Gêmeos, Virgem, Peixes
Signo mais útil à carreira: Virgem
Signo que fornece maior suporte emocional: Peixes
Signo mais prestativo em questões financeiras: Capricórnio
Melhor signo para casamento e associações: Gêmeos
Signo mais útil em projetos criativos: Áries
Melhor signo para sair e se divertir: Áries
Signos mais úteis em assuntos espirituais: Leão, Escorpião
Melhor dia da semana: quinta-feira

COMPREENDENDO A PERSONALIDADE SAGITARIANA

A contemplação do símbolo do arqueiro nos possibilita desenvolver uma compreensão intuitiva dos nativos de Sagitário. O manejo do arco e flecha corresponde ao primeiro degrau de refinamento na arte de caçar e guerrear. A capacidade de lançar setas além do alcance habitual das lanças expandiu os horizontes humanos, bem como sua riqueza e seu poder, garantindo a hegemonia de sua vontade.

Atualmente, em vez de utilizar arcos e flechas, fazemos uso de explosivos e engenhocas bem mais complexas para projetar nosso poder pessoal, mas os motivos essenciais que se ocultam por trás do seu emprego permanecem inalterados. Esses poderes representam nossa própria capacidade de expandir a esfera de influência pessoal. E é com essa expansão que Sagitário se preocupa. Por isso, os sagitarianos estão sempre buscando expandir seus horizontes e suas perspectivas e ocupar um território mais vasto. Isso se aplica a todos os âmbitos de suas vidas, desde o econômico até o intelectual e o social.

Os sagitarianos são famosos pelo intenso desenvolvimento do seu intelecto superior, o qual lhes confere aprimorada capacidade de compreender conceitos metafísicos, filosóficos e espirituais. A mente superior representa a faceta mais elevada da natureza psíquica, sendo movida não por considerações pessoais de natureza egoísta, mas pela graça e luminosidade de um poder maior. A maioria dos sagitarianos aprecia a educação superior, e embora eles possam, por vezes, entediar-se com o ensino formal, adoram estudar, por conta própria, assuntos de seu interesse. A paixão pelas viagens e por lugares longínquos também é característica premente nos sagitarianos.

Se analisarmos em profundidade esses atributos dos nativos do signo, constataremos que eles brotam de seu íntimo desejo por desenvolvimento. Viajar muito significa conhecer mais, e conhecer é ser mais; já cultivar o intelecto superior equivale a crescer e expandir-se. Todas essas atividades tendem a alargar os horizontes mentais dos sagitarianos e, por via indireta, suas perspectivas de êxito material e econômico.

A generosidade sagitariana já se tornou proverbial e justifica-se por muitas razões. Uma delas é a consciência inata de abundância que os nativos do signo parecem possuir. Eles se sentem ricos, sortudos e capazes de atingir todas as suas metas financeiras, e por se sentirem assim se dão o luxo de arcar com a generosidade. Os sagitarianos não admitem em suas vidas os fardos da limitação e da carência, que impedem os nativos de outros signos de doar prodigamente. Outra razão para essa generosidade é seu idealismo religioso e filosófico, que tem origem na mente superior, de natureza generosa, por não estar subordinada a circunstâncias materiais. E também graças à sua exaltada natureza emocional. A doação é por si só um ato enriquecedor, e essa recompensa basta aos sagitarianos.

FINANÇAS

Os sagitarianos parecem atrair e gerar riquezas. Possuem ideias, energia e talento para tornar realidade sua visão de paraíso na Terra. Contudo, a riqueza pura e simples não é suficiente para eles. É pela opulência que se interessam; viver confortavelmente, apenas, não é satisfatório para os nativos do signo.

Para concretizar seu verdadeiro potencial de ganho eles precisam desenvolver mais sua capacidade de gerenciamento e organização. Têm de aprender a traçar limites e a estabelecer metas intermediárias. Raramente se chega à riqueza da noite para o dia. Mas os sagitarianos sentem dificuldade em lidar com processos longos e bem-delineados. Da mesma forma que os leoninos, eles anseiam por obter sucesso e riqueza de forma rápida e ostensiva. Devem conscientizar-se, entretanto, de que o excesso de otimismo pode desembocar em aventuras financeiras tresloucadas e perdas desalentadoras. Naturalmente, poucos signos zodiacais exibem a mesma capacidade para dar um passo atrás tão habilmente quanto Sagitário, porém esse retrocesso pode ser fonte de mágoas desnecessárias.

Os sagitarianos precisam aprender a preservar seus pontos de vista sem abrir mão deles, mas também a trabalhar de forma prática e eficiente para torná-los realidade.

CARREIRA E IMAGEM PÚBLICA

Os sagitarianos pensam grande. Anseiam por dinheiro, fama, prestígio, carisma, aclamação pública e um lugar nas páginas da história. Amiúde se empenham em realizar essas metas. O êxito ou não depende do seu horóscopo pessoal. Mas todo sagitariano desejoso de reconhecimento público ou profissional precisa compreender que estes não são conferidos para enaltecer o ego; são mera decorrência de serviços prestados à humanidade. Quanto mais cedo descobrirem formas efetivas de servir, maior será sua oportunidade de ascender ao topo.

O ego dos sagitarianos é gigantesco, talvez acertadamente, pois têm muito do que se orgulhar. Todavia, se desejam reconhecimento público, precisarão abrandar um pouquinho esse ego e fazer-se mais humildes e menos arrogantes, sem, no entanto, resvalar para a autonegação. Têm ainda de aprender a lidar com detalhes da vida que muitas vezes os iludem e ludibriam.

No emprego, são trabalhadores assíduos, que gostam de agradar aos chefes e colegas; são confiáveis, solícitos e apreciam os desafios. Costumam ser amigáveis e prestimosos no trabalho. Geralmente, contribuem com ideias inteligentes e métodos novos, que melhoram o ambiente profissional para todos. Os sagitarianos sentem-se fortemente atraídos por posições desafiadoras e carreiras que os forcem a desenvolver seu intelecto, mesmo que precisem trabalhar duramente para obter sucesso. Atuam bem sob supervisão; contudo, sua própria natureza os incita a buscar posições nas quais possam exercer eles mesmos a supervisão e ampliar, assim, sua esfera de influência. Os sagitarianos se saem bem em profissões que lhes facultem o contato com grande diversidade de pessoas e viagens a locais novos e excitantes.

AMOR E RELACIONAMENTOS

Os sagitarianos amam ser livres e concedem de bom grado a liberdade aos cônjuges. Gostam de relacionamentos em constante mutação. Tendem a ser volúveis no amor e a mudar de opinião em relação aos parceiros com frequência.

Os nativos deste signo sentem os relacionamentos claramente definidos e estruturados como uma ameaça à sua liberdade. Geralmente, casam-se mais de uma vez.

No amor, são passionais, generosos, abertos, benevolentes e muito ativos. Demonstram sua afeição abertamente. Contudo, à semelhança dos arianos, tendem a comportar-se de forma egoísta em relação aos parceiros. Precisam aprender a enxergar os pontos de vista alheios, não apenas o seu, e também a desenvolver maior objetividade, frieza e clareza intelectual, a fim de estabelecer comunicação bilateral com os parceiros. É comum idealizarem excessivamente o cônjuge e o próprio amor. Uma atitude mais fria e racional os ajudará a perceber a realidade mais claramente e, assim, evitar desapontamentos.

VIDA DOMÉSTICA E FAMILIAR

Os sagitarianos procuram conceder ampla liberdade à família. Gostam de casas grandes e com muitas crianças. Aliás, este é um dos signos mais férteis do Zodíaco. Entretanto, ao lidar com os próprios filhos, tendem a errar por excesso de permissividade. Suas crianças, muitas vezes, adquirem a ideia equivocada de que não existem limites. Contudo, preservar a liberdade no lar não deixa de ser uma atitude fundamentalmente positiva, pois, quando contrabalançada com alguma medida equilibradora, faculta a livre expressão e o desenvolvimento pleno dos membros da família.

SAGITÁRIO
HORÓSCOPO 2014

TENDÊNCIAS GERAIS

Você está saindo de um período muito social de sua vida. Muitos sagitarianos se envolveram em romances ou relacionamentos sérios semelhantes a um casamento. Os objetivos sociais foram mais ou menos alcançados e você começa a se concentrar em ajudar o cônjuge, parceiro ou amor atual a ganhar dinheiro. Falaremos mais sobre isso depois.

Os sagitarianos sempre viajam muito — sejam quais forem os trânsitos ou aspectos. É a natureza deles. Mas depois de 16 de julho de 2014 vemos mais viagens que de costume. Será um ano feliz. Você vai poder fazer o que mais ama.

O ingresso de Júpiter em Leão em 16 de julho também é um aspecto favorável para os estudantes. Se você estiver tentando entrar na faculdade, terá uma boa notícia — boa sorte. Os que já estiverem frequentando a instituição de ensino terão sucesso nos estudos.

Sua vida espiritual tem passado por muitas mudanças e agitação desde 2011, e a tendência continua neste ano. Você vai querer experimentar nessa área, tentando um ensinamento aqui, outro ali, e depois mais um. No nível espiritual, será como o *sanyassin* (o mendigo errante que busca a sabedoria). Você ainda não terminou de vagar. Logo terminará e escolherá um caminho para seguir.

Este ano — especialmente até 16 de julho — será sexualmente ativo. Seja qual for sua idade ou estágio de vida, haverá mais interesse nessa área que de costume. Mas esse período também será maravilhoso para a reinvenção pessoal — para a criação de seu *self* e de seu corpo ideais. Muitos de vocês estão profundamente envolvidos nesse tipo de projeto há anos.

Será um desafio lidar com filhos e enteados nessa época. Tem sido assim desde 2011. Dê a eles o máximo de liberdade possível, desde que não seja algo destrutivo. Falaremos mais sobre isso depois.

Suas principais áreas de interesse (e você terá muitas) este ano serão finanças; lar e família; filhos; criatividade e diversão; sexo, reinvenção pessoal, imóveis, impostos e estudos de ocultismo (até 16 de julho); viagens internacionais, religião e filosofia (a partir de 16 de julho); amigos, grupos e atividades coletivas (até 16 de julho); espiritualidade.

Seus caminhos para maior realização este ano serão sexo, reinvenção pessoal, imóveis, impostos e estudos de ocultismo (até 16 de julho); viagens internacionais, religião e filosofia (a partir de 16 de julho); espiritualidade (até 19 de fevereiro); amigos, grupos e atividades coletivas (a partir de 19 de fevereiro).

SAÚDE

(Trata-se de uma perspectiva astrológica sobre a saúde, não de uma visão médica. No passado essas perspectivas eram idênticas, porém, hoje, podem ocorrer diferenças. Para obter uma opinião com base em diagnósticos da medicina convencional consulte seu médico ou um profissional da saúde.)

Sua Sexta Casa — da Saúde — não será uma Casa de poder este ano, e é assim mesmo que deveria ser. A saúde fica basicamente bem, de forma que não há motivo para dar a ela um foco importante. Você pode contar com boa saúde.

Haverá apenas um planeta lento em um alinhamento tenso com você — Netuno. Os outros vão formar aspectos harmoniosos ou o deixam em paz. Claro que haverá períodos em que a saúde e a vitalidade estarão mais fracas que de costume. Essas coisas provêm de trânsitos de curto prazo — são situações provisórias, não tendências para o ano. Quando elas passam, a boa saúde e a energia retornam. Falaremos sobre esse assunto nas "Previsões Mensais".

Por melhor que vá estar sua saúde, você pode aprimorá-la. Dê mais atenção às seguintes áreas:

Pescoço e garganta. São sempre importantes para você. Massagens frequentes no pescoço são aconselháveis. A tensão tende a se acumular nessa área e precisa ser liberada. A terapia sacrocranial geralmente é poderosa para você.

Rins e quadris. Outra área que sempre tem importância para você. Massagens regulares nos quadris são aconselháveis.

Fígado e coxas. Mais uma área importante. Massagens frequentes nas coxas farão bem.

Vênus é seu planeta da Saúde. Nossos leitores assíduos sabem que é um planeta rápido. Ao longo do ano, ele passa por todos os signos e Casas de seu Zodíaco. Portanto, existem muitas tendências de curto prazo na saúde que serão tratadas com mais detalhes nas "Previsões Mensais".

Haverá um eclipse solar em sua Sexta Casa no dia 29 de abril. Geralmente, isso proporciona sustos na saúde e mudanças dramáticas na rotina dessa área. Essas mudanças são para melhor. O susto, provavelmente, não passará disso — um susto. A saúde será boa.

Vênus rege o amor e as atividades sociais. Em seu mapa, é o planeta dos Amigos. Assim, é muito importante manter a harmonia em seu casamento, em seu relacionamento amoroso e em suas amizades. Desentendimentos podem ter um impacto sobre sua saúde física. Se surgirem problemas (Deus nos livre!), verifique essa área e restaure a harmonia o mais rápido possível.

Mais para o final do ano — em 24 de dezembro — Saturno vai ingressar em seu signo. Isso pode ter um impacto sobre a saúde e a energia. Mas essa não é uma questão para este ano, e sim para 2015 e 2016. E falaremos dela mais profundamente quando chegar a hora.

LAR E FAMÍLIA

Sua Quarta Casa — do Lar e da Família — será uma Casa de poder em 2014 e continuará assim durante muitos anos. As coisas sobre as quais escrevemos aqui acontecerão ao longo de muitos anos.

A ação de um planeta lento como Netuno em um signo e Casa tem mais a natureza de um "processo" que de um evento. Os eventos que acontecem são meramente "estágios" desse processo.

A presença de Netuno na Quarta Casa indica várias coisas — e é provável que todas aconteçam ao longo do tempo. Em primeiro lugar, mostra que o círculo familiar, a unidade familiar e os relacionamentos da família ficam mais refinados, espiritualizados, elevados em vibração e tom. Em outras palavras, as coisas aproximam-se mais do "ideal" — de um reflexo celestial do padrão de família. Mas, em geral, o caminho para chegar até lá é dramático.

Os familiares vão se tornar mais espiritualizados, ingressando nesse caminho. E embora isso seja bom, em geral cria caos a curto prazo. Por exemplo, já vi casos em que um filho se torna "religioso" e o restante da família, não. O filho tenta impor suas crenças e restrições religiosas sobre o restante da família, criando discórdia. Às vezes, acontece o contrário. É um dos pais que ingressa no caminho, gerando o mesmo tipo de situação. É preciso tempo e paciência para resolver essas coisas. Viva e deixe viver é a melhor política, mas nem sempre é fácil segui-la. O resultado final — que é o objetivo celestial — é que os membros da família, através de um pai ou de um filho, conheçam conceitos e ideias espirituais e sejam forçados a investigar as próprias opiniões sobre o assunto. No final todos crescem, mas nem sempre de forma harmoniosa.

Netuno tem um tipo de energia muito elevada e refinada. Sua posição na Quarta Casa significa que a família será inundada com essa energia. Eles vão ficar mais sensíveis, será mais fácil magoá-los. Coisas pequenas podem irritá-los. Então, vai ser preciso mais cuidado e sensibilidade para lidar com eles. Tons de voz e linguagem corporal devem ser vigiados.

Nesse caso, a espiritualidade é o problema e também a solução. Apenas sua compreensão espiritual (não necessariamente a psicologia) vai ajudá-lo a lidar com essas questões.

Netuno é o planeta da revelação. Ele esclarece as coisas, possibilitando que as vejamos como são. Daí a reputação de Netuno para escândalos. Esse esclarecimento não é pessoal, mas, às vezes, o que ele revela pode ser escandaloso.

Esse trânsito pode indicar que um dos pais ou figuras paternas ou maternas está abusando de drogas ou álcool, vistos como uma saída fácil para a tristeza, um atalho para a transcendência. Mas, com a educação espiritual, essa pessoa pode aprender a maneira correta de transcender.

É provável que tenha acontecido uma mudança de endereço no ano passado, mas também pode acontecer na primeira metade de 2014. Você se sentirá atraído por casas próximas à água — e esta será uma tendência de longo prazo. Pode ser bom decorar com tanques para peixes, que proporcionam ao lar uma energia considerada saudável, e também são decorativos — como a arte.

É provável que os filhos se mudem este ano, e será algo positivo. Os pais ou figuras paternas ou maternas podem ter se mudado em 2013 ou em 2012. Este ano não terá muitas alterações. Irmãos ou figuras fraternas também terão um ano familiar sem alterações. Os netos prosperam na segunda metade do ano, mas não é aconselhável que se mudem.

DINHEIRO E CARREIRA

Sua Segunda Casa — das Finanças — é uma Casa de poder há muitos anos. E continuará assim por muitos mais. Você está focado nessa área, e foco é 90 por cento do sucesso.

Este ano será próspero. A primeira metade mais que a segunda. Júpiter formará aspectos incríveis com Saturno, seu planeta das Finanças até 16 de julho. A prosperidade também continua despois dessa data, mas é provável que você tenha de se esforçar mais para obtê-la.

Em 24 de dezembro, seu planeta das Finanças entra em seu signo e fica lá até 2016. Embora isso seja um desafio para a saúde e a energia, é maravilhoso para as finanças. Você entra em um ciclo de prosperidade de longo prazo.

Plutão está em sua Casa do Dinheiro há muitos anos. Isso indica uma desintoxicação cósmica na vida financeira. As impurezas nas práticas e atitudes serão eliminadas. O cosmos está trabalhando para tornar a vida financeira mais saudável — para cortar custos, gastos e desperdício. Isso pode acontecer de maneiras dramáticas. Experiências financeiras de "quase morte" — às vezes é uma morte financeira real (falência) — vêm acontecendo e também podem ocorrer no futuro. Plutão é muito meticuloso.

Com a presença de Plutão em sua Casa do Dinheiro, o cosmo o convida a prosperar "eliminando" — removendo da vida financeira coisas que não deveriam estar ali. Talvez haja redundâncias — mais de uma conta-corrente, poupança ou conta comercial; conselheiros ou *newsletters* financeiros demais —, que serão reduzidas. Muitas vezes, as pessoas se apegam a bens que não são mais necessários — que ocupam lugar no sótão, porão ou depósito. Você também deve se livrar deles. A relevância funcional deve ser seu guia. Se alguma coisa não estiver sendo usada, venda-a ou doe para a caridade. Abra espaço para bens melhores e mais novos que vão chegar. O corpo financeiro é tão real quanto o corpo físico (apesar de ser invisível), e está tão sujeito a obstruções quanto este. Ele precisa de uma boa desintoxicação — uma faxina.

A presença de plutão na Casa do Dinheiro indica capacidade de atrair dinheiro externo — seja através de crédito ou investimentos. Essa é a tendência há muitos anos, mas neste ano e no ano passado, ficou ainda mais forte (Júpiter está em sua Oitava Casa, que rege essas coisas). Assim, se você tem boas ideias, 2014 será ótimo para atrair investidores (a primeira metade, melhor que a segunda). Essa posição normalmente indica alguém que prospera com tipos de financiamento criativos. Você teve — e terá — muitas oportunidades de investir em propriedades ou empresas com problemas, e virar o jogo.

Plutão é o planeta das heranças. Assim, elas também podem acontecer. Esperamos que ninguém tenha de morrer, mas você pode ser lembrado no testamento de alguém ou nomeado para o cargo administrativo de uma propriedade.

Plutão vai estar em sua Casa do Dinheiro, e Júpiter (o senhor de seu Zodíaco), na Oitava Casa. Sua prosperidade acontece quando você estiver ajudando os outros a prosperar. Os interesses financeiros dos outros (o sócio, ou sócios) deve vir em primeiro lugar. Quando você conseguir isso, sua própria prosperidade acontece naturalmente.

Muitos de vocês serão convidados a gerir o dinheiro de outras pessoas. Pode ser o dinheiro ou os bens de uma família, ou os bens de uma empresa ou de amigos. Você vai ser muito bom nesse tipo de coisa durante esse período.

Parece que um carro novo e novos equipamentos de comunicação chegarão até voce depois de 16 de julho. Os irmãos e figuras fraternas também prosperam nesse momento, e o relacionamento entre vocês vai melhorar.

Os números favoráveis para o dinheiro são 3, 10, 15 e 21.

Este não vai ser um ano especialmente forte para a carreira. Sua Décima Casa fica basicamente vazia (apenas planetas rápidos passam por ela), enquanto que a Quarta Casa é forte. Você estará mais ou menos satisfeito com a carreira e não verá necessidade de fazer grandes mudanças. Será um ano sem alterações nessa área.

AMOR E VIDA SOCIAL

Como mencionamos, os últimos dois anos foram muito fortes para o amor e a vida social. Muitos de vocês se casaram ou se envolveram em relacionamentos sérios. Os objetivos sociais já foram mais ou menos alcançados e o romance não é um foco importante. Será um ano sem novidades no amor. Os solteiros devem continuar solteiros, e os casados devem continuar casados.

Como no ano passado, você ainda está em período sexualmente ativo. Embora amor e sexo sejam duas coisas diferentes, você está se divertindo.

Para os solteiros, haverá muitos casos amorosos, mas vão ser instáveis e dificilmente levarão a algo sério. Casos com os vizinhos ou na vizinhança são prováveis. Também vemos atividades virtuais ou envolvimento com grupos e atividades coletivas como fonte de oportunidade para casos de amor.

Para quem estiver buscando o segundo casamento, haverá romance e boas oportunidades de união após 16 de julho.

Os sagitarianos que estiverem buscando o terceiro casamento terão casos de amor, mas sua estabilidade será questionável.

Mercúrio é seu planeta do Amor. Como sabem nossos leitores assíduos, é um planeta muito rápido. Só a Lua se move mais rápido que ele. Ao longo do ano, ele passa por todos os signos e Casas de seu mapa. Assim, haverá muitas tendências de curto prazo no amor, dependendo de onde Mercúrio estiver e de que aspectos receber. Elas serão analisadas com mais detalhes nas "Previsões Mensais".

Ter um planeta assim como o planeta do Amor indica que o amor e o romance podem acontecer em diversos locais e com pessoas diferentes. Seus gostos e necessidades no amor mudam muito rapidamente. Por isso, alguns o consideram "volúvel".

Embora o romance esteja em segundo plano para a maioria de vocês, as amizades, grupos e atividades coletivas vão ser importantes e agradáveis. Haverá muitas atividades em grupo, como idas ao teatro e outros entretenimentos.

Os irmãos e figuras fraternas terão amor este ano (depois de 16 de julho). Se forem solteiros, terão grandes chances de se casar. Os pais ou figuras paternas ou maternas terão um ano sem alterações no amor. Os filhos ou enteados (que estiverem na idade apropriada) ficam muito ativos socialmente — sobretudo até 26 de julho. O amor está no ar. Eles irão atrás do que querem e terão sucesso. Ficarão muito mais populares que de costume. Os netos na idade adequada (ou aqueles que desempenharem esse papel em sua vida) terão um bom ano no amor depois de 16 de julho. Haverá romances sérios para eles.

Os números favoráveis para o amor serão 1, 3, 6, 8 e 9.

AUTOAPRIMORAMENTO

Seu planeta das Finanças ingressou em Escorpião, sua Décima Segunda Casa, em outubro de 2012. Assim, ele está em "recepção mútua" com Plutão desde então, e essa será a situação em 2014.

Dois planetas em recepção mútua são considerados amigáveis um com o outro — prestativos e cooperativos. Um se hospeda na Casa e no signo do outro. Em outras palavras, Plutão, seu planeta Espiritual, está em recepção mútua com Saturno, seu planeta das Finanças. Assim, sua espiritualidade está ajudando a vida financeira e a vida financeira o está ajudando a crescer espiritualmente. Muitas pessoas consideram essas duas áreas da vida inconciliáveis — na superfície, uma parece ser contrária à outra. Mas não é o caso com você.

Interpreto isso como um aprofundamento nas dimensões espirituais da riqueza. É um assunto importante.

Muitas pessoas são escravas do dinheiro porque não o entendem. Muitas não cumprem seu verdadeiro propósito de vida por causa de obstruções financeiras (ou o que pensam ser obstruções financeiras). Já vi isso muitas vezes. Um pessoa que deveria pintar, sente que não tem como arcar com essa atividade ou que não terá sucesso na área, então escolhe uma profissão inferior. Não apenas essas pessoas passam a viver com uma sensação onipresente de inquietude por causa disso, mas também privam o mundo de seu dom único. Vejo a mesma coisa em muitas outras áreas. O músico torna se motorista de táxi ou contador. Não há nada de errado em ser contador ou motorista de táxi, mas esse não era o propósito dessas pessoas.

Até entendermos o dinheiro e a fonte do dinheiro, nunca teremos a verdadeira liberdade financeira e nunca realizaremos plenamente nossos objetivos de vida.

Nos últimos anos, o cosmos abriu portas para você nessa área. A decisão de passar por elas é sua. O cosmos não vai forçá-lo.

Que o Divino (ou Espírito) é a fonte de toda provisão é uma das mensagens centrais de todas as Escrituras (sem dúvida, isso vale para as Escrituras ocidentais, mas tenho certeza de que encontraremos o mesmo conceito nas orientais). Felizmente, os sagitarianos entendem isso melhor que a maioria. Quando aprendemos a acessar essa fonte onipresente, as portas da riqueza passam a ficar sempre abertas. Muitas vezes, as portas no nível mundano estão fechadas. Não há muito que possamos fazer nesse nível. Mas as portas espirituais estão sempre abertas para aqueles que as compreendem.

É sempre possível se dar o luxo de seguir seu verdadeiro propósito — o verdadeiro desejo do coração.

Você já entende muito sobre as dimensões espirituais da riqueza, mas este ano se aprofundará. Leia tudo o que puder sobre o assunto, isso vai transformar sua vida.

PREVISÕES MENSAIS

JANEIRO

Melhores dias: 7, 8, 17, 18, 26, 27
Dias mais tensos: 5, 6, 12, 13, 19, 20
Melhores dias para o amor: 1º, 2, 9, 10, 11, 12, 13, 19, 20, 22, 23, 28, 29, 30, 31
Melhores dias para o dinheiro: 1º, 2, 5, 6, 14, 15, 24, 25, 28, 29
Melhores dias para a carreira: 1º, 2, 10, 11, 19, 20, 22, 23, 30, 31

Seu ano começa com a maioria dos planetas no independente Oriente. Assim, você continua em um período de independência pessoal, com o poder de mudar as condições segundo sua vontade e deixar a vida como você quer que fique. O problema não será o poder. Com Júpiter em movimento retrógrado, você não vai saber o que quer ou o que deseja criar. É como se estivesse sentado em um carro esporte de alto desempenho, com o tanque cheio, mas não tivesse um mapa ou um GPS. Eu posso ir a qualquer lugar, mas para onde devo ir? Como chego lá? Nessas situações, a primeira coisa a fazer é obter clareza mental. Reúna fatos. A introspecção será positiva. Peça Orientação Superior. Você a receberá.

A maioria dos planetas está abaixo da linha do horizonte de seu Zodíaco — a metade inferior do mapa se torna dominante. Assim, faça o que for preciso profissionalmente, mas desloque a maior parte de sua atenção para o lar, a família e seu bem-estar emocional. Nesse momento, o mais importante é tomar decisões e agir a partir de seu ponto de harmonia emocional. Quando isso acontece, as outras coisas se encaixam. É o momento de trabalhar na carreira e nos objetivos exteriores pelos métodos da noite, e não os do dia. Durante a noite, a parte mais profunda da mente sonha com o que vai fazer no dia seguinte. Ela visualiza tudo o que vai acontecer durante o dia (embora não estejamos conscientes disso). Trabalhe para "entrar no clima" do que deseja obter e para "sentir" que já conseguiu. É um trabalho interno. Quando chegar a hora de seu próximo impulso profissional, as ações acontecerão naturalmente.

Você começa 2014 em meio a um pico financeiro anual, que torna este mês muito próspero. Seu planeta das Finanças, Saturno, recebe ótimos aspectos até o dia 20. Sua intuição financeira está a toda. Quando a intuição entra em cena, a vida financeira torna-se mais uma dança do que um trabalho, rítmica e bonita. O dinheiro sai, o dinheiro entra. Você termina uma tarefa, outra aparece. O dinheiro que vem é benéfico e honrado. Os últimos anos têm sido uma iniciação na dimensão espiritual da riqueza, e isso continua este mês.

Seu planeta do Amor fica "além-fronteiras" até o dia 8. Sua vida social — e um relacionamento atual — o levam para além de seus limites normais. Mas nenhum signo lida com isso melhor que Sagitário. Os solteiros vão procurar o amor em lugares "fora de mão". Até o dia 11, as oportunidades amorosas acontecem enquanto você estiver tentando alcançar seus objetivos financeiros e com pessoas envolvidas nessa área. A riqueza e os bens materiais se tornam estimulantes românticos. As pessoas do dinheiro em sua vida podem bancar o cupido. Após o dia 11, o planeta do Amor ingressa na Terceira Casa, alterando as atitudes e necessidades amorosas. A riqueza perde importância. Você terá seu próprio dinheiro e vai querer alguém com quem possa se conectar intelectualmente — alguém que compartilhe suas ideias, com quem seja fácil conversar. A vida amorosa melhora drasticamente a partir do dia

11. O mundo virtual proporciona oportunidades românticas. Palestras, seminários e oficinas são agradáveis por si sós, mas também proporcionarão oportunidades românticas.

FEVEREIRO

Melhores dias: 3, 4, 13, 14, 22, 23
Dias mais tensos: 1º, 2, 8, 9, 15, 16, 17, 28
Melhores dias para o amor: 1º, 5, 6, 7, 8, 9, 10, 16, 17, 19, 24, 25, 26, 27
Melhores dias para o dinheiro: 1º, 2, 10, 11, 12, 20, 21, 24, 25, 28
Melhores dias para a carreira: 1º, 10, 15, 16, 17, 19, 26, 27

A saúde será basicamente boa este mês, mas precisará de mais vigilância depois do dia 18. Nada de grave vai acontecer, apenas o estresse temporário causado pelos planetas rápidos. O mais importante é descansar bastante. Neste mês, você pode melhorar a saúde dando mais atenção a coluna, joelhos, dentes, ossos, pele e alinhamento geral do esqueleto. Massagens frequentes nas costas e nos joelhos serão poderosas. Uma visita ao quiroprático ou ao osteopata também pode ser uma boa ideia.

Este será um ano basicamente próspero, mas, até o dia 18, menos do que de costume. Depois desse dia, os rendimentos voltam a subir e a intuição financeira fica ainda mais forte do que no mês passado. Talvez estejamos exagerando um pouco, mas podemos dizer que você está em outro pico financeiro anual.

O elemento Água está forte há meses, mas no dia 18 torna-se ainda mais forte. Água — o lado emocional das coisas — não é seu elemento nativo e não o deixa confortável. As pessoas vão ficar mais sensíveis. Pequenas coisas — talvez até coisas feitas sem querer — podem irritá-las. Você fez uma determinada expressão ao conversar com alguém, usou um tom de voz inadequado ou talvez tenha revirado os olhos no momento errado. O que julgou ser "apenas honestidade" é tomado como crueldade. Tenha mais cuidado. Um pouco de consciência pode economizar muitas dores de cabeça mais tarde.

O amor também fica mais complicado este mês. O planeta do Amor, Mercúrio, entra em movimento retrógrado no dia 6. Pode parecer que o amor começa a andar para trás. Mas são apenas aparências. É hora de rever a vida amorosa e definir que aprimoramentos podem ser feitos. Não é hora de tomar decisões amorosas importantes. Você vai estar sem rumo (Júpiter está retrógrado), e o mesmo vale para a pessoa amada. Não haverá conflito ou antagonismo — apenas falta de direção. Vai parecer que o amor não está indo a lugar nenhum, o que, por sinal, não é um problema. O amor não tem de "ir" a lugar algum no momento. Deixe que ele se desenvolva naturalmente.

Mercúrio também é seu planeta da Carreira. Nesse ponto, o movimento retrógrado é algo positivo. Este mês, o poder está na Quarta Casa — do Lar e da Família —, e é nesse setor que o foco deve ficar. A ênfase na carreira pode diminuir.

O Sol forma ótimos aspectos com Júpiter mais para o final do mês, proporcionando boas oportunidades de viagem. Também é um bom aspecto para universitários, pois indica sucesso nos estudos.

MARÇO

Melhores dias: 3, 4, 12, 13, 22, 23, 30, 31
Dias mais tensos: 1º, 2, 7, 8, 15, 16, 28, 29
Melhores dias para o amor: 7, 8, 17, 18, 19, 26, 27, 28, 29
Melhores dias para o dinheiro: 1º, 2, 10, 11, 19, 20, 24, 25, 28, 29
Melhores dias para a carreira: 7, 8, 15, 16, 19, 28, 29

Parece que você perdeu seu período de independência pessoal. Como Júpiter está se movendo para trás desde o começo do ano, tem sido difícil criar as condições segundo sua vontade ou alterá-las diretamente. O problema, como mencionamos, foi a falta de clareza, não de poder (e, certamente, não de dinheiro). Agora, no dia 6, Júpiter começa a se mover para a frente, mas o poder planetário está se deslocando para o Ocidente, de forma que o problema passa a ser a falta de poder, não de direção. Às vezes, as coisas acontecem dessa forma. Seu próximo período de independência, que começa em setembro, será diferente. Você terá tanto poder quanto rumo. Enquanto isso, adapte-se às situações da melhor maneira que puder e cultive suas habilidades sociais.

O poder planetário está no ponto mais baixo do Zodíaco. Esse processo começou no dia 18 do mês passado e vai continuar até o dia 20 deste mês. É a mágica meia-noite do seu ano. Coisas importantes acontecem sob a superfície — nos níveis interiores de seu ser —, mas ainda não se manifestam externamente. Sua função é apenas permitir que o poder se acumule dentro de você. Não interfira com preocupação e medo nesse belo processo. Fique tranquilo, a vontade interna se transforma em realidade no devido tempo. A natureza é assim.

Este será um mês de progressos psicológicos. Você entenderá melhor seu humor e seus sentimentos, e sua história passada virá à tona. Com essas percepções, acontece a cura espiritual. As opiniões e os julgamentos do passado são vistos sob uma nova luz. A história é reescrita de uma maneira mais favorável e saudável (os fatos não mudam, mas sua interpretação deles, sim).

É hora de colocar o lar e a família em ordem. Nesse momento, ser um bom pai é estar presente para os filhos e para os outros membros da família (ou para aqueles que representam esse papel em sua vida).

As finanças continuam excelentes este mês. A única dificuldade é o movimento retrógrado de Saturno no dia 2, que não vai interromper os rendimentos, mas desacelera as coisas. Saturno ficará retrógrado por vários meses. Você não pode simplesmente interromper sua vida financeira, mas pode ser mais cauteloso ao lidar com o dinheiro. Estude possíveis compras e investimentos com mais cuidado. Seja o mais minucioso que puder nas negociações financeiras. Tente se comunicar melhor nessa área. Evite atalhos no momento, mesmo que os adore — eles vão ser uma ilusão. Cometer erros nesse campo vai atrasar seus objetivos financeiros.

A saúde continua precisando de mais vigilância até o dia 20. Este mês você pode aprimorar essa área das maneiras descritas em "Tendências Gerais" e no mês passado. Depois do dia 6, melhore a saúde dando mais atenção aos tornozelos e às panturrilhas, que devem ser massageados regularmente. Dê mais apoio aos tornozelos.

ABRIL

Melhores dias: 8, 9, 10, 18, 19, 26, 27
Dias mais tensos: 3, 4, 5, 11, 12, 24, 25
Melhores dias para o amor: 3, 4, 5, 6, 7, 8, 16, 17, 18, 19, 24, 25, 29, 30
Melhores dias para o dinheiro: 6, 7, 16, 17, 20, 21, 24, 25
Melhores dias para a carreira: 7, 8, 11, 12, 18, 19, 29, 30

Este será basicamente um mês feliz. No dia 20 de março, você entrou em um pico anual de prazer pessoal, que continua até o dia 20 deste mês. É hora da diversão. A saúde também vai estar muito melhor.

Aprimore a saúde dando mais atenção aos pés a partir do dia 6. Massagens regulares nessa área farão maravilhas por você. Os métodos de cura espiritual também serão muito poderosos a partir desse dia.

Este mês seria idílico se não fosse pela ocorrência de dois eclipses, que vão abalar o mundo como um todo e criar mudanças necessárias em sua vida.

O eclipse lunar no dia 15 acontece em sua Décima Primeira Casa. As amizades são postas à prova. Haverá dramas na vida de amigos. O relacionamento dos filhos em idade apropriada será testado. Computadores e equipamentos de alta tecnologia podem ficar temperamentais nesse período — com frequência, é preciso substituí-los. Todo eclipse lunar tende a proporcionar encontros psicológicos com a morte, e esse não será diferente. É hora de desenvolver uma atitude mais saudável e menos temerosa em relação a ela. É uma boa ideia dirigir com mais cuidado e evitar atividades arriscadas. O cônjuge, parceiro ou amor atual será forçado a fazer mudanças financeiras drásticas (em um processo de seis meses). Os filhos e enteados também sofrerão o impacto, e devem ser mantidos longe do perigo. Não existe necessidade de se envolverem em façanhas perigosas durante esse período. Eles vão fazer importantes mudanças em seu corpo e imagem — redefinir-se para si mesmos e para o mundo.

O eclipse solar do dia 29 ocorre em sua Sexta Casa, podendo causar mudanças profissionais. Isso pode acontecer dentro de sua empresa atual ou em outra. Em geral, há instabilidade no ambiente de trabalho. Aqueles que empregam outras pessoas terão rotatividade entre os funcionários. Pode haver sustos na saúde, mas, provavelmente, não passarão de sustos. Também haverá mudanças importantes na rotina da saúde (em um processo de seis meses). Os universitários fazem alterações significativas em seus planos educacionais. Normalmente, isso significa uma mudança de curso ou de instituição de ensino. Às vezes, por causa de mudanças administrativas, a estratégia tem de ser alterada. Com frequência, o eclipse solar proporciona crises de fé. Suas crenças são desafiadas pelos "fatos da vida". Isso é algo positivo, mas não é muito agradável enquanto está acontecendo. É benéfico revisar as crenças periodicamente — refiná-las. Os sagitarianos são viajantes renomados, mas é melhor evitar viagens internacionais desnecessárias nesse período.

MAIO

Melhores dias: 6, 7, 15, 16, 24, 25
Dias mais tensos: 1º, 2, 8, 9, 10, 21, 22, 28, 29
Melhores dias para o amor: 1º, 2, 6, 11, 12, 13, 14, 19, 20, 24, 25, 28, 29, 30
Melhores dias para o dinheiro: 3, 4, 5, 13, 14, 17, 18, 21, 22, 31
Melhores dias para a carreira: 8, 9, 10, 11, 12, 19, 20, 29, 30

Os planetas rápidos chegam a seu ponto mais ocidental este mês. A habilidade pessoal sempre importa, mas a "simpatia" — a habilidade de se dar bem com os outros — terá mais peso nesse período. Ambas as características têm basicamente a mesma importância, mas em diferentes momentos uma ou a outra é a principal. O Gênio Cósmico, através de seus mensageiros, os planetas, assegura-se de que desenvolvamos ambos os lados de nossa natureza de forma equilibrada. Concentrar-se demais no *self* e em seus interesses pode interferir em nossos interesses. Então, é bom tirar umas férias de nós mesmos e nos concentrar nas outras pessoas. Por estranho que pareça, quando fazemos isso, nossas próprias necessidades são satisfeitas de formas interessantes.

No dia 21, quando o Sol ingressa em sua Sétima Casa, você começa um de seus picos anuais amorosos e sociais. A vida social em geral se torna mais ativa. Aumenta o número de convites para eventos sociais. Haverá mais casamentos, chás e despedidas de solteiros. E quem estiver procurando romance terá mais chances de encontrá-lo. Os eventos tendem a seguir nossos interesses e nosso foco.

Seu planeta do Amor, Mercúrio, move-se rapidamente este mês — passando por três signos e Casas de seu Zodíaco. A confiança social será boa. Você vai fazer bons progressos em direção a seus objetivos. Mas isso também mostra muitas mudanças em suas necessidades e atitudes amorosas. Você se torna mais difícil de compreender quando o assunto é amor. Até o dia 7, você sentirá atração por aqueles que sirvam a seus interesses. É assim que você se sentirá amado e que demonstrará amor. O amor será prático — uma espécie de benefício mútuo. As oportunidades amorosas acontecerão no local de trabalho e enquanto você tenta alcançar seus objetivos de saúde. No dia 7, Mercúrio ingressa em sua Sétima Casa — do Romance. Agora, o romance se torna mais importante. Você começa a querer caminhar na praia ao luar, flores, a expressão criativa do amor. É a sensação de amar o que mais importa. As oportunidades amorosas acontecem nos lugares habituais nesse período — em festas e reuniões. No dia 29, Mercúrio ingressa em sua Oitava Casa, e o magnetismo sexual passa a ser mais importante. Um bom sexo vai esconder muitos pecados de um relacionamento.

O planeta do Amor fica "além-fronteiras" entre os dias 12 e 31. Isso é mais interessante, e mostra que você vai sair de sua esfera habitual na busca pelo amor — entrará em território desconhecido. Às vezes, é necessário. Você tem de sair do padrão.

A saúde precisa de mais vigilância a partir do dia 21. Como sempre — e mais importante —, descanse bastante. Uma boa quantidade de energia é a principal defesa contra as doenças. A saúde pode ser aprimorada com massagens no couro cabeludo entre os dias 3 e 29. Até o dia 3, dê mais atenção aos pés. Depois do dia 29, ao pescoço e à garganta. Massagens no pescoço (e terapia sacrocranial) serão poderosas.

JUNHO

Melhores dias: 2, 3, 12, 13, 20, 21, 29, 30
Dias mais tensos: 5, 6, 18, 19, 24, 25, 26
Melhores dias para o amor: 1º, 5, 6, 9, 10, 14, 15, 17, 23, 24, 25, 26
Melhores dias para o dinheiro: 1º, 9, 10, 11, 14, 15, 18, 19, 27, 28
Melhores dias para a carreira: 1º, 5, 6, 9, 10, 17, 25, 26

A saúde continua precisando de vigilância até o dia 21. Reveja o que falamos no mês passado sobre isso. Continue a melhorar essa área com massagens no pescoço até o dia 23. Faça o que puder para manter as vértebras cervicais no alinhamento correto. Não permita que a tensão se acumule no pescoço. Para aqueles que tiverem uma inclinação mais esotérica, entoar mantras será muito benéfico. O corpo vai responder mais ao som do que de costume. Depois do dia 23, melhore a saúde com massagens nos braços e no pescoço. Exercícios de respiração farão bem.

Você continua em um pico amoroso anual até o dia 21. Mas este mês o amor se torna mais complicado a partir do dia 18. Mercúrio, o planeta do Amor, começa a se mover para trás (a atividade retrógrada em geral aumenta em junho). Sem dúvida, você tem conhecido gente nova, tido possibilidades românticas e feito novos amigos desde o mês passado. Esse vai ser o momento de revisão, de se afastar e ver se esses novos relacionamentos são mesmo o que você quer. Hora de desacelerar um pouco no amor e não apressar as coisas.

No dia 21 do mês passado, o poder planetário se deslocou da metade inferior para a superior do Zodíaco. No dia 23 deste mês, o deslocamento se torna ainda mais intenso. Sessenta por cento e, às vezes, 70 por cento dos planetas vão estar na metade superior do Zodíaco — o setor dos assuntos externos e da carreira. Seu planeta da Família, Netuno, começa a se mover para trás no dia 9. É uma mensagem muito clara. As questões domésticas e familiares precisam de tempo para serem resolvidas. Não há muito a fazer para que isso aconteça. Concentre-se na carreira e em sua vida exterior. Mercúrio também é o planeta da Carreira — ele tem uma dupla função em seu Zodíaco. Então, esse movimento retrógrado sugere a necessidade de estudar mais as oportunidades profissionais. As questões de trabalho devem ser tratadas com mais cuidado e minúcia. Concentre-se na carreira, mas avance lenta e metodicamente.

No dia 21, o Sol entra em Câncer, sua Oitava Casa. Será um período sexualmente ativo. Todo o ano foi assim, mas agora será ainda mais. Seja qual for sua idade e estágio de vida, a libido vai estar mais forte do que de hábito. A prosperidade aumenta a partir do dia 21. Saturno, o planeta das Finanças, começa a receber aspectos muito positivos. O único problema nessa área é que Saturno ainda está em movimento retrógrado. Você ainda terá rendimentos maiores, mas acontecerão mais atrasos e problemas. Paciência. Paciência. Paciência. Eventualmente, as negociações vão ser fechadas. A prosperidade seria maior se Saturno estivesse se movendo para a frente, mas não está mal. O cônjuge, parceiro ou amor atual também prospera. Ele, ou ela, entra em um pico financeiro anual no dia 21.

A saúde e a energia, em geral, aumentam muito depois do dia 21.

Programe uma agenda tranquila entre os dias 21 e 26. Seja mais cuidadoso ao dirigir e evite atividades arriscadas. Júpiter, o senhor de seu Zodíaco, transita por um ponto de eclipse nesse período.

Vênus passa por um ponto de eclipse nos dias 5 e 6, o que pode provocar perturbações no emprego e instabilidade no ambiente de trabalho. Às vezes, provoca um susto na saúde, mas não há necessidade de pânico, busque uma segunda opinião.

JULHO

Melhores dias: 1º, 9, 10, 17, 18, 27, 28
Dias mais tensos: 2, 3, 15, 16, 22, 23, 29, 30, 31
Melhores dias para o amor: 4, 5, 6, 13, 14, 22, 23, 24, 25
Melhores dias para o dinheiro: 7, 8, 11, 12, 15, 16, 17, 24, 25, 27
Melhores dias para a carreira: 2, 3, 5, 6, 13, 14, 24, 25, 29, 30, 31

Muitas mudanças importantes e positivas vão acontecer em seu Zodíaco — e, consequentemente, em sua vida — neste mês. O senhor de seu Zodíaco, Júpiter, faz sua saída anual de Câncer, ingressando em Leão e começando a formar aspectos harmoniosos com você. O sagitariano é sempre um viajante, mas agora essa característica se intensifica. Este mês (e este ano) terá muitas viagens internacionais.

Saturno, o planeta das Finanças, começa a se mover para a frente no dia 20, depois de passar muitos meses em movimento retrógrado. Ele ainda está recebendo aspectos muito positivos, de forma que julho será próspero. Negócios e pagamentos emperrados seguem em frente. A confiança financeira retorna. Esperamos que você tenha usado os últimos meses para esclarecer melhor suas metas e seus planos monetários. Depois do dia 20, vai poder colocá-los em prática. A conjunção do Sol com Júpiter — entre os dias 24 e 27 — será muito próspera. Haverá sorte nas especulações e nas finanças em geral. A Lua Nova do dia 26 será especialmente afortunada.

A Nona Casa é sua Casa natural. O poder ali depois do dia 23 será muito confortável para você. O cosmos o impele a fazer o que mais gosta — viajar, educar-se e se aprofundar na religião e na filosofia.

A saúde será boa durante todo o mês, mas você nota uma melhora no bem-estar depois do dia 23. Se houver algum problema preexistente, você deve ouvir boas notícias sobre ele. Talvez algum médico ou terapeuta fique com o crédito, mas a verdade é que o poder planetário mudou a seu favor. Todo o resto será apenas o "efeito colateral" disso. Você pode melhorar ainda mais a saúde dando atenção aos braços, aos ombros, aos pulmões e ao sistema respiratório até o dia 18. Massagens regulares nos ombros e nos braços serão excelentes. Depois do dia 18, dê mais atenção ao estômago — as mulheres devem ficar atentas aos seios. A dieta passa a ser uma questão de saúde nesse momento. Regimes de desintoxicação serão especialmente poderosos depois do dia 18 (desintoxicação renal pode ser uma boa ideia).

O amor não será tão ativo quanto nos últimos meses, mas continua bom. O planeta do Amor está em movimento direto, então haverá mais clareza nessa área. As decisões sociais tornam-se mais acertadas. O amor é romântico até o dia 13, e as oportunidades amorosas acontecem nos lugares habituais — festas e reuniões. Depois desse dia, o magnetismo sexual passa a ter mais peso.

AGOSTO

Melhores dias: 5, 6, 13, 14, 23, 24
Dias mais tensos: 11, 12, 18, 19, 25, 26, 27
Melhores dias para o amor: 3, 4, 5, 6, 12, 13, 14, 15, 18, 19, 23, 24, 25, 26
Melhores dias para o dinheiro: 3, 4, 5, 7, 8, 11, 12, 13, 14, 20, 21, 22, 23, 24, 30, 31
Melhores dias para a carreira: 5, 6, 14, 15, 25, 26, 27

Sua Nona Casa se tornou poderosa no dia 22 do mês passado. E se torna ainda mais poderosa em agosto — sobretudo depois do dia 23.

A Nona Casa (e o signo de Sagitário) tem três níveis de significado. O primeiro e mais básico é do *jet set*: a pessoa que almoça em Paris, janta em Viena e no dia seguinte corre para Londres para ver os jogos olímpicos. Não há nada de errado com isso, mas é apenas a característica mais básica na Nona Casa. O segundo nível é o do acadêmico, o professor: aquele que tem e fornece os ensinamentos. É uma função muito importante. O terceiro nível é o do padre: é a pessoa que não apenas fornece os Ensinamentos Superiores, mas que age como mediadora entre o Divino e as esferas mundanas. Se analisarmos os mapas da classe dos padres (e aí incluímos padres, pastores, rabinos, imames, monges e swamis) aposto que veremos uma quantidade desproporcional de sagitarianos ou de poder na Nona Casa. Os nativos do signo têm uma inclinação natural para essas coisas.

Então, além de todas as viagens que você fará, haverá mais interesse em ensinamentos superiores, religião e filosofia. Vai ser um momento maravilhoso para o estudo das Escrituras (ou dos escritos de sua religião). Haverá progressos religiosos e filosóficos e boas oportunidades educacionais. Os universitários se sairão melhor nos estudos e os que estiverem tentando entrar em uma faculdade receberão boas notícias.

Os sagitarianos gostam da vida noturna tanto quanto qualquer outra pessoa, mas, neste mês, uma interessante discussão teológica, ou a palestra de uma figura religiosa em visita, pode ser mais atraente.

Dentro de cada pessoa do *jet set* existe um padre ou professor.

O outro destaque do mês é seu pico profissional anual, que começa no dia 23. As viagens também estarão envolvidas. Na verdade, é sua disposição em viajar e em instruir aqueles que estão abaixo de seu nível o fator crucial do sucesso (conhecer as pessoas certas e ir às festas certas também não custa nada — especialmente depois do dia 15).

As finanças ficam um pouco mais tensas até o dia 23. Nada de grave, mas você vai precisar se esforçar mais para conquistar seus objetivos financeiros. Além disso, seu foco nas viagens, na religião e na educação pode distraí-lo das finanças. Entretanto, você verá uma boa melhora depois do dia 23.

A saúde também vai precisar de mais vigilância depois do dia 23. Até o dia 12, aprimore-a dando mais atenção ao estômago e à dieta. As mulheres devem ficar mais atentas aos seios. Depois do dia 12, concentre-se no coração e na circulação.

SETEMBRO

Melhores dias: 2, 3, 10, 11, 19, 20, 29, 30
Dias mais tensos: 8, 9, 14, 15, 22, 23
Melhores dias para o amor: 2, 3, 4, 12, 13, 14, 15, 20, 21, 23, 28
Melhores dias para o dinheiro: 1º, 2, 3, 4, 5, 8, 9, 10, 11, 17, 18, 19, 20, 27, 28, 29, 30
Melhores dias para a carreira: 4, 12, 20, 21, 22, 23, 28

Julho e agosto trouxeram enorme expansão mental e filosófica. A Nona Casa ficou sobrecarregada de energia planetária. A consequência natural da expansão mental e filosófica é o sucesso profissional, que começou no dia 23 do mês passado e continuará este mês. Você continua em seu pico profissional anual, e essa área correrá muito bem. Seu planeta do Lar e da Família, Netuno, continua em movimento retrógrado. Então, ainda é uma boa hora para deixar de lado os assuntos familiares por algum tempo (não há mesmo muito que você possa fazer para resolvê-los) e se concentrar na carreira.

Embora você vá ter muito sucesso profissional no momento, ele em nada se compara ao que você terá no ano que vem. É apenas uma preparação.

Assim como no mês passado, a saúde precisa de vigilância até o dia 23. Descanse bastante. Os sagitarianos têm a tendência a ser excessivamente otimistas em relação ao corpo, e às vezes o extenuam. Não é hora para isso. Até o dia 5, melhore a saúde dando mais atenção ao coração, à circulação e ao peito. Massagens no peito serão benéficas. Depois do dia 5, dê mais atenção ao intestino delgado. A boa notícia nessa área é que quando o planeta da Saúde cruzar o Meio do Céu no dia 5, você passará a prestar mais atenção à saúde. Problemas com chefes, pais ou figuras paternas ou maternas e ataques à sua reputação pessoal podem ter algum impacto sobre sua saúde a partir do dia 5. Se acontecerem problemas (Deus nos livre!), faça tudo o que puder para restaurar a harmonia o mais rápido possível. Felizmente, a carreira estará bem, o que é positivo para a saúde. A saúde e a energia vão ficar muito melhores depois do dia 23.

O amor será bom este mês. O planeta do Amor, Mercúrio, move-se para a frente com rapidez, indicando muito progresso em um relacionamento atual e muita confiança social. Você fará bons progressos em direção a seus objetivos sociais. Mercúrio passa por três signos e Casas em setembro, mas vai ficar no signo de Libra, sua Décima Primeira Casa durante a maior parte do mês — do dia 2 ao dia 28. Para os solteiros, isso indica oportunidades amorosas e românticas no mundo virtual — nos sites de relacionamento e de namoro. Também mostra boas chances quando você se envolver com grupos, atividades coletivas e organizações profissionais. Um amigo quer ser mais que isso. Neste mês, a amizade deve preceder o romance. Conheça o outro como amigo antes de pular de cabeça.

No dia 5 deste mês, o poder planetário chega ao setor oriental e independente de seu mapa. Você entra em um período de maior independência pessoal. Júpiter, o senhor de seu Zodíaco, também está em movimento direto, de forma que agora, pela primeira vez no ano, você terá tanto poder quanto direção para alterar condições desconfortáveis. Você sabe o que precisa ser modificado e pode começar a fazê-lo. Chega de se adaptar às situações. Crie sua vida segundo suas especificações. Agora, o Professor Cósmico quer que você desenvolva a independência, a iniciativa e as habilidades pessoais. É hora de andar com as próprias pernas.

OUTUBRO

Melhores dias: 7, 8, 16, 17, 18, 26, 27
Dias mais tensos: 5, 6, 12, 13, 19, 20
Melhores dias para o amor: 3, 5, 6, 12, 13, 22, 23, 31
Melhores dias para o dinheiro: 1º, 2, 5, 6, 7, 8, 14, 15, 17, 18, 24, 25, 26, 27, 28, 29
Melhores dias para a carreira: 5, 6, 13, 19, 20, 22, 23, 31

Sua Décima Primeira Casa ficou poderosa no dia 23 do mês passado e continua assim até o dia 23 deste mês. Então, você atravessará um período muito social. A consequência natural do sucesso profissional é uma vida social mais movimentada. Você conhece pessoas novas no topo, pessoas com interesses e ideias semelhantes. Você aprende o valor das amizades e dos contatos. Os amigos que fizer agora são pessoas que vão apoiar seus maiores desejos. Essa é a definição de amizade na perspectiva astrológica. Uma pessoa que sorri e parece amistosa, mas que não quer essas coisas para você, não é um amigo de verdade.

No dia 23, quando o Sol entrar em sua Décima Segunda Casa, você começa um dos períodos mais espirituais do ano. Quarenta por cento e, à vezes, 50 por cento dos planetas estará lá ou passará por ela ao longo deste mês.

Mas o maior destaque são os dois eclipses deste mês, que sempre causam dramas no mundo.

O eclipse lunar do dia 8 acontece em sua Quinta Casa e afeta os filhos ou enteados. Eles farão importantes mudanças pessoais nos próximos seis meses, redefinindo a si mesmos — a personalidade e o autoconceito. Nos próximos meses, vão apresentar uma imagem totalmente diferente ao mundo. Enquanto isso, faça tudo o que puder para mantê-los longe do perigo. Eles devem evitar atividades arriscadas. Esse eclipse terá impacto tanto sobre Urano quanto sobre Plutão — mas sobretudo sobre Urano. Assim, carros e equipamentos de comunicação serão testados — muitas vezes, precisam ser substituídos. É uma boa ideia dirigir com mais cuidado nesse período — de forma mais atenta e defensiva. O impacto sobre Plutão afeta a vida espiritual — suas atitudes, práticas e ensinamentos, que tomam um "choque de realidade". Essa área passará por mudanças importantes nos próximos meses. Todo eclipse lunar proporciona encontros psicológicos com a morte. Às vezes, as pessoas sonham com ela. Outras vezes, escapam dela por um triz — passam por experiências de quase morte. Se alguém em sua vida estiver entre a vida e a morte, é provável que essa pessoa escolha partir em um eclipse lunar. O eclipse lhes dá "um empurrãozinho", por assim dizer. O cônjuge, parceiro ou amor atual terá uma crise financeira temporária e será forçado a fazer mudanças importantes.

O eclipse solar do dia 23 acontece em sua Décima Segunda Casa — da Espiritualidade — e reforça as mudanças espirituais proporcionadas pelo eclipse lunar. Ele também traz dramas, abalos e agitação em organizações espirituais com as quis você esteja envolvido — e faz o mesmo com a vida de gurus ou mentores espirituais. Todo eclipse solar testa suas crenças religiosas e filosóficas. É bom poder atualizar e refinar essa área duas vezes ao ano. As verdadeiras crenças — aquelas que são congruentes com a realidade — se mantêm, mas as outras — as que, às vezes, são verdadeiras, que são parcialmente verdadeiras ou que são falsas — são revisadas ou descartadas. Os universitários farão mudanças importantes em seus planos educacionais. Viagens desnecessárias ao exterior devem ser evitadas no período do eclipse.

NOVEMBRO

Melhores dias: 4, 5, 13, 14, 22, 23
Dias mais tensos: 2, 3, 8, 9, 15, 16, 17, 29, 30
Melhores dias para o amor: 1º, 2, 3, 8, 9, 10, 11, 12, 20, 21, 22, 23
Melhores dias para o dinheiro: 3, 4, 5, 11, 12, 14, 21, 23, 25, 26, 30
Melhores dias para a carreira: 1º, 10, 11, 15, 16, 17, 20, 21

Sua Décima Segunda Casa — da Espiritualidade — continua muito poderosa este mês, que será propício a avanços espirituais e experiências pessoais e diretas com o mundo invisível. Será um ótimo momento para a meditação, os estudos espirituais, para ir a palestras espirituais e desenvolver as faculdades espirituais — intuição, percepção extrassensorial, rabdomancia, clarividência (hoje em dia chamada de "visão remota") e clariaudição. Nesses momentos, é normal querer ficar mais sozinho. O trabalho espiritual é sempre melhor na solidão. Não há nada de errado com você. Você não é antissocial. É uma fase de curto prazo.

A espiritualidade tem sido importante nas finanças há alguns anos e será especialmente importante nesse momento. Preste atenção à intuição, aos sonhos e às orientações internas. No dia 8, o planeta do Amor ingressa em sua Décima Segunda Casa, de forma que a espiritualidade se torna mais importante também para o amor. Você vai precisar de alguém que esteja na mesma frequência espiritual que você — alguém que compartilhe de seus ideais espirituais. O simples magnetismo sexual não vai bastar. Entre os dias 8 e 23, quando o planeta do Amor passa pela Décima Segunda Casa, as oportunidades românticas acontecem em ambientes espirituais — o estúdio de ioga, o encontro de oração ou o seminário de meditação. Médiuns, astrólogos, canais espirituais e pastores terão informações importantes sobre o amor e as finanças nesse período.

A consequência natural do progresso espiritual é um "novo começo" — é como se você começasse do zero. E isso vai acontecer quando o Sol entrar em seu signo no dia 22. Muitos sagitarianos farão aniversário este mês, outros, no mês que vem. Astrologicamente falando, o aniversário é um recomeço — seu ano-novo pessoal.

Este mês será muito feliz. No dia 22, você entra em um ciclo anual de prazer pessoal. O poder planetário vai estar na posição mais ocidental do ano. Será um ótimo momento de fazer as mudanças que precisam ser feitas e criar as condições que quiser — um momento para fazer as coisas à sua maneira. Você verá um rápido progresso em direção aos seus objetivos.

No dia 23, o planeta do Amor cruza o Ascendente e entra em sua Primeira Casa. O amor ganhará vida e irá até você. O cônjuge, parceiro ou amor atual vai querer agradar você e será muito devotado. Você vai ser a pessoa mais importante na vida dele ou dela. Os solteiros não precisam se esforçar muito para encontrar o amor, que estará no encalço deles. Só precisam seguir normalmente a vida — estar presentes.

Este será um mês, sobretudo até o dia 17, propício para se aprofundar na cura espiritual. A saúde será basicamente boa, mas, caso se sinta mal, talvez possa ir a um curandeiro espiritual. Você responderá bem a esse tipo de tratamento.

Os sagitarianos que estiverem procurando um emprego terão sorte depois do dia 17. Oportunidades de trabalho chegarão a você sem que seja necessário fazer nada.

DEZEMBRO

Melhores dias: 1º, 2, 10, 11, 20, 21, 28, 29
Dias mais tensos: 5, 6, 13, 14, 26, 27
Melhores dias para o amor: 1º, 2, 5, 6, 10, 11, 12, 13, 21, 22, 30, 31
Melhores dias para o dinheiro: 1º, 2, 8, 9, 10, 11, 19, 20, 21, 22, 23, 28, 29
Melhores dias para a carreira: 1º, 2, 10, 11, 13, 14, 21, 22, 30, 31

Embora vá haver alguns obstáculos pelo caminho — um pouco de empolgação e mudança —, este mês será feliz e próspero. Você continua em um pico anual de prazer pessoal, um momento para desfrutar os prazeres sensuais, os prazeres do corpo. A saúde e a energia estarão bem. A presença de muitos planetas em sua Primeira Casa indica magnetismo e carisma. Você estará com boa aparência e o sexo oposto o notará. O amor (e a vida em geral) continuam de acordo com seus termos. Se houver condições que você ainda precisa mudar, tente fazer isso antes do dia 8, quando Júpiter começa a se mover para trás.

A prosperidade também será muito boa este mês. Haverá dois progressos importantes. Você entra em um pico financeiro anual no dia 22, o que deve propiciar os maiores rendimentos do ano. Sessenta e, às vezes, 70 por cento dos planetas vão estar em sua Casa do Dinheiro ou passarão por ela este mês — é muito poder financeiro. No dia 24, o planeta das Finanças, Saturno, entra em seu signo. Isso proporciona sorte nas finanças — especialmente para aqueles que nasceram no começo do signo — entre os dias 22 e 24 de novembro. Você será visto pelos outros como uma "pessoa do dinheiro". Vai usar roupas caras e projetar a riqueza. Os próximos anos também serão prósperos. As finanças serão importantes para você, que vai se concentrar nessa área. O problema pode ser foco em excesso.

A saúde está excelente no momento (ainda que pelos próximos dois anos você vá ter de vigiar essa área com mais cuidado). Aprimore a saúde ainda mais dando atenção ao fígado e às coxas (sempre importantes para os sagitarianos) até o dia 10 e a coluna, joelhos, dentes, ossos, pele e alinhamento geral do esqueleto depois dessa data. Massagens frequentes nas costas e nos joelhos serão poderosas.

Os nativos do signo gostam da boa vida. Então, o peso geralmente é um problema. Mas a partir do dia 24 (e pelos próximos dois ou três anos) as dietas para perda de peso funcionarão bem. Aqueles que precisarem, vão começar a se livrar dos quilos a mais.

Urano está mais ou menos acampado em um ponto de eclipse desde outubro. Ele continuará assim este mês. As comunicações andaram irregulares. Os irmãos ou as figuras fraternas de sua vida estão passando por crises e situações dramáticas. Pode haver problemas também com seus vizinhos. Continue a dirigir com mais cuidado e de forma mais defensiva.

Marte transita por um ponto de eclipse entre os dias 4 e 7. Os filhos e enteados devem evitar atividades arriscadas e façanhas perigosas. Também devem dirigir com mais cuidado.

Vênus passa por um ponto de eclipse entre os dias 21 e 23, o que pode proporcionar mudanças ou agitações no trabalho. Talvez também um susto na saúde — mas essa área estará bem e, provavelmente, será apenas um susto. Busque uma segunda opinião.

CAPRICÓRNIO

A CABRA
Nascidos entre 21 de dezembro e 19 de janeiro

PERFIL PESSOAL

CAPRICÓRNIO NUM RELANCE

Elemento: Terra
Planeta Regente: Saturno
  Planeta da Carreira: Vênus
  Planeta do Amor: Lua
  Planeta das Finanças: Urano
  Planeta da Saúde e do Trabalho: Mercúrio
  Planeta do Lar e da Vida Familiar: Marte
Cores: preto, índigo
Cores que promovem o amor, o romance e a harmonia social: castanho-escuro, prateado
Cor que propicia ganhos: azul-ultramarino
Pedra: ônix negro
Metal: chumbo
Perfumes: magnólia, pinho, ervilha-de-cheiro, gualtéria
Qualidade: cardeal (= atividade)
Qualidades essenciais ao equilíbrio: calor humano, espontaneidade, espírito de diversão
Maiores virtudes: senso de dever, organização, perseverança, paciência, capacidade de enxergar a longo prazo
Necessidades mais profundas: gerir, encarregar-se, administrar
Características a evitar: pessimismo, depressão, materialismo e conservadorismo excessivos
Signos de maior compatibilidade: Touro, Virgem

Signos de maior incompatibilidade: Áries, Câncer, Libra
Signo mais útil à carreira: Libra
Signo que fornece maior suporte emocional: Áries
Signo mais prestativo em questões financeiras: Aquário
Melhor signo para casamento e associações: Câncer
Signo mais útil em projetos criativos: Touro
Melhor signo para sair e se divertir: Touro
Signos mais úteis em assuntos espirituais: Virgem, Sagitário
Melhor dia da semana: sábado

COMPREENDENDO A PERSONALIDADE CAPRICORNIANA

As virtudes capricornianas são de tal natureza que sempre haverá pessoas contra e a favor delas. Muitos as admiram; outros, as abominam. A razão para isso parece ser a sede de poder dos nativos do signo. Um bom capricorniano sempre tem os olhos voltados para o ápice do poder, elevação, prestígio e autoridade. No signo de Capricórnio, a ambição não é um pecado ou defeito, mas a mais elevada das virtudes.

Os capricornianos não temem o ressentimento que sua autoridade (ou autoritarismo) possa gerar. Sua mente fria, calculista e organizada já computou todos os riscos na equação: impopularidade, animosidade, mal-entendidos e mesmo a calúnia declarada. E eles sempre têm um plano para lidar com esses contratempos de modo eficiente. Para um capricorniano, situações de arrepiar os cabelos de qualquer outro mortal não passam de meros problemas a solucionar, lombadas na estrada que os conduz ao poder, à eficácia e ao prestígio crescentes.

Costuma-se atribuir pessimismo aos nativos do signo, mas essa perspectiva é um tanto ilusória. É verdade que adoram levar em consideração o lado negativo das coisas. Também é verdade que adoram imaginar o pior cenário possível para qualquer empreendimento. Os outros consideram deprimente essa maneira de analisar as situações, mas os capricornianos agem assim com o intuito de detectar uma forma de escapar de possíveis problemas: é o seu roteiro de fuga.

Sempre questionarão o sucesso que você alcançou. Mostrarão a você que não está se saindo tão bem quanto julga. Agem dessa forma tanto em relação a si mesmos quanto em relação aos demais. Sua intenção não é provocar desânimo e sim erradicar obstáculos a um sucesso ainda maior. Um patrão ou supervisor capricorniano intui que, por melhor que seja o desempenho atual, sempre haverá espaço para progredir. Isso explica por que é tão difícil lidar com chefes capricornianos. É de tirar qualquer empregado do sério. Suas atitudes são, todavia, bastante eficazes; conseguem que seus subalternos cresçam profissionalmente e se aprimorem no desempenho de suas tarefas.

Os capricornianos são gerentes e administradores natos. Os leoninos podem ocupar com eficácia o posto de reis e rainhas, mas são os capricornianos que se encaixam melhor no de primeiros-ministros — que são, na verdade, aqueles que exercem o poder.

Os capricornianos se interessam por virtudes duradouras e tudo que consiga subsistir ao teste do tempo e à prova das circunstâncias. Modas e modismos não lhes dizem nada, salvo seu aspecto lucrativo e a contribuição que possam dar em nome do poder. Os capricornianos empregam esse mesmo tipo de atitude no amor, nos negócios, em sua filosofia de vida e até na religião.

FINANÇAS

Os capricornianos, geralmente, alcançam a riqueza pelo trabalho. Mostram-se dispostos a trabalhar longa e arduamente pelo que desejam. Conseguem facilmente abrir mão de amenidades em prol de benefícios mais duradouros. Financeiramente, tendem a consolidar sua riqueza em idade mais avançada.

A fim de atingir suas metas financeiras, entretanto, precisam despojar-se de seu forte conservadorismo. Talvez esse seja o traço menos desejável da personalidade capricorniana. São capazes de resistir a qualquer inovação apenas pelo fato de ser uma novidade jamais testada antes. Têm medo de experimentar. Eles precisam aprender a correr pequenos riscos, mostrar-se mais dispostos a comercializar produtos novos e a explorar diferentes técnicas administrativas. Caso contrário, serão atropelados pelo progresso e ficarão para trás. É necessário aceitar a mudança dos tempos e descartar velhos métodos que já se provaram obsoletos.

Amiúde, essa experimentação implica o rompimento com a autoridade estabelecida. Talvez seja premente até abandonar a posição entrincheirada em que se encontram e arriscar-se em novos empreendimentos. Dessa forma, terão de aceitar os riscos e seguir adiante com eles. Somente dessa maneira estarão trilhando a estrada dos altos ganhos.

CARREIRA E IMAGEM PÚBLICA

A ambição e o anseio de poder dos capricornianos são claramente notados. É possivelmente o signo mais ambicioso do Zodíaco e o que faz mais sucesso, no sentido mundano da palavra. Entretanto, existem algumas lições que os capricornianos precisam aprender, se desejam realizar suas aspirações mais elevadas.

Inteligência, trabalho árduo, eficácia fria e racional e organização os levarão até uma parte do caminho, mas não ao topo. Será necessário cultivar o encanto social, atuar nessa área de forma mais graciosa. Em suma, saber lidar com as pessoas. Os nativos de Capricórnio devem aprender a cultivar a beleza e os contatos sociais convenientes, e fazer uso do poder airosamente, para que as pessoas consigam gostar deles; e essa é uma arte delicada. E, ainda, a unir as pessoas em torno de certos objetivos. Em síntese, têm de assimilar alguns dos prodigiosos dons librianos de charme e graça para chegar ao topo.

Tendo aprendido essa lição, vocês, capricornianos, serão extremamente bem-sucedidos em suas carreiras. São trabalhadores diligentes e devotados que não receiam investir tempo e esforço em seus empreendimentos. Os capricornianos não costumam apressar-se na realização de uma tarefa; gostam de executá-la com esmero. Preferem ascender na escala social ou na empresa onde trabalham de forma lenta, mas segura. Movidos a sucesso, é natural que geralmente conquistem a simpatia dos chefes, que os apreciam e respeitam.

AMOR E RELACIONAMENTOS

Da mesma forma que ocorre com Escorpião e Peixes, é dificílimo conhecer bem um capricorniano. Eles são profundos, introvertidos e gostam de conservar sua discrição. Não gostam de revelar seus pensamentos íntimos. Se você se apaixonou por um nativo do signo, seja paciente e vá com calma. Pouco a pouco, começará a conhecê-lo melhor.

Os capricornianos possuem uma natureza profundamente romântica, mas não a entregam de bandeja. Não são particularmente emotivos; sua impassividade beira a frieza. Geralmente, demonstram seu amor de forma prática.

Leva tempo para um capricorniano, homem ou mulher, se apaixonar. Não são do tipo que cai de amor à primeira vista. Os nativos de Áries e Leão que se envolverem com capricornianos podem mistificar erroneamente que seus parceiros de Capricórnio são frios, insensíveis e rígidos. Obviamente, nada disso é verdade. É que eles gostam de fazer as coisas devagar; de conhecer bem o terreno em que pisam, antes de demonstrar seu amor ou comprometer-se.

Mesmo nas relações amorosas, costumam agir com intencionalidade. Necessitam de mais tempo para tomar decisões do que os nativos de qualquer outro signo zodiacal; mas, vencida a barreira, podem mostrar-se tão passionais quanto qualquer outro signo. Os capricornianos apreciam relações claramente estruturadas e definidas, constantes e previsíveis. Quase apreciam a rotina. Buscam companheiros que os apoiem, e fazem o mesmo com seus pares. Faz parte de sua psicologia básica essencial. Se tal relação é o melhor para eles ou não, é outra história, já que sua vida é naturalmente marcada pela rotina. Talvez se dessem melhor num relacionamento mais estimulante, mutável e flutuante.

VIDA DOMÉSTICA E FAMILIAR

O lar dos capricornianos, como o dos virginianos, é sempre organizado e arrumadinho. Procuram gerir suas famílias da mesma forma como administram seus negócios. São tão obcecados pela carreira que muitas vezes carecem de tempo para o lar e para a família. Devem procurar envolver-se mais ativamente na vida doméstica e familiar. Contudo, levam os filhos muito a sério e são pais corujas, sobretudo quando os filhos crescem e se tornam membros respeitados da sociedade.

CAPRICÓRNIO
HORÓSCOPO 2014

TENDÊNCIAS GERAIS

O ano passado foi um ano intenso para o amor e para a vida social, e a tendência continua em 2014. Não apenas o amor vai estar no ar, mas haverá muito mais amizades. Falaremos mais sobre isso depois.

Você está envolvido na transformação e na reinvenção pessoal há anos, e essa tendência vai se manter em 2014. Você tem a ajuda dos amigos e da tecnologia, mas mesmo assim é um trabalho duro. As coisas ficarão muito mais fáceis nessa área — e haverá sucesso — a partir de 16 de julho.

As finanças serão medianas — lhes faltará brilho — na primeira metade do ano. Não vai acontecer nenhum desastre, mas também nada de positivo. Essa situação vai mudar a partir do dia 16 de julho, e o ano acabará sendo próspero. Falaremos mais sobre isso depois.

A carreira será ativa, mas muito caótica, na primeira metade do ano. Haverá sucesso, mas só através de muito trabalho e muito esforço. A principal dificuldade vai ser integrar a carreira às obrigações domésticas e familiares. Falaremos mais sobre isso depois.

Netuno está em sua Terceira Casa desde fevereiro de 2012, indicando que o pensamento e o discurso tornam-se mais refinados. Para os estudantes, isso é bom e ruim. Por um lado, a intuição se fortalece; por outro, pode haver a tendência de ignorar fatos básicos. É preciso aprender a integrar lógica e intuição. Cada uma tem seu lugar.

A situação familiar está volátil há alguns anos, e essa tendência se mantém em 2014. Assim como nos últimos anos, seu desafio é manter o equilíbrio emocional.

Suas áreas de maior interesse este ano serão corpo, imagem e prazer pessoal; comunicação e interesses intelectuais; lar e família; amor e romance (até 16 de julho); sexo, reinvenção pessoal, imóveis; impostos; dívidas e estudos de ocultismo (a partir de 16 de julho); amigos, grupos e atividades coletivas.

Seus caminhos para maior realização este ano serão amor e romance (até 16 de julho); sexo, reinvenção pessoal, imóveis, impostos, dívidas e estudos de ocultismo (a partir de 16 de julho); amigos, grupos e atividades coletivas (até 19 de fevereiro); carreira (a partir de 19 de fevereiro).

SAÚDE

(Trata-se de uma perspectiva astrológica sobre a saúde, não de uma visão médica. No passado, essas perspectivas eram idênticas, porém, hoje, podem ocorrer diferenças. Para obter uma opinião com base em diagnósticos da medicina convencional, consulte seu médico ou um profissional da saúde.)

A saúde vai precisar de vigilância em 2014 — sobretudo na primeira metade do ano. Embora os aspectos não sejam, nem de longe, tão severos quanto foram em 2011 e 2012, terão um forte impacto sobre você. Três planetas lentos vão formar um alinhamento tenso até 16 de e julho. Parte do problema é que sua Sexta Casa — da Saúde — ficará basicamente vazia (apenas planetas rápidos passarão por ela). Portanto, talvez você não preste a devida atenção a essa área. Será preciso fazer um esforço consciente para não se descuidar.

Ter três planetas lentos pressionando você já é bem difícil, mas os planetas rápidos se juntarão a eles em determinados momentos do ano, e esses serão períodos particularmente vulneráveis. Em 2014, esses períodos serão de 21 de março a 19 de abril e de 21 de junho a 16 de julho. Descanse o máximo que puder nessas datas. Na primeira metade do ano — sobretudo nesses períodos — será benéfico marcar massagens regulares, além de tratamentos de reflexologia e acupuntura — ou talvez passar o tempo livre em um spa perto de casa.

Descansar bastante e manter altos os níveis de energia é sua principal defesa. Mas também vale a pena dar mais atenção às seguintes áreas, que serão os pontos vulneráveis de seu Zodíaco:

Coração. Evite a preocupação e a ansiedade ao máximo. Essas duas emoções são as raízes espirituais dos problemas de saúde. Se houver algo positivo a ser feito em relação a uma dificuldade, não deixe de fazer. Se não, reze e deixe para lá. A preocupação não ajuda na resolução dos problemas.

Coluna, joelhos, dentes, ossos, pele e alinhamento geral do esqueleto. Massagens regulares nas costas e nos joelhos serão poderosas. Dê mais atenção aos joelhos quando estiver se exercitando. Visitas frequentes a um quiroprático ou osteopata serão uma boa ideia — as vértebras precisam ficar no alinhamento correto. Se você estiver ao Sol, use um bom filtro solar. Ioga, pilares, técnica de Alexander e o método Feldenkrais são terapias excelentes para a coluna.

Pulmões, intestino delgado, braços, ombros e sistema respiratório. Massagens frequentes nos ombros serão benéficas. A tensão tende a se acumular nos ombros e precisa ser liberada regularmente.

Mercúrio, seu planeta da Saúde, é um planeta rápido. Com exceção da Lua, é o mais rápido do Zodíaco. Todo ano ele visita — em algum momento — todo signo e Casa de seu mapa. Portanto, há muitas tendências de curto prazo na saúde — dependendo de onde Mercúrio estará e dos aspectos que receberá. Discutiremos melhor essa questão nas "Previsões Mensais".

Em 2014, Mercúrio entra em movimento retrógrado três vezes — de 6 a 28 de fevereiro; de 7 de junho a 2 de julho e de 4 a 25 de outubro. São momentos para revisar seus objetivos na saúde e ver onde podem ser feitas melhorias. Não serão tempos propícios para tomar decisões ou fazer mudanças dramáticas nessa área (com frequência, ficamos muito tentados, mas é melhor evitar).

A presença de Plutão em seu signo — há muitos anos — indica uma tendência a fazer cirurgias, sobretudo cosméticas. Mas não quer dizer que você tenha de fazê-las, só que vai estar inclinado a isso.

LAR E FAMÍLIA

Sua Quarta Casa — do Lar e da Família — é uma Casa de poder desde 2011, e continuará assim em 2014 e por mais alguns anos. Essa será uma área muito volúvel da vida.

A unidade familiar está instável há alguns anos. Os ânimos estão exaltados. É preciso mais liberdade para você e para os familiares. Com frequência, a presença de Urano na Quarta Casa indica rupturas na unidade familiar — às vezes, divórcios, outras vezes, brigas generalizadas. Vai ser necessário muito esforço para impedir que a família desmorone. Mas é possível, se houver esse esforço.

A presença de Urano na Quarta Casa também indica humores e emoções instáveis. Isso pode acontecer tanto com você quanto com algum membro da família. O humor pode mudar diversas vezes, e de forma inesperada. É difícil lidar com esse tipo de coisa. Você nunca sabe o que esperar da família nesses momentos. Isso será ainda mais verdadeiro em relação a um dos pais ou figuras paternas ou maternas.

Você vai se esforçar para criar um espírito de equipe na família, mas será difícil. A intenção é boa, mas não tão fácil de implementar.

Urano é seu planeta das Finanças. Sua posição na Quarta Casa indica que você vai gastar mais com o lar e com a família, investindo nessa área. Mas seus rendimentos também podem vir daí. Isso indica que você vai trabalhar mais em casa. A vida financeira ficará centrada no lar, e não tanto no trabalho.

Urano rege a alta tecnologia, as invenções e as inovações. Portanto, você vai instalar todos os tipos de aparelhos tecnológicos em casa. Talvez coisas relacionadas às finanças — programas ou conexões financeiras.

Com Urano na Quarta Casa, você pode já ter se mudado, e talvez se mude outra vez. Esse é um aspecto para mudanças "múltiplas" e "seriais". Às vezes, não é uma mudança real, mas reformas e redecorações em série.

Quando achar que a casa está exatamente como você quer, vai descobrir uma nova casa, uma nova decoração ou planta que é ainda melhor.

Em geral, isso indica que você vai morar em lugares diferentes por longos períodos. Embora não tenha realmente se mudado (em um senso legal) será "como se" isso tivesse acontecido algumas vezes.

Um dos pais ou figuras paternas ou maternas pode ter se mudado em 2013, e, caso isso não tenha ocorrido, pode se mudar este ano. A mudança será positiva. Irmãos e figuras fraternas terão um ano sem alterações. É provável que fiquem onde estão. Os filhos e os enteados, provavelmente, vão se mudar depois do dia 16 de julho. Os netos que já estiverem com a idade apropriada vão reformar e consertar a casa, algo que dará a impressão de acontecer repentina e inesperadamente.

DINHEIRO E CARREIRA

A Casa do Dinheiro não será uma Casa de poder este ano, e talvez essa seja a maior fraqueza financeira no Zodíaco. Você pode se desconcentrar e não dar a essa área a devida atenção. A vida social agitada pode ser uma das razões, e a outra, os problemas na família.

Em geral, os capricornianos são interessados nas finanças — e sabem lidar com elas —, mas este ano você vai precisar se esforçar mais.

Embora o relacionamento familiar vá estar instável, haverá apoio financeiro — tanto seu quanto deles.

Seu mapa mostra um negócio familiar. Talvez com a própria família (e essa pode ser parte da tensão nesse setor) ou um negócio comandando como uma família. As conexões familiares também serão importantes para as finanças.

A presença do planeta das Finanças na Quarta Casa (desde 2011) favorece imóveis residenciais (embora os comerciais sejam naturalmente bons para você também), restaurantes, negócios relacionados à comida (atacado ou varejo), hotéis e qualquer indústria voltada para o lar e a família. O campo da psicologia será bem-sucedido. Aqueles que tiverem profissões relacionadas à saúde se sairão bem como médicos de família.

Júpiter, seu planeta da Espiritualidade, passa a maior parte do ano em quadradura com o planeta das Finanças. Portanto, sua intuição financeira vai precisar de verificação. A intuição verdadeira sempre deve ser seguida, mas às vezes interpretamos mal seu significado. Talvez você esteja doando demais para instituições de caridade (o que também é bom) e isso o deixe estressado. A doação deve sempre ser "proporcional".

O aspecto de quadratura de Júpiter com o planeta das Finanças pode criar problemas de "excesso" — geralmente excesso de gastos. Mas os capricornianos são menos suscetíveis a isso do que a maioria das pessoas.

Júpiter ingressa em Leão, sua Oitava Casa, em 16 de julho, o que vai mudar radicalmente — para melhor — toda a vida financeira. A partir dessa data, o planeta vai começar a formar aspectos incríveis com Urano, o que indica prosperidade e uma intuição digna de confiança — uma intuição clara e sem ambiguidade. Você também vai gastar mais enquanto estiver sob este aspecto, mas vai ganhar mais.

A presença de Júpiter na Oitava Casa indica a prosperidade do cônjuge, parceiro ou amor atual — e dos amigos em geral. Eles vão ficar mais generosos com você. Também indica uma herança, embora ninguém precise literalmente morrer. Você pode ser nomeado no testamento de alguém ou indicado para assumir algum cargo administrativo nesse testamento. Se tiver boas ideias, esse será um bom período para atrair investidores, um momento propício tanto para pedir dinheiro emprestado quanto para pagar suas dívidas — de acordo com suas necessidades.

A carreira vai estar muito ativa e caótica até 16 de julho. Marte passa quase sete meses em sua Décima Casa — da Carreira. Você vai rechaçar competidores (podem ser competidores pessoais ou da empresa para a qual você trabalha), e estará profissionalmente agressivo. A família como um todo — embora as coisas estejam turbulentas — também vai ter mais sucesso (talvez a motivação profissional e a grande ambição deles sejam motivadas em parte pelo conflito).

Marte é seu planeta da Família. A presença dele na Décima Casa — da Carreira — fornece muitas mensagens. Seja qual for seu emprego ou profissão, seja qual for seu trabalho externo, a família será sua verdadeira carreira — a verdadeira missão — pelos primeiros sete meses do ano. A família dará apoio a seus objetivos profissionais e ajudará ativamente. Você vai trabalhar para integrar o lar e o trabalho. A casa vai se tornar um pouco mais escritório, e o escritório vai se tornar mais "doméstico". As conexões familiares serão úteis para as finanças e para a carreira.

AMOR E VIDA SOCIAL

Quando Júpiter ingressou em sua Sétima Casa em 26 de junho de 2013, você entrou em um ciclo romântico muito poderoso e feliz. E ele continua até 16 de julho deste ano. Toda a vida social está mais agitada. Sem dúvida, houve dificuldades pelo caminho. A Lua, seu planeta do Amor, é o mais rápido dos planetas. A cada mês, ela passa por todos os signos e Casas de seu Zodíaco. A cada mês ela cresce, mingua e recebe aspectos positivos e negativos. Mas esses são eventos de curto prazo, não tendências para o ano. Essas tendências de curto prazo serão avaliadas nas "Previsões Mensais".

A presença de Júpiter na Sétima Casa é um sinal clássico para amor, romance e casamento. Para relacionamentos sérios. Talvez não seja legalmente um casamento, mas será como se fosse. Se você já for casado (o que pode ter acontecido no ano passado), terá oportunidades de parcerias de negócios ou *joint ventures*.

Na Sétima Casa, Júpiter aprimora e expande o círculo social. Novos — e bons — amigos entram em cena. Haverá mais festas e reuniões. As pessoas também irão a mais casamentos.

Como mencionamos, a vida social pode distraí-lo das finanças. E será difícil equilibrar os dois interesses. Mas isso também não vai durar muito. A partir de 16 de julho, fica mais fácil integrar as duas áreas.

Júpiter é seu planeta da Espiritualidade. A posição dele em sua Sétima Casa nos fornece muitas mensagens. Indica que no nível social você será atraído por pessoas mais refinadas e espiritualizadas. A compatibilidade espiritual e filosófica vai ser importante tanto para o amor quanto em sua escolha de amigos. Os aspectos físicos do amor são sempre importantes, mas se não houver compatibilidade espiritual e filosófica não haverá garantias de que o relacionamento vai durar.

O amor e as oportunidades românticas chegam de várias maneiras — em ambientes espirituais, talvez no retiro de ioga ou no retino espiritual, no círculo de oração, no seminário de meditação ou no evento de caridade. Também podem acontecer em ambientes educacionais — na faculdade ou em algum evento universitário.

Você tem os aspectos de alguém que se apaixona pelo guru, pelo pastor ou pelo professor. Você vai se aproximar de "mentores" — pessoas com quem pode aprender.

Dizem que crescemos através de nossos relacionamentos (para os librianos, especialmente, isso é uma verdade absoluta). Sem dúvida, esse será seu caso em 2014. Seus relacionamentos vão proporcionar compreensão e crescimento espiritual.

Os capricornianos que estiverem buscando o segundo casamento terão um ano social ativo e feliz, mas, provavelmente, não vão se casar. Se você já for casado, provavelmente continuará casado. Quem estiver buscando o terceiro ou quarto casamento, terá excelentes oportunidade de união — e o ano passado também foi bom.

O relacionamento dos pais ou figuras paternas ou maternas será testado. As coisas ficam muito instáveis. Se eles forem solteiros, não é aconselhável que se casem. Os irmãos ou as figuras fraternas que forem solteiros terão verdadeiro amor no ano que vem, mas em 2014 não vai haver muitas alterações.

AUTOAPRIMORAMENTO

Como mencionamos, a transformação pessoal — a criação de um novo eu — tem sido de grande interesse para você nos últimos anos. Esse interesse se intensifica ainda mais depois de 16 de julho, quando Júpiter ingressa em sua Oitava Casa. A reinvenção pessoal envolve uma desintoxicação mental, emocional e, muitas vezes, física. Você já é a pessoa que sonha em se tornar, ela só está escondida por problemas materiais — ideias e sentimentos equivocados e as experiências e memórias negativas que eles produzem. Picharam o que era essencialmente uma obra-prima Divina. Remover essa pichação pode ser complicado, e raramente é uma experiência agradável. Não há pássaros cantando nem violinos tocando. O resultado final é sempre bom, mas durante o processo é preciso ter estômago. É útil compreender que quanto mais intensa a dor emocional e mental, mais está sendo eliminado e melhor será o resultado. O desconforto é temporário, o resultado é para sempre (desde que você não volte aos antigos padrões).

Esse é um excelente aspecto para os estudantes. O ano passado também foi bom. Haverá sucesso na vida acadêmica. A mente fica aguçada, mas também intuitiva, e absorve conhecimento por osmose. Você só precisa se expor aos livros e professores certos e o conhecimento será absorvido.

Mesmo que você não seja um estudante em tempo integral, este será um ótimo ano para expandir a mente e o conhecimento. Haverá muita satisfação em cursos sobre assuntos que o interessem.

Manter o equilíbrio emocional tem sido difícil há alguns anos. Com a presença de Urano na Quarta Casa, a vida emocional tende a altos e baixos extremos. Algumas pessoas tratam isso quimicamente, com medicamentos. Mas essa não é uma cura permanente — apenas um paliativo. O melhor tratamento é a meditação, que proporciona resultados permanentes. Há muitas formas de meditação, muitas escolas, e elas devem ser exploradas este ano.

PREVISÕES MENSAIS

JANEIRO

Melhores dias: 1º, 2, 9, 10, 19, 20, 28, 29
Dias mais tensos: 7, 8, 14, 15, 22, 23
Melhores dias para o amor: 1º, 2, 9, 10, 14, 15, 19, 20, 21, 22, 28, 29, 30, 31
Melhores dias para o dinheiro: 3, 4, 5, 6, 7, 8, 14, 15, 17, 18, 24, 25, 26, 27, 30, 31
Melhores dias para a carreira: 1º, 2, 9, 10, 19, 20, 22, 23, 28, 29

Você começa o ano em meio a um pico de prazer pessoal. Quarenta e, às vezes, 50 por cento dos planetas vão estar na Primeira Casa ou passarão por ela. Será um mês feliz. Os prazeres do corpo — os cinco sentidos — se oferecem a você. A saúde e a energia estarão bem, e a autoestima e a autoconfiança, fortes. Você terá boa aparência e vai se sentir bem.

O poder planetário está na posição mais oriental do mapa. Portanto, esse vai ser um período de independência máxima. Você pode e deve fazer as coisas à sua maneira. Será um excelente momento para criar as condições que quiser. Não vai ser preciso "agradar aos outros" (embora as pessoas sempre devam ser respeitadas). Crie felicidade e harmonia pessoais.

No mês passado, o poder planetário se deslocou da metade superior para a inferior do Zodíaco. É ano-novo (por causa de seu aniversário), mas é noite em seu ano. As exigências da carreira serão muitas, e você estará muito ativo nessa área, mas vai começar a dar mais atenção às suas necessidades emocionais e ao lar e à família. É hora de reunir as forças internas para o próximo impulso profissional, que começa em seis meses. Trabalhe na carreira através dos métodos internos — defina objetivos, visualize, entre no clima do que quer alcançar. Assim, quando chegar o próximo período voltado para a carreira, suas ações serão naturais, poderosas e fáceis.

A presença de Marte em sua Décima Casa o deixa profissionalmente ativo — no sentido físico. Faça as coisas que precisam ser feitas fisicamente, mas trabalhe, sobretudo pelos métodos internos. O movimento retrógrado de Vênus, o planeta da Carreira, reforça o que estamos dizendo.

Este mês também será prospero. No dia 20, você entra em um pico financeiro anual. O dinheiro virá do trabalho, do cônjuge, parceiro ou amor atual e de seguros, imóveis ou tipos criativos de financiamento. Declarações de imposto e planejamento imobiliário (para aqueles que já tiverem idade) vão influenciar muitas decisões financeiras no momento.

O amor está maravilhoso há meses, e continuará assim em janeiro. Muitos casamentos aconteceram em 2013, mas também podem acontecer neste ano. Entretanto, este não é um bom mês para isso. Vênus está retrógrado, e o ocupante da Sétima Casa, também.

O movimento planetário está incrivelmente acelerado este mês. Oitenta por cento dos planetas estão se movendo para a frente. Além disso, tanto seu ciclo solar pessoal quanto o universal estão crescentes (seu ciclo pessoal fica crescente em seu aniversário). Será um momento excelente para começar novos empreendimentos ou lançar produtos. Para quem fez aniversário no mês passado, os períodos entre os dias 1º e 16 e entre os dias 30 e 31 serão os melhores. Para quem nasceu neste mês, os períodos entre o dia de seu aniversário e o dia 16 e de 30 a 31 serão os melhores.

FEVEREIRO

Melhores dias: 5, 6, 7, 15, 16, 17, 24, 25
Dias mais tensos: 3, 4, 10, 11, 12, 18, 19
Melhores dias para o amor: 1º, 2, 5, 6, 7, 8, 9, 10, 11, 12, 16, 17, 20, 24, 25, 28
Melhores dias para o dinheiro: 1º, 2, 3, 4, 10, 11, 12, 13, 14, 20, 21, 22, 23, 26, 27, 28
Melhores dias para a carreira: 5, 6, 7, 16, 17, 18, 19, 24, 25

O mês passado foi favorável para começar novos projetos ou lançar produtos. Este será ainda mais. Até o dia 6, 90 por cento dos planetas vão estar em movimento direto. O período entre os dias 1º e 6 (quando a Lua estiver crescente) será o melhor. Depois do dia 6, Mercúrio começa a se mover para trás, e a porcentagem de movimento direto cai para 80 por cento. Continuará sendo bom, mas não tanto quanto entre os dias 1º e 6. O amor continua maravilhoso neste mês — melhor que em janeiro. Vênus, o planeta universal do Amor, passa o mês inteiro se movendo para a frente. O ocupante de sua Sétima Casa, Júpiter, começa a receber ótimos aspectos a partir do dia 18. Embora o amor vá correr bem durante todo o mês, será ainda melhor entre os dias 1º e 14, quando a Lua estiver crescente. O amor será espiritual nesse período. As oportunidades românticas vão acontecer em ambientes espirituais — o seminário de meditação, o encontro de oração, o retiro espiritual e eventos de caridade.

O setor oriental do Zodíaco continua sendo dominante, e a maioria dos planetas vai estar em movimento direto. Então, faça aquelas mudanças que precisam ser feitas. Crie sua vida como deseja que ela seja. Você verá um rápido progresso nessa área.

A prosperidade continuará forte este mês — sobretudo até o dia 18. Você continua em um pico financeiro anual. A presença de Vênus em seu signo indica boas oportunidades profissionais em seu caminho — mas agora você vai poder ser mais exigente. Escolha as oportunidades que não prejudiquem sua harmonia emocional. A presença de Vênus em seu signo mostra que você vai ter a aparência de alguém bem-sucedido — os outros o verão assim. E vai se comportar de acordo.

O movimento retrógrado de Mercúrio a partir do dia 6 indica a necessidade de evitar grandes mudanças na rotina de saúde ou na dieta. Essa área fica sob revisão. É uma boa hora para estudar e reunir fatos, e não muito boa para tomar decisões. Os candidatos a emprego precisam agir com mais cautela. As oportunidades de trabalho não vão ser o que parecem — analise com mais cuidado. Faça perguntas. Solucione suas dúvidas. Também é melhor evitar viagens internacionais desnecessárias. Se for imprescindível viajar, proteja-se da melhor maneira possível. Faça seguro de suas passagens. Programe mais tempo para chegar e partir de seu destino. Tente não marcar conexões de voo muito próximas (os dois planetas que regem as viagens ao exterior em seu Zodíaco — Mercúrio e Júpiter — entram em movimento retrógrado no dia 6).

A saúde e a energia ficam basicamente bem. Você pode melhorá-las ainda mais (entre o dia 1º e o dia 13) dando mais atenção aos pés. Massagens e técnicas espirituais para os pés serão muito potentes. Depois do dia 13, dê mais atenção aos tornozelos e às panturrilhas. Ambos devem ser massageados com frequência. Dê mais atenção aos tornozelos enquanto se exercitar.

MARÇO

Melhores dias: 5, 6, 15, 16, 24, 25
Dias mais tensos: 3, 4, 10, 11, 17, 18, 30, 31
Melhores dias para o amor: 1º, 2, 7, 10, 11, 17, 18, 21, 22, 26, 27, 30, 31
Melhores dias para o dinheiro: 1º, 2, 3, 4, 10, 11, 12, 13, 19, 20, 22, 23, 26, 27, 28, 29, 30, 31
Melhores dias para a carreira: 7, 17, 18, 26, 27

Mercúrio e Júpiter, os dois planetas que regem as viagens internacionais em seu Zodíaco, entram em movimento direto este mês. Mercúrio no dia 1º e Júpiter no dia 6. É melhor deixar para sair do país depois do dia 6.

O elemento Água está forte desde o começo do ano, mas no dia 18 do mês passado, ficou ainda mais, e continuará assim em março. Será um momento feliz, uma época de bem-estar, mas há coisas que precisam ser compreendidas. As pessoas vão ficar mais sensíveis emocionalmente. Cada pequena nuance de sentimento — positiva ou negativa — será exaltada e aumentada. Sentimentos que seriam ignorados sob aspectos diferentes ganham nova importância. As pessoas terão tendência a reagir de maneira exagerada a coisas aparentemente pequenas — linguagem corporal, postura, tom de voz. Se for mais atencioso em relação a isso, você vai poupar muita dor de cabeça (e explicações intermináveis) no futuro.

Embora você não esteja em um pico espiritual anual, este mês será muito espiritual. Os capricornianos que estiverem trilhando esse caminho farão grandes progressos e descobertas (também foi assim no mês passado), e aqueles que não estiverem, passarão por eventos irracionais — coincidências que não podem ser explicadas logicamente. O mundo invisível lhe dirá que existe e está ativo.

A atividade retrógrada ainda está em 20 por cento (80 por cento dos planetas estão em movimento direto), e no dia 20 você vai ter a melhor energia inicial do Zodíaco quando o Sol ingressar em Áries. Será um momento excepcionalmente bom para começar empreitadas ou lançar novos produtos no mercado. A Lua Nova do dia 30 será especialmente propícia.

A vida familiar está instável há alguns anos. Será assim em março. A situação será tanto instável quanto muito complicada. Ainda bem que você está prestando atenção nessa área. Sua Quarta Casa se torna poderosa a partir do dia 20. Será tentador fazer mudanças ou tomar decisões dramáticas nessa época, mas Marte, o planeta da Família, passará o mês em movimento retrógrado. As coisas não vão ser o que parecem, reúna mais fatos. Faça o melhor que puder para manter o equilíbrio emocional.

A saúde vai precisar de mais vigilância a partir do dia 20. Como sempre, o mais importante é descansar bastante — manter altos os níveis de energia. Essa área pode ser aprimorada das formas descritas em "Tendências Gerais", mas também há outras maneiras. Até o dia 17, continue dando mais atenção aos tornozelos e às panturrilhas. Massageie-os regularmente. Depois desse dia, dê mais atenção aos pés. Os métodos de cura espiritual serão poderosos. A cura espiritual será especialmente eficaz entre os dias 21 e 23.

ABRIL

Melhores dias: 1º, 2, 11, 12, 20, 21, 29, 30
Dias mais tensos: 6, 7, 13, 14, 15, 26, 27
Melhores dias para o amor: 4, 5, 6, 7, 9, 10, 16, 17, 19, 20, 24, 25, 29, 30
Melhores dias para o dinheiro: 6, 7, 9, 10, 16, 17, 18, 19, 22, 23, 24, 25, 26, 27
Melhores dias para a carreira: 4, 5, 6, 13, 14, 15, 16, 17, 24, 25

A saúde vai precisar de vigilância até o dia 20. Reveja o que conversamos sobre isso no mês passado. Até o dia 7, aprimore essa área dando mais atenção aos pés. Massagens nos pés e técnicas espirituais continuam sendo poderosas. Depois desse dia, preste mais atenção à cabeça, ao rosto e ao couro cabeludo. Massagens regulares no couro cabeludo também serão eficazes. Também será bom fazer mais exercícios físicos. Os músculos precisam ficar tonificados.

O principal destaque do mês será a ocorrência de dois eclipses.

O eclipse lunar do dia 15 terá um forte impacto sobre você, então, programe uma agenda tranquila nesse período — alguns dias antes e outros depois. O eclipse ocorre em sua Décima Casa — da Carreira —, indicando mudanças nessa área. Talvez você não troque literalmente de carreira (embora isso aconteça com frequência), mas vai alterar sua atitude profissional — provavelmente, suas ideias em relação à carreira não eram realistas, e o eclipse revela isso para você. Haverá abalos em sua empresa ou indústria, e dramas na vida de chefes, pais ou figuras paternas ou maternas. Como o eclipse afeta Marte, também haverá abalos na família e dramas e problemas na vida dos familiares. Às vezes, acontecem reparos inesperados na casa. Todo eclipse lunar põe o amor à prova — a Lua é seu planeta do Amor. Nesse caso, o mais provável é que um relacionamento progrida muito. É comum haver casamentos sob o impacto de eclipses. As coisas boas podem ser tão tensas (e demandar tanto tempo) quanto as ruins.

O eclipse solar do dia 29 será um pouco mais gentil com você, mas mesmo assim não custa nada programar uma agenda mais tranquila. A boa notícia é que a saúde e a energia vão estar muito mais fortes que durante o eclipse anterior. Esse eclipse ocorre em sua Quinta Casa — dos Filhos —, de forma que haverá situações dramáticas na vida deles, que devem evitar atividades arriscadas. Os capricornianos que estiverem envolvidos nas artes farão importantes mudanças na criatividade. Este ano tem sido tenso para os amigos, mas agora o casamento ou relacionamento deles será testado. Como o Sol é o senhor de sua Oitava Casa, todo eclipse solar tende a proporcionar encontros (em geral psicológicos) com a morte. É necessário obter uma compreensão mais aprofundada desse assunto. Às vezes, você passa por experiência de quase morte — escapa "por um triz". São experiências que o fazem pensar: "Uau, um segundo a mais ou a menos e eu teria morrido." Essas coisas são cartas de amor do cosmos: "A vida na Terra é curta e frágil, concentre-se no que é realmente importante." O cônjuge, parceiro ou amor atual fará mudanças financeiras dramáticas — geralmente por causa de crises ou problemas.

MAIO

Melhores dias: 8, 9, 10, 17, 18, 26, 27
Dias mais tensos: 3, 4, 5, 11, 12, 24, 25, 31
Melhores dias para o amor: 3, 4, 5, 6, 8, 9, 10, 13, 14, 17, 18, 24, 25, 28, 29, 31
Melhores dias para o dinheiro: 3, 4, 5, 6, 7, 13, 14, 15, 16, 19, 20, 21, 22, 24, 25, 31
Melhores dias para a carreira: 6, 11, 12, 13, 14, 24, 25

O setor ocidental do seu Zodíaco vem ficando cada vez mais forte desde 20 de março, mas só agora, no dia 3, quando Vênus cruzar do Oriente para o Ocidente, ele se torna dominante.

O momento de independência pessoal terminou por enquanto. As condições podem ser alteradas, mas será muito mais difícil do que de costume. O ideal é se adaptar às situações da melhor forma que puder. Se tiver corrido tudo bem durante o último período de independência, a vida será confortável e boa. Caso tenha cometido erros, enfrentará as consequências, o desconforto e fará as correções durante o próximo período de independência. É hora de desenvolver as habilidades sociais — de permitir que as coisas aconteçam em vez de tentar "fazê-las" acontecer através de seu próprio esforço. As coisas boas chegarão até você através dos outros. O sucesso vai depender de sua "simpatia" mais do que das habilidades pessoais (por mais importantes que sejam).

No dia 20 do mês passado, você ingressou em outro de seus picos anuais de prazer pessoal. Você tem trabalhado muito este ano, e agora será o momento da recreação — da diversão. Isso não quer dizer que deva deixar para trás suas responsabilidades legítimas (de qualquer maneira, os capricornianos não têm tendência a fazer isso). Lide com elas, mas programe mais momentos para aproveitar a vida. Até o trabalho pode ser uma fonte de prazer se você enxergá-lo da maneira certa.

A festa termina (na verdade não termina, apenas desacelera um pouco) depois do dia 21, quando você volta a ter mais gosto pelo trabalho e vontade de trabalhar. Será um ótimo momento para quem estiver procurando emprego, pois os empregadores em potencial perceberão essa energia. Também será um bom período para realizar aquelas tarefas chatas e meticulosas, mas necessárias, que você estava adiando — contabilidade, arquivamento, faxina da casa e do escritório etc. Se você é empregador, esse será um bom momento para entrevistar e contratar gente nova.

A saúde será basicamente boa, mas você pode melhorá-la ainda mais dando atenção ao pescoço e à garganta até o dia 17, e aos pulmões, braços e ombros, depois dessa data. Massagens no pescoço e nos ombros serão poderosas até o dia 17. Terapia sacrocranial, também. Massagens nos braços e nos ombros são sempre benéficas para você, mas especialmente depois do dia 17. Caso se sinta mal, fique ao ar livre e respire fundo.

As finanças correrão bem este mês, mas você terá muitos desafios. Tem sido assim o ano inteiro. Você vai ter de se esforçar mais para alcançar seus objetivos financeiros. Vênus faz conjunção com o planeta das Finanças nos dias 14 e 15, o que proporciona um bom rendimento. Também haverá sorte nas especulações.

O amor continua feliz e vai ficar ainda melhor no mês que vem. Um romance sério vai acontecer ou já aconteceu. A vida amorosa será melhor entre os dias 1º e 14 e depois do dia 28, na Lua Crescente. O magnetismo social se fortalece muito nesse período.

JUNHO

Melhores dias: 5, 6, 14, 15, 22, 23
Dias mais tensos: 1º, 7, 8, 20, 21, 27, 28
Melhores dias para o amor: 1º, 5, 6, 7, 8, 14, 15, 16, 17, 23, 24, 25, 26, 27, 28
Melhores dias para o dinheiro: 1º, 2, 3, 10, 11, 12, 13, 16, 17, 18, 19, 20, 21, 27, 28, 29, 30
Melhores dias para a carreira: 5, 6, 7, 8, 14, 15, 23, 24

Seu planeta do Trabalho, Mercúrio, está "além-fronteiras" desde 12 de maio, e continuará assim até o dia 5 de junho. Isso indica que os capricornianos que estiverem procurando emprego passarão de seus limites habituais na busca por trabalho. Aos que já tiverem um emprego, serão pedidas coisas fora do padrão. O mesmo vale para as viagens. Serão os lugares "fora de mão" — menos frequentados — que o atrairão no momento. Vemos esse mesmo fenômeno em sua rotina de saúde. Você vai experimentar coisas não convencionais. Provavelmente, será necessário.

O poder planetário vai estar na posição mais ocidental do ano (no mês que vem também estará). A vida social se torna mais ativa. É preciso deixar de lado os interesses pessoais. É como tirar férias. Não é preciso ser o número 1 ou se preocupar muito com isso. Mantenha o foco nos outros e no interesse deles e você se tornará o número 1 — às vezes, de maneiras estranhas e inesperadas.

No dia 21, você ingressa em um pico anual amoroso e social. O casamento ou relacionamentos que são como casamentos estão em seu mapa desde o ano passado. Muitos vão se amarrar neste mês. Os que ainda estiverem solteiros não ficarão assim por muito tempo. Há abundantes — e propícias — oportunidades românticas. Seu magnetismo social será forte o mês inteiro, mas ficará ainda mais intenso entre os

CAPRICÓRNIO ♑ 313

dias 1º e 13 e 27 e 30. A Lua Nova do dia 27 será especialmente propícia para o amor. Ela também esclarece a vida amorosa no mês que vem. As informações necessárias para tomar boas decisões amorosas e sociais chegarão naturalmente.

A saúde precisa de mais vigilância depois do dia 21. Melhore essa área das formas mencionadas em "Tendências Gerais", mas nesse período dê mais atenção ao estômago e à dieta (até o dia 18) e, depois, aos braços, ombros, pulmões e sistema respiratório. A boa noticia é que sua Sexta Casa continuará poderosa depois do dia 21 e você vai estar atento à saúde.

Mercúrio entra em movimento retrógrado no dia 7. Assim, quem estiver em busca de emprego vai precisar ter mais cautela depois dessa data. Haverá muitas oportunidades profissionais este mês, mas as coisas podem não ser o que parecem. Obtenha mais fatos. Se você for viajar para o exterior, é melhor fazê-lo antes do dia 7. Se não for possível, proteja-se da melhor maneira que puder. Programe mais tempo para chegar e partir de seu destino. Faça seguro das passagens. Mudanças na rotina de saúde vão precisar de mais análise. Diagnósticos e exames realizados depois do dia 7 devem ser verificados, pois podem não ser exatos.

JULHO

Melhores dias: 2, 3, 11, 12, 19, 20, 21, 29, 30, 31
Dias mais tensos: 4, 5, 6, 17, 18, 24, 25
Melhores dias para o amor: 4, 5, 6, 7, 8, 13, 14, 15, 16, 24, 25, 27
Melhores dias para o dinheiro: 1º, 7, 8, 9, 10, 13, 14, 16, 17, 18, 27, 28
Melhores dias para a carreira: 4, 5, 6, 13, 14, 24

Continue a prestar atenção na saúde até o dia 22. Aprimore-a das formas mencionadas em "Tendências Gerais", mas também com massagens nos braços e ombros (até o dia 13) e, depois dessa data, com dieta. O estômago e os seios (para as mulheres) precisam de mais atenção depois do dia 13. Até essa data, a saúde mental será importante. A pureza intelectual não apenas vai melhorar as questões externas, mas também a saúde. Depois do dia 13, a harmonia emocional ganha mais peso. A saúde vai melhorar muito depois do dia 22. No dia 17, Júpiter se afasta dos aspectos tensos que está formando com você. No dia 18, Marte fará o mesmo. Ambos os planetas estão formando aspectos tensos com você desde o começo do ano. No dia 23, o Sol se afasta de seu aspecto tenso. Se houver algum problema de saúde, você vai ouvir boas notícias.

Você ainda está em meio a um pico anual amoroso e social. Para alguns, esse pico vai durar a vida inteira. Você não poderia esperar aspectos românticos melhores nesse momento. O amor e as atividades sociais serão felizes e ativos o mês inteiro, mas começam a perder força depois do dia 22. O amor e os objetivos sociais já foram mais ou menos conquistados, e é hora de passar a outras coisas.

No dia 18, o poder planetário vai ter se deslocado para a metade superior do horóscopo. A família continua sendo importante (será durante anos), mas agora é hora de se concentrar na vida exterior — a carreira e os objetivos externos. É o verão de seu ano, o Sol nasceu. Hora de agir e de se concentrar nas atividades do dia. A noite acabou. Alcance suas metas através de métodos objetivos. Se você usou a noite de seu ano de forma adequada, as ações que tomar agora serão naturais e poderosas. Serão como flechas indo direto ao alvo.

Júpiter faz um importante movimento (uma vez por ano), saindo de Câncer e ingressando em Leão — de sua Sétima para sua Oitava Casa. O cônjuge, parceiro ou amor atual vai estar bastante estável este ano. Ele ou ela viverá um período de prosperidade (no dia 23, ele ou ela também vai entrar em um pico financeiro anual). Este ano, e este mês, será sexualmente mais ativo. Será um período para lidar com imóveis e declarações de imposto. Se você precisar receber um seguro, terá sorte depois do dia 17, e especialmente depois do dia 23.

Grande parte do estresse profissional vai desaparecer depois do dia 18. A carreira fica menos caótica e os conflitos diminuem. Sua boa ética profissional impulsiona a carreia até o dia 18 — os superiores a perceberão. Depois dessa data, a carreira será impelida pelos meios sociais, com você comparecendo ao tipo certo de festas, e talvez promovendo-as. O cônjuge, parceiro ou amor atual dará apoio à sua carreira. Os amigos, também.

AGOSTO

Melhores dias: 8, 16, 17, 25, 26, 27
Dias mais tensos: 1º, 2, 13, 14, 20, 21, 22, 28, 29
Melhores dias para o amor: 3, 4, 5, 6, 12, 13, 14, 20, 21, 22, 23, 24, 25
Melhores dias para o dinheiro: 5, 6, 9, 10, 13, 14, 23, 24
Melhores dias para a carreira: 1º, 2, 3, 4, 12, 13, 23, 24, 28, 29

CAPRICÓRNIO ♑ 315

Plutão, o planeta da Transformação e da Reinvenção Pessoal, está em seu signo há muitos anos. Assim, muitos de vocês estão envolvidos nesse tipo de projeto. Você está criando a si mesmo — seu eu ideal. Essas coisas não acontecem da noite para o dia, mas tendem a ser de longo prazo, processos que levam vários anos (e, às vezes, a vida toda). Agora, com sua Oitava Casa excepcionalmente forte, esse projetos ficam ainda mais interessantes — e muito bem-sucedidos. Haverá muito progresso. Alguns de vocês farão isso através de meios mecânicos — cirurgias plásticas nos olhos, na barriga etc. Outros usarão meditação e dieta — os métodos espirituais.

Com a Oitava Casa forte, todos os tipos de regime de desintoxicação serão poderosos — especialmente até o dia 15. Este será um bom mês, sobretudo para desintoxicações do fígado e dos rins. A Oitava Casa não apenas favorece a desintoxicação física, mas também a mental e a emocional.

A saúde corre bem este mês, e você pode melhorá-la ainda mais das maneiras mencionadas, mas também dando atenção ao coração e ao peito até o dia 15 (massagens no peito vão fazer bem) e ao intestino delgado depois dessa data.

Seu planeta das Finanças entrou em movimento retrógrado no dia 22 de julho, e ficará assim por muitos meses. Isso não interrompe os ganhos, mas desacelera um pouco as coisas. E, talvez, seja bom que fiquem lentas — mais metódicas. Você não vai conseguir parar sua vida financeira, por mais retrógrado que Urano esteja, mas pode ser mais cuidadoso nos negócios, investimentos e compras. Preste atenção aos detalhes. Evite atalhos. Em outras palavras, seja fiel a seu signo quando o assunto for dinheiro. O trígono do Sol com Urano entre os dias 7 e 10 será um bom período financeiro, no qual será fácil fazer e pagar dívidas. Haverá crédito disponível, caso você precise. A conjunção de Vênus com Júpiter entre os dias 17 e 19 proporciona sorte nas especulações. Os filhos ou enteados ficam mais prósperos no período.

Programe uma agenda tranquila entre os dias 1º e 2 e entre os dias 10 e 14. O Sol e Marte transitam por pontos de eclipse. O cônjuge, parceiro ou amor atual prospera este mês (e este ano), mas pode passar por algum problema financeiro nos dias 1º e 2.

Os sonhos e a intuição vão precisar ser mais verificados entre os dias 24 e 31. A mensagem pode estar certa, mas talvez sua interpretação não seja.

O amor não terá muitas alterações neste mês. Não vai ser um foco tão grande quanto foi nos últimos meses. Eu interpreto isso como contentamento nessa área. Não é preciso fazer grandes mudanças.

SETEMBRO

Melhores dias: 4, 5, 12, 13, 22, 23
Dias mais tensos: 10, 11, 17, 18, 24, 25
Melhores dias para o amor: 2, 3, 4, 5, 12, 13, 17, 18, 23, 24, 23
Melhores dias para o dinheiro: 1º, 2, 3, 6, 7, 10, 11, 19, 20, 29, 30
Melhores dias para a carreira: 2, 3, 12, 13, 23, 24, 25

Neste mês, o poder planetário se desloca, e o setor oriental e independente do mapa se torna dominante. Você vai começar a sentir isso a partir do dia 23, mas principalmente mais perto do dia 30. Você está entrando em outro ciclo de independência pessoal. O poder planetário vai em sua direção, em vez de se afastar de você. Não há nada de errado em ter relacionamentos ou em agradar os outros. Mas, nesse momento, o cosmo o convida a desenvolver suas habilidades pessoais e sua iniciativa. É hora de aprender a andar com as próprias pernas e de aceitar a responsabilidade por sua própria felicidade. Depois de quase seis meses de domínio ocidental, você já sabe mais ou menos que condições são confortáveis e desconfortáveis, e entra em um período no qual será mais fácil fazer as mudanças.

Sua Nona Casa será muito poderosa até o dia 23 deste mês. Portanto, as terras estrangeiras o chamam. Oportunidades de viagem aparecerão, e você pode querer aceitá-las. Será um período maravilhoso para os universitários, que terão sucesso na vida acadêmica. Será um ótimo mês para buscar seus interesses religiosos e filosóficos.

Mas o principal destaque deste mês vai ser a carreira. Sessenta e, às vezes, 70 por cento dos planetas vão estar acima da linha do horizonte. A Décima Casa se torna muito poderosa no dia 23. Você entra em um pico profissional anual, um período muito bem-sucedido. A ênfase sobre as questões domésticas e familiares pode ser diminuída com segurança. Uma disposição para viajar e ensinar os outros favorece a carreira. Você será um discípulo daqueles que estão acima de você e um mentor dos que estão abaixo. Sua boa ética profissional também ajuda ao ser notada pelos superiores.

CAPRICÓRNIO ♑ 317

A saúde se torna mais delicada depois do dia 23. Como sempre, descanse bastante. Seu planeta da Saúde vai se mover rapidamente este mês, mas passa a maior parte do tempo (entre os dias 2 e 28) em Libra, sua Décima Casa. Portanto, além das formas mencionadas em "Tendências Gerais", a saúde pode ser aprimorada com mais atenção a rins e quadris. Uma desintoxicação renal pode ser uma boa ideia. Massagens regulares nos quadris também serão benéficas. A boa notícia é que a presença do planeta da Saúde em sua Décima Casa indica que você estará focado nessa área. A boa saúde terá um grande peso para você e receberá atenção. Os problemas amorosos podem ter um impacto sobre a saúde física nesse período. Então, se aparecerem problemas, Deus nos livre!, restaure a harmonia o mais rápido que puder.

As finanças vão ser confusas em setembro. Por um lado, Júpiter forma aspectos maravilhosos com seu planeta das Finanças durante o mês inteiro (mas especialmente entre os dias 23 e 30), mas os planetas rápidos vão pressioná-lo depois do dia 23. Interpreto isso como uma prosperidade pela qual você terá de trabalhar duro. Não será fácil.

OUTUBRO

Melhores dias: 1º, 2, 9, 10, 19, 20, 28, 29
Dias mais tensos: 7, 8, 14, 15, 21, 22, 23
Melhores dias para o amor: 3, 4, 12, 13, 14, 15, 22, 23
Melhores dias para o dinheiro: 3, 4, 7, 8, 16, 17, 18, 26, 27, 31
Melhores dias para a carreira: 3, 12, 13, 21, 22, 23

Haverá dois destaques este mês. O primeiro será seu pico profissional anual, que continua a toda até o dia 23. Basicamente, será um mês bem-sucedido no sentido mundano. O outro serão os eclipses. Um em particular, o eclipse lunar do dia 8, terá um impacto muito intenso sobre você.

Vale a pena programar uma agenda tranquila a partir do dia 23 — já que esse será um de seus períodos vulneráveis para a saúde —, mas especialmente perto do eclipse. Evite atividades arriscadas. Se forem eletivas, remarque para outro dia. Esse eclipse ocorre em sua Quarta Casa e tem impacto sobre Urano e Plutão (sobretudo sobre Urano — com Plutão será mais leve). Isso indica dramas familiares — talvez reparos na casa — e problemas com pais ou figuras paternas ou maternas. O planeta eclipsado, a Lua, rege essas áreas de forma genérica — de forma que elas se tornam um problema. Os familiares vão ficar mais temperamentais nesse período. Como a Lua é seu planeta do Amor, essa área também será posta à prova. É nesses momentos que a roupa suja é lavada — quando questões, irritações e problemas suprimidos começam a vir à tona e precisam ser resolvidos. Isso não significa um término — embora às vezes aconteça —, mas um teste do amor. Isso é necessário de vez em quando. O impacto sobre Urano indica mudanças financeiras dramáticas — em geral, através de perturbações ou crises. Talvez você tenha alguma despesa inesperada e imprevista. Talvez (o que é mais provável) seu raciocínio ou planejamento financeiros não estejam realistas. Agora você descobre isso e é forçado a fazer mudanças. No final, essas mudanças serão positivas, mas enquanto estiverem acontecendo não serão muito agradáveis. O impacto sobre Plutão indica dramas na vida de amigos e teste das amizades. As boas sobrevivem, mas as defeituosas tendem a terminar. Em geral, o que coloca a amizade à prova não é o relacionamento entre vocês, mas os dramas pessoais da vida dos amigos. Todos os capricornianos serão afetados, mas especialmente os que nasceram entre os dias 4 e 7.

O eclipse solar do dia 23 terá um efeito mais leve sobre você, mas não custa nada programar uma agenda mais tranquila mesmo assim. Esse eclipse ocorre em sua Décima Primeira Casa — dos Amigos — e novamente testa essa área. Computadores e equipamentos tecnológicos também serão postos à prova. Quando funciona bem, a tecnologia é algo maravilhoso, mas quando começam os defeitos, ah, que pesadelo! Pode ser uma boa ideia fazer o backup de arquivos importantes antes do eclipse. Certifique-se também de que seus programas antivírus, antispam e anti-hacker estejam atualizados e funcionando. Como o Sol é o senhor de sua Oitava Casa, todo eclipse solar proporciona encontros com a morte (geralmente psicológicos). Não há necessidade de tentar o anjo negro envolvendo-se em atividades arriscadas. O cônjuge, parceiro ou amor atual fará mudanças financeiras dramáticas.

NOVEMBRO

Melhores dias: 6, 7, 15, 16, 17, 25, 26
Dias mais tensos: 4, 5, 10, 11, 18, 19
Melhores dias para o amor: 2, 3, 10, 11, 12, 21, 22, 23
Melhores dias para o dinheiro: 4, 5, 13, 14, 22, 23, 27, 28
Melhores dias para a carreira: 2, 3, 11, 12, 18, 19, 22, 23

CAPRICÓRNIO ♑ 319

Embora tecnicamente os eclipses tenham acontecido no mês passado, você (e o mundo) vão continuar sentindo seus efeitos neste mês. Isso ocorre porque alguns dos planetas reativam esses pontos.

Urano passa praticamente o mês todo em um ponto de eclipse (e esse será o caso para o resto do ano). Assim, as finanças passarão por mudanças dramáticas. Haverá instabilidade nessa área, mas sua prosperidade fica intacta — sobretudo após do dia 22. Só que haverá muitos obstáculos, surpresas e reviravoltas. Espere o inesperado. Você tem que se manter alerta (os computadores e equipamentos de alta tecnologia também podem ficar temperamentais nesse período).

Marte reativa um ponto de eclipse entre os dias 14 e 17, proporcionando dramas familiares e domésticos — com membros da família, pais e figuras paternas ou maternas. Dirija com mais cuidado.

Marte está "além-fronteiras" desde 30 de setembro, e continuará assim até o dia 21. Os membros da família passarão dos limites nesse período. Talvez entrem em território proibido. As soluções para os problemas familiares serão pouco convencionais.

Mercúrio reativa um ponto de eclipse entre os dias 8 e 10. Evite viagens internacionais desnecessárias. Esse trânsito pode trazer perturbações ou dramas no local de trabalho e também mudanças na rotina da saúde.

A saúde melhora muito em novembro. Seu planeta da Saúde move-se rapidamente este mês, mas vai passar a maior parte do tempo em Escorpião — do dia 8 ao 28. Regimes de desintoxicação serão poderosos (especialmente entre os dias 17 e 19). Fazer sexo seguro e com moderação será importante. Antes do dia 8, aprimore a saúde com massagens nos quadris e dê mais atenção aos rins. Após o dia 28, técnicas de cura espiritual serão poderosas.

O amor não passará por muitas alterações este mês. Os casados vão continuar casados, e os relacionamentos atuais se mantêm intactos. Os solteiros continuarão assim. O magnetismo social fica mais forte entre os dias 1º e 6 e a partir do dia 22, na Lua Crescente.

Dirija com mais cuidado e seja mais paciente com os familiares entre os dias 8 e 14. Os membros da família também devem evitar atividades arriscadas nesse período.

DEZEMBRO

Melhores dias: 3, 4, 13, 14, 22, 23, 30, 31
Dias mais tensos: 1º, 2, 8, 9, 15, 16, 28, 29
Melhores dias para o amor: 1º, 2, 8, 9, 10, 11, 12, 13, 20, 21, 22, 30, 31
Melhores dias para o dinheiro: 1º, 2, 10, 11, 20, 21, 24, 25, 28, 29
Melhores dias para a carreira: 1º, 2, 12, 13, 15, 16, 21, 22, 30, 31

Este será um mês feliz, mas grandes mudanças estão em curso sob a superfície.

Saturno, o senhor de seu Zodíaco, faz um movimento importante (que acontece a cada dois anos e meio), saindo de Escorpião e ingressando em Sagitário — de sua Décima Primeira Casa para sua Décima Segunda Casa — e ficará ali pelos próximos dois ou três anos (aproximadamente). Isso indica que a espiritualidade se tornará um foco importante nesses anos. Sua Décima Segunda Casa — da Espiritualidade — se tornou poderosa no dia 22 do mês passado e continuará assim até o dia 22 deste mês. Então, você está em um intenso período espiritual, e vai experimentar todo tipo de fenômeno nesses dias (e por mais alguns anos). Os sonhos ficarão mais ativos e proféticos. Haverá sincronicidade (coincidências inexplicáveis). Aqueles que estiverem trilhando o caminho espiritual terão avanços e sucesso nessa área. Quem não estiver no caminho, provavelmente, entrará nos próximos anos.

Os capricornianos são pessoas muito sensatas. São "empiristas" naturais — se podem ver, sentir, tocar ou medir alguma coisa, ela existe. Do contrário, não existe. A atitude espiritual é totalmente contrária a isso. Nessa área, o mundo empírico é apenas uma fração da realidade, e é fundamentalmente uma ilusão. Em geral, os capricornianos conseguem o que querem pelos meios mundanos. A atitude espiritual é trabalhar no mundo invisível e "permitir" que os fenômenos aconteçam. Então, os capricornianos vão precisar fazer mais ajustes do que a maioria ao embarcar no caminho espiritual. Os métodos são estranhos para eles. Mas quando se decidirem a percorrê-lo, terão sucesso. Há muitos grandes gurus desse signo.

A saúde será boa este mês — sobretudo depois do dia 22. Muitos planetas passam por seu signo. O poder cósmico vai em sua direção, lhe dá apoio. Você terá uma boa aparência e mais autoconfiança e autoestima. Mais carisma. Conseguirá o que quer da vida. A saúde pode ficar ainda melhor se você der mais atenção ao fígado e às coxas (até o dia 17) e à coluna, joelhos, dentes, ossos, pele e alinhamento geral do esqueleto (áreas sempre importantes para você), depois dessa data.

Urano continua em um ponto de eclipse, de forma que muitas mudanças financeiras vão acontecer, e haverá instabilidade nessa área. Os ganhos serão intensos (e fáceis) até o dia 22. Após essa data, vai ser preciso mais esforço — muito mais — para alcançar os objetivos financeiros. Urano, o planeta das Finanças, entra em movimento retrógrado no dia 21, então, tente fazer suas compras de fim de ano antes dessa data. A confiança financeira não vai estar como deveria, e isso é uma bênção disfarçada, pois o força a analisar melhor as coisas e obter mais fatos e obter clareza mental nas finanças. Os rendimentos desaceleram temporariamente a partir do dia 22.

No dia 22, você entra em um pico anual de prazer pessoal. É hora de aproveitar todos os prazeres dos cinco sentidos. Hora de mimar o corpo e fazer suas vontades. Hora de deixar o corpo e a imagem do jeito que você quer.

AQUÁRIO

O AGUADEIRO
Nascidos entre 20 de janeiro e 18 de fevereiro

PERFIL PESSOAL

AQUÁRIO NUM RELANCE

Elemento: Ar
Planeta Regente: Urano
   Planeta da Carreira: Plutão
   Planeta da Saúde: Lua
   Planeta do Amor: Vênus
   Planeta das Finanças: Netuno
   Planeta do Lar e da Vida Familiar: Vênus
Cores: azul-relâmpago, cinza, azul-ultramarino
Cores que promovem o amor, o romance e a harmonia social: dourado, laranja
Cor que propicia ganhos: verde-água
Pedras: pérola negra, obsidiana, opala, safira
Metal: chumbo
Perfumes: azaleia, gardênia
Qualidade: fixa (= estabilidade)
Qualidades essenciais ao equilíbrio: calor, sentimento e emoção
Maiores virtudes: capacidade intelectual; facilidade de compreender, formular e transmitir conceitos abstratos; amor ao novo; vanguardismo
Necessidades mais profundas: conhecer o novo e implementá-lo
Características a evitar: frieza, rebeldia gratuita, ideias fixas
Signos de maior compatibilidade: Gêmeos, Libra
Signos de maior incompatibilidade: Touro, Leão, Escorpião

Signo mais útil à carreira: Escorpião
Signo que fornece maior suporte emocional: Touro
Signo mais prestativo em questões financeiras: Peixes
Melhor signo para casamento e associações: Leão
Signo mais útil em projetos criativos: Gêmeos
Melhor signo para sair e se divertir: Gêmeos
Signos mais úteis em assuntos espirituais: Libra, Capricórnio
Melhor dia da semana: sábado

COMPREENDENDO A PERSONALIDADE AQUARIANA

Os nativos de Aquário apresentam faculdades intelectuais mais desenvolvidas do que qualquer outro signo zodiacal. Eles pensam de forma clara e científica. Exibem notória capacidade de raciocínio abstrato e de formular leis, teorias e regras claras com base na observação empírica de fatos. Os geminianos podem ser exímios coletores de informação, mas os aquarianos dão um passo além, interpretando primorosamente as informações que compilam.

As pessoas pragmáticas e voltadas para assuntos mundanos erroneamente tendem a considerar o pensamento abstrato como algo sem finalidade prática. É verdade que o reino da abstração nos afasta do universo físico, mas as descobertas efetuadas nesses domínios muitas vezes acabam exercendo tremendo impacto no resultado final. As maiores invenções e descobertas científicas originam-se nos domínios do abstrato.

O aquariano, mais do que ninguém, parece talhado para sondar as dimensões abstratas. Os que puderam explorar essas regiões bem sabem que são zonas frias, destituídas de emoções e sentimentos. Na verdade, a emotividade impede o funcionamento adequado nessas dimensões, o que pode transmitir aos nativos de outros signos a impressão de que os aquarianos são desprovidos de emoção. Não é que não sintam ou sejam incapazes de nutrir emoções profundas, apenas o excesso de sentimentalismo nubla sua capacidade de pensar e de inventar. Pessoas de alguns outros signos mal conseguem entender ou tolerar a ideia de que não seja possível para o aquariano exceder-se no plano sentimental, mas é essa objetividade que qualifica os nativos deste signo para o exercício da ciência, da comunicação e da amizade.

Os aquarianos são muito amigáveis, mas não fazem alarde dessa virtude. Agem da forma mais acertada para auxiliar seus amigos, mas jamais de forma passional ou afetada.

São apaixonados pela clareza de pensamento. E também adoram romper com a autoridade instituída. Comprazem-se em fazê-lo, pois encaram a rebelião como um jogo ou desafio. Amiúde, rebelam-se pelo puro prazer de se rebelar, sem sequer considerar se a autoridade que desafiam é legítima ou não. Os conceitos de "certo ou errado" não são tão rígidos na mente rebelde aquariana; desafiar a autoridade e o poder é uma questão de princípio.

Se Capricórnio e Touro tendem a errar por conservadorismo, Aquário tende a fazê-lo por sede de inovação. Sem essa virtude, no entanto, seria pouco provável que o mundo evoluísse. O conservadorismo entrava o progresso. A originalidade e a inventividade pressupõem a capacidade de demolir barreiras; cada nova descoberta representa a derrocada de um obstáculo ao livre-pensamento. Os aquarianos se interessam vividamente por romper fronteiras e derrubar paredes, seja no campo científico, no político ou no social. Outros signos zodiacais, como Capricórnio, são dotados de aptidão científica, mas são os aquarianos que primam nas ciências sociais e humanas.

FINANÇAS

Nas finanças, os aquarianos procuram ser idealistas e humanitários a ponto de beirar o autossacrifício. Contribuem generosamente para as causas políticas e sociais. E, nesse sentido, diferem dos capricornianos e dos taurinos, os quais geralmente esperam alguma recompensa; os aquarianos são capazes de contribuir desinteressadamente.

Tendem a tratar as finanças com a mesma frieza e racionalidade com que administram a maior parte dos setores de suas vidas. O dinheiro é algo de que necessitam, e os aquarianos empregam métodos científicos para conquistá-lo.

O dinheiro tem valor para um aquariano pelos bens que pode proporcionar. Jamais, como na visão de outros signos, pelo status que confere. Os aquarianos não são perdulários nem avarentos. Gastam seus recursos de forma prática, visando, por exemplo, facilitar o progresso pessoal, da família e até de estranhos.

Para atingir seu pleno potencial financeiro, contudo, eles devem explorar mais sua natureza intuitiva. Se seguirem apenas as teorias financeiras — ou as que eles julgam teoricamente corretas —, poderão sofrer perdas e decepções. Se, entretanto, fizerem uso da intuição, se sairão bem melhor. Para os aquarianos, a intuição é o melhor atalho para o sucesso.

CARREIRA E IMAGEM PÚBLICA

Os aquarianos gostam de ser vistos não só como demolidores de barreiras, mas também como transformadores da sociedade e do mundo. Anseiam por reconhecimento nessas áreas e desempenham bem seu papel. Respeitam os que agem dessa forma e até esperam que seus superiores o façam.

Os aquarianos preferem empregos que envolvam boa dose de idealismo; procuram carreiras de cunho filosófico. Precisam engajar-se em trabalhos criativos nos quais tenham acesso à pesquisa de novas técnicas e métodos. Gostam de manter-se ocupados e de resolver os problemas de forma direta e imediata, sem perda de tempo. São trabalhadores ágeis, que geralmente têm sugestões de melhora que beneficiam os colegas. Os aquarianos são muito prestativos no ambiente de trabalho e aceitam de bom grado as responsabilidades, preferindo assumi-las a ter que receber ordens de terceiros.

Para realizar suas metas profissionais mais sublimes, eles precisam desenvolver a sensibilidade emocional, a profundidade de sentimentos e o ardor passional. É fundamental que aprendam a focalizar a atenção nas particularidades e a concentrar-se mais na tarefa que têm em mãos. Precisam aprender, ainda, a deixar que o "fogo da motivação" os incendeie por completo, se desejam chegar ao topo. Quando essa paixão se fizer presente em suas vidas, obterão êxito em qualquer empreendimento a que se dedicarem.

AMOR E RELACIONAMENTOS

Os aquarianos são excelentes amigos, mas deixam um pouco a desejar como amantes. É claro que se apaixonam, mas seus pares sempre têm a impressão de terem um bom amigo ao seu lado, não um namorado propriamente dito.

Da mesma forma que os capricornianos, os nativos de Aquário não são propensos a demonstrações ostensivas ou arrebatadas de paixão e afetividade. Na verdade, ficam incomodados quando o cônjuge os toca ou acaricia demasiadamente. Não significa que não amem seus parceiros, apenas demonstram seu amor de outras formas. Curiosamente, tendem a atrair para si o tipo de relacionamento que mais os deixa acanhados: relações com pessoas calorosas, passionais, românticas e afetivas. Talvez intuam, saibam de maneira instintiva, que essas pessoas exibem virtudes de que eles carecem e por isso as procuram. De qualquer modo, a combinação parece funcionar bem. A frieza aquariana gela um pouco o ardor do parceiro, enquanto o fogo da paixão aquece um pouco o sangue frio do aquariano.

As principais qualidades que os aquarianos precisam cultivar no plano sentimental são o calor, a generosidade, a paixão e a alegria de viver. Eles adoram relacionamentos mentais. Nesse terreno, fazem jus à menção honrosa. Se a relação carecer de uma pitada de comunhão intelectual, seu amante aquariano, seguramente, se sentirá entediado ou insatisfeito.

VIDA DOMÉSTICA E FAMILIAR

Também na esfera doméstica e familiar os aquarianos tendem a agir de forma mutável, não convencional e instável. Desejam abolir limites familiares tanto quanto anseiam por eliminar as pressões de qualquer ordem.

Mesmo assim, são bastante sociáveis. Gostam de manter um lar agradável, onde possam receber e entreter familiares e amigos. Suas casas são geralmente decoradas de forma moderna e abarrotadas de utensílios e aparatos de última geração, que os aquarianos consideram indispensáveis.

A fim de terem uma vida doméstica saudável e satisfatória, os aquarianos precisam aprender a injetar nela um pouco de estabilidade e conservadorismo. Não é possível viver só de novidades. A durabilidade, a permanência e a constância são necessárias em pelo menos uma das esferas da vida; a doméstica e familiar parece a ideal.

Vênus, o planeta do Amor, rege também a Quarta Casa Solar aquariana — do Lar e da Família —, e isso indica que, em se tratando de família e da educação dos filhos, a teoria, o raciocínio frio e o intelecto não bastam. Os aquarianos precisam acrescentar amor a essa equação, para terem uma vida doméstica maravilhosa.

AQUÁRIO
HORÓSCOPO 2014

TENDÊNCIAS GERAIS

Saturno está em sua Décima Casa — da Carreira — desde outubro de 2012, e continuará lá por quase todo o ano de 2014 (ele a deixa em 24 de dezembro). Isso será um desafio para a carreira, mas se for tratado de forma apropriada, proporcionará sucesso duradouro. Falaremos mais sobre isso depois.

Quando Júpiter ingressou em Câncer em 26 de junho de 2013, você começou um ciclo de prosperidade que continuará neste ano. Além disso, muitos conseguiram bons empregos — empregos dos sonhos —, algo que também pode acontecer este ano.

Netuno está na Casa do Dinheiro desde fevereiro de 2012, e continuará lá por muitos anos. Sua intuição financeira ficará incrível nesses dias. Você vai se aprofundar nas dimensões espirituais — essência e fonte — da riqueza. Essa será uma tendência de longo prazo que vai durar muitos anos. Falaremos mais sobre isso depois.

Em 16 de julho, Júpiter entra em sua Sétima Casa — do Amor, do Casamento e das Atividades Sociais —, iniciando um período feliz de expansão da vida amorosa que continuará ao longo do ano. O amor está no ar e você está sendo preparado para ele. Falaremos mais sobre isso depois.

A saúde será basicamente boa, mas depois do dia 16 haverá dois planetas lentos em alinhamento tenso com você, então essa área vai precisar de mais vigilância. Falaremos mais sobre isso depois.

Urano, seu planeta regente, fica em uma Grande Cruz de longo prazo até o dia 26 de julho, algo extremamente incomum. Você vai se envolver pessoalmente em um projeto ou uma empreitada grande — muito grande. Será algo que você vai fazer por si mesmo. Falaremos mais sobre isso depois.

Suas principais áreas de interesse este ano serão finanças; comunicação e interesses intelectuais; saúde e trabalho (até 16 de julho); amor e romance (a partir de 16 de julho); carreira; espiritualidade.

Seus caminhos para a maior realização este ano serão saúde e trabalho (até 16 de julho); amor e romance (a partir de 16 de julho); carreira (até 19 de fevereiro); religião, filosofia, ensinamentos superiores e viagens internacionais (de 19 de fevereiro em diante).

SAÚDE

(Trata-se de uma perspectiva astrológica sobre a saúde, não de uma visão médica. No passado, essas perspectivas eram idênticas, porém, hoje, podem ocorrer diferenças. Para obter uma opinião com base em diagnósticos da medicina convencional, consulte seu médico ou um profissional da saúde.)

AQUÁRIO ♒ 329

A saúde e a energia se tornam mais complicadas mais para o fim do ano, depois de 16 de julho. Mas no geral essa área vai ficar bem. Sua Sexta Casa — da Saúde — será forte até 16 de julho, indicando que você vai ficar atento. A atenção extra que você dedicar a esse setor na primeira metade do ano vai lhe ser útil mais tarde.

Como sabem nossos leitores assíduos, você pode fazer muitas coisas para melhorar a saúde e impedir o desenvolvimento de problemas. Dê mais atenção às seguintes áreas:

Coração. (O ano todo, mas especialmente depois de 16 de julho.) Evite preocupação e ansiedade, as raízes espirituais dos problemas cardíacos. Com um pouco de prática, as coisas podem ser resolvidas sem preocupação, algo que não passa de um hábito mental. O mundo a considera "normal", mas, espiritualmente, esse sentimento é visto como uma patologia.

Tornozelos e panturrilhas. São áreas sempre importantes para você. Massageie-as regularmente e dê mais atenção aos tornozelos quando se exercitar.

Estômago e seios. Também são sempre importantes para você. Em geral, seguir uma dieta correta é um problema para você. Sua maneira de comer talvez seja tão importante quanto o que você come. Faça as refeições de um jeito calmo e relaxado. Abençoe a comida com suas próprias palavras. Agradeça por ela. Leve a vibração do ato de se alimentar a um nível mais alto. Isso vai elevar as vibrações da comida e também as suas. A digestão será melhor.

Fígado e coxas. Serão importantes até 16 de julho. Massageie as coxas regularmente. Uma limpeza hepática com ervas será uma boa ideia este ano. Salsa e beterraba são eficazes para limpar o fígado, mas existem outros métodos.

Manter estados emocionais saudáveis — sentimentos de paz e alegria — é sempre importante para a sua saúde. Este ano não será exceção. É mais fácil falar do que fazer, mas, com a prática, sobretudo se você meditar, eles ficam cada vez mais acessíveis. A discórdia emocional é o primeiro sintoma de um problema de saúde físico (em seu caso). Tome consciência de seus sentimentos e, se eles não estiverem corretos, conduza-os à harmonia o mais rápido possível.

Boas relações familiares e harmonia doméstica também são sempre importantes para você. Problemas nessa área podem ter um impacto bastante rápido sobre a saúde física. Se surgirem problemas, harmonize o lar o mais rápido que puder.

Como a Lua é seu planeta da Saúde, os problemas nessa área, muitas vezes, vêm da "memória corporal" — de ocorrências passadas que são reestimuladas. Embora eu normalmente não goste de regressão a vidas passadas, se a saúde estiver em jogo, pode ser uma boa ideia.

A Lua, seu planeta da Saúde, é o mais rápido de todos os planetas. A cada mês, ela passa por todos os signos e Casas de seu Zodíaco. Ela cresce e mingua, recebe e impõe aspectos positivos e negativos. Assim, há muitas tendências de curto prazo na saúde — em seu mapa, essas tendências flutuam quase que diariamente. Elas serão discutidas com mais detalhes nas "Previsões Mensais".

Os números favoráveis para a saúde serão 2, 4, 7 e 9.

LAR E FAMÍLIA

Sua Quarta Casa — do Lar e da Família — não será uma Casa de poder este ano, ficando praticamente vazia. Apenas planetas rápidos — e por períodos muito curtos — passarão por ela. Isso indica um ano sem alterações, o que interpreto como algo positivo. Você estará basicamente satisfeito com o arranjo atual e não sentirá necessidade de fazer grandes mudanças. Poderá fazê-las, se quiser, o cosmos lhe concede o livre-arbítrio, mas não haverá necessidade.

Provavelmente, mudanças ou reformas aconteceram em 2011 e 2012. Agora as coisas ficam mais estáveis.

Um eclipse solar ocorre em sua Quarta Casa no dia 29 de abril, abalando um pouco as coisas. Se houver problemas no lar e no relacionamento da família, o eclipse vai revelá-los para que possam ser corrigidos. É improvável que esse eclipse proporcione mudanças de longo prazo na família. Apenas drama e agitação. Não há outros poderes planetários para apoiá-lo.

Vênus é seu planeta da Família. Como sabem nossos leitores assíduos, ele se move muito rápido. Ao longo do ano, passa por todo o seu mapa. Assim, haverá muitas tendências de curto prazo no lar e na família, que dependem da posição de Vênus e dos aspectos que estiver recebendo em determinado momento. Falaremos sobre isso com mais detalhes nas "Previsões Mensais".

Vênus fica em movimento retrógrado entre os dias 1º e 31 de janeiro. Não será o momento de tomar nenhuma decisão importante sobre o lar e a família, e sim de apurar e revisar os fatos e obter clareza mental.

Quando isso for alcançado (e será), você estará em posição de tomar boas decisões quando Vênus começar a se mover para a frente em 1º de fevereiro.

O casamento de um dos pais ou figura paterna ou materna (e de sócios também) será severamente testado este ano, o que também aconteceu no ano passado. Esses relacionamentos podem sobreviver, mas apenas se houver muito empenho e comprometimento. Um dos pais ou figuras paternas ou maternas provavelmente vai se mudar depois do dia 16 de julho. Será uma mudança positiva. Às vezes não ocorre uma mudança literal de endereço, mas o efeito é o mesmo. Em outras, eles compram mais uma casa ou reformam e expandem a que já têm. A saúde de um dos pais ou figura paterna ou materna será beneficiada por terapias alternativas.

Os irmãos e as figuras fraternas vão estar inquietos e rebeldes. É provável que se mudem este ano, algo que também pode ter acontecido no ano passado. Não é aconselhável que se casem, pois vão estar envolvidos demais com a própria liberdade nesse período.

Os filhos e enteados terão prosperidade, mas seu ano doméstico não passará por alterações. O relacionamento amoroso deles será testado no ano que vem. Eles farão mudanças muito dramáticas na rotina de saúde.

DINHEIRO E CARREIRA

Sua Casa do Dinheiro está poderosa há alguns anos, e continuará assim por muitos mais. Haverá grande foco nas finanças, o que já é 90 por cento do sucesso. Considero o interesse e o foco mais importantes do que "aspectos fáceis". O interesse é a motivação que leva as pessoas a prosperar mesmo que estejam em meio às adversidades. Elas ficam dispostas a aceitar e a lidar com todos os desafios que surgirem.

No ano passado, você teve o melhor de dois mundos: motivação e aspectos fáceis. Então, tem havido prosperidade, e será assim até 16 de julho deste ano. Sem dúvida, você vai gastar mais, mas também vai ganhar muito mais.

Netuno, o mais espiritual dos planetas, é seu planeta das Finanças, de forma que as dimensões espirituais da riqueza sempre foram importantes para você — sempre foram fonte de interesse. Mas desde que Netuno entrou no próprio signo, Peixes (em fevereiro de 2012), esse interesse ficou ainda maior. E é provável que você obtenha bons resultados financeiros com métodos espirituais — meditação, visualização, doações para a caridade e acesso às fontes sobrenaturais de recursos, e não às naturais. Sua intuição financeira é sempre boa — Netuno é o planeta da Intuição —, mas neste ano (assim como no ano passado), vai ficar incrível. Saturno, seu planeta da Espiritualidade, está formando bons aspectos com Netuno desde outubro de 2012.

Nas finanças, não há dúvida de que você age de um jeito diferente. Mas dá certo. Os amigos e colegas devem ficar perplexos. Você não faz o tipo de coisa "normal". Mesmo assim, prospera.

A intuição consegue mais em um instante do que muitos anos de trabalho e planejamento árduos e convencionais.

No nível mundano, Netuno rege petróleo, combustível, empresas e serviços de água, navios e sua construção, pesca e todas as indústrias que envolvem a água. Também rege hospitais particulares, casas de repouso, asilos, anestésicos, analgésicos e drogas reguladoras de humor. Essas indústrias serão interessantes como investimento, negócio ou emprego. As pessoas desses ramos provavelmente vão ser importantes em sua vida financeira.

Júpiter está em sua Sexta Casa desde o final de junho de 2013, e continuará lá até 16 de julho deste ano. Isso indica oportunidades de emprego propícias e lucrativas. Muitos nativos do signo conseguiram empregos no ano passado, mas caso isso não tenha acontecido ainda pode acontecer em 2014. Aqueles que empregam outras pessoas vão expandir a força de trabalho.

Os amigos e os contatos sociais também serão importantes no nível financeiro. Eles lhe darão apoio.

Os aquarianos têm muita facilidade de lidar com computadores e com a internet. Para eles é natural. Essas habilidades também são importantes financeiramente — seja qual for seu negócio ou emprego. Empresas e atividades virtuais são lucrativas hoje em dia.

Saturno está em sua Décima Casa — da Carreira — desde outubro de 2012, deixando essa área mais difícil. Às vezes, isso indica um chefe exigente ou autoritário. Também mostra que o progresso profissional acontece através do mérito — de puro desempenho —, e não por causa da influência de seus contatos sociais ou familiares. Os contatos sociais podem lhe abrir portas, mas no final você vai ter de mostrar serviço. O mérito prevalece, sobretudo este ano.

Saturno é seu planeta da Espiritualidade e está envolvido em sua carreira. Netuno, o planeta genérico da Espiritualidade, rege suas finanças,

de forma que a dimensão espiritual será importante para a carreira assim como para as finanças. Se você tiver uma profissão mundana, envolva-se mais com instituições de caridade e causas nas quais acredite. Dedique seu tempo. Faça doações. Isso vai favorecer a carreira exterior de maneiras sutis.
Os números favoráveis para as finanças serão 1, 12 e 18.

AMOR E VIDA SOCIAL

O ano começa devagar nesse departamento. Não vai haver nenhum desastre, mas também não vai acontecer nada de bom. Esse será basicamente um período de preparação. Em 16 de julho, Júpiter vai entrar em sua Sétima Casa — do Amor e do Romance — e ficará lá pelo restante do ano (e em 2015 também). A diversão começa. Júpiter não apenas estará em sua Sétima Casa, como também formará aspectos maravilhosos com Urano, o senhor do seu Zodíaco. Então, o amor vai estar no ar. Haverá casamentos e relacionamentos semelhantes a casamentos. Se você já for casado, sua relação se torna mais romântica e com jeito de lua de mel.

Júpiter é seu planeta dos Amigos. A entrada dele em sua Sétima Casa nos fornece diversas mensagens. Indica que o romance pode acontecer através dos amigos, que vão bancar o cupido; que uma amizade mais ou menos casual começa a se tornar algo mais; ou encontros virtuais ou relacionamentos amorosos que acontecem online ou através de métodos tecnológicos (Skype, mensagens de texto).

As oportunidades românticas chegarão quando você estiver envolvido com grupos, atividades coletivas ou organizações (o que, de qualquer forma, é uma de suas atividades favoritas). A mensagem que percebo aqui é que só é preciso ser você mesmo, fazer as coisas que ama, seguir sua paixão, e o romance vai acontecer com muito pouco planejamento ou manipulação de sua parte.

A presença de Júpiter em sua Sétima Casa indica suas necessidades no amor — suas atitudes amorosas. Nesse caso, o planeta reforça suas inclinações naturais. Você quer amizade no amor. Quer romance, mas também deseja ser amigo do amante. Precisa sentir que você e a pessoa amada são tanto "companheiros de equipe" quanto amantes. Um relacionamento entre iguais.

Você é sempre inovador e experimental — em tudo, não apenas no amor. E agora vai conhecer outras pessoas assim. Como casal, provavelmente vocês vão fazer todo tipo de coisa excêntrica.

O envolvimento de Júpiter em sua vida amorosa indica que você vai se sentir atraído por estrangeiros, por pessoas extremamente cultas e, talvez, religiosos. Vai se aproximar de pessoas refinadas, com quem possa aprender. Uma viagem internacional melhoraria o relacionamento atual ou poderia levar a um novo amor.

Um romance sério está no ar, esteja você buscando seu primeiro, terceiro ou quarto casamento. Os que estiverem tentando se casar pela segunda vez terão o relacionamento testado até 26 de julho. O casamento fica mais improvável nesse período. Pode acontecer, mas não há nada especial para apoiá-lo. Entretanto, você vai namorar e ir a festas, e novos amigos entram em cima. A vida social será ativa e feliz.

Seu planeta do Amor é o Sol. É um planeta rápido. Ao longo do ano, ele visita todos os signos e Casas do seu Zodíaco. Então, há muitas tendências de curto prazo no amor — de acordo com a posição do Sol e dos aspectos que estiver recebendo. Falaremos sobre isso mais detalhadamente nas "Previsoes Mensais".

Os números favoráveis para o amor serão 5, 6, 8 e 19.

AUTOAPRIMORAMENTO

Sua intuição será treinada de duas maneiras este ano (todos recebem o treinamento de diversas formas). Finanças e carreira. Os dois planetas espirituais de seu mapa estão envolvidos em ambas as áreas.

Quando a intuição — a orientação superior — está envolvida em alguma coisa, todos os fatos e regras do plano material perdem a importância. Com frequência, ela o guia de maneiras que contariam os supostos fatos e condições existentes. Você não fará nada repreensível ou prejudicial, mas vai ignorar as "condições de mercado", a situação do desemprego, os preços de ações e a "sabedoria convencional". Essa é a parte difícil. É preciso ter fé para seguir a intuição. Muitas vezes, temos de ir contra a "aparência" das coisas e contra nossa avaliação mundana de uma situação. Você recebe uma intuição e grande parte sua protesta. É impossível, não pode ser etc. Mesmo assim, o tempo e os eventos revelam que a intuição estava correta e que, em retrospecto, era extremamente lógica.

A maioria das pessoas desconfia do idealismo nas questões mundanas e práticas. O idealismo é respeitado, mas "não vale a pena". Em seu caso, não será assim. Para você, o "ideal" é o jeito prático. Não faça concessões nessa área.

A presença de Saturno em sua Décima Casa — da Carreira — indica que você vai assumir mais responsabilidades profissionais. Mais fardos. Em geral, fugimos de responsabilidades e fardos — tentamos evitá-los. Mas esse não será o momento para fazer isso. Aceite-os (os que forem legítimos) e lide com eles. Ao fazer isso, perceberá que está crescendo pessoal e profissionalmente. Você descobre que pode fazer mais do que achou que podia. Você se "amplia" como pessoa. Isso é parte do Plano Divino para a carreira. Se os assuntos profissionais o oprimirem em algum momento (o que é provável nesse período), entregue para o Divino — o Poder Superior — e deixe que ele lide com tudo. Se fizer isso sinceramente, de coração, sem reservas, terá paz e os problemas de trabalho se resolverão de forma mágica e bela. Isso também se aplica às questões financeiras. Invoque o Poder Superior e permita que ele opere como quiser, sem interferências. As coisas vão se resolver de imediato.

Se voce continuar se sentindo ansioso, é porque não fez uma entrega total — ainda existem áreas que você não entregou. Repita até se sentir em paz.

PREVISÕES MENSAIS

JANEIRO

Melhores dias: 3, 4, 12, 13, 22, 23, 30, 31
Dias mais tensos: 9, 10, 17, 18, 24, 25
Melhores dias para o amor: 1º, 2, 9, 10, 17, 18, 19, 20, 28, 29
Melhores dias para o dinheiro: 5, 6, 14, 15, 24, 25
Melhores dias para a carreira: 1º, 2, 9, 10, 19, 20, 24, 25, 28, 29

Seu ano começa com o poder planetário na posição mais oriental, o que também será o caso no mês que vem. Você está em um período de máxima independência, e terá o poder de alterar as condições de acordo com sua vontade e de moldar sua vida segundo suas especificações. Com o movimento planetário praticamente todo para a frente neste mês (80 por cento), você verá um rápido progresso em direção a seus objetivos. Nesse ciclo, você vai precisar menos dos outros. A iniciativa própria faz diferença. Quem você é o que pode fazer serão fatores mais importantes do que as pessoas que você conhece. A simpatia é sempre proveitosa, mas suas habilidades pessoais contarão mais nesse momento.

No dia 20, os planetas também fazem um importante deslocamento da metade superior para a inferior do Zodíaco. Você termina uma investida profissional anual. Vai ser o momento de acumular forças para o próximo impulso, que começa daqui a seis meses. Será bom se concentrar no lar, na família e em seu bem-estar emocional a partir dessa data. Seu planeta da Família passa o mês inteiro em movimento retrógrado, de forma que você pode se concentrar nessa área, mas não precisa tomar decisões ou fazer mudanças importantes. Esteja presente para a família, solidifique as relações e alianças entre seus membros, mas evite tomar decisões importantes.

Este será um mês basicamente feliz. No dia 20, você ingressa em um de seus picos anuais de prazer pessoal, durante o qual dará ao corpo (seu servo mais leal) o que lhe é de direito. Você cuidará dele, o deixará satisfeito e em forma.

O amor também será excelente em janeiro. Ele estará em seu encalço e vai encontrá-lo depois do dia 20. Não será preciso fazer muito esforço. Com a presença tanto do senhor da Sétima Casa quanto do senhor da Quinta Casa em seu signo, os solteiros terão opções — seja para um amor sério ou somente para se divertir. Você vai conseguir o que quiser, o amor acontecerá de acordo com seus termos a partir do dia 20. Um amor atual será muito devotado a você e colocará seus interesses à frente dos próprios. Também haverá boas oportunidades sociais.

Em seu aniversário, você entra em um ótimo ciclo para começar novos projetos ou lançar produtos. Os dias 30 e 31 serão excepcionalmente propícios.

A saúde fica excelente no momento. A maioria dos planetas vai formar aspectos harmoniosos ou deixar você em paz. Você terá muita energia — especialmente depois do dia 20 — para conseguir qualquer coisa que desejar. A rotina de saúde (e a saúde em geral) correrá melhor entre os dias 1º e 16 e nos dias 30 e 31.

As finanças serão razoáveis neste mês, sem muitas alterações. Não acontece nenhum desastre, mas também nada de bom.

FEVEREIRO

Melhores dias: 8, 9, 18, 19, 26, 27
Dias mais tensos: 5, 6, 7, 13, 14, 20, 21
Melhores dias para o amor: 5, 6, 7, 8, 9, 13, 14, 16, 17, 20, 24, 25, 28
Melhores dias para o dinheiro: 1º, 2, 10, 11, 12, 20, 21, 28
Melhores dias para a carreira: 5, 6, 7, 15, 16, 20, 21, 24, 25

Este será mais um mês feliz. E também próspero.

Você ainda fica em um pico anual de prazer pessoal até o dia 18. Mas os prazeres pessoais — as delícias dos cinco sentidos — continuarão fortes até depois dessa data. O senhor de sua Quinta Casa (da Diversão) vai estar em seu signo a partir do dia 13.

No dia 18, quando o Sol ingressar na Casa do Dinheiro, você começa um pico financeiro anual. Há alguns meses a prosperidade tem sido intensa — o mês passado foi um pouco lento, mas agora ela se reativa. Haverá muito progresso financeiro nesse momento. O período entre os dias 22 e 24, quando o Sol estiver em conjunção com Netuno, o planeta das Finanças, será especialmente próspero — com um bom resultado financeiro. Isso indica o favor financeiro do cônjuge, parceiro ou amor atual e dos amigos em geral. Os contatos sociais serão importantes para as finanças a partir do dia 18, mas especialmente nesse período. Uma parceria de negócios ou *joint venture* é provável. Os amigos também vão prosperar e lhe concederão seu apoio e favor financeiro. A intuição financeira vai estar a todo vapor. Preste atenção aos sonhos e às mensagens espirituais de médiuns, astrólogos, canais espirituais e pastores. Haverá informações importantes nelas.

Até o dia 18, os solteiros não vão precisar se esforçar muito para encontrar o amor, que irá até eles. Leve sua vida normalmente e o amor vai acontecer. Depois dessa data, o amor e as oportunidades românticas aparecem quando você estiver tentando alcançar seus objetivos financeiros e com pessoas envolvidas nessa área. As pessoas do dinheiro em sua vida (e em geral) vão ficar muito atraentes nesse momento. O amor será expresso de formas físicas e materiais — através de suporte financeiro e presentes. Assim você se sentirá amado e demonstrará amor.

Mas também haverá forte componente espiritual no amor — e isso complica as coisas. O dinheiro vai ser importante, mas você vai querer alguém com a mesma vibração espiritual — alguém que apoie suas práticas e concorde com seus ideais. Um poeta que também fosse milionário cairia como uma luva, mas esse tipo de gente não é muito fácil de encontrar.

Mercúrio entra em movimento retrógrado no dia 6. Evite especulações nesse período. Os filhos ou as figuras fraternas ficam sem rumo na vida. O cônjuge, parceiro ou amor atual vai precisar rever a vida financeira. Importantes decisões financeiras devem ser tomadas antes dessa data ou no mês que vem, quando Mercúrio voltar a se mover para a frente.

A saúde será basicamente boa. Você pode melhorá-la ainda mais das maneiras descritas em "Tendências Gerais". A saúde e a energia devem ficar melhores entre os dias 1º e 14, na Lua Crescente. Os candidatos a emprego também terão sorte nesse período.

MARÇO

Melhores dias: 7, 8, 17, 18, 26, 27
Dias mais tensos: 5, 6, 12, 13, 19, 20
Melhores dias para o amor: 1º, 2, 7, 10, 11, 12, 13, 17, 18, 21, 22, 26, 27, 30, 31
Melhores dias para o dinheiro: 1º, 2, 10, 11, 19, 20, 28, 29
Melhores dias para a carreira: 5, 6, 15, 16, 19, 20, 24, 25

O poder planetário abaixo da linha do horizonte se torna ainda mais forte no dia 6, quando Vênus sai da metade superior e ingressa na metade inferior do seu Zodíaco. Tenha em mente nossas discussões anteriores sobre esse assunto. A carreira será importante, mas seu ponto de harmonia emocional, ainda mais. O bem-estar é mais importante do que sucesso exterior. O bem-estar leva ao sucesso exterior, não o contrário.

A entrada de Vênus em seu signo no dia 6 será positiva para o amor. Você vai estar com boa aparência e ter um ótimo senso de estilo. Haverá mais graça na personalidade e na imagem física. Será um bom momento para comprar roupas e acessórios, pois as escolhas serão acertadas.

Esse trânsito indica viagens internacionais e boas oportunidades educativas. Você não precisa se esforçar muito, as oportunidades irão a seu encontro.

Haverá muita prosperidade neste mês. Você continua em um pico financeiro anual até o dia 20, e terá muito apoio nessa área — de amigos, do cônjuge, parceiro ou amor atual e de pessoas espiritualizadas. A intuição financeira vai estar muito aguçada.

Mercúrio faz conjunção com o planeta das Finanças entre os dias 21 e 23. Isso indica sorte nas especulações e a chegada de importantes ideias e informações financeiras a você. Os filhos e enteados darão apoio e também ideias e inspiração.

O planeta do Amor continua na Casa do Dinheiro até o dia 20. Reveja o que falamos sobre esse assunto no mês passado. No dia 20, o planeta do Amor entra em sua Terceira Casa. Haverá uma mudança nas necessidades amorosas e nos lugares românticos. Agora, a boa comunicação será importante para o amor, e o sexo mental terá o mesmo peso que o sexo físico. Uma boa conversa pode ser considerada parte importante das preliminares. Você se sentirá atraído por pessoas com quem seja fácil conversar e por intelectuais — escritores, jornalistas e professores. As oportunidades amorosas acontecem na vizinhança e, talvez, com vizinhos. Elas também acontecem em ambientes educacionais — palestras, seminários, oficinas, na livraria ou na biblioteca local.

É sempre bom aprender e expandir os conhecimentos. Mas neste mês as oportunidades românticas proporcionarão uma alegria a mais a isso.

A saúde continua boa. A saúde e a energia estarão no auge entre os dias 1º e 16 e nos dias 30 e 31. Os candidatos a emprego também terão mais sorte nesses períodos.

A Lua Nova do dia 30 ocorre em sua Terceira Casa, mas também perto de Urano. Então, além de trazer clareza nas questões educacionais e na relação com irmãos e vizinhos, também será um minipico de prazer pessoal e vai proporcionar bons encontros românticos.

ABRIL

Melhores dias: 3, 4, 5, 13, 14, 15, 22, 23
Dias mais tensos: 1º, 2, 8, 9, 10, 16, 17, 29, 30
Melhores dias para o amor: 4, 5, 6, 8, 9, 10, 16, 17, 19, 20, 24, 25, 29, 30
Melhores dias para o dinheiro: 6, 7, 16, 17, 24, 25
Melhores dias para a carreira: 1º, 2, 11, 12, 16, 17, 20, 21, 29, 30

Sua Quarta Casa — do Lar e da Família — se torna muito poderosa a partir do dia 20. Será um período para o progresso psicológico. No dia 29, a ocorrência de um eclipse solar em sua Quarta Casa acelera esse processo. Esse tipo de evento tende a trazer à tona antigos traumas e lembranças do passado para que possamos lidar com eles.

Haverá dois eclipses este mês. O eclipse lunar do dia 15 será relativamente benigno. Ele ocorre em sua Nona Casa, de forma que vai testar (ao longo dos meses) suas crenças religiosas e filosóficas. Os fatos da vida vão desafiá-las, e com frequência acontece uma crise de fé. Às vezes, as crenças são válidas e os desafios só fazem com que você se aprofunde — lhe mostram mais nuances. Mas, em outras, as crenças precisam ser modificadas ou descartadas. Nos próximos meses, essa distinção ficará evidente. Mudanças nas crenças são mais importantes — têm um efeito mais profundo — do que as simples mudanças psicológicas. A vida é afetada como um todo. A interpretação dos eventos é alterada. Marte sofre o impacto desse eclipse, de forma que carros e aparelhos de comunicação são postos à prova, e muitas vezes precisam ser substituídos. Dirija com mais cuidado. Haverá situações dramáticas na vida de irmãos, figuras fraternas e vizinhos. Talvez ocorra uma construção importante (ou outros tipos de mudança) na vizinhança. Os eclipses lunares tendem a proporcionar perturbações no ambiente profissional e, às vezes, sustos na saúde. Também trazem mudanças para a rotina geral de saúde e a dieta.

O eclipse solar do dia 29 terá um impacto muito mais intenso sobre você. De qualquer forma, seria necessário programar uma agenda mais tranquila a partir do dia 20, mas especialmente durante a época do eclipse. Esse eclipse, como mencionamos, ocorre em sua Quarta Casa, de forma que afeta o lar e a família. Muitas vezes surge a necessidade de fazer reparos na casa e problemas ocultos são revelados. Haverá eventos dramáticos na vida dos membros da família, e especialmente de pais ou figuras paternas ou maternas. Eventos que mudarão a vida deles. Os familiares ficam mais temperamentais nesse período, então, seja mais paciente. Não há necessidade de deixar as coisas ainda piores. A rotina de sonhos será muito ativa nesse período — com frequência, os sonhos são perturbadores. Mas não lhes dê muito crédito no momento, pois grande parte deles são detritos psíquicos trazidos à tona por causa do eclipse. Todo eclipse solar testa o amor. Isso não quer dizer que um relacionamento atual vá terminar — os bons sobrevivem. Mas muito material reprimido aparece e precisa ser tratado. Seja mais paciente com a pessoa amada nesse período.

Descanse bastante a partir do dia 20. Melhore a saúde das formas mencionadas em "Tendências Gerais". A saúde e a energia devem ser melhores ente os dias 1º e 15.

O Sol fica em conjunção com Urano nos dias 1º e 2, proporcionando boas oportunidades amorosas — encontros românticos importantes.

Vênus faz conjunção com Netuno entre os dias 10 e 13. Isso indica bons rendimentos — pessoalmente ou para um dos pais ou figuras paternas ou maternas. Haverá bom apoio familiar nessa época (melhor que de costume).

MAIO

Melhores dias: 1º, 2, 11, 12, 19, 20, 28, 29
Dias mais tensos: 5, 6, 13, 14, 26, 27
Melhores dias para o amor: 6, 7, 8, 9, 10, 13, 14, 17, 18, 24, 25, 28, 29
Melhores dias para o dinheiro: 3, 4, 5, 13, 14, 21, 22, 31
Melhores dias para a carreira: 8, 9, 13, 14, 17, 18, 26, 27

Neste mês, o poder planetário se desloca do independente Oriente para o social Ocidente. Seu período de independência pessoal terminou (por ora), de forma que será mais difícil realizar ações arbitrárias para alterar as condições e conseguir o que quer. Os outros devem ser levados em consideração. O bem chega a você pelas boas graças alheias. Houve tempo para desenvolver suas habilidades pessoais e fazer as coisas à sua maneira, e essa será a hora de cultivar as habilidades sociais. Mesmo que você tenha um talento incrível, a falta de "simpatia" vai ser um empecilho ao progresso nesses dias. Sem a capacidade de se dar bem com os outros, o talento pessoal perde quase todo o sentido — não pode ser posto em prática.

Em qualquer produção teatral, a plateia vê apenas uma fração do que realmente está em curso. Há mais coisas acontecendo nos bastidores — com contrarregras, diretor, maquiadores e aderecistas — do que se vê no palco. A atividade dos bastidores é o que possibilita a peça — o que é visível e possível. Astrologicamente falando, você está na fase dos "bastidores" de seu ano. Não a descarte. O palco está sendo montado para seu impulso profissional externo. Sem esse trabalho interior, seus objetivos não podem se manifestar. Focando sua atenção e imaginação no que quer alcançar, os "contrarregras" recebem direção e, internamente, as coisas são preparadas. Nada parece estar acontecendo abertamente, mas coisas importantes estão em ação. Os planetas se encontram no ponto mais baixo do ano.

O estado de harmonia emocional vai ajudar os contrarregras nos bastidores a trabalhar de forma adequada. Essa deve ser sua principal motivação no momento.

A saúde continua precisando de vigilância até o dia 21. Você verá uma melhora depois dessa data, mas antes descanse bastante. Melhore a saúde das formas mencionadas em "Tendências Gerais". O período entre os dias 12 e 14 será particularmente vulnerável, então descanse mais.

O amor fica um pouco mais delicado este mês, mas melhora depois do dia 21. Talvez você ou a pessoa amada estejam um pouco mal-humorados demais. Quando estamos de mau humor, o relacionamento parece "absolutamente terrível" — nada o redime. Quando estamos de bom humor, tudo está e sempre foi ótimo. A verdade, claro, está no meio-termo. O outro problema no amor é que você ou a pessoa amada podem estar vivendo no passado. Talvez você aja de acordo com experiências passadas e não com a situação atual. Quando perceber isso e passar a prestar atenção, a situação vai melhorar.

Os solteiros encontrarão oportunidades amorosas perto de casa, através da família e de suas conexões. Os familiares vão bancar o cupido nesse momento.

JUNHO

Melhores dias: 7, 8, 16, 17, 24, 25, 26
Dias mais tensos: 2, 3, 9, 10, 22, 23, 29, 30
Melhores dias para o amor: 2, 3, 5, 6, 7, 8, 14, 15, 16, 17, 23, 24, 27, 28, 29, 30
Melhores dias para o dinheiro: 1º, 9, 10, 11, 18, 19, 27, 28
Melhores dias para a carreira: 1º, 9, 10, 18, 19, 27, 28

A atividade retrógrada aumenta neste mês. Quarenta por cento dos planetas vão estar em movimento retrógrado a partir do dia 9 — o máximo do ano. Esse também deve ser considerado um período de atividade nos "bastidores". Um período de preparação. Sem ele, o espetáculo não vai acontecer. A ação no mundo começa a desacelerar, então você pode se divertir e aproveitar a "lentidão". No dia 21 do mês passado, você entrou em um de seus picos anuais de prazer pessoal, que continua até o dia 21 deste mês. Será o momento para atividades de lazer e para explorar o lado extático da vida.

O amor vai estar muito mais feliz do que no mês passado, mas não tão sério, e sim divertido — sobretudo até o dia 21. Os casos amorosos serão tão satisfatórios quanto um amor comprometido. Não seja sério demais nesse período. Você se sentirá atraído por pessoas com quem puder se divertir. Os solteiros terão muitas oportunidades de diversão. As oportunidades amorosas vão acontecer nos lugares habituais — casas noturnas, locais de entretenimento, festas etc.

Depois do dia 21, as atitudes amorosas se alteram. O amor deixa de ser apenas diversão — que é algo efêmero — e se dedica ao serviço da pessoa amada. Esse é o amor verdadeiro. Quando alguém agir assim, você vai se sentir amado. E também é assim que você vai demonstrar seu amor. "O serviço", dizem os gurus, "é o amor em ação". As oportunidades românticas acontecem no ambiente profissional e com os colegas de trabalho. Também aparecem quando você estiver tentando alcançar seus objetivos de saúde ou com pessoas envolvidas nessa área.

Você está em um ano próspero. Mas mesmo um ano assim tem altos e baixos. Você sai de um momento ruim (até o dia 21) e entra em um bom. O período entre os dias 27 e 30 será especialmente propício — com bons rendimentos —, mas podem acontecer atrasos. Seu planeta das Finanças, Netuno, entra em movimento retrógrado no dia 9. A prosperidade continuará, mas um pouco mais lenta que de costume.

Os candidatos a emprego estão tendo aspectos excelentes desde o começo do ano, mas no dia 21 esses aspectos ficam ainda melhores. Dificilmente encontraremos algum aquariano desempregado nesse período (a não ser por escolha própria). Marte faz oposição a Urano praticamente o mês inteiro, mas esse aspecto fica muito exato entre os dias 22 e 26. Dirija com mais cuidado. Equipamentos de comunicação e carros podem ficar mais temperamentais. Seja mais paciente com irmãos, figuras fraternas e também com os vizinhos. Eles vão se opor a você e haverá desentendimentos.

Vênus transita por um ponto de eclipse nos dias 5 e 6. Evite viagens desnecessárias ao exterior nesses dias e seja mais paciente com os membros da família.

Júpiter transita por um ponto de eclipse entre os dias 21 e 26. Seja mais paciente com os amigos. Os equipamentos tecnológicos podem ficar temperamentais.

JULHO

Melhores dias: 4, 5, 6, 13, 14, 22, 23
Dias mais tensos: 1º, 7, 8, 19, 20, 21, 27, 28
Melhores dias para o amor: 1º, 4, 5, 6, 7, 8, 13, 14, 15, 16, 24, 27, 28
Melhores dias para o dinheiro: 7, 8, 15, 16, 17, 24, 25, 27
Melhores dias para a carreira: 2, 3, 7, 8, 11, 12, 19, 20, 29, 30

Embora sua saúde e a energia em geral pudessem estar melhores, haverá muitas coisas boas acontecendo — muitas mudanças para melhor.

Os planetas deslocam-se para a posição mais ocidental neste mês. Sua Sétima Casa — do Amor — se torna poderosa no dia 22, e você começa um pico anual amoroso e social. Júpiter também vai entrar em sua Sétima Casa no dia 17, um movimento importante que só acontece cerca de uma vez por ano. Júpiter ficará ali pelo restante do ano, e também no ano que vem. Para muitos de vocês, este não será um pico anual, mas um pico que vai durar a vida inteira. O amor está no ar. Um casamento pode acontecer neste mês ou neste ano. Você está com vontade de se casar e vai conhecer pessoas que se sentem da mesma forma (às vezes não acontece um casamento "literal", mas um relacionamento equivalente).

O simbolismo do Zodíaco mostra vários cenários no amor. Alguém que era "apenas um amigo" agora se torna algo mais — um interesse romântico. Amigos bancam o cupido e o apresentam ao par perfeito. Você conhece seu par perfeito em uma atividade coletiva ou organização, talvez na internet, em uma rede social ou um site de namoros. Alguém com quem você trabalhou no passado ou que conheceu no trabalho se torna um interesse romântico.

Os encontros amorosos podem ocorrer durante o mês (e o ano) inteiro, mas o período entre os dias 24 e 27 será muito propício para a vida social em geral, não apenas para o romance. Também será um excelente período financeiro.

Como dissemos, a saúde poderia estar melhor. A boa notícia é que você vai se concentrar mais nela este mês. Vai prestar atenção. Então, essa área tende a ficar bem. Você vai dar a ela a atenção que merece. Tome mais cuidado com a saúde nos dias 1º, 6, 7, 18, 19, 24 e 27, que serão os mais vulneráveis do mês. Aprimore a saúde das maneiras descritas em "Tendências Gerais".

Este será um ótimo mês (especialmente até o dia 17) para os candidatos a emprego.

Urano começa a se mover para trás no dia 22, de forma que os objetivos pessoais, objetivos envolvendo o corpo, a imagem e a aparência ficam sob revisão. Talvez, o fato de a autoconfiança não estar tão forte quanto de costume seja algo bom — você entra em férias de si mesmo. O foco são os outros. Provavelmente, o jeito deles será melhor que o seu.

AGOSTO

Melhores dias: 1º, 2, 10, 18, 19, 28, 29
Dias mais tensos: 3, 4, 16, 17, 23, 24, 30, 31
Melhores dias para o amor: 3, 4, 5, 6, 12, 13, 14, 23, 24, 25
Melhores dias para o dinheiro: 3, 4, 5, 11, 12, 13, 14, 20, 21, 23, 24, 30, 31
Melhores dias para a carreira: 3, 4, 7, 8, 16, 17, 25, 26, 30, 31

Marte cruzou o Meio do Céu no dia 18 do mês passado, e vai passar agosto inteiro em sua Décima Casa — da Carreira. Além disso, neste mês o poder planetário se desloca da metade inferior para a metade superior do Zodíaco. Você está pronto para seu impulso profissional anual. Pode dar menos ênfase às questões do lar e da família, embora elas sejam importantes. É hora de ter sucesso no mundo exterior, e você vai fazer isso através dos métodos objetivos e físicos. Se permitiu que os "contrarregras" cósmicos trabalhassem adequadamente, suas ações serão naturais, poderosas e bem coreografadas.

A presença de Marte em sua Décima Casa indica que a carreira será caótica e ativa. Talvez haja mais conflito e competição que de costume. Você pode melhorar essa área com boas relações públicas, propaganda e uso eficiente da mídia. Os irmãos e as figuras fraternas terão sucesso e ajudarão você. Como mencionamos em "Tendências Gerais", será bom aprimorar a carreira e a imagem pública envolvendo-se em instituições e causas de caridade.

Neste mês, a carreira fica complicada por causa da intensa vida social e amorosa. Ela o distrairá do foco profissional. Você ainda está em um pico anual amoroso e social (que pode durar a vida inteira). Sua Sétima Casa — do Amor — está ainda mais forte que no mês passado. Quarenta por cento e, às vezes, 50 por cento dos planetas (todos benéficos) vão estar ali ou passar por ela. Cinquenta por cento do cosmos vai conspirar para lhe proporcionar o amor.

Uma vida social e uma carreira frenéticas podem drenar sua energia. A saúde ainda precisa de vigilância até o dia 23. Descanse bastante, sobretudo nos dias 2, 3, 9, 10 e 14 (e também nos dias mais tensos, indicados anteriormente). O problema neste mês é que você pode ignorar as questões de saúde. Será preciso obrigar a si mesmo a prestar atenção.

Neste mês, as finanças ficam em segundo plano, dando espaço a outros interesses (amor e carreira). Seu planeta das Finanças ainda está em movimento retrógrado, de forma que os rendimentos podem chegar mais lentamente. A falta de foco também é um problema. Você pode não estar prestando a devida atenção a essa área. É um período de revisão financeira. Descubra onde podem ser feitas melhorias. Apure a maior quantidade de fatos que puder. Faça planos. Quando Netuno começar seu movimento direto, você poderá implementá-los.

O movimento retrógrado de seu planeta das Finanças não quer dizer que toda a atividade dessa área seja interrompida. Seria impossível, já que Netuno ficará retrógrado durante vários meses de 2014. Mas faça o melhor que puder para evitar compras grandes ou decisões financeiras importantes até ele voltar a se mover para a frente. Se alguma coisa precisar ser feita, avalie-a com cuidado.

SETEMBRO

Melhores dias: 6, 7, 14, 15, 24, 25
Dias mais tensos: 12, 13, 19, 20, 27, 28
Melhores dias para o amor: 2, 3, 4, 5, 12, 13, 19, 20, 23, 24
Melhores dias para o dinheiro: 1º, 2, 3, 8, 9, 10, 11, 16, 17, 19, 20, 26, 27, 29, 30
Melhores dias para a carreira: 4, 5, 12, 13, 22, 23, 27, 28

Mesmo no melhor dos períodos amorosos, há momentos em que o ciclo está mais alto ou mais baixo que o habitual. A situação amorosa continua incrível, mas fica um pouco enfraquecida este mês, o que também é bom. Ninguém consegue aguentar tanta intensidade por muito tempo. No dia 23 do mês passado, sua Oitava Casa se tornou poderosa e ficará ainda mais até o dia 23 deste mês. Este será um mês sexualmente ativo. Quando sua Sétima Casa estava forte, o romance e o amor foram importantes. Agora o amor se concentra mais no magnetismo sexual. Seja qual for sua idade ou estágio de vida, a libido vai ficar mais intensa que de costume.

O poder na Oitava Casa indica a prosperidade do cônjuge, parceiro ou amor atual — um pico profissional anual. Ele ou ela ficará mais generoso com você, o que será bom, já que os rendimentos não vão ser seu ponto forte no momento. Eles melhoram depois do dia 23. Se você tiver questões de seguros, imóveis ou impostos, haverá sorte este mês (o ano que vem será ainda mais afortunado nesse departamento).

Esse poder também é bom para regimes de desintoxicação de todos os tipos — física, emocional, mental e financeira. É bom fazer um inventário de suas posses e se livrar do que não usa ou não precisa. Isso vai abrir caminho para coisas melhores chegarem, e é bom para livrar a mente de ideias, opiniões e "ismos" que não forem válidos ou verdadeiros. Talvez sejam inofensivos, mas atravancam as coisas.

Como mencionamos, as finanças melhoram depois do dia 23. Júpiter, o planeta da Abundância, forma ótimos aspectos com o senhor de seu Zodíaco entre os dias 23 e 30. Os amigos lhe darão apoio financeiro.

O Sol forma aspectos maravilhosos com Plutão entre os dias 2 e 4, indicando que você vai socializar com pessoas de alto status. A carreira será impulsionada através de meios sociais. O cônjuge, parceiro ou amor atual lhe dará muito apoio profissional.

No dia 28, o poder planetário se desloca do social setor ocidental para o independente Oriente. O deslocamento se tornará ainda mais forte no mês que vem. Então, seu período de dependência está praticamente terminado. Foi ótimo colocar os outros em primeiro lugar, mas está chegando a hora de colocar a si mesmo nessa posição.

A saúde ficará bem durante todo o mês, e ainda melhor depois do dia 23. Na verdade, você vai começar a se sentir bem depois do dia 14, quando Marte deixar o aspecto tenso que formava com você. No dia 23, você terá toda a energia de que precisa para conseguir qualquer coisa que quiser. Dê mais atenção à saúde (descanse e relaxe mais) nos dias tensos mencionados anteriormente, mas também nos dias 5, 11, 12, 18 19 e 26.

OUTUBRO

Melhores dias: 3, 4, 12, 13, 21, 22, 23, 31
Dias mais tensos: 9, 10, 16, 17, 18, 24, 25
Melhores dias para o amor: 3, 4, 12, 13, 16, 17, 18, 22, 23
Melhores dias para o dinheiro: 5, 6, 7, 8, 14, 17, 18, 23, 24, 26, 27
Melhores dias para a carreira: 1º, 2, 9, 10, 19, 20, 24, 25, 28, 29

Um dos períodos mais bem-sucedidos de seu ano está começando. No dia 23, você inicia em um pico profissional anual, que entrará pelo mês que vem. Continue se concentrando na carreira e deixe de lado as questões familiares e domésticas por algum tempo.

Vai haver sucesso, mas também obstáculos pelo caminho. Dois eclipses acontecem neste mês, e ambos terão forte impacto sobre você. A boa notícia é que muitos dos empecilhos a seu progresso serão eliminados. Entretanto, esse processo não é muito agradável.

Na superfície, o eclipse lunar do dia 8 vai parecer benigno, mas será um golpe muito direto no senhor de seu Zodíaco, Urano. Assim, você precisa programar uma agenda mais tranquila e evitar atividades arriscadas. Não é o momento de testar os limites do corpo (haverá horas melhores para isso). Esse eclipse ocorre em sua Terceira Casa e vai testar carros e equipamentos de comunicação, que devem ficar mais temperamentais. Os computadores e aparelhos de alta tecnologia também serão testados. Se houver defeitos inerentes a essas coisas, serão descobertos e corrigidos nesse momento. É uma boa ideia dirigir com mais cuidado e fazer backup de documentos e fotos importantes. O impacto sobre Urano indica que você vai redefinir a personalidade, o autoconceito, o corpo e a imagem. Ao longo dos próximos seis meses, vai apresentar uma nova imagem ao mundo. Se tiver se descuidado da dieta (o que é provável), o eclipse pode proporcionar uma desintoxicação do corpo. Seu novo eu vai emergir do caos.

O eclipse solar do dia 23 também terá um forte impacto sobre você — mas especialmente sobre aqueles que fazem aniversário entre os dias 19 e 22 de fevereiro. Vá com calma nesse período. Atividades tensas e arriscadas devem ser remarcadas. Passe mais tempo em casa tranquilamente, assista a um bom filme ou leia um bom livro. Esse eclipse vai acontecer bem no Meio do Céu do Zodíaco, afetando a carreira. Às vezes, esses eventos proporcionam mudanças profissionais literais, mas na maioria das vezes, a carreira continua sendo a mesma, e apenas sua atitude em relação a ela muda. Esse tipo de eclipse tende a proporcionar abalos em sua empresa ou indústria — problemas de gerenciamento ou mudanças dramáticas nas políticas. As regras do jogo serão alteradas (também em um processo de seis meses). Haverá situações dramáticas na vida de chefes, pais ou figuras paternas ou maternas. Todo eclipse solar testa o amor, e esse não será diferente. Você teve uma expansão social muito grande recentemente, e um bom teste será benéfico. O joio precisa ser separado do trigo. Sentimentos reprimidos vêm à tona para ser eliminados. Em muitos casos (e este pode ser um deles), um eclipse do planeta do Amor indica um casamento ou um comprometimento maior com o outro. O relacionamento atual evolui ou termina.

Além dos eclipses, a saúde vai precisar de mais vigilância depois do dia 23. Você estará ocupado com sua carreira, mas tente programar mais períodos de descanso. Tente marcar massagens ou passar mais tempo em um spa nos dias tensos listados anteriormente.

NOVEMBRO

Melhores dias: 8, 9, 18, 19, 27, 28
Dias mais tensos: 6, 7, 13, 14, 20, 21
Melhores dias para o amor: 2, 3, 10, 11, 12, 13, 14, 21, 22, 23
Melhores dias para o dinheiro: 2, 3, 4, 5, 10, 11, 14, 20, 23, 29, 30
Melhores dias para a carreira: 6, 7, 15, 16, 17, 20, 21, 25, 26

Em agosto, a vida amorosa foi uma distração para a carreira, mas agora não será tanto. Você vai conseguir integrar muito bem essas duas áreas. A vida amorosa vai brilhar, assim como a carreira. O cônjuge, parceiro ou amor atual também terá sucesso e apoiará sua vida profissional. O sucesso dele ou dela impulsiona o seu. Tem sido assim desde o dia 23 do mês passado.

Se ainda existir algum aquariano solteiro (o que é improvável), haverá oportunidades românticas enquanto você tentar alcançar seus objetivos profissionais ou com pessoas envolvidas em sua carreira. Você terá os aspectos para um romance no ambiente de trabalho — com chefes ou superiores —, sobretudo entre os dias 17 e 19. O poder e a posição serão um foco de atração romântica. Você vai querer uma pessoa que possa admirar — alguém que respeite e que possa ajudá-lo a alcançar seus objetivos profissionais.

A dimensão social vai desempenhar um importante papel para o sucesso nesse período. Conhecer as pessoas certas, socializar com elas e obter sua simpatia abrirá muitas portas. É uma boa ideia ir ao tipo certo de festas e reuniões, ou promovê-las esse mês. Os dois planetas do Amor de seu Zodíaco, Vênus (o planeta genérico do Amor) e o Sol (o verdadeiro planeta do Amor), vão passar pela Décima Casa. Até mesmo a família dará apoio à carreira.

Continue a vigiar a saúde até o dia 24. Como sempre, descanse bastante — sobretudo nos dias tensos mencionados anteriormente e nos dias 4, 5, 6, 11, 12, 19 e 20.

As finanças melhoraram muito desde o dia 23 do mês passado, e vão ficar bem até o dia 22 do mês que vem. Depois dessa data, você vai ter de se esforçar mais para conquistar seus objetivos financeiros. Mas a boa notícia é que Netuno vai começar a se mover para a frente no dia 16. Então, haverá mais clareza mental em relação a seu quadro financeiro, permitindo-lhe tomar decisões melhores.

Tecnicamente, não há eclipses este mês, mas vamos continuar sentido os efeitos dos que aconteceram no mês passado. Urano ainda está no ponto de eclipse do dia 8 de outubro, então evite atividades arriscadas. Você continua muito interessado em se redefinir.

Marte ativa o mesmo ponto de eclipse entre os dias 14 e 17. Dirija com mais cuidado. Os carros e equipamentos de comunicação ficam mais temperamentais, e talvez as comunicações fiquem irregulares nesse período.

Mercúrio ativa o ponto do eclipse solar do dia 23 de outubro entre os dias 8 e 10. Isso também afeta carros e equipamentos de comunicação. Os filhos e enteados devem evitar atividades perigosas. O cônjuge, parceiro ou amor atual vai enfrentar uma crise financeira temporária.

DEZEMBRO

Melhores dias: 5, 6, 15, 16, 24, 25
Dias mais tensos: 3, 4, 10, 11, 18, 19, 30, 31
Melhores dias para o amor: 1º, 2, 10, 11, 12, 13, 20, 21, 22, 30, 31
Melhores dias para o dinheiro: 1º, 2, 8, 10, 11, 18, 20, 21, 26, 27, 28, 29
Melhores dias para a carreira: 3, 4, 13, 14, 18, 19, 22, 23, 30, 31

O austero Saturno está em sua Décima Casa — da Carreira — há mais de dois anos. No dia 24, ele faz um movimento importante, saindo da Décima Casa e ingressando na Décima Primeira. Até agora, você estava obtendo sucesso da forma difícil, através do mérito e de um desempenho melhor que o de seus concorrentes. O mérito continua sendo importante, mas a carreira se torna mais fácil. Muitos de vocês tiveram chefes exigentes nos últimos anos. Os chefes vão mudar — se continuarem os mesmos, serão menos rígidos com você, ou você terá novos chefes que o tratarão com mais delicadeza.

A saída de Saturno de Escorpião e sua entrada em Sagitário também é algo positivo para sua saúde e energia, que estarão muito melhores nesse momento. Se havia problemas preexistentes, você vai começar a ouvir boas notícias em relação a eles. Depois do dia 24, só haverá um planeta lento — Júpiter — formando um alinhamento tenso com você. Os outros formarão aspectos harmoniosos ou o deixarão em paz.

Marte entra em seu signo no dia 5, proporcionando mais energia. Você vai ficar mais dinâmico e ativo, sobressaindo-se em esportes e exercícios (estará no auge). Um carro novo ou novos equipamentos de comunicação vão chegar a você. Marte ativa um ponto de eclipse entre os dias 4 e 7, então dirija com mais cuidado, vigie o temperamento e não se apresse. Aja com calma.

Com 80 por cento e, às vezes, 90 por cento dos planetas ainda no independente Oriente e com Marte em seu signo, a independência pessoal vai estar muito intensa. É hora (assim como vem acontecendo há alguns meses) de assumir a responsabilidade por sua felicidade e andar com as próprias pernas. Você terá o poder de que precisa para criar as condições que desejar. Pode e deve fazer as coisas à sua maneira (desde que não sejam destrutivas). Escolha a felicidade. O movimento planetário será direto durante o mês inteiro. Até o dia 6, 90 por cento dos planetas vão estar se movendo para a frente. Depois dessa data, a porcentagem cai para 80 por cento. Você perceberá um rápido progresso em direção a seus objetivos.

Sua Décima Primeira Casa — dos Amigos — se tornou poderosa no dia 22 do mês passado, e continuará assim até o dia 22 deste mês. É o paraíso dos aquarianos. O cosmos vai impeli-lo a fazer o que mais ama — socializar, envolver-se com amigos e grupos, aprofundar-se em ciência, astrologia e alta tecnologia.

O amor será feliz durante o mês inteiro — sobretudo até o dia 22. Um relacionamento atual se torna mais harmonioso. Os solteiros terão encontros românticos felizes e conhecerão pessoas "para casar". Casamentos ou relacionamentos semelhantes a um casamento não serão surpresa.

O senhor de seu Zodíaco, Urano, ainda está próximo a um ponto de elipse — como acontece desde outubro. Então, continue a evitar atividades arriscadas, façanhas ou testes descuidados dos limites físicos. Você ainda está em um período de redefinição de si mesmo. Um novo *self* está nascendo.

♓

PEIXES

OS PEIXES
Nascidos entre 19 de fevereiro e 20 de março

PERFIL PESSOAL

PEIXES NUM RELANCE

Elemento: Água
Planeta Regente: Netuno
  Planeta da Carreira: Júpiter
  Planeta da Saúde: Sol
  Planeta do Amor: Mercúrio
  Planeta das Finanças: Marte
  Planeta do Lar e da Vida Familiar: Mercúrio
Cores: verde-água, azul-turquesa
Cores que promovem o amor, o romance e a harmonia social: tons terrosos, amarelo, amarelo-ouro
Cores que propiciam ganhos: vermelho, escarlate
Pedra: diamante branco
Metal: estanho
Perfume: lótus
Qualidade: mutável (= flexibilidade)
Qualidades essenciais ao equilíbrio: estruturação, capacidade de lidar com a forma
Maiores virtudes: sensitividade psíquica, sensibilidade, abnegação, altruísmo
Necessidades mais profundas: iluminação espiritual, liberação
Características a evitar: escapismo, procura de más companhias, estados psicológicos negativos

Signos de maior compatibilidade: Câncer, Escorpião
Signos de maior incompatibilidade: Gêmeos, Virgem, Sagitário
Signo mais útil à carreira: Sagitário
Signo que fornece maior suporte emocional: Gêmeos
Signo mais prestativo em questões financeiras: Áries
Melhor signo para casamento e associações: Virgem
Signo mais útil em projetos criativos: Câncer
Melhor signo para sair e se divertir: Câncer
Signos mais úteis em assuntos espirituais: Escorpião, Aquário
Melhor dia da semana: quinta-feira

COMPREENDENDO A PERSONALIDADE PISCIANA

Se os piscianos exibem uma virtude notória, é sua capacidade de acreditar no lado espiritual, invisível ou psíquico das situações. Os bastidores da realidade são tão verdadeiros para eles quanto o chão em que pisam. Tão concretos que amiúde ignoram os aspectos visíveis e palpáveis da realidade, a fim de concentrar-se em suas facetas invisíveis, ditas intangíveis.

Peixes é o signo zodiacal no qual as faculdades intuitivas e a emoção se acham mais desenvolvidas. Os piscianos parecem fadados a viver sob a égide delas, e esse procedimento pode tirar os outros do sério, sobretudo as pessoas dotadas de natureza materialista, científica ou técnica. Se você é daqueles que acreditam que o dinheiro, o status e o sucesso mundano são as únicas coisas na vida que valem a pena, jamais conseguirá compreender um pisciano.

Os piscianos são dotados de intelecto, mas este serve apenas para racionalizar o que já sabem intuitivamente. Para um aquariano ou geminiano, o intelecto se revela uma ferramenta valiosa na hora de adquirir conhecimentos. Para um bom pisciano, ele não passa de uma ferramenta que exprime o conhecimento.

Os piscianos percebem-se como peixes nadando num vasto oceano de pensamento e emoção. Esse oceano apresenta diversos níveis de profundidade e é perpassado por variegadas correntes e subcorrentes. Eles anseiam por águas límpidas, habitadas por criaturas boas, belas e verdadeiras, mas muitas vezes se veem subitamente arrastados a profundezas de águas turvas e lodosas. Os piscianos sentem que não criam os próprios pensamentos, apenas sintonizam ideias preexistentes, e é por isso que fazem questão de buscar águas límpidas. Essa habilidade em sintonizar com pensamentos de ordem superior presenteia-os com acentuada inspiração musical e artística.

O fato de Peixes ser tão voltado para a espiritualidade — por mais que os piscianos envolvidos com o universo empresarial tentem ocultá-lo — nos obriga a analisar esse aspecto em detalhes. Sem o qual fica quase impossível compreender a personalidade pisciana.

Existem quatro tipos de posicionamento espiritual. O primeiro deles é o *ceticismo inveterado*, a postura dos *materialistas seculares*. A segunda atitude caracteriza-se pela crença intelectual ou emocional e pela adoração da figura de um Deus distante; é a atitude da maioria dos frequentadores de igrejas. A terceira postura transcende a crença, por incluir a vivência espiritual direta; é a postura dos religiosos que renasceram misticamente de alguma forma. O quarto tipo de posicionamento é a união com o Divino, a fusão plena com o universo espiritual que caracteriza a prática do ioga. Esse quarto tipo de atitude corresponde à mais profunda das necessidades piscianas. E os nativos do signo se acham singularmente qualificados para se dedicar a essa tarefa e obter êxito nela.

Consciente ou inconscientemente, os piscianos buscam a comunhão com o mundo espiritual. A crença numa realidade maior os torna compreensivos e tolerantes em relação aos demais, talvez até em excesso. Haverá ocasiões em suas vidas nas quais terão de dar um basta e preparar-se para defender seus pontos de vista e até armar uma confusão para salvaguardá-los, se preciso for. Contudo, em virtude das qualidades que exibem, será preciso pisar muito fundo em seus calos para extrair deles esse tipo de reação.

Os piscianos aspiram basicamente à santidade. E, com esse intento, trilham um caminho muito pessoal. Ninguém deve tentar impor-lhes um conceito estereotipado de santidade: eles terão de encontrá-lo por si próprios.

FINANÇAS

O dinheiro, em geral, não é excessivamente importante para os piscianos. É claro que necessitam dele para sobreviver, tanto quanto os nativos dos demais signos, e muitos nativos de Peixes alcançam grande fortuna. Não é, porém, sua meta principal. Fazer o bem, sentirem-se satisfeitos consigo mesmos, alcançar a paz de espírito e o alívio da dor e do sofrimento são os pontos verdadeiramente cruciais para eles.

Eles ganham dinheiro de forma intuitiva e instintiva. Seguem mais suas premonições do que a lógica racional. Tendem a ser generosos e até caritativos em excesso. O menor dos infortúnios basta para que os piscianos coloquem a mão no bolso e façam doações. Embora seja uma de suas maiores virtudes, eles devem ser mais cuidadosos com suas finanças. Precisam escolher bem a quem emprestam dinheiro, para que não sejam explorados. Se doarem verbas a instituições de caridade, devem acompanhar o destino que essas darão às suas doações. Mesmo quando não são ricos, os piscianos gostam de gastar dinheiro auxiliando seus semelhantes. Uma vez mais, precisam agir com cautela, aprender a dizer não algumas vezes e servir-se em primeiro lugar, vez por outra.

Talvez a maior pedra no caminho financeiro dos piscianos seja a passividade. Eles nutrem uma postura no estilo "deixe estar" que poderá fazê-los tropeçar. Apreciam mesmo é fluir ao léu. Mas, no terreno das finanças, certa dose de agressividade se mostra necessária. Os nativos de Peixes precisam aprender a fazer com que as coisas aconteçam, a gerar sua própria riqueza. A passividade excessiva tende a causar perda de dinheiro e de oportunidades. Simplesmente preocupar-se com a segurança financeira não trará a segurança almejada. Os piscianos precisam aprender a perseguir com maior tenacidade seus objetivos.

CARREIRA E IMAGEM PÚBLICA

Os piscianos gostam de ser publicamente vistos como pessoas prósperas (tanto espiritual quanto materialmente), generosas e propensas à filantropia. Respeitam os que demonstram coração magnânimo e empatia para com a humanidade. Admiram muito os que se envolvem em empreendimentos de larga escala. Gostariam até de ocupar posições assim, eles próprios. Em suma, gostam de sentir-se ligados a organizações de porte, que realizem tarefas grandiosas.

Para atingir seu pleno potencial profissional é vital que viajem mais, aprimorem sua educação e conheçam verdadeiramente o mundo. Em outras palavras, precisam do otimismo desbravador dos sagitarianos para chegar ao topo.

Em razão de seu desvelo e de sua generosidade, os piscianos amiúde optam por profissões em que possam ser úteis à vida dos seus semelhantes. É por isso que há tantos piscianos médicos, enfermeiros, assistentes sociais e professores. Pode levar bom tempo até que os piscianos descubram o tipo de atividade que desejam exercer profissionalmente, mas, tendo encontrado uma carreira que lhes desperte o interesse e que lhes permita empregar suas virtudes, a desempenharão primorosamente.

AMOR E RELACIONAMENTOS

Não é de surpreender que alguém tão voltado para o outro mundo como os piscianos procure parceiros práticos e de pés no chão. Eles preferem ligar-se a cônjuges que lidem bem com os detalhes, já que eles próprios detestam fazer isso. Buscam essa qualidade tanto em seus parceiros profissionais quanto nos sentimentais. Mais do que qualquer outra coisa no mundo, isso lhes confere a sensação de estarem ancorados em terra e conectados com a realidade.

Conforme seria de esperar, esse tipo de relacionamento, embora necessário, certamente será marcado por altos e baixos. Mal-entendidos tendem a ocorrer com frequência quando polos tão opostos tentam se conciliar. Se estiver enamorado de um pisciano, você vivenciará essas flutuações na pele e precisará ser muito paciente até as coisas se estabilizarem. Os piscianos são temperamentais, intuitivos, afetuosos e difíceis de conhecer. Somente o tempo e as atitudes corretas poderão desvendar-lhe os segredos do universo pisciano. Entretanto, se estiver apaixonado por um nativo do signo, você constatará que nadar nessas correntes vale a pena, pois são pessoas boas e sensíveis, que apreciam e necessitam doar amor e afeição.

Quando apaixonados, adoram fantasiar. Para eles, a fantasia representa 90 por cento do prazer numa relação. Tendem a idealizar o par, o que pode ser simultaneamente bom e ruim. O lado difícil para qualquer um que se apaixone por um pisciano é o de corresponder às elevadas aspirações idealizadas pelos nativos do signo.

VIDA DOMÉSTICA E FAMILIAR

Em sua vida doméstica e familiar, os piscianos precisam resistir ao impulso de querer que seu cônjuge e os familiares adivinhem seus sentimentos e estados de espírito. Não é razoável, leitor de Peixes, esperar que eles exibam o mesmo grau de intuição que você. Será preciso que você desenvolva mais a comunicação verbal. Uma troca serena de ideias e opiniões, marcada pela calma e pelo distanciamento emocional, beneficiará a todos.

Muitos piscianos apreciam a mobilidade. A estabilidade parece cercear sua liberdade. Eles detestam ficar trancafiados num local por uma eternidade.

O signo de Gêmeos ocupa a cúspide da Sexta Casa Solar pisciana — do Lar e da Família. Isso indica que os nativos de Peixes necessitam de um ambiente doméstico que estimule seus interesses mentais e intelectuais. Tendem a tratar os vizinhos como uma extensão da família. Alguns exibem atitude ambivalente em relação ao lar e à família. Por um lado, apreciam o apoio emocional que a família fornece; mas, por outro, não se habituam às obrigações, às restrições e aos deveres a que ela os une. Encontrar o equilíbrio é, para os piscianos, a chave mestra de uma vida familiar ditosa.

PEIXES
HORÓSCOPO 2014

TENDÊNCIAS GERAIS

Em geral, os piscianos vivem mais no mundo invisível e espiritual do que na Terra. É a natureza deles. Mas agora, com a presença de Netuno em Peixes, essa tendência fica ainda mais forte. Embora isso seja algo confortável para você, será necessário obrigar-se a lidar também com a realidade prática do dia a dia. Sim, sua casa é no céu, mas por enquanto você está na Terra, e deve se concentrar mais aqui.

O ano passado foi próspero e feliz, e essa tendência continua em 2014. Falaremos mais sobre isso depois.

Júpiter ingressou em sua Quinta Casa em 26 de junho do ano passado e ficará ali até 16 de julho deste ano. Será um período feliz. Um período de férias. Você vai estar interessado em diversão e criatividade. Em 16 de julho, Júpiter entra em sua Sexta Casa — do Trabalho — e você se torna mais sério e profissional. É um ótimo aspecto para quem estiver procurando emprego.

Os nativos do signo em idade adequada ficaram mais férteis que de costume no último ano, e essa tendência continua em 2014.

Muitos piscianos trabalham em campos criativos, e 2014 será excelente para isso, assim como foi o ano passado. A criatividade vai se intensificar muito.

Os estudantes têm feito mudanças importantes em seus planos educacionais nos últimos anos, e a tendência continua em 2014. Portanto, haverá trocas de instituição de ensino, mudanças de curso e alterações nas regras acadêmicas, que serão dramáticas.

O ano passado não foi um ano para romances sérios, e sim para casos amorosos — relacionamentos por diversão. Essa tendência continua em 2014. Falaremos mais sobre isso depois.

Suas principais áreas de interesse este ano serão corpo, a imagem e prazer pessoal; finanças; filhos, diversão e criatividade (até 16 de julho); saúde e trabalho (a partir de 16 de julho); religião, filosofia, ensinamentos superiores e viagens internacionais; amigos, grupos e atividades coletivas.

Seus caminhos para maior realização este ano serão filhos, diversão e criatividade (até 16 de julho); saúde e trabalho (a partir de 16 de julho); religião, filosofia, ensinamentos superiores e viagens internacionais (até 19 de fevereiro); sexo, imóveis, impostos, o dinheiro de outras pessoas e estudos de ocultismo (a partir de 19 de fevereiro).

SAÚDE

(Trata-se de uma perspectiva astrológica sobre a saúde, não de uma visão médica. No passado, essas perspectivas eram idênticas, porém, hoje, podem ocorrer diferenças. Para obter uma opinião com base em diagnósticos da medicina convencional, consulte seu médico ou um profissional da saúde.)

A saúde correrá basicamente bem este ano. Todos os planetas lentos vão formar aspectos harmoniosos com você ou deixá-lo em paz. Claro, haverá períodos em que a saúde e os níveis de energia estarão mais debilitados que de hábito. Esses períodos acontecem por causa de trânsitos de curto prazo — são coisas temporárias, e não tendências para o ano. Quando eles passarem, a saúde e a vitalidade normais retornam.

Sua Sexta Casa — da Saúde — não vai ser uma Casa de poder até o dia 16 de julho. Isso indica que não será necessário dar muita atenção, indevida, à saúde, que estará basicamente bem. Você vai contar com a boa saúde. Mas depois do dia 16 de julho, você vai começar a se concentrar mais nessa área. Interpreto isso como uma preparação do cosmos para seu ano. Em 24 de dezembro, Saturno entra em um alinhamento tenso com você, e isso terá um impacto sobre a saúde, mas essa é uma questão mais para o ano que vem do que para este. Entretanto, a atenção extra que você vai prestar à saúde e suas rotinas vai favorecê-lo mais tarde.

Por melhor que esteja a saúde, você pode aprimorá-la. Dê mais atenção às seguintes áreas:

Coração. É sempre importante para você. Como sempre, evite preocupação e ansiedade, as duas emoções consideradas a raiz espiritual dos problemas cardíacos. A preocupação é considerada algo normal no mundo material — todos a sentem. Espiritualmente, entretanto, é uma patologia. Não leva a lugar algum. Na verdade, torna as coisas piores (emana vibrações negativas e desperdiça preciosas energias). Se houver algo positivo a fazer em relação a um problema, faça, claro. Se não, reze, faça afirmações positivas sobre a situação e aproveite sua vida. O tempo vai mostrar o que fazer em seguida.

Pés. É sempre uma área importante para você que, mais do que a maioria das pessoas, se beneficia de reflexologia e massagens nos pés. Hidroterapia e escalda-pés também lhe fazem bem (há muitos aparelhos para esse fim no mercado, e é aconselhável investir em um deles). Use sapatos que caibam bem e não o façam perder o equilíbrio. É melhor sacrificar o estilo pelo conforto. Se puder combinar os dois, melhor.

Fígado e coxas. Essa área se torna importante depois de 16 de julho, quando Júpiter ingressa em sua Sexta Casa. As coxas devem ser massageadas regularmente. Desintoxicar o fígado pode ser uma boa ideia. Há vários métodos de desintoxicação com ervas que precisam ser explorados.

Netuno está em seu signo desde fevereiro de 2012, e continuará lá por muitos anos. Assim, o corpo está sendo refinado e espiritualizado, tornando-se um instrumento mais sensível. Portanto, evite álcool e drogas. O corpo pode ter reações fortes a essas substâncias.

Exercícios refinados e espirituais lhe farão bem nesse período. Coisas como ioga, tai chi ou eurritmia vão proporcionar resultados melhores que esportes vigorosos de contato. São muito mais adequados a seu tipo físico.

Seu planeta da Saúde é o Sol — um planeta rápido. A cada mês ele influencia Casas e signos. Portanto, haverá muitas tendências de curto prazo na saúde, dependendo de onde o Sol está e de que aspectos recebe. Essas tendências serão discutidas mais a fundo nas "Previsões Mensais".

Os números favoráveis para a saúde serão 5, 6, 8 e 19.

LAR E FAMÍLIA

Sua Quarta Casa — do Lar e da Família — não será uma Casa de poder este ano, piscianos. Geralmente, isso indica um estado de contentamento com a situação atual que não desperta a necessidade de fazer mudanças importantes no lar e com a família. Você pode, se quiser, o cosmos lhe dá o livre-arbítrio, mas não sente vontade.

Muitos de vocês se mudaram ou reformaram a casa em 2012 e 2013, o que reforça a sensação de contentamento nessa área.

Embora sua Quarta Casa vá ficar praticamente vazia (apenas planetas rápidos a cruzam), sua Quinta Casa — dos Filhos — será muito forte. Então o foco concentra-se mais nos filhos (ou enteados), e não tanto na família como um todo.

Os piscianos em idade adequada estão extremamente férteis desde 2012. E a tendência continua até 16 de julho deste ano. Você sentirá muita vontade de ter filhos nesse momento. Alguns podem até considerar a adoção ou o uso de novos tratamentos de fertilidade.

Júpiter é seu planeta da Carreira. Sua posição na Quinta Casa — dos Filhos — indica que você vai considerar os filhos seu emprego — sua missão, sua mais alta prioridade. Seja qual for sua profissão no mundo exterior, os filhos serão sua verdadeira carreira. Essa inclinação muda depois de 16 de julho. Falaremos mais sobre isso depois.

Os filhos terão prosperidade este ano. Isso depende da idade e do estágio de vida, mas, sejam quais forem, eles terão acesso a itens caros, vão viver em alto estilo e viajar. Se tiverem idade suficiente, haverá boas oportunidades profissionais em seu caminho. Não vemos mudanças para eles.

Os pais ou figuras paternas ou maternas podem ter se mudado no ano passado, mas, caso isso não tenha acontecido, ainda pode acontecer este ano. Talvez não tenham se mudado literalmente, mas o efeito é o mesmo. Podem ter adquirido mais uma casa, renovado a que já têm ou comprado itens caros para o lar. Casas perto da água serão propícias. Além disso, eles devem verificar qualquer casa em busca de danos causados pela água.

Os pais ou figuras paternas ou maternas prosperam este ano — assim como aconteceu no ano passado. Eles também vão estar mais generosos com você.

Os irmãos ou figuras fraternas provavelmente vão se mudar ou reformar a casa este ano. Se tiverem idade suficiente, estarão mais férteis que de costume.

DINHEIRO E CARREIRA

Sua Casa do Dinheiro está poderosa desde 2011, e continuará assim por muitos anos. Haverá muito foco nessa área — e também muitas mudanças e agitação.

O ano passado — sobretudo a segunda metade — foi próspero, e essa tendência continua em 2014, especialmente até 16 de julho. Júpiter forma aspectos maravilhosos com seu Sol.

A presença de Urano em sua Casa do Dinheiro indica o campo da alta tecnologia. Novas invenções e nova tecnologia. Há várias maneiras de interpretar isso. Você pode lucrar com esse campo ou se envolver em um ramo no qual a alta tecnologia seja importante. Vale a pena investir nas tecnologias mais recentes. É importante ficar atualizado.

A presença de Urano em sua Casa do Dinheiro também indica empreendimentos arriscados. Favorece *startups* — novas indústrias, novas ideias, inovações. Urano não se incomoda se alguma coisa for nova e nunca tiver sido feita. Mais uma razão para fazer. Você vai ficar extremamente inclinado a experimentar e se arriscar nesse período.

Júpiter está em sua Quinta Casa desde 26 de junho de 2013, e ficará lá até 16 de julho. Isso indica sorte nas especulações e golpes de sorte financeiros. Pode ser aconselhável investir pequenas quantias na loteria ou em outro tipo de especulação até 16 de julho deste ano. Evidentemente, isso só deve ser feito caso a intuição dite, e não de forma automática. O cosmos tem muitas maneiras de supri-lo.

O ano passado foi positivo para a carreira, uma tendência que continua este ano. Júpiter, seu planeta da Carreira, forma aspectos harmoniosos com Netuno, o senhor de seu Zodíaco. Então, aconteceram (e ainda podem acontecer este ano) aumentos, promoções e honrarias profissionais. Você teve e continuará a ter boas oportunidades de trabalho. O que me agrada nesse ponto é que o caminho profissional será agradável. Você vai conseguir se divertir. Depois de 16 de julho, seu sucesso virá do trabalho. Sua boa ética profissional será percebida pelos superiores.

Para aqueles que estiverem começando, considero o campo do entretenimento um bom caminho profissional até 16 de julho. Depois dessa data, o campo da saúde passa a ser interessante. Seja qual for sua profissão, as pessoas que trabalham nessas áreas serão importantes para a carreira, talvez como clientes.

Seu planeta das Finanças, Marte, vai passar uma quantidade incomum de tempo em Libra, sua Oitava Casa. Ele ficará ali de 1º de janeiro a 26 de julho (um trânsito normal de Marte dura de um mês e meio a dois meses — e, nesse caso, ele passa quase sete meses em Libra!). Há várias formas de interpretar isso. Normalmente indica heranças ou envolvimento com imóveis ou impostos. Muitas vezes, mostra que o planejamento imobiliário e os impostos têm forte influência sobre a tomada de decisões. Indica a necessidade de promover a prosperidade dos outros — parceiros ou investidores —, de colocar os interesses financeiros alheios à frente dos seus e, também, o gerenciamento da riqueza dos outros (família, casa ou investidores). As dívidas são pagas ou feitas com mais facilidade — dependendo de sua necessidade. Haverá um bom acesso ao capital externo. A linha de crédito vai ser ampliada. Haverá oportunidade de investir em empresas ou propriedades com problemas e virar o jogo. Será um bom período para cortar custos e eliminar o desperdício e as redundâncias da vida financeira — para desintoxicá-la.

Como já mencionamos, a entrada de Júpiter em sua Sexta Casa em 16 de julho indica ótimas oportunidades profissionais pelo restante do ano.

Os números favoráveis para as finanças serão 1, 4, 5 e 16.

AMOR E VIDA SOCIAL

Sua Sétima Casa — do Amor e do Romance — não será uma Casa de poder este ano. Você vai estar mais envolvido com amizades, grupos e atividades coletivas do que com os assuntos românticos. Alguns anos são assim, e este não terá alterações. Os casados continuarão casados e os solteiros devem continuar solteiros. Haverá um contentamento com a situação atual, e você não vai sentir necessidade de fazer mudanças dramáticas.

No ano que vem, a situação vai ser muito diferente. Sua Sétima Casa vai se tornar poderosa e a vida amorosa ficará muito mais ativa. Para os solteiros, haverá casamentos e oportunidades de união. Este ano é uma preparação para isso.

Embora não vejamos casamentos, vemos casos amorosos. Júpiter fica em sua Quinta Casa — dos Casos Amorosos — até 16 de julho. Talvez você precise experimentar o amor "divertido" de forma a estar preparado para o amor sério que chegará no ano que vem (e talvez também em 2016).

Mercúrio é seu planeta do Amor. Com exceção da Lua, é o mais rápido dos planetas. A cada ano, passa por todos os signos e Casas de seu Zodíaco — até mais de uma vez. Ele entra em movimento retrógado três vezes por ano. Assim, haverá muitas tendências de curto prazo no amor — dependendo da posição de Mercúrio e dos aspectos que estiver recebendo. Elas serão tratadas mais a fundo nas "Previsões Mensais".

Ter um planeta tão rápido regendo o amor indica alguém cujas necessidades amorosas se alteram com frequência. Por isso, talvez você tenha a reputação de ser "volúvel". Frívolo. Para você é normal passar por essas mudanças, é seu jeito de ser. Mas nem todo mundo consegue lidar com isso. O relacionamento ideal acontece com alguém que possa satisfazer (e tolerar) todas essas necessidades inconstantes.

Também não parece haver um casamento escrito nas estrelas para aqueles que estiverem buscando a segunda, terceira ou quarta união. Para aqueles que quiserem se casar pela segunda ou terceira vez, não é aconselhável este ano.

Os pais ou figuras paternas ou maternas também terão um ano sem alterações. Caso sejam casados, provavelmente continuarão, e o mesmo vale se forem solteiros. O relacionamento de irmãos ou figuras fraternas será severamente testado. Se forem solteiros, não é aconselhável que se casem este ano. Os filhos ou enteados terão amor em 2014, vemos casamentos ou relacionamentos equivalentes. Eles tiveram o mesmo aspecto no ano passado. Os netos de idade apropriada terão um ano sem alterações no amor.

Os números favoráveis para o amor serão 1, 6, 8 e 9.

AUTOAPRIMORAMENTO

Você está sob intensa energia espiritual desde 1998. Mas em 2012 essa intensidade ficou ainda maior. Você está trilhando o caminho espiritual, formal ou informalmente. É importante entender algumas das aventuras que acontecem nesse caminho. Não há muita literatura sobre o assunto, de forma que essas experiências parecem estranhas e misteriosas. Não convencionais.

Em primeiro lugar, como mencionamos, o corpo físico em si se torna mais refinado — elevado em vibração. Dietas que funcionaram no passado, provavelmente não terão o mesmo efeito agora. A dieta precisa ser mais refinada e deve ser confirmada por um profissional. Mas o importante é monitorar como você se sente ao fazer diferentes dietas.

O refinamento do corpo físico o tornará mais sensível a vibrações psíquicas. Você as sentirá de formas físicas e tangíveis, e não necessariamente em sonhos, visões ou sensações. Você as sentirá no corpo — sejam boas ou ruins. Caso conviva com pessoas negativas, isso pode ser bastante desconfortável. A solução é se aproximar de pessoas positivas e de bom astral. É melhor ficar sozinho do que com pessoas negativas.

O refinamento do corpo físico permitirá que o poder espiritual atue diretamente sobre o corpo, sem a intervenção humana. Assim, você vai descobrir que muitas doenças ou desconfortos físicos podem ser terminados por uma palavra, imagem ou uma simples sessão de meditação.

Muitos de vocês estão no caminho da ascensão. Se não, é provável que ingressem nele nos próximos anos. Nesse momento haverá muito progresso. Você é o candidato perfeito para esse caminho.

A espiritualidade se baseia no "desprendimento"[Veja uma explicação mais detalhada sobre isso em *Os segredos da autolibertação*, de Guy Finley.] É um processo constante de "desprender-se" do que é menos importante para aceitar coisas melhores. Isso não acontece de uma vez só — nenhum humano aguentaria —, mas como um processo ao longo do tempo. Comer chocolate não é algo maligno. Mas se você quiser uma silhueta esbelta — um bem maior — é preciso se desprender disso. Muitas vezes na vida, acontecem coisas que nos irritam ou enfurecem. Com frequência a raiva é muito justificável. Mas se você quiser um estado mais elevado de consciência — um bem mais espiritual — é preciso se desprender dessas coisas. E assim por diante. O desprendimento com alegria é uma das maiores artes que alguém pode aprender.

A espiritualidade também é marcada por constantes "saltos para o desconhecido". O suposto "desconhecido" é muito familiar para o espírito. Mas para nós é desconhecido. O medo do desconhecido deve ser superado. Quando isso acontecer, novas perspectivas sobre a alegria e o bem serão reveladas.

Esse influxo de energia espiritual e revelação testa suas velhas crenças religiosas e filosóficas. Saturno está em sua Nona Casa desde outubro de 2012. Talvez suas crenças fossem baseadas em certas experiências. Talvez tenham sido herdadas da família ou ensinadas na escola. Agora, o influxo de luz e vida — vida dinâmica — vai perturbar essas bases. O que você considerava verdadeiro — incontestável — passará a ser visto sob nova luz. Talvez agora você veja que suas crenças são parcialmente válidas, ou válidas às vezes. Talvez veja que interpretou mal o que lhe foi ensinado e tenha de reestruturar suas crenças, atualizando-as, à luz das novas revelações. Pode ser difícil, e vai acontecer com você nesse momento (também aconteceu no ano passado).

PREVISÕES MENSAIS

JANEIRO

Melhores dias: 5, 6, 14, 15, 24, 25
Dias mais tensos: 12, 13, 19, 20, 26, 27
Melhores dias para o amor: 1º, 2, 9, 10, 11, 19, 20, 22, 23, 28, 29, 30, 31
Melhores dias para o dinheiro: 3, 4, 5, 6, 7, 8, 12, 13, 14, 15, 22, 23, 24, 25, 30, 31
Melhores dias para a carreira: 5, 6, 14, 15, 24, 25, 26, 27

O ciclo solar universal está crescente (os dias estão ficando mais longos) e há muito movimento planetário direto (80 por cento dos planetas movem-se para a frente). O setor oriental da independência está dominante. Normalmente, esse seria um ótimo momento para começar novos projetos ou lançar produtos no mercado. Mas seu ciclo solar pessoal fica minguante até seu aniversário, portanto, é melhor esperar até lá.

Embora seu pico profissional anual tenha terminado recentemente (o próximo começa em novembro), a carreira continuará sendo importante. Você está finalizando projetos de trabalho. Como a metade superior de seu Zodíaco continua muito dominante, mantenha o foco na carreira. Pode diminuir com segurança a ênfase sobre as questões domésticas e familiares.

A saúde e a energia vão estar excelentes. NÃO vai haver planetas formando aspectos tensos com você (apenas a Lua vai formar esses aspectos temporariamente — veja seus "Dias mais tensos"). Você terá toda a energia de que precisa para conseguir qualquer coisa que quiser. Se quiser (isso é opcional), pode aprimorar a saúde dando mais atenção a coluna, joelhos, dentes, ossos, pele e o alinhamento geral do esqueleto até o dia 20. Massagens nas costas e nos joelhos serão muito benéficas. Depois dessa data, preste mais atenção aos tornozelos e às panturrilhas (massageie-os com frequência).

Seu planeta do Amor fica "além-fronteiras" até o dia 8, indicando que você vai passar de seus limites habituais na busca pelo amor. Ou talvez sua vida social, ou pessoa amada, o leve para além dos limites. Às vezes as pessoas entram em "território proibido" na busca pelo amor. Até o dia 11, haverá oportunidades amorosas na internet — nas redes sociais e sites de namoro — e você se envolverá em grupos, atividades coletivas e organizações. Depois dessa data, as oportunidades amorosas acontecem em ambientes religiosos — seminários de meditação, palestras espirituais, encontros de oração ou eventos de caridade.

As finanças ficam um pouco tensas até o dia 20. Os rendimentos chegam, mas você vai precisar trabalhar mais para obtê-los. Felizmente, terá energia para fazer isso. Mas você verá uma grande melhora depois do dia 20, quando os planetas rápidos começam a formar aspectos harmoniosos com seu planeta das Finanças. Seja paciente até lá. A ajuda está a caminho.

Não haverá eclipses neste mês, mas os efeitos dos eclipses anteriores continuarão sendo sentidos.

O Sol ativa um ponto de eclipse entre os dias 14 e 17 e nos dias 18 e 19. Isso pode proporcionar perturbações no emprego e instabilidade no ambiente de trabalho.

Vênus ativa um ponto de eclipse entre os dias 1º e 7. Dirija com mais cuidado. Os carros e os equipamentos de comunicação podem ficar mais temperamentais.

Mercúrio transita por um ponto de eclipse entre os dias 8 e 10 e nos dias 18 e 19. Seja mais paciente com a pessoa amada. Ele ou ela deve ficar mais temperamental.

FEVEREIRO

Melhores dias: 1º, 2, 10, 11, 12, 20, 21, 28
Dias mais tensos: 8, 9, 15, 16, 17, 22, 23
Melhores dias para o amor: 1º, 5, 6, 7, 10, 15, 16, 17, 19, 24, 25, 26, 27
Melhores dias para o dinheiro: 1º, 2, 3, 4, 8, 9, 10, 11, 12, 18, 19, 20, 21, 26, 27, 28
Melhores dias para a carreira: 1º, 2, 10, 11, 12, 20, 21, 28

Neste mês, o poder planetário se desloca da metade superior (objetiva) do Zodíaco para a metade inferior (subjetiva). Além disso, seu planeta da Carreira está retrógrado. Então, é hora de mudar o foco psicológico. As questões profissionais precisam de mais clareza, apenas o tempo vai resolvê-las. A partir do dia 18, comece a dar mais atenção ao lar, à família e seu bem-estar emocional.

O interessante é que muitos progressos profissionais acontecem nos bastidores depois do dia 18, e vão se revelar mais tarde. Vão aparecer oportunidades profissionais, mas você pode ser mais exigente em relação a elas. Caso prejudiquem seu "bem-estar emocional" ou signifiquem o deslocamento da família, talvez seja melhor recusar a proposta e negociar termos melhores.

Em geral, os piscianos são pessoas espirituais. Místicos de nascença. Visionários. Como Netuno vai ficar em seu signo por muitos anos, essas tendências se tornam ainda mais fortes, sobretudo porque sua Décima Segunda Casa — da Espiritualidade — está muito poderosa desde o dia 20 do mês passado. Seu desafio será manter-se em seu corpo e não se desligar. Ter a cabeça nas nuvens não é um problema, mas mantenha os pés no chão. A rotina de sonhos será tão bonita e interessante que acordar e deixar tudo aquilo para trás de manhã será difícil, pois não há nada que se compare no mundo material. Se você tiver em mente que encarnou com um propósito — para realizar uma tarefa aqui na Terra, no mundo material —, será mais fácil.

Espiritualmente, experiências sobrenaturais e descobertas espirituais vão estar presentes durante o mês inteiro. Mesmo depois que o Sol deixar sua Décima Segunda Casa no dia 18, ele entrará no signo de Peixes, o que também intensifica a espiritualidade.

Este será um mês muito feliz. Até o dia 18, você vai se envolver nas atividades de que mais gosta (atividades espirituais) e, depois dessa data, entra em um de seus picos anuais de prazer pessoal. A consequência natural de um avanço espiritual é mais bem-estar físico.

Os candidatos a emprego terão sorte a partir do dia 18. As vagas chegarão a você e serão boas. Não precisa fazer nada de especial. O amor estará em seu encalço, mas essa área vai ficar mais complicada quando seu planeta do Amor entrar em movimento retrógrado no dia 6. O amor persegue você e depois se "retrai", como se estivesse indeciso. Isso vai se esclarecer no mês que vem.

A saúde será excelente.

MARÇO

Melhores dias: 1º, 2, 10, 11, 19, 20, 28, 29
Dias mais tensos: 7, 8, 15, 16, 22, 23
Melhores dias para o amor: 7, 8, 15, 16, 17, 18, 19, 26, 27, 28, 29
Melhores dias para o dinheiro: 1º, 2, 3, 4, 7, 8, 10, 11, 17, 18, 19, 20, 26, 27, 28, 29, 30, 31
Melhores dias para a carreira: 1º, 2, 10, 11, 19, 20, 22, 23, 28, 29

Neste mês, assim como no mês passado, o poder planetário está em sua posição mais oriental do ano. É seu período de máxima independência pessoal. O poder planetário irá em sua direção, e não para longe de você. Você pode e deve fazer as coisas à sua maneira, que será a melhor nesse período. É hora de mudar as condições que o incomodam, de melhorá-las e moldá-las segundo sua vontade. Também será um ótimo momento para começar novos projetos ou lançar produtos no mercado, sobretudo a partir de seu aniversário. O impulso planetário está acelerado (80 por cento), o ciclo solar universal está crescente e, a partir de seu aniversário, seu ciclo solar pessoal também estará. Busque suas metas com ousadia. Seu progresso será rápido.

Agora que o planeta do Amor está se movendo para a frente, a vida amorosa melhora muito. Como sua Primeira Casa fica forte até o dia 20, você vai estar com boa aparência e cheio de carisma. Vai parecer um "astro". Terá força e confiança em si mesmo. O sexo oposto vai perceber. Até o dia 17, as oportunidades amorosas vão estar em ambientes religiosos — o seminário de meditação, a aula de ioga, o encontro de oração, o evento de caridade. Depois dessa data, quando Mercúrio cruza seu Ascendente e ingressa em sua Primeira Casa, o amor irá até você. Esteja presente. Nada mais é necessário. Os solteiros terão um encontro muito feliz e importante entre os dias 21 e 23. Os que estiverem comprometidos vão ter boas experiências ou convites sociais. O relacionamento atual vai estar mais romântico que de costume.

Este também será um mês próspero. Os candidatos a emprego continuam tendo sorte. No dia 20, você entra em um pico financeiro anual — um período de rendimentos altos. A Lua Nova do dia 30 será particularmente próspera, proporcionando um bom resultado financeiro. Você terá sorte nas especulações e golpes de sorte nas finanças. Além disso, a Lua Nova terá outro efeito positivo — vai esclarecer sua vida financeira.

Como seu planeta das Finanças passa o mês inteiro se movendo para trás, a clareza será muito necessária no momento. Haverá algumas dificuldades pelo caminho. Marte transita por um ponto de eclipse entre os dias 11 e 18, causando perturbações financeiras — talvez uma despesa inesperada. Você será tentado a fazer mudanças financeiras dramáticas por causa disso, mas tome cuidado. Marte está retrógrado — pesquise mais do que de costume antes de fazer qualquer alteração.

A saúde continua excelente. Você terá toda a energia de que precisa para conseguir o que quiser.

ABRIL

Melhores dias: 6, 7, 16, 17, 24, 25
Dias mais tensos: 3, 4, 5, 11, 12, 18, 19
Melhores dias para o amor: 4, 5, 6, 7, 8, 11, 12, 16, 17, 18, 19, 24, 25, 29, 30
Melhores dias para o dinheiro: 3, 4, 5, 6, 7, 13, 14, 15, 16, 17, 22, 23, 24, 25, 26, 27
Melhores dias para a carreira: 6, 7, 16, 17, 18, 19, 24, 25

O principal destaque deste mês serão os dois eclipses. Eclipses afetam a todos. Afetam o mundo como um todo e cada pessoa de uma forma única. A questão não é saber se você será afetado, mas até que ponto. Em seu caso, os eclipses serão relativamente benignos.

O eclipse lunar no dia 15 ocorre em sua Oitava Casa. Assim, pode haver encontros com a morte (em geral no nível psicológico). Entretanto, se uma pessoa estiver entre a vida e a morte, esse tipo de eclipse pode incentivá-la a ir para o outro lado. O Anjo Negro faz uma visita. Informa que está presente. Ele tem mensagens para você e uma forma própria de passá-las. Não custa nada programar um calendário mais tranquilo para esse período — não existe necessidade de tentar o Anjo Negro ainda mais. Esse eclipse indica dramas financeiros — talvez crises — na vida do cônjuge, parceiro ou amor atual. Será preciso fazer mudanças nessa área. Suas ideias e estratégias provavelmente não eram realistas, e o eclipse revela isso. Você passará o mesmo tipo de fenômeno, pois Marte, o planeta das Finanças, sofrerá seu impacto. Todo elipse da Lua afeta os filhos e enteados, que devem ser mantidos longe do perigo. É provável que também aconteçam eventos dramáticos na vida deles. Evite especulações.

O eclipse solar do dia 29 acontece em sua Terceira Casa, de forma que carros e equipamentos de comunicação serão testados. Pode haver grandes falhas na comunicação durante o evento — e também alguns dias antes e outros depois. Com frequência, as pessoas me perguntam: "Como um objeto pode ser afetado por um eclipse? Como a energia planetária pode afetar algo sólido?" Mas afeta. Não existe "solidez" — é uma ilusão dos cinco sentidos. Até o mais sólido dos objetos é, na verdade, um padrão de energia em determinada vibração. Se o padrão energético é perturbado, acontecem defeitos no suposto objeto sólido. Quanto mais delicado e refinado for o objeto, maior será a perturbação. Esse eclipse afetará irmãos, figuras fraternas e vizinhos, que passarão por dramas capazes de mudar suas vidas (em um processo de seis meses). Não custa nada dirigir com mais cuidado. Todo eclipse do Sol afeta a saúde e a rotina de saúde. Com frequência, causa sustos nessa área — às vezes recebemos um diagnostico terrível ou um exame indica algo grave. Mas a saúde estará bem nesse período, então, é muito provável que seja apenas um susto. Uma segunda opinião vai proporcionar alívio. A rotina de saúde também será refinada e atualizada.

MAIO

Melhores dias: 3, 4, 5, 13, 14, 21, 22, 31
Dias mais tensos: 1º, 2, 8, 9, 10, 15, 16, 28, 29
Melhores dias para o amor: 6, 8, 9, 10, 11, 12, 13, 14, 19, 20, 24, 25, 29, 30
Melhores dias para o dinheiro: 1º, 2, 3, 4, 5, 11, 12, 13, 14, 19, 20, 21, 22, 24, 25, 28, 29, 31
Melhores dias para a carreira: 3, 4, 5, 13, 14, 15, 16, 21, 22, 31

O poder planetário está se aproximando do ponto mais baixo de seu mapa. Você chega à primavera de seu ano (no dia 21), mas é noite. O crescimento está acontecendo, mas ainda não é visível. Continue a se concentrar mais no lar, na família e em seu bem-estar emocional, que são coisas que acontecem nos bastidores para tornar possível uma carreira bem-sucedida. Se essas atividades forem bem-resolvidas — se houver estabilidade doméstica e familiar e boa harmonia emocional —, a carreira será naturalmente bem-sucedida, quase como um efeito colateral.

A saúde depende de um bom ritmo — um alinhamento entre o ritmo pessoal e os ritmos da vida. As pausas entre as batidas do coração são tão importantes quanto as próprias batidas.

SEU HORÓSCOPO PESSOAL PARA 2014

Você continua em um período de independência pessoal, que logo terminará. Se houver mudanças a fazer, esse será o momento. Depois será mais difícil.

A saúde vai precisar de mais vigilância depois do dia 21. No geral, essa área continua ótima, mas esse não será um de seus melhores períodos. Descanse mais depois dessa data — ter bastante energia é sempre a principal defesa contra doenças. Você pode melhorar a saúde dando mais atenção ao pescoço e à garganta até o dia 21, e aos braços, ombros, pulmões e ao sistema respiratório depois dessa data. Massagens no pescoço serão poderosas até o dia 21. Depois, massagens nos braços e ombros vão ser benéficas. Uma boa saúde mental será importante durante o mês inteiro. Tente obter pureza intelectual. Dê ao corpo mental o que ele precisa — boa nutrição e exercício. Mantenha o pensamento positivo e construtivo.

A prosperidade continua forte durante o mês inteiro. No dia 3, Vênus ingressa em sua Casa do Dinheiro e fica ali até o dia 29, indicando rendimentos provenientes de vendas, marketing, propaganda e boas relações públicas. É importante anunciar seu produto ou serviço. A dimensão social (o domínio natural de Vênus) também terá peso para as finanças. Seus contatos talvez sejam tão importantes quanto seu saldo bancário.

Pela segunda vez este ano, seu planeta do Amor fica "além-fronteiras" — entre os dias 12 e 31. Há muitas possibilidades nesse caso. Você vai ultrapassar seus limites habituais em busca do amor ou vai se sentir atraído por um "amor proibido". Talvez a pessoa amada ou os amigos o levem para além dos limites normais. Você será exposto a todo tipo de amor "não convencional". O amor tem muitas formas de expressão, e neste mês você vai aprender mais sobre isso.

O planeta do Amor passa a maior parte do mês — do dia 7 ao dia 29 — em sua Quarta Casa. Assim, você vai socializar mais no lar. A intimidade emocional e uma boa comunicação são muito importantes para o amor, andam de mãos dadas. Talvez antigos interesses amorosos reapareçam em sua vida. O mau humor pode ser um problema para o amor.

JUNHO

Melhores dias: 1º, 9, 10, 18, 19, 27, 28
Dias mais tensos: 5, 6, 12, 13, 24, 25, 26
Melhores dias para o amor: 1º, 5, 6, 9, 10, 14, 15, 17, 23, 24, 25, 26

Melhores dias para o dinheiro: 1º, 7, 8, 10, 11, 16, 17, 18, 19, 20, 21, 25, 26, 27, 28
Melhores dias para a carreira: 1º, 10, 11, 12, 13, 18, 19, 27, 28

Continue a vigiar mais a saúde até o dia 21. Você verá uma melhora muito grande depois dessa data. Até lá, aprimore essa área das formas mencionadas no mês passado — massagens nos braços e nos ombros e o bom e velho ar fresco serão benéficos. Caso se sinta mal, fique ao ar livre e respire fundo. Depois do dia 21, melhore a saúde com dieta e mais atenção ao estômago. As mulheres devem ficar mais atentas aos seios. Faça um esforço para manter o humor positivo e construtivo (isso será importante o mês inteiro, até antes do dia 21). A alegria é uma poderosa força curativa, algo que você vai descobrir este mês. Caso fique indisposto (sobretudo depois do dia 21), faça algo divertido — uma noite fora de casa ou um hobby criativo serão terapêuticos. O riso vai ser o melhor remédio.

Neste mês, o poder planetário se desloca do independente Oriente para o social Ocidente. Será uma mudança importante. Você conseguiu o que quis no começo do ano, e chegou a hora de tirar férias de si mesmo e de seus interesses. Muitas vezes, é o foco excessivo no *self* que impede as coisas boas de acontecer. É hora de colocar os outros em primeiro lugar. Não há nada errado em querer ser o número 1, só depende do estágio de seu ciclo. Quando você coloca os outros à sua frente, descobre que suas necessidades são resolvidas de forma muito natural. Agora, criar condições e fazer mudanças será mais difícil. É hora de viver com as consequências (boas ou ruins) do que criou nos últimos seis meses. Caso tenha criado coisas boas, a vida será agradável. Se cometeu erros, terá de conviver com eles por algum tempo, até a chegada de seu próximo período de independência. Esse é um ciclo para pagar seu carma.

Após o dia 21, você entra em outro pico anual de prazer pessoal. Hora de diversão e lazer. A sincronia também é boa, pois os planetas estão na máxima atividade retrógrada do ano — 40 por cento. O mundo está desacelerando — aproveite a vida.

Mercúrio continua "além-fronteiras" até o dia 5, mas depois "volta aos eixos". Você teve sua cota de amor *avant garde* e agora quer voltar aos limites habituais. A principal complicação este mês é o movimento retrógrado de Mercúrio a partir do dia 6. Isso não impede que o amor aconteça, mas desacelera as coisas. É uma pausa bem-vinda. Uma boa

SEU HORÓSCOPO PESSOAL PARA 2014

hora para revisar seu relacionamento atual e a vida amorosa como um todo e ver o que pode ser melhorado. No mês que vem, quando Mercúrio entrar em movimento direto, você vai poder colocar esses planos em prática.

Mercúrio volta à sua Quarta Casa, em movimento retrógrado, no dia 18. Antigos interesses amorosos — ou pessoas que se pareçam com eles — entram em cena. O mau humor pode ser um problema para o amor. Os solteiros vão encontrar oportunidades românticas perto de casa — através da família ou das conexões familiares. Vai haver um desejo de voltar a antigas experiências amorosas que tenham sido agradáveis, mas na verdade isso é uma ilusão. Essas experiências foram exclusivas daquele período e nunca poderão ser duplicadas por completo. O Agora é sempre novo e único.

JULHO

Melhores dias: 7, 8, 15, 16, 24, 25
Dias mais tensos: 2, 3, 9, 10, 22, 23, 29, 30, 31
Melhores dias para o amor: 2, 3, 4, 5, 6, 13, 14, 24, 25, 29, 30, 31
Melhores dias para o dinheiro: 4, 5, 6, 7, 8, 13, 14, 16, 17, 18, 24, 25, 27
Melhores dias para a carreira: 7, 8, 9, 10, 16, 17, 27

Este será um mês feliz e divertido. Você continua em um de seus picos anuais de prazer pessoal até o dia 22. Depois dessa data, vai estar meio cansado de tanta diversão e pronto para trabalhar seriamente.

Por incrível que pareça, sua carreira vai se desenvolver de formas divertidas. Talvez no teatro, resort ou em uma festa. Enquanto você estiver buscando sua felicidade, os progressos profissionais acontecem naturalmente. Para o mundo, pode parecer "irresponsável", mas o resultado final diz tudo. Mas isso vai durar pouco. Seu planeta da Carreira faz um movimento importante, saindo de Câncer e entrando em Leão no dia 17. De sua Quinta Casa — da Diversão — para a Sexta Casa — do Trabalho —, de forma que a ética profissional começa a fazer a diferença. E essa será a tendência para 2014. Bons contatos lhe abrirão portas, mas no final você vai depender de seu desempenho.

Os candidatos a emprego terão oportunidades maravilhosas entre os dias 24 e 27 — sobretudo na Lua Nova do dia 26. Os aspectos profissionais continuarão bons depois desse período (o ano todo será positivo para a área). Dificilmente algum pisciano estará desempregado no final do ano (a não ser que seja por vontade própria).

A saúde ficará bem durante o mês inteiro. No dia 18, não haverá NENHUM aspecto tenso para você. Apenas a Lua vai formar aspectos tensos de curto prazo. É a receita para a boa saúde, que se torna mais importante depois do dia 17. Talvez seu problema seja ênfase demais — hipocondria —, em vez de doenças de verdade.

O amor será feliz durante o mês inteiro, especialmente a partir do dia 13. Haverá bons encontros românticos entre os dias 17 e 20, quando o planeta do Amor forma um trígono com o senhor do seu Zodíaco. O amor se torna divertido depois do dia 13 e você vai se sentir atraído por pessoas com quem possa se divertir. As responsabilidades que acompanham o amor não serão uma fonte de interesse — e talvez esse seja o problema. Você está pronto para enfrentar tempos difíceis com essa pessoa?

O planeta das Finanças passou o ano inteiro no signo de Libra. No dia 18 deste mês, Marte entra em Escorpião, o que é positivo para as finanças. Marte forma um aspecto harmonioso com você. Os rendimentos devem aumentar depois do dia 18. Mas os gastos excessivos podem se tornar um problema.

AGOSTO

Melhores dias: 3, 4, 11, 12, 20, 21, 22, 30, 31
Dias mais tensos: 5, 6, 18, 19, 25, 26, 27
Melhores dias para o amor: 3, 4, 5, 6, 12, 13, 14, 15, 23, 24, 25, 26, 27
Melhores dias para o dinheiro: 3, 4, 5, 11, 12, 13, 14, 20, 21, 23, 24, 30, 31
Melhores dias para a carreira: 5, 6, 13, 14, 23, 24

Neste mês e no próximo, os planetas estarão em sua posição mais ocidental. Sua Sétima Casa — do Amor — se torna muito forte no dia 23, e você entra em um pico anual amoroso e social. O mérito e a iniciativa são importantes, mas não serão o foco principal. Esse é o momento de desenvolver a simpatia, a habilidade de lidar com os outros e de fazê-los cooperar com você. Essa capacidade estende e multiplica as habilidades pessoais. Você realiza mais coisas, com menos esforço. Quando coloca os outros em primeiro lugar, que é o que o cosmos o incita a fazer, é como se obtivesse acesso a todos os recursos ilimitados do cosmos, e não apenas aos seus. Suas necessidades serão resolvidas. O poder planetário está se afastando de você — em certos momentos, vai parecer muito distante. Ele flui na direção dos outros, e você deve fazer o mesmo.

A saúde vai precisar de mais vigilância a partir do dia 23. Não vai haver nenhum problema grave, apenas planetas rápidos em alinhamento tenso. O ritmo que você manteve sem problemas nos últimos meses agora pode se tornar difícil. Descanse bastante. Você pode melhorar a saúde dando mais atenção ao coração (que é sempre importante) e ao intestino delgado (a partir do dia 23). Discordâncias no amor — com amigos e em seu relacionamento atual — podem ter impacto sobre a saúde. Se surgirem problemas, restaure a harmonia o mais rápido que puder. A beleza é uma poderosa força curativa. Caso se sinta mal, vá a um lugar pitoresco e fique sentado absorvendo a beleza. Escutar belas músicas ou olhar belas obras de arte também será benéfico.

Haverá importante encontro amoroso entre os dias 1º e 3. Esse também será um bom período para a carreira.

Um carro novo ou novos equipamentos de comunicação chegam até você entre os dias 17 e 19, quando também haverá boas oportunidades profissionais.

O Sol transita por um ponto de eclipse nos dias 1º e 2, o que pode proporcionar perturbações no trabalho.

Mercúrio transita por um ponto de eclipse nos dias 5 e 6 — seja mais paciente com a pessoa amada e com a família.

Marte passa por um ponto de eclipse entre os dias 10 e 14, causando dramas e alterações financeiras.

Vênus transita por um ponto de eclipse entre os dias 18 e 20. Dirija com mais cuidado.

Júpiter passa por um ponto de eclipse entre os dais 24 e 31, indicando problemas na carreira e na vida de chefes, pais, figuras paternas ou maternas e pessoas mais velhas.

SETEMBRO

Melhores dias: 8, 9, 17, 18, 27, 28
Dias mais tensos: 2, 3, 14, 15, 22, 23, 29, 30
Melhores dias para o amor: 2, 3, 4, 12, 13, 20, 21, 22, 23, 28
Melhores dias para o dinheiro: 1º, 2, 3, 8, 9, 10, 11, 19, 20, 29, 30
Melhores dias para a carreira: 1º, 2, 3, 10, 11, 19, 20, 29, 30

O poder planetário se desloca este mês. No dia 5, a metade superior (objetiva) do Zodíaco começa a dominar. Seu ano está no auge do verão e o Sol nasceu. Hora de começar a colheita. Desapegue-se (ou diminua a ênfase) das questões domésticas e familiares e concentre-se em seu objetivo externo — a carreira. No nível espiritual, isso significa focar no trabalho que você, e apenas você, veio fazer. O bem-estar emocional é sempre importante, mas nesse momento vai chegar através do sucesso. O sucesso vai proporcionar a harmonia emocional.

O amor continua ativo e feliz. Você ainda está em um pico anual amoroso e social. A única dificuldade nesse momento será alinhar seus interesses e os da pessoa amada. Como Netuno está em movimento retrógrado e muitos planetas se encontram no Ocidente, vale a pena ceder à vontade da pessoa amada, desde que não seja em algo destrutivo. Deixe que os outros façam as coisas à maneira deles. Provavelmente, a sua não será a melhor, e você vai estar em desvantagem.

No geral, a saúde estará excelente, mas continua precisando de vigilância até o dia 23. Descanse bastante. Quando chegam esses ciclos vulneráveis, é difícil manter o mesmo ritmo dos ciclos positivos. Falta energia, e é aí que podem acontecer acidentes. Melhore sua saúde dando mais atenção ao intestino delgado até o dia 23 e aos rins e quadris depois dessa data. Manter a harmonia no amor e nas amizades será importante o mês inteiro. A discórdia pode ser a raiz de problemas.

As finanças correrão bem este mês. Marte fica em sua expansiva Nona Casa até o dia 14. A Nona Casa é muito benéfica, e essa área terá uma tendência próspera (mas tome cuidado para não gastar demais — às vezes o otimismo foge à realidade). Haverá viagens de negócios ao exterior. No dia 14, Marte cruza seu Meio do Céu e ingressa na Décima Casa. Quando Marte cruzar o Meio do Céu, vai proporcionar oportunidades financeiras. A presença do planeta na Décima Casa a partir do dia 14 indica aumentos salariais (abertos ou ocultos). Você terá o favor financeiro de chefes e de pais ou figuras paternas ou maternas. Sua boa reputação profissional vai aumentar os ganhos ou levar a oportunidades de lucro. A partir do dia 14, as finanças serão um tópico muito importante para você, o que tende a proporcionar o sucesso. Você vai admirar pessoas que lidam com dinheiro — desejar ser como elas.

Sua Oitava Casa se torna poderosa a partir do dia 23. Será um período sexualmente ativo. O cônjuge, parceiro ou amor atual está em um pico financeiro anual e, provavelmente, será generoso com você.

O período entre os dias 23 e 30 traz avanços espirituais, que vão ser úteis para a carreira. Será um momento excelente para fazer a carreira progredir envolvendo-se com instituições de caridade e trabalho voluntário.

OUTUBRO

Melhores dias: 5, 6, 14, 15, 24, 25
Dias mais tensos: 12, 13, 19, 20, 26, 27
Melhores dias para o amor: 3, 5, 6, 12, 13, 19, 20, 22, 23, 31
Melhores dias para o dinheiro: 7, 8, 17, 18, 26, 27, 28
Melhores dias para a carreira: 7, 8, 17, 18, 26, 27

Marte, seu planeta das Finanças, continua na Décima Casa até o dia 26 — durante a maior parte do mês. Reveja o que conversamos sobre isso em setembro, pois muito continua a ter validade, embora Marte tenha ficado "além-fronteiras" no dia 30 do mês passado — o que continuará sendo a situação pelo restante deste mês. Há muitas possibilidades sobre o que vai acontecer. Basicamente, você vai entrar em território desconhecido na busca por dinheiro — entrar em novos mercados e em áreas que fogem a seus limites habituais. Às vezes é necessário. Talvez chefes, pais ou figuras paternas ou maternas instiguem esse comportamento. Nas finanças, você irá pelo caminho menos trilhado (mas quando passar por ele, verá que muitos outros também já o usaram). Você vai se sentir desconfortável com isso, o que é natural.

Acontecem dois eclipses este mês. O mundo será abalado, mas você vai passar mais ou menos ileso. Claro que será afetado, mas não tanto quanto poderia ser.

O eclipse lunar do dia 8 acontece em sua Casa do Dinheiro, causando alterações financeiras — alterações de curso, de estratégia, de raciocínio (não se esqueça de que seu planeta das Finanças vai estar "além-fronteiras" durante o eclipse). Com frequência, isso envolve mudanças nos investimentos, bancos, corretores ou planejadores financeiros. Haverá dramas na vida das pessoas que lidam com dinheiro em seu mundo. Urano sofrerá um impacto direto, de forma que importantes mudanças espirituais vão ocorrer — em práticas, mestres, ensinamentos e nas atitudes. Vai haver dramas na vida de gurus e em organizações espirituais às quais você pertença. Todo eclipse lunar afeta os filhos e enteados, que devem programar uma agenda tranquila para esse período. Também é melhor evitar especulações. Os piscianos que estiverem envolvidos com as artes (como é o caso de muitos) farão importantes alterações em sua criatividade, que começa a tomar um novo rumo.

O eclipse solar do dia 23 ocorre bem na cúspide de sua Nona Casa. É melhor evitar viagens internacionais desnecessárias nesse período — e alguns dias antes e depois do eclipse. Como sua Nona Casa vai estar forte este mês, muitos de vocês vão viajar, mas tente marcar as viagens antes ou depois desse período. Esse eclipse tem uma conexão com as mudanças espirituais que vemos. Ele vai testar suas crenças religiosas e filosóficas, forçando-o a reavaliá-las e modificá-las ao longo dos próximos seis meses. E quando você fizer isso, toda a sua vida será modificada. No final das contas, a filosofia e a religião têm mais peso que a psicologia. Todo eclipse do Sol afeta a saúde, o emprego e o ambiente de trabalho. Isso acontece por que o Sol, o planeta eclipsado, rege essas áreas de seu mapa. A saúde está basicamente boa no momento, então é provável que aconteçam sustos, mas nada mais grave que isso. Haverá instabilidade nos ambientes de trabalho e com os funcionários (se você tiver algum). Mudanças de emprego também são frequentes.

NOVEMBRO

Melhores dias: 2, 3, 10, 11, 20, 21, 29, 30
Dias mais tensos: 8, 9, 15, 16, 17, 22, 23
Melhores dias para o amor: 1º, 2, 3, 10, 11, 12, 15, 16, 17, 20, 21, 22, 23
Melhores dias para o dinheiro: 4, 5, 6, 7, 14, 15, 16, 17, 23, 25, 26
Melhores dias para a carreira: 4, 5, 14, 22, 23

A saúde fica basicamente bem este mês. Até o dia 17, NÃO haverá planetas formando aspectos tensos com você (apenas a Lua o fará ocasionalmente). Então você vai ter toda a energia de que precisa para conseguir fazer o que quiser. Você pode melhorar ainda mais essa área dando atenção ao cólon, à bexiga e aos órgãos sexuais (mas é totalmente opcional). Mas após o dia 22, será preciso prestar mais atenção à saúde. Como foi o caso durante o ano inteiro, não acontecerá nada grave, apenas o efeito tenso dos planetas rápidos sobre você. Provavelmente, você não vai conseguir manter o ritmo do começo do mês. Se tentar, podem surgir problemas. Não deixe de descansar bastante. Cuide do corpo e esteja alerta às suas mensagens. Após o dia 22, melhore a saúde dando mais atenção ao fígado e às coxas. Será uma boa ideia fazer uma desintoxicação hepática. Massagens frequentes nas coxas serão benéficas.

Fora isso, este mês será muito bem-sucedido. No dia 22, você começa um pico profissional anual. Você terá boa ética profissional, e os superiores vão perceber. Haverá honra e reconhecimento por suas conquistas. Você será apreciado. Promoções (evidentes ou ocultas) são prováveis. Boas oportunidades de trabalho aparecem. Os candidatos a emprego terão sorte depois do dia 22 (estão com sorte desde julho, mas esse período será ainda melhor).

Seu planeta das Finanças continua "além-fronteiras" até o dia 21. Reveja a conversa que tivemos sobre o assunto no mês passado. Estar em território desconhecido tem suas desvantagens, como você vai descobrir entre os dias 14 e 17, quando Marte transita por um ponto de eclipse. As coisas não vão ser o que pareciam e será preciso fazer ajustes financeiros. Entretanto, você terá o favor financeiro dos amigos.

O amor será bom neste mês. Mercúrio vai se mover com muita rapidez, mas passa a maior parte de novembro — entre os dias 8 e 28 — em sua Nona Casa, formando um aspecto harmonioso com você. O movimento veloz de Mercúrio indica muita confiança social. Você fará progresso em direção a seus objetivos. A presença do planeta do Amor na Nona Casa indica que você vai se sentir atraído por estrangeiros. Viagens internacionais podem levar a um romance, e relacionamentos existentes também podem se beneficiar com as viagens. As oportunidades românticas acontecem em ambientes religiosos e educacionais — seu local de culto ou instituição de ensino (em eventos religiosos ou educacionais). Haverá uma conexão harmoniosa entre você e a pessoa amada. Os solteiros devem conhecer pessoas interessantes nesse momento.

No dia 28, Mercúrio cruza o Meio do Céu e entra em sua Décima Casa, o que também será muito bom para o amor. O cônjuge, parceiro ou amor atual terá sucesso e vai apoiar suas ambições profissionais. Os solteiros vão conhecer pessoas que podem admirar. Você começa a socializar com gente de sucesso e prestígio social. Sua carreira se beneficia de seus contatos sociais.

DEZEMBRO

Melhores dias: 8, 9, 18, 19, 26, 27
Dias mais tensos: 5, 6, 13, 14, 20, 21
Melhores dias para o amor: 1º, 2, 10, 11, 12, 13, 14, 21, 22, 30, 31
Melhores dias para o dinheiro: 1º, 2, 3, 4, 10, 11, 15, 16, 20, 21, 24, 25, 28, 29
Melhores dias para a carreira: 1º, 2, 10, 11, 20, 21, 28, 29

Em 16 de novembro, Netuno, o senhor de seu Zodíaco, começou a se mover para a frente depois de ficar retrógrado por muitos meses (desde 9 de junho). Em 28 de novembro, o poder planetário se deslocou do social Ocidente para o independente setor oriental. É uma bela sincronia. Seus objetivos pessoais já estão mais ou menos claros e você está pronto para seguir em frente. E, agora, o poder planetário vai apoiá-lo. Os planetas passam a se mover em sua direção com mais força. Você teve seis meses para ceder à vontade alheia e desenvolver a habilidade de lidar com os outros. Agora o ritmo da vida exige que você comece a se colocar em primeiro lugar outra vez. Sua felicidade é importante no esquema geral — não se engane. Mas vai depender de você, que se adaptou às situações por seis meses e agora sabe o que é confortável e o que não é. Você vai ter poder para mudar as coisas e criar novas condições, de que goste mais. Esse poder só vai aumentar nos próximos meses.

Você continua em seu pico profissional anual até o dia 22. Este será um mês bem-sucedido. Os objetivos de trabalho serão alcançados. Se forem grandes, talvez não sejam completamente realizados, mas haverá um bom progresso, o que também deve ser considerado sucesso. Na maioria dos casos, a carreira é uma jornada de longo prazo. Quando completamos algumas partes dessa jornada, mesmo que ainda estejamos longe do destino, devemos nos alegrar. Nós progredimos. Fizemos nossa parte no ciclo atual.

Saturno faz um movimento importante, saindo de Escorpião e entrando em Sagitário, no dia 24. Você não vai sentir muito neste mês (a não ser que tenha nascido entre 18 e 20 de fevereiro — no começo do signo), mas sentirá nos próximos anos. A carreira vai se tornar mais exigente. Você terá de mostrar serviço e obter êxito apenas pelo mérito, e não por outros meios. Vai precisar ser mesmo o melhor no que faz. Chefes e figuras de autoridade serão mais rígidos com voce.

O movimento de Saturno também terá impacto sobre sua saúde. Este ano foi relativamente tranquilo nesse setor. Na maior parte do tempo, não houve aspectos tensos para você. Mas agora Saturno começa a formar um alinhamento tenso, e vai ficar assim pelos próximos dois ou três anos, aproximadamente. Os piscianos que fizerem aniversário entre 18 e 20 de fevereiro sentirão a mudança neste mês — e intensamente. Os que nasceram mais tarde no signo sentirão nos próximos anos. Seu ritmo de vida anterior dificilmente poderá ser mantido. Algumas coisas — as coisas insignificantes — terão de ser descartadas. Você será forçado a tomar decisões e definir prioridades. E esse é o propósito

Em geral, a saúde precisa de mais vigilância até o dia 22. Isso se aplica a todos os piscianos Essa área pode ser melhorada se você der mais atenção ao fígado e às coxas. Como no mês passado, desintoxicações hepáticas e massagens nas coxas serão poderosas.

Este livro foi composto na tipologia Minion Pro
Regular, em corpo 10/12,5, e impresso em papel
off-set 56g/m² no Sistema Cameron da Divisão
Gráfica da Distribuidora Record.